曾国藩集团
与
晚清政局

朱东安

著

辽宁人民出版社

ⓒ 朱东安　　2016

图书在版编目（CIP）数据

曾国藩集团与晚清政局 / 朱东安著. —沈阳：辽宁
人民出版社，2017.8
ISBN 978-7-205-09026-5

Ⅰ.①曾…　Ⅱ.①朱…　Ⅲ.①曾国藩（1811-1872）—
人物研究　Ⅳ.①K827=52

中国版本图书馆CIP数据核字（2017）第104090号

出版发行：辽宁人民出版社
　　　　　地址：沈阳市和平区十一纬路25号　　邮编：110003
　　　　　http://www.lnpph.com.cn
印　　刷：鞍山新民进电脑印刷有限公司
幅面尺寸：170mm×240mm
印　　张：27.5
字　　数：429千字
出版时间：2017年8月第1版
印刷时间：2017年8月第1次印刷
责任编辑：娄　瓴　艾明秋
装帧设计：琥珀视觉
责任校对：赵　云　等
书　　号：ISBN 978-7-205-09026-5

定　　价：55.00元

前　言

中华民族人丁兴旺，历史悠长，几经分合兴衰仍巍然屹立于世界的东方。然1840年的鸦片战争悍然打断了中国固有的发展之路，迫使中华民族于复兴灭亡间作一抉择。救亡图存、光复昔日的辉煌，遂成为中国政治家乃至每位中华儿女所面临的最大课题。

古人云：皇天无亲，唯德是辅；民可载舟，亦可覆舟。鸦片战争以来，清政府外不能御侮，内不能安民，广大民众不得不揭竿而起，寻求新的出路，以拯救民族的危亡。其战争的正义性是不言而喻的。

面对声势浩大的太平天国与捻军起义，满洲贵族虽曾以身手矫健、弓马娴熟入主中原，而后世子孙的腐败却令其陷入兵饷两空的困境，不得不放权督抚、重用汉臣，依靠湘淮勇营取胜。遂致中央集权削弱，地方分权增强，兵为将有、权出私门，国家军政实权落入汉员督抚手中。其实力最强的曾国藩集团，在一定程度上掌握了国家命脉，且随着时间的推移，日趋严重。曾国藩充任首领时，虽有功高震主之嫌，亦不过握有东南地区及直隶等省的地方大权。而李鸿章接掌门户后，则又进而控制了中央政府的国防、外交实权，或战或和皆其一手承办，遂成为古今中外最大的签约专业户。中国历史上丧权辱国最甚的《马关条约》和《辛丑条约》，都是在西方列强的指定下，由李鸿章出面签订的。

正当这个集团如日中天之际，以英国为首的西方列强，却不相信他们"强兵而不战"的表白,遂挑唆日本一试虚实。结果,湘淮军一溃千里,北洋水师只舰无存,彻底戳穿了曾国藩集团船炮救国、隐图自强的神话。中华民族陷入空前未有的生存危机,其在晚清政局中的权要地位,亦逐渐被袁世凯北洋集团取代。

而这个靠小站练兵和镇压义和团运动起家的半新式军政集团,却不仅与湘淮集团有着政治、经济、思想、组织等千丝万缕的联系,且军营风气一脉相承。加之帝国主义侵华势力的利益纷争,遂将民初十余年间,弄成既无君权又无民权的时代。如果说,太平天国革命时期的曾国藩集团,既保住满洲贵族的皇位又挖掉其墙脚的话,辛亥革命中各省督抚的独立和袁世凯北洋集团的背叛,则直接导致了清朝的灭亡。如果说,镇压太平天国革命的成功,只是曾国藩军制改革之花的话,那么清朝的灭亡和随之而起的军阀混战才是其累累硕果。由此可见,曾国藩集团这个近代史上最大的地方实力派,不仅数十年间暗中操纵着晚清政局,且开民国年间军阀政治之滥觞,其政治作用与影响是不可低估的。

然而,他们靠镇压太平天国和捻军起家,又力主中体西用,既要维护清朝的封建统治又倡导学习西方科学技术,到头来只能是师夷制民,其在甲午战争中的惨败是必然的。更为严重的是,李鸿章等人在甲午战争中的表现,令国人失望、世界震惊,西方列强遂将中国当成任人宰割的"死人"。他们急切调兵进京,欲乘"废立之争"造成的政治危机而赶走那拉氏、推翻清政府。恐吓不成,即组成八国联军打进中国。若非义和团舍命保国、那拉氏放手一搏,从而促成军民联手、英勇抗敌的局面,他们绝不会中止瓜分中国的"重建计划"而"维持垂帘听政体制"①。所以,历史事实证明,曾国藩集团那套船炮救国、隐图自强的做法虽非一无可取,但作为中华民族御侮救亡的根本路线和方针、政策,却是行不通的,既救不了清朝,更救不了中国。②

如果在曾国藩时代,他的这条政治路线还只是一朵花,人们对它的本质或

---

① 详见《从三份历史文件看庚子之战的性质与起因》,《明清论丛》,第七辑。
② 详见第六章第一节《中体西用　师夷制民》与《曾国藩的洋务思想与中国传统文化》,娄底师专学报,1995年第4期。

许还有些看不透、拿不准，到了李鸿章时代，甲午战争之后，它已经结出了果，人们已经看到了它的最后结局，历史已经为它做出了结论，按说不应再起争议了。只是有些人不肯接受这个历史教训，一有机会就对曾、李等人大加推崇，遂致曾国藩集团成为最具争议的一群历史人物。有人颂之为中国现代化的先驱，后世仿效的楷模；有人则斥之为遗羞百年的政治僵尸，畏倭如虎、外战外行的误国权臣。真可谓见仁见智，竞奇斗艳。这不仅为史学的发展带来机遇，也加大了史学研究的难度。为了弄清其中的原委，回答各方提出的问题，对曾国藩集团予以较为恰当的历史评价，就不能不对之进行实事求是、全面深入的研究。

但多年来，很少有人对曾国藩集团进行专门研究。虽有一时期，多方重视、成果可观，但仍处于孤立、分散的状态。或限于一人一事，或限于某一侧面，很少有人对之进行整体考察，更很少有人将其同太平天国、晚清政府以及北洋集团联系起来加以研究。而其得出的结论，又往往政治色彩较浓，而学术色彩稍淡。

笔者的研究则欲将曾国藩集团视为一个整体，在弄清事实的基础上，尽力探索其由内及外的种种联系，并将之放在历史发展的长河中进行考察，以求取得较为全面、客观的效果。更欲将太平天国、曾国藩集团、晚清政府三方政治势力视为一局，从其互动之中探索这段历史的发展规律，从而将微观研究与宏观研究、这段历史与整个中国史联系起来。惟能力和时间所限，我的研究只是个粗浅的梗概，更难免舛误、疏漏之处，诚请读者教正。尤期抛砖引玉之效，能够精品迭出，对这群历史人物的出现与消失，做出较为科学的解释，从而走出近代史研究中相沿已久的非白即黑、不骂就捧的怪圈。

附录二 主要参考书目

第一章

风云际会

▼

  清王朝是中央集权和极端君主专制的一代封建政权。然自太平天国革命爆发以后，随着内战的推进，其权力结构自中央以至地方都发生很大变化，突出表现在相权的析出和督抚权力的膨胀。总之是皇帝大权旁落，一分于宰相，二落于督抚，中央则肃顺、奕䜣先后秉政，地方则形成以曾国藩为代表的一大批掌握军政实权的汉员督抚。前一问题已由那拉氏于同治四年加以解决，而督抚专政问题则成尾大不掉之势，终有清一代未能改变，且对后世产生很大影响。对于这一历史现象，有的方面，如地方分权的增强和中央集权的削弱，史学界已成共识；而有的方面，如肃顺、奕䜣秉政，则有不同的解释。至于上述种种的历史成因，就更是言人人殊。本章拟就清朝咸同年间权力格局的变化及其历史成因，做一较为系统、深入的探讨，以期揭示这一时期历史发展的辩证关系，从而展开曾国藩集团崛起田间的时代背景，亦为本书的研究主题揭开序幕。

第一节　太平天国革命的爆发及其对清政府的沉重打击

  中国地主封建制社会经过长期的发展和多次的王朝更替，到了明代，已进入他的晚期阶段。其标志就是，经济领域中资本主义因素的产生和政治上封建君主专制的进一步加强。而清王朝的建立则使日渐衰微的封建制度回光返照，再度辉煌。由于满族从原始社会直接进入封建社会，世风古朴，新兴贵族没有明朝统治者那样的腐败积习，又接受了明朝灭亡的教训，故在国家的治理上兢兢业业，颇有政绩。尤其在位长达六十年之久的康熙、乾隆两帝，比之唐宗、汉武亦不遑多让。在他们的治理下，清王朝兴旺发达，出现了一百多年的太平盛世。

由于满洲贵族初入中原，腐败风气习染未深，加以接受明王朝因加派"三饷"导致迅速灭亡的教训，生活上非常注意节俭，力图减省宫中开支。据载，自入关至康熙十九年（1680），清朝"外廷军国之费，与明代略相仿佛。至宫中服用，则以各宫计之，尚不及妃嫔一宫之数"①。与宫中修造、花用相关的工部、光禄寺每年支用银两，亦"较前朝省十之九"②。故财政费用年有盈余，及至康熙末年，户部库银已有"五千余万之积"③。

然而，乾隆朝以来，宫廷费用与军政开支渐增，吏治渐坏，贪污大案迭起。文武官员养廉费的增设，不仅没有使他们较前更加廉洁，反而使他们贪欲日增，腐败日甚。绿营兵增额六万，年耗库银三百万两，其战斗力反而日益降低。迨至乾隆中期已开始出现衰落迹象，只是各种社会矛盾统统掩盖在"太平盛世"的外衣之下，尚不为世人所警觉。而乾隆帝晚年耽于游乐和奸相和珅的秉政，政以贿成，人以干进，"风气为之一变"④，则加速了这一衰落的进程。而嘉庆元年爆发的川、楚、陕白莲教大起义，更使清王朝由鼎盛走向全面的衰落，兵无斗志，库无帑银，沿着下坡路一步步走下去。

正当清王朝一衰不振的时候，野心勃勃的西方殖民主义者打了进来。以英国为首的西方殖民主义者在征服美洲、非洲及印度等大片地区之后，又把矛头指向中国。为了改变中英贸易中对其不利的入超地位，他们大量进行毒品走私活动，把强迫印度农民种植的鸦片烟，集中收购，漂洋过海，向中国倾销。而当他们的这种罪恶活动遭到遏制时，便悍然发动了侵略中国的战争，即鸦片战争。在外国侵略面前，清朝军队不堪一击，终与侵略者订立城下之盟，使中国丧失主权，丧失独立，被迫走上殖民地化的道路。大量的战争赔款，激化了国内的阶级矛盾，经过十年的酝酿与准备，逐步形成以太平天国为中心的全国各地各族人民大起义。

鸦片战争的失败，不仅暴露了清政府的腐败，也暴露了中华民族的弱点，

---

① 王庆云：《石渠馀纪》，北京古籍出版社，1985年版，第1卷，第1页。

② 《石渠馀纪》第1卷，第1页。

③ 《石渠馀纪》第1卷，第2页。

④ 昭梿：《啸亭杂录》，上海扫叶山房光绪二十七年石印本，第6卷，第11页。

使中国人民在痛苦中惊醒。他们憎恨殖民主义者的强暴蛮横，憎恨清政府的腐败无能和卖国求安，同时也感到侵略者确有可恃之术，中国确有落后之处。而要战胜敌人，必须首先学习敌人之长，克服自身之短。这一认识，成为中国近代史上一代先进人物思想认识的主流。只是由于阶级、地位以及出身、经历的不同，产生了认识上的差异和自身利害的冲突，并各自提出不同的救国方案，围绕着封建主义同人民大众的矛盾，尤其资本主义侵略者同中华民族这一更为主要的矛盾，展开了时急时缓、错综复杂的分合争斗。太平天国革命实质上就是农民阶级提出的救国方案。

太平天国革命的主要领导人是洪秀全、杨秀清、冯云山、萧朝贵等人。他们先是创立了一个民间团体，劝人行善、拜上帝，史称拜上帝会或拜上帝教。信从者多贫苦农民。当政治形势变得越来越有利于革命发动的时候，洪秀全、冯云山便向杨、萧等人透露了夺取天下、另建新朝的重大图谋。于是，他们衷心拥戴洪秀全为一国之主，大家齐心合力，积极准备，并于道光三十年十二月，在广西金田村正式宣布起义。

他们定国号为太平天国，洪秀全称天王。意思是要把基督教原有教义中的天堂，从天上搬到人间，由死后提到生前，并将之称为"小天堂"，而将原有教义中的天堂称为"大天堂"。宣布大天堂归上帝所有，是永恒的，而小天堂则要在天父、天兄、天王的领导下，经过众兄弟姊妹的一番奋斗，方可在人间建立起来。还宣布，只有在建立小天堂的过程中建立功勋，死后才能荣升上帝的大天堂，永享富贵。而他们在斗争中所遇到的一切艰难困苦，都是上帝对他们的考验，对他们的玉成、磨炼。其后，他们根据形势的发展和广大贫苦农民的要求，不断发展其教义，直到制定并公布《天朝田亩制度》这一纲领性的文件，为他们的小天堂描绘出一幅生动具体的蓝图。虽然带有乌托邦性质，但在当时却对太平天国广大将士起了巨大的鼓舞作用。

太平天国鼎盛之时，曾占有江西、安徽、湖北的大部和江苏的一部分，清军江南、江北大营一再被毁，湘军大帅曾国藩困于江西一隅之地，二号人物胡林翼一度产生自杀之心。不料，杨秀清居功自傲，野心膨胀，假代天父传言之权，逼洪秀全封其为"万岁"。其实，杨秀清以东王节制诸王，执掌太平天国军政大权，军民上下无不畏惧，所奏之事无不允准，一切号令皆由他发出，实权已超过洪秀全。天王洪秀全久处虚尊之位，只是多一个"万岁"的称号，与尊称"九千岁"的杨秀清在称号上仅有"千岁"之差。如今杨秀清要消除这一差别，造成形式上二人平起平坐，实际上则由他独掌大权的政治格局，这就不能不使洪秀全心生疑惧。在此之前，杨秀清已与韦、石、秦等关系紧张，他们积愤于杨的跋扈，已有人密议除杨之策，仅由于洪的反对而未敢动手。正当此千钧一发之际，洪秀全突然接到杨秀清的心腹爱将、天官正丞相陈承镕的紧急密报，称杨欲杀洪自立，发兵攻打天王府。洪秀全遂决心杀杨，一场决定太平天国命运的大悲剧随之发生。

这场内讧从咸丰六年韦昌辉杀杨开始，到咸丰八年石达开离京出走为止，前后历时三年，终致精兵猛将所余无几，太平天国由盛转衰，一步步走向失败。此后，太平天国能够坚持八年之久，原因虽然不只一宗，但主要还是由于当时南方革命形势仍在继续高涨，而清政府的政策也还没有调整到位，湘军的作用没有发挥出来。而清朝原有的旗、绿各营武装力量，即使到了太平天国后期，也不是太平军的对手。

这场大革命历时十四年，波及十八省，拥兵百万，定都天京，建立太平天国农民政权，与设在北京的清朝政府南北对峙长达十一年之久，并公布了自己的革命纲领《天朝田亩制度》与《资政新篇》，从而将单纯农民战争推向高峰。这在中国和世界史上都是仅见的。它虽然最后在中外反动派的联合镇压下遭到了失败，但其伟大的历史作用与深远意义是不能抹杀的。

它向清政府为代表的封建反动卖国势力和外国侵略者进行了坚决的斗争。它从未承认过清政府与外国侵略者签订的丧权辱国的《南京条约》，提出了彻底否定封建剥削制度的平分土地的方案，从而指出了中国人民近代革命的反帝反封建的政治方向，拉开了资产阶级民族民主革命的序幕。它沉重地打击了反动腐朽的清王朝，基本上摧毁了作为其军事支柱的八旗、绿营武装，使满洲贵族失去了控制国家武装力量的实际能力，国家军政实权渐渐落到汉族地主官僚手中，从而为辛亥革命最后推翻清王朝与封建君主专制体制提供了方便条件。

这场革命的伟大意义不只这些，近年人们也对它提出不少问题，但本书不打算就这些问题展开广泛的讨论，仅拟集中探讨这场失败了的革命，对近代中国社会发展的实际历史进程所产生的影响。具体而言，就是这场革命与曾国藩集团的崛起有什么内在联系，对中国近代历史的实际进程是否起了推动作用。

满洲贵族自入关以来，对汉族官员防范甚严，尤其不让他们掌握军事实权。而太平军对八旗、绿营武装的摧毁性打击，使满洲贵族陷于两难的选择：或者严密文法，自取灭亡；或者听任，甚至支持以曾国藩为代表的汉族官员壮大武装力量，扩张地方实权，以依靠他们将这场革命镇压下去，保住自己的皇位。两害相权取其轻。满洲贵族经过长期的犹豫摇摆和反反复复的内部斗争，直至一场腥风血雨的宫廷政变，终于断然放弃前议，采取后策。倘若没有太平天国革命，以及由此导致的清政府一系列自身变化与政治策略的调整，曾国藩集团不仅难以发展壮大，恐怕连其自身生存也大成问题。遗憾的是，近代史上这种相反相成的辩证关系，至今没有引起史学界足够的重视，虽有不少著作涉及这一问题，提出不少颇具学术意义的见解，但还没有集中、系统地将这一带有规律性的认识揭示出来。而有些人，只是挖空心思想着如何彻底否定太平天国，借以为曾国藩彻底翻案，以便把这一早被历史所抛弃的政治僵尸，重新树为"古今第一完人"。他们当然也就不会去想：如果没有太平天国革命，曾、胡、左、李怎么会成为近代史上的政治名人？那时的曾国藩，至多不过是个文官与学者。胡、李或者有官可做。而左宗棠则很可能老死民间，默默无闻。不过，无论他们学问多么大，文章写得怎么好，都不会引起这么多文人学士经久不衰的崇拜。仅就学问、文章而言，即有清一代就有多少人超过曾国藩，而他们当中又有谁值得当今学人如此动心？究其原因，还是因为曾国藩是一位政治人物。试问，数十年来，又有哪一个成为学术热点的问题，与政治无关？而所有这一切，则都是这场革命造成的，追本溯源还是太平天国。言及于此，则太平天国的作用与影响自不待言，研究这一历史辩证关系的必要亦自不待言。

太平天国为中心的全国大起义对清王朝的打击是极其沉重的。太平军从广西一路打到南京，北伐京津，西征湘鄂，东取苏杭，三次攻占湖北省会武昌，两次攻占安徽省城安庆、庐州，因战争失败而被免、被革乃至丧失性命的钦差大臣、总督、巡抚及都统将军先后达三十多人。咸丰元年广西巡抚周天爵革职。咸丰二年钦差大臣赛尚阿、徐广缙、陆建瀛先后革职逮问。赛尚阿先判死刑，后改流放；陆建瀛旋因城破被杀。同年，广西巡抚邹鸣鹤革职，湖北巡抚常大淳城破被杀。咸丰三年钦差大臣祥厚城破被杀，讷尔经额革职。安徽巡抚蒋文庆城破被杀，继任李嘉端革职，江忠源城破自杀。咸丰四年湖广总督吴文镕兵败被杀，继任台涌革职。湖北巡抚崇纶革职，继任青麐因兵败逃走被按律处死。咸丰五年钦差大臣西凌阿革职，胜保革职逮问。湖广总督杨霈革职，鄂抚陶恩培城破被杀。咸丰六年钦差大臣托明阿革职，向荣败死，江苏巡抚吉尔杭阿兵败被杀。咸丰九年钦差大臣德兴阿兵败革职。咸丰十年钦差大臣张玉良革职，和春败死，督办宁国军务周天受城破被杀，督办徽州军务张芾免职。两江总督何桂清先因失城革职拿问，继以弃城逃走、枪打阻行缙绅于同治元年按律处死。浙江巡抚罗遵殿、江苏巡抚徐有壬则皆因城破被杀。咸丰十一年杭州将军瑞昌城破被杀，浙江巡抚王有龄城破自尽。同治三年，钦差大臣、西安将军多隆阿在陕西周至重伤致死。同治四年，钦差大臣、蒙古博多勒噶台亲王僧格林沁在山东菏泽兵败被杀。至于巡抚以下藩、臬、提、镇及道、府、州、县官员被杀、被革者，则不计其数，无从统计。

有些几经反复、拉锯争夺的省份，例如安徽省，曾长期被清朝官员视为畏途，上至巡抚，下至知县，都不愿到这里做官，已经上任的官员，也千方百计地设法调走。两江总督曾国藩在给友人的信中说："安徽糜烂之区，人人裹足远避。前此七八年间，福中丞告病告假奏疏近十次，其避抚篆如避虎狼。近翁中丞思卸抚篆，前后亦具疏数次。恩廉访不肯接篆，曾经严旨申斥。"[1]他在给清廷的奏折中也说："安徽用兵十年，蹂躏不堪，人人思为畏途。通省实缺人员，仅有知府二人，州县二人。即候补者亦属寥寥。每出一缺，遴委乏员。"[2]

太平天国对清廷的致命一击，是对其主要武装力量的摧毁与对其主要财源的破坏。清王朝的主要武装力量是八旗骁骑营与绿营，即通常所说的八旗兵与

---

[1] 曾国藩：《曾文正公全集·书札》，湖南传忠书局版，第13卷，第27—28页。
[2] 《曾文正公全集·奏稿》，第18卷，第42页。

绿营兵。八旗骁骑营简称旗营，二十多万人，主要戍卫京师，少数分防各地，由设置各城的将军、都统、副都统统辖。绿营兵六十多万人，少数驻扎京师，绝大多数分派全国各地，按营、汛驻扎。咸丰三年当太平天国北伐军威胁清朝的统治中心北京的时候，清政府调兵遣将，直到咸丰五年才把北伐军彻底打败，其所使用的主要兵力是蒙古科尔沁郡王僧格林沁统率的八旗兵和绿营兵。第二次鸦片战争期间，八旗兵在天津与京东张家湾等地受到沉重打击，基本上失去战斗力。陆续从黑龙江、内蒙古调来的骑兵马队，又于同治四年在山东被捻军歼灭。从此，清政府再也难以组成大支八旗武装力量。至于驻防各地的八旗兵，在太平军的进攻面前，则连自己的满营都守不住，江宁将军祥厚与杭州将军瑞昌都因此送掉性命，更不可能成为镇压太平天国革命的主要力量。所以，在长期的战争中，清政府对太平军作战，主要靠绿营与勇营。自金田起义以来，清政府就从各地调兵进行围追堵截。起初，尚有乌兰泰等少数八旗兵将，曾与绿营将领向荣屡生龃龉。自乌兰泰死后，则主要使用绿营兵对太平军作战。他们在受到太平军的几次打击之后，逐渐变得乖巧起来，不再敢贸然出击，只远远地进行监视、围困或在后尾追。故咸丰二年在长沙城内外同太平军作战的清军，计有一大学士、两总督、三巡抚、三提督、十一二员总兵，统带兵勇六七万人，仍让人数不足六万的太平军悄悄撤走，迅速北上，连下岳州、武昌、九江、安庆，直取江宁，改名天京，定为首都。所以，曾国藩在总结几年来的作战情况时说："自军兴以来二年有余，时日不为不久，糜饷不为不多，调集大兵不为不众，而往往见贼逃溃，未闻有与之与鏖战一场者；往往从后尾追，未闻有与之拦头一战者。"[①]而清军则依然故我，既不攻城，也不撤走，而分别在长江南岸的孝陵卫与江北扬州设立两座大营，号称江南大营与江北大营，眼看着各地练勇与太平军厮杀，自己却妄图重温镇压白莲教起义时那种团练苦战、绿营收功的旧梦。而太平军亦对其置之不理，派出自己的主力部队进行北伐与西征，只留下一部分部队戍卫京畿，一旦时机成熟，即于咸丰六年调集大军一举踏平清军江北大营与江南大营。不久，清政府调兵遣将，又把

---

① 《曾文正公奏稿》，第1卷，第56页。

江南大营与江北大营恢复起来。咸丰八年太平军再破江北大营，咸丰十年再破江南大营，全歼其所属部队，并顺势夺取苏、常富庶之区，使清政府再也无力调集大支清军，重建江南大营与江北大营。苏南地区是清政府的主要财源，清军江南与江北大营的军饷，一向由苏南和浙江供应。这样，苏南地区的丢失与江南大营的败溃，就使清政府陷于兵饷两空的困难境地，唯靠各省督抚自筹兵饷同太平军作战。迨至同治三年、四年多隆阿、僧格林沁相继毙命之后，忠于满洲贵族的兵将基本丧失，无论平时还是战时，清政府要想维持自己的统治，除了依靠湘、淮勇营之外，再无其他选择了。

第二节 中央政权权力结构的变化与归复：相权的让出与收回

太平天国革命对清政府的制约和影响是巨大而深刻的，不仅迫使它政策上做出大幅度调整，而且造成其自身权力结构的很大变化，从中央到地方，都进行了一次权力再分配。多年来，对于地方督抚军政实权的增强，曾有不少人论及，而对于中央政权权力结构的变化，出于种种原因，则较少有人注意。而若不弄清中央政权的变化，则很难弄清其对汉员督抚将帅的政策得以及时调整的关键所在和地方政权变化如此之大的内在原因。所以，本书的考察首先从中央政权开始。

中国自古以来，历代专制政府的权力大约一分为三，即君权、相权、将权，分别由君主、丞相、将军执掌。君主掌决策、用人之权，而具体行政、用兵则由丞相、将军执行。丞相为政府（一般为内阁）首脑，将军为军队的统帅，平时主要靠相，战时主要靠将，分去君主的很大一部分权力，既是其不可或缺的助手，也对其具有一定的制约作用。丞相主持内阁，执掌六部，遇有国家大事，即由君主做出决定，具体由丞相按规章制度办理。故有所谓"掌天下之平"之说，君主亦不得肆行己意。汉唐盛世曾有过不少这样的故事。遇有战事则君主命将授符，将军率兵出征，而一旦兵权在握，即有机动专断之权，不受君权的遥制，亦所谓将在外君命有所不受。从奴隶制到封建制，这种国家中央政权的权力分配制度行之多年，对社会的发展起了很大的作用。而其中相权的存在则尤为重要，往往影响或决定一代王朝的兴衰。因为君主之位按血统继承，实行嫡长制，往往由自然而决定，并非出于人的选择。因而，承位之人并不一定有治国之才。而丞相则由君主任命，是可以选择的，往往由治国之才担任，既是国家方针大计的制定者，又是具体执行者。所以，丞相任用得人，即可使一个国家或地区兴旺发达。例如，历史上著名的东周春秋时期的管仲治齐，汉之文景之治、唐之贞观之治、开元之治，皆多借重于丞相之力。而历史上的所谓名臣贤相，从傅说、姜尚、管仲、商鞅到萧何、魏徵、姚崇、宋景、王安石，其名望与历史作用，则较之同时代的帝王，也似并无逊色。

迨至封建社会后期，这种情况发生了变化。明洪武十三年（1380）太祖皇帝朱元璋杀左丞相胡惟庸之次日，即发布文告，声称"朕欲革去中书省，升六部，仿古六卿之制，俾之……权不专于一司，事不留于壅蔽"①。中书省即内阁，也是当时的政府。作为皇帝的朱元璋撤销中书省，直接掌管六部，也就是撤销了丞相之权，或者说兼并了丞相之权，身兼君、相二职。从此而后，君主不仅是国家元首，同时还是政府首脑，君主专制进一步加强，相权也就不复存在了。

清承明制，虽有内阁之名而无内阁之实。尽管顺、康之时大学士尚有阅折、拟稿之权，但既不能掌管六部，亦即不是政府，也就不再是原来的内阁，只不过徒具虚名而已。及至雍正八年设立军机处之后，内阁仅有的这点权力亦被彻底剥夺，内阁学士、大学士完全成为荣誉职务。军机处虽具有一定职权，协助皇帝处理国家大事，但并无专职人员，皆由大学士与部院大臣兼任，带有临时差派的性质，与明代以前的内阁不同。领班军机大臣亦非政府首脑，并不执掌六部，亦不同于明代以前的丞相。所以，出于某种习惯，军机处有时被人称为政府，大学士、领班军机大臣被称为丞相，而实际上却无相权可言，亦属于一种荣誉称呼。

在太平天国革命期间，出于政治上的实际需要，清政府的这种权力结构暗

_____

① 《明实录》，江苏国学图书馆传抄本，第129卷，第4页。

中发生了变化。虽然，名义上并未设立丞相一职，但在实际上，皇帝却不得不将往日被他兼并的相权分离出来，交给一人执掌，使之成为有实无名的政府首脑，以提高办事效率，迅速而恰当地处理决定国家命运的军政大事。这样，在此期间，清政府为镇压太平天国革命而所采取的重大政治对策，也就不能不与当时握有相权的人息息相关。

太平天国革命爆发之初，咸丰帝奕詝仍循旧例，主要依靠军机大臣协助自己处理日益繁剧的军政要务。不料，事过境迁，时势有异，昔日得心应手的办法失去灵验，事事处处不遂人意。

有清一代，自雍正八年军机处设立以来，一般来说军机大臣是最有权势、最受信任的。但论及个人的实际权势，却并非人人均等，而是因人而异。当军机大臣奏事之际，依次跪在皇帝面前，领班军机大臣离皇帝最近，皇帝讲什么话听得真切，提什么问题亦应首先回答。其余军机大臣，尤其最末一位，所谓"卷帘军机"或"学习行走"的军机大臣，皇帝讲什么话，根本听不清，对他所提出的问题，除指名要其回答者外，亦不能越次抢答。故有人曾用四乘小轿的轿夫，各自不同的神态、感受，来戏喻他们的境遇，有所谓"扬眉吐气""昏天黑地"乃至"吃人臭屁"之说。所以，军机处中只有领班军机大臣握有较大的实权，其余军机大臣都不能跟他相比。至于造成这种情况的原因，除了军机处内部的排列次序和主次关系外，也同当时实际存在的满汉隔离、民族歧视有关。

清王朝是满洲贵族建立的一代政权，军机大臣虽名义上满汉兼用，实际上主要权力则掌握在满员手中。领班军机大臣一般由满员担任，遇事专断，汉员不敢与之相争。若有倔强不服、争辩不已者，亦必以失败而告终。道光时，军机大臣王鼎为重新起用林则徐事，同领班军机大臣穆彰阿屡争不胜、愤而自杀的例子，则是对这种不平等关系的最深刻的揭露。再者，在那满洲贵族主宰一切的政权中，这些汉员军机大臣所以能够升至如此高位，主要并非由于他们真的有什么治国治军的出色才能，而多因他们唯唯诺诺，老于世故，遇事模棱，善观风色。而皇帝平时也不需要他们有什么本领，有什么主见，而恰恰相反，需要的正是他们没有才能，没有定见，只要服服帖帖就行了。据说，军机大臣曹振镛"性模棱，终身无所启沃，入对但颂而已"，故能在嘉、道两朝"特见委任"，"当国"①十五六年。而其"晚年恩遇盖隆，身名俱泰，门生某请其故，曹曰：'无他，但多磕头少说话耳。'""门生后辈有入御史者，见必诫之曰：'毋多言，毋豪意兴。'"有人说："道光以来，世风柔靡，实本于此。近更加以浮滑，稍质直，即不容矣。"还有人赋一剪梅四首以讥讽这种官场风气，"其一云：'仕途钻刺要精工，京信常通，炭敬常丰；莫谈时事逞英雄，一味圆融，一味谦恭。'其二云：'大臣经济在从容，莫显奇功，莫说精忠；万般人事要朦胧，驳也无庸，议也无庸。'其三云：'八方无事岁年丰，国运方隆，官运方通；大家赞襄要和衷，好也弥缝，歹也弥缝。'其四云：'无灾无难到三公，妻受荣封，子荫郎中；流芳身后更无穷，不谥文忠，便谥文恭。'"②这样，一旦国家有事，到了生死存亡之秋，面对决定国家命运的重大问题，需要他们出谋划策、承担责任的时候，也就无能为力了。故多年之后还有人对此切齿痛恨，直斥"曹振镛之误清"。认为曹振镛"拘牵文义，挑剔细故，钳制天下人心，不得发舒，造成一个不痛不痒之天下。洪杨猝发，几至亡国，则曹振镛之罪也"③。其实，始作俑者还是清朝皇帝，曹振镛之类汉大臣，不过投其所好而已。

道光三十年十月，登基不久的咸丰皇帝将长期把持枢垣的穆彰阿革职之后，领班军机大臣曾几度易人，其中除咸丰五年、六年间在位不及两年的文庆外，在如何镇压太平天国革命的问题上，皆没有多大作为。而赛尚阿还因政治上与军事上的无能而获罪，几乎被咸丰杀掉。自咸丰六年十一月文庆去世至咸丰十年六月，近三年半的时间内，这一要职即由以次递升的彭蕴章担任，终使咸丰皇帝在最需要他为自己出力卖命的时候，陷入用非其人的苦恼。可以说，历史让他喝下了清王朝多年酿就的苦酒。

彭蕴章，江苏长洲人，出身书香门第、高官富豪之家。其高祖父彭定求为康熙十五年状元；曾祖父彭启丰为雍正五年状元，官至侍郎。本人在官场中混

① 赵烈文：《能静居日记》，学生书局影印本，同治元年五月廿八日。
② 朱克敬：《暝庵二识》，上海进步书局石印本，第2卷，第5页；第4卷，第6页。
③ 小横香室主人编：《清朝野史大观》，中华书局民国四年十二月版，第7卷，第96页。

迹甚久，受那种不黑不白、无是无非的习气熏染甚深。早在道光十五年考取进士之前，彭蕴章即由举人捐官内阁中书，充任军机章京。考取进士后授工部主事，仍留值军机处，充任章京。此后累次迁官，位至卿贰，咸丰元年以工部侍郎充任军机大臣。咸丰六年十一月原领班军机大臣文庆去世，彭蕴章以文渊阁大学士、工部尚书，循序递升为领班军机大臣。在其担任军机大臣的十年间，尤其位居领班军机大臣的四五年间，清政府真是到了内外交困的地步。以太平天国为中心的全国人民大起义方兴未艾，战意方酣，直欲取清王朝而代之；而以英、法为代表的西方资本主义侵略者则气势汹汹地打了进来，蓄意侵夺中国的主权，逼迫清政府低头，从广州一直打到北京，不达目的，决不停止进攻。面对如此危局，清政府有多少大事亟须处理，而有不少问题处理当与不当，则又关乎着清朝的存亡。咸丰帝面对一个个令人头疼的难题，捉襟见肘，狼狈不堪。这时他才痛切感到得力助手的重要。无奈"蕴章在枢府日，唯阿取容，从无建白，外间戏以彭葫芦称之"①，根本不能担当此任。薛福成《书宰相有学无识》一文所讽刺的两位宰相，就是祁寯藻与彭蕴章。不过，当时皇帝身边，除军机大臣外，还有一种少为人知的御前大臣。可以说前无古人，后无来者，是清代官制上的一大发明。清王朝"鉴明弊政，不许寺人干政"，"内廷事务，特设御前大臣，皆以内廷勋戚诸臣充之，无定员，凡乾清门内之侍卫、司员，命其统辖。每上出宫巡幸，皆橐鞬扈从，代宣王言。名位尤重，仿两汉大将军制，而亲谊过之。初尚命军机大臣代摄"，"后特分析，体制尤正"②，但从此不再办理政务。如今形势严峻，亟须代谋之人，咸丰帝遂将其两种职能合并起来，由御前大臣"代摄"军机大臣之责。也就是说，咸丰帝失望之余，不得不改弦更张，将军机大臣弃置一旁，任用满族亲贵，怡亲王载垣、郑亲王端华及其同父异母弟肃顺等御前大臣，遂得以用事。于是，御前会议渐渐取军机处而代之，而其权势则尤过之。章士钊曾引用李慈铭《日记》以说明这一权力转移过程。"比国事日亟，上知宰执无能为，颇任宗王及御前大臣，枢密之权渐

---

① 章士钊：《热河密札疏证补》，《文史》第2辑，第94页。
② 《啸亭杂录》，第1卷，第4页。

替。……或谓长洲在枢府，时御前某大臣骄甚，凡枢臣拟旨，径取笔涂抹之。长洲虽不敢违，然默然自守，不肯曲附。而同官如匡公源、穆公荫、杜公翰、文公祥，尤恭谨承顺恐后。于是，枢柄尽移于御前诸贵，而长洲终以不为所喜，受其排挤云。"章士钊解释说："御前某大臣者肃顺也。宗王及诸贵，则统郑、怡王言之。"①不过，这里还应补充一句，所谓"长洲"者，彭蕴章也。至于造成这一历史现象的原因，章士钊则采取客观叙述的方式，将三条成因中的一、二两条（形势紧张、军机大臣无能）与第三条（肃顺跋扈）相提并论，且似有非此即彼之意。而事实上，恐怕三条原因都有，也不会没有主次之分。肃顺专横跋扈，凌轹同僚，原因不外有三：一是政见不同；一是有权有势，身份高贵；一是个人性格，所谓"江山易改，本性难移"者也。第一点留待后议，现仅就后两条做点分析。论出身肃顺不过是闲散宗室，曾长期四处游荡，无所事事，给他做个散秩大臣、奉宸苑卿之类，也只是为了照顾他的衣食，无论如何也没有欺压军机大臣的资格。至于权势，则全是咸丰所授予。而军机大臣本是皇帝的亲信，并非肃顺的家奴，他欲行欺压，也要看咸丰的态度。所以，这些原因都是次要的，派生的，由咸丰皇帝的态度决定的。正是由于国势危急，咸丰帝急需助手，欲行非常之事，必用非常之人，所以才弃军机大臣如敝屣，放纵肃顺如虎狼。关于这一点，后面还要详述。但不管出于何种原因，有一点是可以肯定的，那就是肃顺的地位已凌驾于军机大臣之上，握有国相的实权，成为事实上的丞相。无怪乎章士钊在讲完上述情况之后，会从中得出结论说："观此，当时朝政机枢，盖全掌于肃顺一人之手。"②薛福成亦称，载垣、端华、肃顺三人盘结，"同干大政，而军机处之权渐移，军机大臣皆拱手听命，伴食而已"。还说怡、郑"二王实皆庸愦无能，其揽权窃柄一以肃顺为主谋"③。

　　肃顺字雨（又豫）亭，宗室远支，郑亲王端华异母弟，行六。道光中授委散秩大臣、奉宸苑卿。咸丰帝即位，擢内阁学士，兼护军统领等职。以其敢于

①　章士钊：《热河密札疏证补》，《文史》第2辑，第94页。
②　《热河密札疏证补》，《文史》第2辑，第94页。
③　薛福成：《庸盦笔记》，上海扫叶山房民国十一年石印版，第1卷，第12页。

任事，渐受重用。咸丰四年授御前侍卫，迁工部侍郎，历任礼部、户部侍郎。咸丰七年擢左都御史、理藩院尚书，兼都统，渐与廷议。怡亲王载垣与郑亲王端华虽地位显赫、同被重用，但办事能力不强，遇事也拿不出什么主意。而肃顺为人机敏、刚毅，虽属不学无术，但却遇事果断，敢作敢为，具有一定社会经验与办事才能。尤其长期生活与接近社会下层，洞悉社会弊端，痛恨官场的昏庸腐败，嫉之如仇，受命之先，即于咸丰召见时提出"严禁令、重法纪、锄奸宄"的主张，"皆当上意"[①]。也就是很合咸丰的口味。当时，"内忧外患"，形势严重，整个清王朝岌岌可危。而清政府各级官员，从中央到地方，除少数警觉、振奋者外，绝大多数贪污纳贿，依然故我。咸丰帝心急如焚，急欲从政治上扭转清政府的危机局面，遂大刀阔斧，严刑峻法，对吏治严加整顿，接连兴起几个大狱。当时主要有议约违旨案、顺天乡试舞弊案、户部宝钞处贪污案，元老重臣耆英、柏葰或赐死或处斩，涉案官员株连甚众。主管户部的大学士翁心存几被科以重罪，被迫休致。据当时的记载和后人的研究，对于清政府数年之间所发生的这一巨大变化，肃顺从中起了很大作用。《清史稿》载：咸丰八年"英法联军犯天津，起前大学士耆英随钦差大臣桂良、花沙纳往议约。耆英不候旨回京，下狱议罪，拟绞监候，肃顺独疏请立予正法，上虽斥其言过当，即赐耆英自尽。大学士柏葰典顺天乡试，以纵容家人舞弊，命肃顺会同刑部鞫讯，谳大辟，上念柏葰旧臣，狱情可原，欲宽之；肃顺力争，遂命斩"。户部为裕饷，印行纸币，铸行当百、当五百大钱，设置宝钞处、官钱总局分管其事。"肃顺察宝钞处所列'宇'字五号欠款与官钱总局存档不符，奏请究治，得蒙混状，褫司员台裴音等职，与商人并论罪，籍没者数十家。又劾官票所官吏交通，褫关防员外郎景雯等职，籍没官吏亦数十家"[②]。一时朝野震惊，秩序肃然，风气大为好转，直到肃顺被处死之前，再没有发生过考场舞弊案件。可见，当时对吏治的整顿还是取得一定成效的。其实，当时对犯罪大臣的处置，并未超出清朝的法律规定，尚不如顺治年间同类案犯所受惩办之重。

---

① 沃丘仲子：《近代名人小传》，崇文书局1918年版，上册，第75页。
② 赵尔巽等：《清史稿》，中华书局1977年版，第38册，第11699、11670页。

只是由于那拉氏、奕䜣政变之后肃顺被杀，诸多事实遭到歪曲①，不少问题黑白颠倒，是非混淆。细察肃顺所为，虽难免挟嫌报复、杀人树威的成分，也显得有些感情用事，急于求成，但其主旨是与咸丰皇帝相同的，亦不失为对症下药、整顿清朝吏治的良方。所谓久玩之后，振之以猛，正是诸葛亮治蜀的指导思想，若能长此以往，清王朝政治上的腐败可能会受到一定程度的抑制。所以，当有人批评咸丰帝"求治太锐，不免操之已蹙；除弊太急，不无过为已甚"时，他立刻下诏予以反驳，称"朕执两用中，毫无偏倚。近来诸事苟且，即如现办户部钞票局一案，弊端迭出，若不严惩，何以肃法？徒持宽大，尚未平允"。②然而，肃顺毕竟不学无术，亦非丞相之才。为相者不仅为皇帝制定并具体执行国家方针大计，还须统率群僚、和衷共事，故有所谓"是非不可太清、爱憎不可太明"之说，以使人敢于接近自己。而肃顺心胸褊狭，作风霸道，行事狠戾，刻人宽己，有似酷吏行径，殊非丞相所宜。加以当时满朝文武贪渎成性、因循苟且，他的所作所为不仅惊世骇俗，简直可以说人人自危了。不过，我们仍能从中看出，肃顺当时"独被信任"、凌轹群僚的特殊地位，亦隐然一当朝宰相、政府首脑了，说他实在一人之下、万人之上，似亦不算过分。尤为重要的是，当他的意见与咸丰皇帝发生分歧时，敢于坚持己见，起而抗争，更是多年来从未有过的。自从明初朱元璋兼夺相权、建立廷杖制度以来，尤其鳌拜、和珅被杀之后，极少有人敢跟皇帝相争。故肃顺所行之事、所处之位、所执之权，与明初以前的丞相颇为相似，而与明、清各朝的成例大不相同。因而，不少论者不明就里，将这一特殊历史现象的成因，或者归之于肃顺的强梁、咸丰的懒惰，或者视肃顺为非法篡权，惊其连军机大臣都不是，何以竟有那么大的权力？有人甚至把肃顺看成怪物，用一般成见解释其所作所为，以论证那拉氏、奕䜣发动政变的合理性。他们面对晚清历史上这一难解之谜，所以不能做出恰当解释，其主要原因还是忽视了一个重要事实，即在太平天国革命战争的强大压力下，皇帝一人难以独支危局，不得不倚任强有力的宰

---

① 参见《清代全史》第7卷，辽宁人民出版社1993年版，第257—259页，309—323页。

② 李慈铭：《越缦堂日记补》，商务印书馆民国二十六年版，咸丰九年十二月初九日。

辅。这样，在中央政权的实际运作中，就不能不容忍与默许相权的存在，非如此则不能发挥其作用。

那拉氏、奕䜣政变上台之后，虽然取消了大臣赞襄政务制度，实行垂帘听政，但中央政权的这种权力结构并未改变，相权不但没有取消，反而得到进一步的加强，惟那拉氏取代咸丰，奕䜣取代肃顺而已。

从个人地位来说，奕䜣原本是道光帝遗诏特封的恭亲王，具有与众不同的地位。又是同治皇帝的亲叔，那拉氏的小叔子，可以说既亲且贵。政变之后，那拉氏又酬其拥戴之功，封其为议政王、领班军机大臣，主管总理各国事务衙门。从个人关系来说，留任与新任军机大臣桂良、文祥、宝鋆等人，不是他的岳父，就是亲信、死党，遇事看其眼色，再加上议政王头衔，更使奕䜣名正言顺地成为政府首脑，当朝宰相。同时，那拉氏虽掌握最后决定权，但却没有治国才能与经验，遇有国家大事拿不出什么主张，在这方面尚不如咸丰帝，只是阴狠毒辣，善弄权术而已。再者，她靠奕䜣的力量政变上台，满朝文武多属奕䜣一党，遇有分歧不能不容忍退让，只是明辨君臣之分，使其安于臣位、不敢作非分之想而已[1]。这样，自咸丰十一年政变上台至同治四年取消议政王称号的五年之间，清朝中央政府就形成了垂帘听政与亲王议政的联合体制，出现帝、相并存的局面。整个朝政的制定与实施，无不出于奕䜣之手。遇有重大事项，总是先由奕䜣提出主张，经那拉氏照准，再交由奕䜣具体执行。其地位之煊赫与实际上所起作用之大，则都超过肃顺，成为名副其实的国相。其议政王的头衔尤非一般。清朝贵族入关之前，虽曾有过八王议政制度，康熙初立亦有过四大臣辅政之事，但究非一人专任可比。八人、四人尚有相互之间的牵制，而一人专任则国家诸大政，事事处处皆可参与议定，其情形同太平天国的东王杨秀清有些类似，较之古时丞相权位尤重。正像有人说的那样，"军机仅事承宣，久无实权，唯恭忠亲王议政时略可专断"[2]。当时虽行垂帘听政之体制，但"两宫初政，春秋甚富，骤遇盘错，何能过问？"所以，"所承之旨，即军机

---

① 参看《清代全史》第7卷，第324—325页。
② 金梁：《光宣小纪》，1933年版，第55页。

之旨，所出之谕，即军机之谕"，一时形成太后听政其名、亲王议政其实的局面。有人还进一步解释说："两宫垂帘听政，则军机必以亲王领班，下以数大臣辅之，所谓军机大臣是也。凡事由亲王作主，商之大臣而定。每日上班，必由领班之亲王开口请旨。所请何旨？即未上班时所商定者，虽偶有更动，亦罕矣。"①

那拉氏是个权力欲极强的女人，其内心深处，对于这种权力分配方式是很不满意的。只缘当时自己根基尚未稳固，羽翼尚未丰满，尤其以太平天国为中心的全国大起义还没有镇压下去，尚需借重恭亲王的力量。所以，她表面上对奕䜣处处迁就，事事容让，以充分调动其积极性，最大限度地发挥其作用；而实际上则无时无刻不以警惕的目光看着恭亲王的一举一动，一旦时机成熟，就可迅速出击，剥夺其特殊地位，兼并其手中的相权，以重新恢复旧制，做一个独断专行的女皇。这一天终于到来了，这就是同治四年的春天。这时，太平天国革命已被镇压下去，湘军首领曾国藩也被收拾得服服帖帖，再没有什么外部力量足以构成对清廷的威胁，于是，就开始动手解决恭亲王奕䜣的问题了。

早在辛酉政变取得胜利之初，即处死肃顺的第二天，那拉氏就发布上谕，借题发挥，对奕䜣等提出警告："王、公、内外文武大臣均受皇考大行皇帝深恩，特备任使"，"倘敢纳贿招权，营私舞弊"，"载垣等前车具在"。"嗣后倘有如载垣等专擅不臣者，尔王、大臣等以及科、道即行参奏"，"倘仍前缄默"，"朕不能宽宥也！"②奕䜣一看便知这主要是针对自己的，遂于次日急急上奏，表示要"尽心竭力，一秉公忠，与在廷诸臣认真办理，以期仰慰先帝在天之灵，用酬委畀深恩于万一"。并请求"明降谕旨，饬下中外大小臣工，嗣后于朝廷用人行政贤否是非，务当各抒己见，据实胪陈，以求折中至当。而臣得借以多方历练，庶不致有陨越之虞矣！"③实际上，奕䜣与那拉氏较量的第一个回合就落在下风，臣服于慈禧太后的脚下，但却并未从中看透那拉氏的为人，也没有接受应有的教训。他生长深宫之中，自幼处于尊崇的地位，加以性情虚

---

① 何刚德：《客座偶谈》，1934年线装本，第1卷，第9页、第1页。
② 《清代档案史料丛编》，中华书局1987年版，第1辑，第117—118页。
③ 《清代档案史料丛编》，中华书局1987年版，第1辑，第121页。

浮，社会阅历甚少，实际经验尚不如自幼生长民间的那拉氏。赵烈文说他"聪明信有之，亦小智耳"，"身当姬旦之地，无卓然自立之心，位尊势极而虑不出庭户。"①其智囊宝鋆也说："恭王虽甚漂亮，然究系王子，生于深宫之中，外事终多隔膜，遇有疑难之事，还是我们几个人帮忙。"②所以，对于政变上台后他与那拉氏的关系，并没有看透，虽然垂帘听政之初，那拉氏曾给了他一个下马威，但稍过即忘，不知自警，很快忘乎所以，恃功骄盈之态难以自掩，从而为那拉氏重新兼夺相权提供了可乘之机。只是恭亲王在朝臣中有一定威望，又有统兵在外的胜保为其军事支柱，故动手之前必须先除掉胜保。

由于当时手握京畿主要武装力量的胜保在辛酉政变时，于"太后垂帘听政"之外，又提出一个"近支亲王辅政"的问题③，迫使那拉氏不得不接受太后、皇叔联合执政的体制，犯武人干政之大忌，那拉氏早就对他恨之入骨，起了杀以泄愤之心。其后胜保又对恭亲王多方行贿、拉拢，二人关系日益亲密，这就更加坚定了那拉氏杀掉胜保、以剪除奕訢羽翼的决心。而胜保自己亦行为不检，授人以柄，这就无疑为那拉氏实现这一图谋大开方便之门。同治元年七月，那拉氏先下令将胜保由安徽调往陕西，接着又于十一月以恃功骄盈、多次庇护苗沛霖与宋景诗部"降而复叛"等罪，密令督办陕西军务的钦差大臣多隆阿将其逮捕，并于同治二年二月槛送至京师。七月，下诏赐其自尽，从而剪除了奕訢的羽翼。由于在此之前几次欲杀胜保，都因奕訢的阻挠而未获成功，故这次那拉氏还特地耍了一个小花招。为了避开奕訢的阻挠，她又重施杀肃顺时的故技，先令人背着奕訢秘密拟定谕旨。"一日，帘内传旨无事，各直员皆散，恭邸甫出而赐胜死之旨从中降"④。当奕訢发现回救时，已经来不及了。同治三年六月，曾国藩兄弟率湘军攻陷太平天国的首都天京，随后将该地区湘军五万人陆续调走或裁撤，仅留数千人戍卫省城，其前敌统帅曾国荃亦被迫辞职回籍。那拉氏以为时机已到，便暗中布置，于同治四年三月向奕訢开刀。

---

① 赵烈文：《能静居日记》，台北学生书局，同治六年七月初九日。

② 《客座偶谈》，第1卷，第9页。

③ 《清代全史》，第7卷，第320页。

④ 《能静居日记》，同治七年二月十四日。

日讲起居注官蔡寿祺首先发难，以议论朝政的形式呈递奏折，对奕䜣进行政治攻击。他根据那拉氏的授意，在折中提出"广言路、勤召对、复封驳、振纲纪、正人心、整团练、除苛政、复京饷"①八条要求，并批评奕䜣重用汉臣，指责劳崇光、骆秉章、曾国藩、刘蓉、李鸿章等督抚大员结党营私、排斥异己。该折留中。时隔十日，蔡寿祺又上一折，好像得到什么高人的指点，一改上次万箭齐发的做法，将攻击的矛头集中于奕䜣一人，列出"揽权、纳贿、徇私、骄盈"四大罪状，要求奕䜣引咎辞职，"归政朝廷，退居藩邸，请别择懿亲议政"②，而在统治阶级内部引起更大的震惊与混乱。那拉氏乘乱出击，避开奕䜣控制的军机处，召集周祖培等八人，命其照蔡折给奕䜣定罪。周祖培等惊惧交加，怵于那拉氏的淫威，尽管查不到事实，最后仍不得不以"事出有因，查无实据"为由，将那拉氏事先亲自草拟的文理不通、错字连篇的上谕，加以润色，仅在"恭亲王"与"妄自尊大"之间，增添"议政之初，尚属谨慎，迨后"十字，即匆匆发向全国。蔡寿祺胆子如此之大，那拉氏动作如此之快，不能不令人联想起四年前那拉氏、奕䜣导演的，作为政变先声的董元醇奏请太后垂帘听政的闹剧，内容有变，手法雷同，个中奥秘，不言自明。那拉氏的"上谕"称："朕奉两宫太后懿旨，本月初五日据蔡寿祺奏，恭亲王办事徇情、贪墨、骄盈、揽权，多招物议，似此劣情，何以能办公事！查办虽无实据，事出有因，究属暧昧，难以悬揣！恭亲王议政之初，尚属谨慎，迨后妄自尊大，诸多狂傲，倚仗爵高权重，目无君上，视朕冲龄，诸多挟制，往往暗使离间，不可细问；每日召见，趾高气扬，言语之间，许多取巧妄陈。若不及早宣示，朕亲政之时，何以用人行政！凡此重大情形，姑免深究，正是朕宽大之恩。恭亲王著毋庸在军机处议政，革去一切差使，不准干预公事，以示朕曲为保全之至意。至军机处政务殷烦，著责成该大臣等共矢公忠，尽心筹办。其总理通商事务衙门各事，宜责令文祥等和衷共济，妥协办理。以后召见、引见等项，著派惇亲王、醇郡王、钟郡王、郭郡王四人轮流带领。特谕。"③

① 《能静居日记》，同治四年四月初四日。
② 吴相湘：《晚清宫廷实纪》，台北正中书局1982年版，第99、101页。
③ 翁同龢：《翁同龢日记》，中华书局1969年版，同治四年三月初八日。

　　不料，上谕发布之后，在统治阶级上层，招来一片惊异、反对之声。惇亲王奕誴，本奕䜣同父异母第五兄，为人蠢笨、憨直，出承惇亲王爵，因不直其政变杀肃顺事，多年与奕䜣不和。这次见奕䜣突然遭此沉重打击，顿有兔死狐悲之感，疑为那拉氏擅作威福，欲灭觉罗近支诸王，遂警惕起来，愤然上疏抗争。随后，醇郡王奕谭、通政使王拯、御史孙翼谋接连上疏力争，不同意罢免奕䜣。将这些奏折发下复议，结果也是反对者多，赞成者少，且反对之声越来越大，几乎众口一词，要求收回成命。尤为应该注意的是，有人竟以"夷人"为词，称"该王素为中外仰重，又为夷人所信服，万一夷人以此为请，从之则长其骄肆之心，不从则别启猜疑之渐"[1]，更使那拉氏有所顾忌。这样，她也就只有退却一条路了。然而，那拉氏毕竟具有丰富的政治经验，在其前行无路必须退却时，也要竭力掩盖自己的政治意图，以免陷于被动。于是，她再次要弄两面手法，在将这一问题提交王公大臣集议之前，分别召见意见不同的两派人物，使双方都以为得到那拉氏的支持，造成意见相持不下、一时难以成议的局面，从而冲淡了反对派黑云压城的政治气氛。当与议朝臣意见渐趋一致时，她便乘机发布明谕，恢复奕䜣内廷大臣、管理总理各国事务衙门的职务。接着，召见奕䜣，面加训诫，见其"伏地痛哭，无以自容"，"深自引咎，颇知愧悔"，完全屈服于自己的脚下，那拉氏便故作"衷怀良用恻然"的姿态，恢复奕䜣军机大臣的差事，但"毋庸得议政名目，以示裁抑"[2]，并将上述情形与新的决定以上谕的形式发布全国。至于奕䜣的内务府大臣、宗人府宗令及正黄旗满洲都统等军政要职，则已于数日前由他人接替。经过这次打击，奕䜣不仅实权顿减，地位降低，而更为重要的是从此失去议政之权，再不能与那拉氏帝相联合，隐隐相抗，完全变成驯服的臣仆，同咸丰初年以前的军机大臣无异，徒有相名，而无相权。

　　至此，通过辛酉政变建立起来的听政、议政联合政体宣告解体，肃顺执政时由咸丰皇帝出让的相权，亦由那拉氏对奕䜣的突发一击而夺回。从此，那拉

---

① 《晚清宫廷实纪》，第109页。
② 《翁同龢日记》，同治四年四月十五日。

氏便成为中国历史上继武曌之后的一代女皇，而清王朝则通过她的手，以帝权兼并相权，在经过一场惨烈的战乱之后，重新恢复了昔日极端的君主专制体制。

第三节　清政府政治对策的形成与实施

清代咸同年间中央政府权力结构的变化，以及咸丰后期军机处的失势和相权的产生，都与清政府为镇压太平天国革命所采取的政治对策，尤其围绕这些政策在中央政府内部所进行的一系列斗争有关。肃顺所以敢于力争这一久已消失的权力，并强行加以使用，以及咸丰帝所以出让这一权力，容忍肃顺以御前大臣、户部尚书行使相权，皆因这些政策对清王朝至关紧要，生死攸关，而又非如此不能克服障碍，使之得以贯彻执行。

为了将太平天国革命尽快镇压下去，清政府采取了包括政治、经济、文化等在内的一系列政策。这里只讲政治方面的，主要有以汉制汉与放权督抚两项，与此相关的还有重用士绅、重用勇营两项。实际上，这是一次统治阶级内部的权力再分配。满洲贵族，尤其觉罗皇室、皇帝本人，为了打赢对太平天国的这场战争，保住自己至高至大的权位，不得不从自己手中分出一部分权力，授予汉族地方督抚，以最大限度地调动和发挥他们的作用。

以汉制汉的思想与政策由来已久，满洲贵族入关前后曾被广泛地加以运用：如收编孔有德、耿仲明、尚可喜等汉族降人，于满、蒙八旗外建立汉军旗；招降吴三桂等明将及大批明军，于八旗骁骑营外建立绿旗营；招降洪承畴等明臣，借以制定各项政策、法令和规章制度，维持统治秩序，以及在各级政权中选用汉族官员等，都属于这一类。只是当其统治地位逐步稳固，尤其平定三藩之后，这一思想与政策渐渐淡化，且其借重汉人的程度，亦远不能和咸同年间相比。因为上述人员至多起一些配合、辅助作用，满洲贵族从未让他们唱过主角。其原因无他，主要还是由于斗转星移，满汉之间的力量对比发生了变化。对满洲贵族来说，他们所面临的是完全不同的政治、军事形势，无论其自身还是客观环境，都已起了很大变化。所以，这项政策之能否得以实施，及其实际上的深度与广度，对他们自身来说，则具有更为重要的意义。

清王朝是少数民族入主中原建立起来的一代政权，一开始就陷入占中国人口百分之九十的汉族人众的包围之中，犹如汪洋大海中的一叶扁舟。满洲贵族乘明朝末年旧政权垮台、新政权尚未巩固之机带兵杀入关内，其得天下之巧、杀戮之重前所未有。虽然以暴力镇压了汉族人民的反抗，然而民族对立情绪，包括地主士绅在内的、各阶层民众的反满思想，却仍长期存在，难以消除。所谓马上得天下，却不能马上治天下。如何保持自己的统治地位，就成了他们政治上的一个大课题。他们接受元朝统治者仅据有天下八十年即行灭亡的教训，为了长久保持其统治地位，采取了一系列政治措施，除加强满族团结、推行汉化政策、联合蒙、回、藏族上层人物、对反满思想加紧镇压外，还刻意对汉族民众进行分化，吸收一部分汉族士绅参加各级政权，担任各种职务，以达到分而治之的目的。但这是有条件和有限度的，而民族歧视则根深蒂固，民族藩篱与警戒之心依然存在。所谓条件，就是誓死效忠满洲贵族；所谓限度，就是名义上满汉兼用、六部堂官缺额对等，而实际上则不让汉员掌握实权，尤其不让他们掌握兵权。所谓民族歧视，就是旗员与汉员之间同样条件下的种种不平等，差别相当悬殊。所谓民族藩篱，就是对一些要害部门官吏任职资格的限制，或明或暗地规定，某些缺额只能由旗员担任，汉员不得与闻。所谓警戒之心，则指清廷对担当督抚要职的汉族大吏放心不下，往往在身边安插旗员加以监视，一动一静上报皇帝。据载，"六部皆有厖，上书某年满大臣等，宜时至大内某官（宫），敬谨阅看某朝所立御碑"。而"宫内所立碑，系专谕满大臣。大略谓本朝君临汉土，汉人虽悉为臣仆，然究非同族。今虽用汉人为大臣，然不过用以羁縻之而已。我子孙须时时省记此意，不可轻授汉人以大权，但可使供奔走之役云云"。可谓立意"深远矣"[①]。这样，就不能不常常发生以往朝代所未曾有过的怪事，下吏无法无天，上司不敢管束，甚至竟有下吏欺压上司、逼死（或直接或间接）上司之事。究其原因，则不外上司为汉员，不得皇帝信

---

① 小横香室主人：《清朝野史大观》，中华书局民国四年版，第3卷，第95页。

任，而下吏属满员，有监视上司之责而已。至于下吏挟私诬告，皇帝偏听偏信，汉员蒙冤受屈之事，则更是屡见不鲜。咸丰四年湖广总督吴文镕，就是在旗员鄂抚崇纶的一再上告、诬陷和不断逼迫下，带少数兵力出防黄州，终致败死的。从军事的角度看，这是个明显的错误。当时湖北兵力不敌太平军，所谓"战则不足，守则有余"是尽人皆知的。出发前吴文镕曾致函曾国藩，明知送死却不敢不赴黄州，其原因就是崇纶受咸丰宠信，有言必听，吴文镕无处可以申辩。曾国藩当时也是敢怒而不敢言，待其政治上站稳脚跟之后，便即专折弹劾崇纶，为吴申冤辩诬，也为自己出了一口气。所以出现这种情况，归根结底还是因为满洲贵族以勇武自雄，自恃种族优越，藐视汉族，鄙视汉员。虽然让这些人做官，但仍视为恩赐。在他们看来，这些汉员在清政权中的作用，不过是一种陪衬。他们很少认为，没有这些官员，就很难统治下去；更不会想到，将来会有一天，只有依靠汉族官员的支持，才能维持他们的统治。

其实，嘉庆初年的川楚白莲教大起义，就已经给他们敲起了警钟。虽然它终被清政府镇压下去，但其战争过程表明，不仅赖以征服中原的满蒙八旗勇武已属过去，平定三藩时充任主力的绿营也成了明日黄花，追杀堵截全靠地主团练，不过倚仗特权，欺瞒天下，团练苦战，绿营收功，汉员出力，旗员受赏而已。这种自欺欺人的做法，掩盖了事实真相，也蒙住了自己的眼睛，使他们难以发现形势的变化，当然也就更谈不上提高认识、调整政策了。《清代野史》称："满自开国，重用满而轻视汉，不曰'汉儿庸懦喜名誉'，即曰'吾满勿沾染汉人习气'。"[1]更有所谓"近支排宗室，宗室排满，满排汉"[2]之说。晚清学者薛福成亦曾专门著文谈及此事。只是当时清廷尚在，恐触忌讳，语言有些含混闪避，不敢过于直露。他说："圣清御宇余二百年，凡磊落闳伟盖世之勋业，皆出满洲世族及蒙古、汉军之隶旗籍者。汉臣虽不乏贤儁，不过以文学议论黼黻隆平而已。"为什么会出现这种情况呢？"先皇措注之深意，盖谓疏戚相维、近远相驭之道当如此，而风气之文弱，不娴骑射，将略非所长，又其次

---

① 《清代野史》，巴蜀书社1987年版，第3辑，第354页。
② 刘体智：《萍园史学四种·异辞录》（以下简称《异辞录》），木刻线装本，第4卷，第3页。

也。"他还说:"乾隆、嘉庆间防畛犹严,如岳襄勤公之服金川,二杨侯之平教匪,虽倚任专且久,而受上赏、为元勋者,必以旗籍当之。"为何竟然如此?"斯制所由来旧矣。"①就是说,这是清朝的固有制度,已行之很久了。

在镇压太平天国革命的战争过程中,最早提出重用汉人、以汉制汉的是文庆。文庆字孔修,费莫氏,满洲镶红旗人。出身官宦之家,其祖父曾任两广总督。道光二年进士,选庶吉士,散馆授编修。道光十二年授礼部侍郎,兼副都统。此后屡升屡降,反复进出军机处。咸丰二年起授内阁学士,寻擢户部尚书,复为内大臣、翰林院掌院学士。咸丰五年复为军机大臣、协办大学士,加太子太保衔、拜文渊阁大学士。咸丰六年晋武英殿大学士。从上述经历可知,文庆确乎清政府的元老重臣。他受道光、咸丰两帝信任,虽屡因失误褫职,却仍恩眷不衰,旋即复职,寻又提升,情形较为少见。其于满汉关系,尤具远见卓识,识大体、顾大局,胸怀宽广,不为俗见所蔽。"平时建白,常密请破除满汉藩篱,不拘资地以用人。"②太平天国革命爆发后,更力主重用汉员。"尝言欲办天下大事,当重用汉人。彼皆从田间来,知民间疾苦,熟谙情伪,岂若吾辈未出国门一步,懵然于大计者乎?"③曾国藩、胡林翼等皆得其护佑、识拔。

道光二十年文庆典江南乡试,充主考官。副考官为刚刚授职翰林院编修的胡林翼,因私携江西举人胡某入闱事泄,当受重处。"文庆重林翼才识,以为将来必能大有展布,若以新进获重咎,将难再起。己为旗员,且旧臣,虽降黜易于登进也。因挺身自认其事,遂降四级为鸿胪寺卿,林翼仅坐失察降一级。"④其后,胡林翼靠副江南乡试时所取门生的资助,捐得贵州知府,屡署、任安顺、镇远、黎平等府知府,因实行团练保甲、镇压当地小股农民起事卓有成效,被贵州地方官奏保贵东道道员,任命状未到,即应调赴湖北委用。不料刚到湖南岳州,即闻湖广总督吴文镕败死黄州之讯,遂进退失据,犹如丧家之

---

① 薛福成:《庸盦全集·庸盦文续编》(以下简称《庸盦文续编》),光绪十三年刊,卷下,第4页。

②③《庸盦文续编》卷下,第4页。

④ 徐凌霄、徐一士:《凌霄一士随笔》,《国闻周报》第7卷,第26期。

犬，出于无奈，只好暂寄前礼部侍郎、湖南团练大臣曾国藩的麾下。其时所统主要为自贵州带来的六百黔勇，亦未见其立有什么大功，只因获文庆之"深知"，赞赏"其才略，屡密荐，由贵州道员一岁之间擢至湖北巡抚，凡所奏请，无不从者"①。曾国藩初起，以汉人书生组建湘军，为祁寯藻"所觝排，又累战失利"，遂致朝野皆疑，自己也曾投水自杀，省城长沙内外更是怨声载道。而湖南巡抚骆秉章、布政使徐有壬、按察使陶恩培所谓三宪大员，尤其徐、陶两位，则冷眼旁观，等待时机，随时准备发难。其处境之难可想而知。多少年后提及此事，曾国藩仍不免神情凄然。当时，只有文庆独具慧眼，"谓曾某负时望，能杀贼，终当建非常之功，时时左右之"。同时，文庆对"督师淮上"的袁甲三、"巡抚湖南"的骆秉章，亦皆"尝荐其才，请勿他调以观厥成"。即如户部主事阎敬铭这样的小京官，以军机大臣、武英殿大学士兼管户部的文庆，也因其"明习部务""常采用其议，虽他司所掌，亦询之以定稿"。②对于力不胜任的旗员大吏，文庆则力主及时罢免。咸丰六年十一月文庆临终之前，"遗疏谓各省督抚如庆端、福济、崇恩、瑛棨等皆难胜任，不早罢之，恐误封疆事"③。文庆上年七月接替奕䜣入值军机处，任领班军机大臣，距去世之日尚不足十七个月。

在如何看待和处理满汉关系的问题上，文庆的确不失为一位较有胆识与远见的政治家，在清政府的元老重臣中尤属凤毛麟角，难能可贵。其"重用汉人"的思想与主张，对于民族偏见颇深的满洲贵族来说，无疑起了振聋发聩的作用，不仅为清政府制定和推行以汉制汉政策奠定了思想政治基础，亦为曾国藩军政集团的发展开辟了一条通道。无怪乎曾国藩的得意门生薛福成会对文庆如此推崇。他在《书长白文文端公相业》一文临近结尾之时说："曾公克金陵报捷也，推使相官文恭公居首，而己次之。海内称其让德。今伯相李公将平捻寇，将军都兴阿公甫受命督师而寇适灭。都公谦不报捷。大功之成，由汉大臣

---

① 《清史稿》，第 38 册，第 11686 页。

② 《庸盦文续编》卷下，第 4 页，第 5 页。

③ 《庸盦文续编》卷下，第 5 页。福济、崇恩分别为安徽、山东巡抚，瑛棨、庆端分别为河南、福建布政使，四人皆满族。薛福成统以督抚称之，恐为笔下之误。

专报，自兹役始。迨左文襄公平回寇，则竟不参以他帅，满汉已无町畦。功名之路大开，贤才奋而国势张，盖文文端公之力为多。"又说："宰相以荐贤为职。荐一世之贤，平一世之难，其功固不浅。若所荐不仅一世之贤，而移数百年积重之风气，非具不世出之深识伟量，其孰能之？余故表而书之，以谓中兴之先，论相业者，必以公为首焉。"①在这段话语中，既有冷静的理性分析，也饱含着胜利之后对这位保护神的感激之情。这般情感，倾注到肃顺身上固然万万不可，即发向奕䜣亦未尽适宜，这样，也就只有向文庆表达了。

文庆去世之后，坚持重用汉人、实施以汉制汉之策者是肃顺。其于曾国藩终得两江总督之位、左宗棠免于牢狱之灾而骤获大用，都起了关键作用。故李岳瑞在《春冰室野乘》中说："发逆荡平之由，全在重用汉臣，使曾、胡诸公得尽其才。人第知其谋之出于文文端公庆，而不知帷幄之谋，皆由肃顺主持之。"②《清代野史大观》也说："曾国藩、胡林翼之得握兵柄，亦皆肃顺主之。"③薛福成等亦曾专文述及此事。其《肃顺推服楚贤》称："肃顺于咸丰年间始为御前大臣，贵宠用事……其人固无足论矣。然是时粤贼势甚张，而讨贼将帅之有功者皆在湖南，朝臣如祁文端公、彭文敬公尚懵焉不察。唯肃顺知之已深，颇能倾心推服。平时以座客谈论，常心折曾文正公之识量，胡文忠公之才略。"④

肃顺对湘军将帅为什么竟能知之甚深呢？此可谓冰冻三尺，非一日之寒。只因肃顺早已"获罪伏法"，薛福成不肯多所牵连，故不能像文庆那样毫发不遗，颠末尽述。其实，肃顺"虽痛恨科甲，而实爱才如渴，一时名士，咸从之游"⑤。《清史稿》称，肃顺当权之后，"日益骄横，睥睨一切，而喜延揽名流，朝士如郭嵩焘、尹耕云及举人王闿运、高心夔辈，皆出入其门，采取言

---

① 《庸盦文续编》，卷下，第5—6页。

② 《清代野史》，第5辑，第106页。

③ 黄浚：《花随人圣庵摭忆》，上海古籍书店1983年版，第497页。

④ 薛福成：《庸盦笔记》，上海扫叶山房，1922年线装石印本，第1卷，第10页。

⑤ 《清代野史》第5辑，第106页。

论，密以上陈"①。《慈禧传信录》亦称："肃顺虽暴戾，独敬礼汉人，尝谓满、蒙气运已终，后起皆竖子。"②《清代野史大观》则说："肃顺秉政时，待各署司官，眦睚暴戾，如奴隶若。然唯待旗员则然，待汉员颇极谦恭。尝谓人曰：'咱们旗人浑蛋多，懂得什么？汉人是得罪不得的，他那支笔厉害得很。'故其受贿亦只旗人，不受汉人也。汉人有才学者，必罗而致之，或为羽翼，或为心腹，如匡源、陈孚恩、高心夔，皆素所心折者。"还说："肃顺极喜延揽人才，邸中客常满。"③《清世说新语》则称："肃顺优礼贤士，而又有知人之鉴。"郭嵩焘因喜谈洋务，在第二次鸦片战争中主和议，备受"肃党"陈孚恩青睐。而郭嵩焘"亦当时极以肃顺为然之人，以先出都，得免于'肃党'之目"。有人说，若"南归稍缓一两月，天津兵溃，嵩焘前言皆验，尚书必邀致之，使并入党祸。"④这里所说的"尚书"，就是先为"穆（彰阿）党"、后为"肃党"、最后死于新疆流放地的陈孚恩，时任兵部尚书、吏部尚书。这位人士还说，曾国藩、郭嵩焘、王闿运、吴汝纶等言及咸丰末年之事，总不免含有为端、肃讼冤之意。以上所述虽有些传奇色彩，好像肃顺将清朝的民族歧视政策翻转过来，有些言过其实，但其欲办天下大事，非重用汉人不可的思想，颇与文庆相合。而其所网罗的郭嵩焘、尹耕云、王闿运、高心夔等诸名士，则多与曾、胡友善，而郭尤称密友。这样，肃顺对于湘军的情况知之甚详，对湘军将帅知之甚深，对曾、胡诸人倾心推服，也就不奇怪了。所以，他所推行的以汉制汉政策，更较他人坚实有力，以至成为清政府镇压太平天国革命的根本方针，那拉氏、奕䜣政变上台之后，杀其人而不废其策。至于肃顺推荐曾国藩、救援左宗棠之事，则有多人言之甚详，其中又以薛福成的文字传播最广。

咸丰十年太平军再次踏破清军江南大营，顺势夺占苏、常繁富之区。原两江总督何桂清因弃城获咎革职，咸丰帝欲调胡林翼总督两江。"肃顺进言道：'胡林翼在湖北措注尽善，未可挪动，不如用曾国藩督两江，则上下游俱得人

---

① 《清史稿》，第38册，第11700页。
② 《花随人圣庵摭忆》附《花随人圣庵摭忆补篇》，第5页。
③ 《花随人圣庵摭忆》，第497页。
④ 《花随人圣庵摭忆》，第430页，第496页。

矣.'上曰善,遂如其议。"①《归庐谈往录》亦称:"两江总督何桂清以逃死拿问,而代任殊未定人,肃首以曾某为请,得旨即行。"还说:"湖口高刺史心夔时在肃幕,左右其事。""独山莫孝廉友芝时亦在都,与二三清流实始倡议。知高为肃所重,邀与密商,高毅然以此自任。殆奉谕旨,肃下直趋高馆曰:'行矣,何以谢保人',握高手大笑。置酒极欢而散。"②而左宗棠则因充任湖南巡抚骆秉章幕僚,呼喝指挥,隐操一省大权,为非分礼仪之争,卒革署湖南提督、永州镇总兵樊燮之职。"樊燮控之都察院",湖广总督官文"复严劾之"。廷旨敕下官文"密查":"如左宗棠果有不法情事,可即就地正法。"其时,知其事者皆不敢言。肃顺告其幕客高心夔,高告知王闿运,王告知时任翰林院编修的郭嵩焘。郭复请王闿运求救于肃顺。肃顺说:"必俟内外臣工有疏保荐,余方能启唇。"郭嵩焘当时正与京师潘祖荫同值南书房,遂恳请潘疏荐左宗棠。"上果问肃顺曰:'方今天下多事,左宗棠果长军旅,自当弃瑕录用。'肃顺奏曰:'左宗棠在湖南巡抚骆秉章幕中,赞画军谋,迭著成效。骆秉章之功皆其功也。人才难得,自当爱惜。请再密寄官文,录中外保荐各疏,令其察酌情形办理。'从之。官公知朝廷意欲用文襄,遂与僚属别商具奏结案,而文襄竟未对簿。俄而,曾文正公奏荐文襄以四品京堂襄办军务,勋望遂日隆焉。"③徐珂《清稗类钞》亦言及肃顺救援左宗棠事,或许另有所本,其说大旨相同,而情节则较薛文为详。"当文恭参折之上,已奉密谕:左某如果有不法情事,即行就地正法。肃顺知之,语其幕客高心夔。高转语王闿运,王又转语郭嵩焘,郭使王偕高求肃营救。肃允之,第云:'仍须别有人奏保,上如问及,可从而解释之,其势顺而言亦易入。若凭空陈奏,恐上见疑。'王以告郭,郭乃撰具保折,并怀三百金往觅潘。既相见,郭卒然指潘而问曰:'伯寅,何久不宴我于莲芬家也?'(莲芬姓朱,为尔时名伶,工生旦剧,潘所眷也。)潘曰:'近者所入甚窘,何暇及此?'郭强飐之,偕赴莲芬家。既至,郭又问曰:'今者具折保举人,肯为之乎?'潘询保何人,郭曰:'姑勿问,折已代具撰,且缮

---

① 《庸盦笔记》,第1卷,第10页。

② 徐宗亮:《归庐谈往录》,光绪十二年刊,第2卷,第1页。

③ 《庸盦笔记》,第1卷,第10页。

就，第能具奏者，当以三百金为寿。'言次，即出三百金置潘前，连问曰：'如何如何？'潘既夙信郭，又见多金，足以应急，不能无动，即取金纳怀中，曰：'吾辈姑饮酒，再商。'因命莲芬置酒，相与痛饮。既，郭要潘同往递折，潘于路，复以所保何人为问，郭虑其中变，仍支吾之。至奏事处，潘曰：'事已至此，必无悔理。唯所保何人，折中所言云何，必先令我知，否则万一叫起（叫起即召见也）将何词以对？'郭乃出折与观，潘无异言。折上，果叫起，上问曰：'汝从何识左宗棠而知其为人？'潘仓促间未筹及此，乃饰词对曰：'左宗棠是臣业师。'上颔之。未几，而胡文忠保左之折亦至，上乃顾肃曰：'官文劾左宗棠，潘祖荫、胡林翼又保举左宗棠。方今多事，用人之际，人才难得，左宗棠果为不法，固应严惩，如有大才，亦应重用，不知究竟何若？'肃曰：'闻左宗棠为湖南巡抚骆秉章所信用，一切皆归其主持。官文劾之，亦颇以其揽权为言。然骆秉章之在湖南，功绩昭著，即左宗棠之才可知矣。'上恍然，于是谕官文再行确查。及官复奏，亦为左洗雪，即奉命以三品京卿用。"[1]而《春冰室野乘》则又是一说。李岳瑞称："方左文襄公之佐湖南幕府也，为蜚语所中，嫉之者争欲置诸死地，祸几不测。微肃之论救，必无幸矣。方狱之急时，文襄故交某君走京师，诣高谋之。高之入言于肃顺。肃曰：'论救吾当力任之，然必外廷汉官有上疏言之者，某乃可尽言。不然，某素不与外官交通，上所深知，今无端言此，适以启上疑耳。'高出谋于众，众皆畏祸累，蔑敢应者。吴县潘文勤官翰林，慨然单衔入奏，请以百口保左宗棠无他。上果持其疏，询诸枢臣。肃顺首奏，'潘祖荫国家重臣，所保必可信，请姑宽之，以观后效。'因乘机极言满将帅腐败不可恃，非重用汉臣不可。上大感动，即可潘奏。文襄获无事，旋即大用。而曾文正督师之局亦定于此时，肃之功顾可没哉？"[2]资料甚多，不胜枚举，虽细节略有出入，但有一点却可肯定，即左宗棠曾为官文所劾，几乎送命，其所以终得解脱、复获大用，全仗肃顺，否则，当时谁有此回天之力，可令咸丰帝转过这一百八十度的大弯子？况且，救左完全

---

① 徐珂：《清稗类钞》，中华书局1984年版，第3册，第1405页。官文谥号文恭。
② 《清代野史》，第5辑，第107页。潘祖荫谥号文勤。

出于肃顺的主动。不然，如此机密之事能有几人得知？而皇帝已经批定之事，谁敢力推反转？肃顺泄密于先，授计于后，并不失时机地对咸丰帝启发诱导、出谋献策，不仅援救了左宗棠，还让咸丰皇帝心为之动，实际上完全接受了重用汉臣、以汉制汉的方针。这似乎是一次经过深思熟虑的、有计划有步骤的活动，并非一时心血来潮。而这件事又是实施其以汉制汉政策的关键所在，似亦非出于偶然。左宗棠因参革樊燮招来的这场官司前后经历了一年左右，其间正好穿插着太平军再破清军江南大营和曾国藩总督两江两件大事，而清政府对汉族官员，尤其湘军将帅的政策，亦在这一时期发生较为明显的重大改变，这就不能不引起人们的深思和种种联想。所以，劝左救左一事当时即已震惊政坛，引起社会的广泛注意，事后又为多人所记述、谈论，至今仍令史学家大感兴趣，也是不奇怪的。

清政府为镇压太平天国革命所采取的第二项重大政治对策是放权督抚将帅。当然，它在实施中也有一个发展过程。开始恐怕只是无其奈何地听任中央权力的流失，容忍地方督抚侵夺中央权力，而到后来，就有些忍痛割爱，较为主动地将中央的权力下放地方督抚了。自唐代节度使身兼军政，因地方权力过大而终致藩镇割据、走向灭亡以来，后世统治者多接受这一教训，注意正确处理中央与地方的关系，极力防止地方官权力过大，出现尾大不掉之局。以致宋代矫枉过正，颇似有点"宁与友邦，不赐家奴"的味道，不仅将三纲五常强调到灭绝人性的程度，借以约束文武官员和广大绅民的思想，而且对统军将帅多方牵制、忌刻尤深，致使武德不振、将帅无能、军力孱弱、御侮乏术，最后未亡于内而竟亡于外，与汉、唐正好相反，恰成对照。清王朝是满洲贵族建立的一代政权，为保持和巩固自己的统治地位，不仅设立民族藩篱、防止汉族官员掌握军政实权与要害部门，还要防范地方权力过大、尾大不掉，尤要禁绝汉族地方官员身兼军政、养成足可同满族皇室隐隐相抗的实力。所以，二百多年来，清王朝历代帝王都极力限制地方督抚和统兵将帅的权力，将军事、行政、财政、司法、人事大权条块分割，使地方大员各负专责、互不统属，谁都不能自行独立，只能听命于中央。从而将君主专制政体，强化到空前绝后的程度。正像有人说的那样，"东西南北，方制十余万里，手足动静，视中国之头目。

大小省督抚，开府持节之吏，畏惧凛凛，殿陛若咫尺"。其"事权之一，纲纪之肃，推校往古，无有伦比"①。而国家遇有战事，将则临时授符，兵则从各处搭配抽调，粮饷则另委大臣设立粮台，专门负责掌管，使他们互为依存，谁都不能拥兵自立。而督抚在战争中的地位更是无足轻重。正像薛福成所描写的那样："国家承平余二百年，凡有大寇，兴大兵役，必特简经略大臣及参赞大臣。继乃有佩钦差大臣关防及号为会办、帮办者，皆王公亲要之臣，勋绩久著，呼应素灵。吏部助之用人，户部为拨巨饷，萃天下全力以经营之。总督、巡抚不过承号令、备策应而已，其去一督抚，犹拉枯朽也。故督抚皆奉命维谨，罔敢违异。"②这种办法行之多年，卓有成效，削平三藩、用兵西陲，乃至镇压白莲教起义，亦皆事事奏功。不料，在太平天国革命面前，这套成法不仅完全失去灵验，而且成为取得战争胜利的严重障碍，可以说生死决于一策，到了非破除不可的时候了。

清王朝镇压太平天国为中心的全国各地各族人民大起义，同嘉庆初年平定川楚白莲教起义时情况已大为不同。由于财政拮据、国库空虚，国家常备军八旗、绿营腐败，清政府既无可用之兵，亦无可筹之饷，以致粮饷多靠自筹，征战主要靠练勇。尤其咸丰十年太平军再破江南大营、顺势夺取苏常富庶地区之后，清政府兵饷两空，主要靠各地督抚将帅以自募自练的勇营艰苦支撑，而清王朝最后得以危而复安，亦全靠这些汉族地方督抚和统兵将帅。故有些满族官员对他们感恩戴德，说"若辈皆百战功臣，若非湘淮军，我们今日不知死所耶！"③然亦有人不承认这一点，拐弯抹角地否定他们的作用。同治元年曾国藩曾颇多感慨地说："本朝军务，唯川楚一事最不足称，而今人多言之，亦是古非今之见也。"又说："教匪猖乱，数年未尝被破府城，今粤贼则蹂躏及七八省。然彼时调兵半天下，用饷至数千万。今吾与此匪角逐十年，所用额兵不过千人，余皆自募；所用库饷不及十万，余皆自筹。与往日有劳逸之分，难易之别也。历来乱贼未有若是之多，亦未有若是之久，唯北魏末年与此相仿。诚史

---

① 梅曾亮：《梅伯言全集》，《柏枧山房文集》，国学扶轮社民国六年版，第2卷，第1页。
② 《庸盦海外文编》，第4卷，第12页。
③ 《清代吏治丛谈》，浙江省警察协会1936年出版，第4卷，第197页。

册所仅见也。"①

然而，自募自练勇营，则地方督抚须有统兵之权，而粮饷自筹则统兵将帅必须兼领地方。否则，他们皆难以为功，且难以自存。这是因为，当时的战争形势犬牙交错，各自为战，无论地方督抚还是统兵将帅，若非将军事、行政、财政、人事大权集于一身，遇事独断专行，则难以独当一面，也难获得成功。经过数年的战争，地方督抚与统兵将帅都受到严格的检验，凡这样做、做得好的，即得以生存、发展、壮大，反之，则被革、被免、被杀。懵然无知或反应迟钝者，受到历史无情的淘汰，而遇事留心者，终于掌握了这一战争发展规律，曾国藩所谓"细察今日局势，非位任巡抚有察吏之权者，决不能以治军，纵能治军决不能兼及筹饷"②云者，即属多年实践的切身体验，不应仅仅看作个人权力欲的暴露，即使确有其事，亦位在其次。况且，他这一思想由来已久，大约萌生于咸丰四至七年，因失去署理鄂抚一职而导致坐困江西之时。咸丰八年他在苦劝胡林翼势应夺情服官时，再次强调治军必须兼领地方的道理说："'讨贼则可，服官则不可。'义正词严，何能更赞一语。唯今日受讨贼之任者，不若地方官之确有凭借。晋、宋以后之都督三州、四州、六州、八州军事者，必求领一州刺史。唐末之招讨使、统军使、团练使、防御使、处置应援等使，远不如节度使之得势。皆以得治土地人民故也。"③总之，兵、政合一已成定势，二者缺一不可，合则成，分则败。胡林翼亦有同感。他奉命抚鄂，尤其李续宾三河覆军之后，锐意兵事，苦心筹饷，决心将兵饷两事兼于一身。当左宗棠鉴于吴文镕的教训，责其不善带兵、不应出驻黄州时，胡林翼复函称："筹饷较易，带兵较难。惟以衰绖出山，不司兵事则此身何以自处？万世之清议其不足畏耶？至公谓带兵非所长，固然。然万事可谦，兵事不可谦。太谦则怯，太谦亦近伪。况目今十八省之上座者，尚以不肖为最能兵耶？此二年之中应在黄州，兼司饷事，决不能安坐堂皇，如寻常服官模样。"又说："此出为不

① 《能静居日记》，同治元年六月初十日。
② 《曾文正公奏稿》，第9卷，第76页。
③ 《曾文正公书札》，第6卷，第32页。这里的"宋"指南朝的刘宋。

得以之变局,受印不过为饷事耳。"①咸丰十一年春他在敦劝李续宜速赴安徽巡抚任时还说:"理财必先政事,吏事尤为兵事之本。""然处艰巨危难之时,非带兵不可。仅带兵而吏治不饬,民生无依,即日杀千贼无补大局。故非兼地方不可。""为皖计,为公计,以受印为正。"②也都是在讲兵事和饷事的极端重要性及二者密不可分的关系。曾国藩统军最早,战功最著,只因不得督抚之位,长期客军虚悬,军势日弱,处境艰难。刘蓉最后兵败陕西、全军覆没,亦是辞去署抚、专领一军所致。至于督抚因不习兵事、没有自募练勇而导致败亡的例子,则更是不胜枚举,咸丰初年三江两湖被革、被杀的督抚,多属这种情况。故薛福成在论及清代督抚地位的变化和历史成因时说:"国家承平余二百年,凡有大寇患、兴大兵役,必特简经略大臣及参赞大臣驰往督办,继乃有佩钦差大臣关防及号为会办帮办者,皆王公亲要大臣。勋绩久著,呼应素灵。吏部助之用人,户部为拨巨饷,萃天下全力以经营之。总督巡抚不过承号令、备策应而已。其去一督抚犹拉枯朽也。""咸丰之世粤寇势张,首相赛尚阿与总督徐广缙,相继奉命督师剿贼,皆无远略以偾厥事。自时厥后,或用尚书侍郎及将军提督为钦差大臣,或用各行省督抚兼任兵事,而能有成功者则以督抚为多。曾文正公以侍郎剿贼,不能大行其志,及总督两江而大功告成。以其有土地人民之柄,无所需于人也。是故督抚建树之基,在得一行省为之用,而其绩效所就之大小,尤视所冯之地以为准焉。"何哉?"大抵多事之秋莫急于筹饷,饷源以地丁、漕政、盐政、关税、厘金为大宗。""夫承平时筹饷之权固在户部。疆事糜烂,关税而外户部提拨之檄不常至,至亦坚不应。盖事机急迫,安危系之,斯时欲待户部济饷势所不能;而疆臣竭蹶经营于艰难之中,则部臣亦不能以承平事文法掣之。故疆臣之负才略者,转得从容发舒,以成夷艰济变之功焉。"③当然,对清政府来说,则不只由于对战争规律认识不清,也与其偏私、短见、缺乏气魄有关。

① 胡林翼:《胡文忠公遗集》,同治六年刊,第62卷,第16页。
② 杜春和、耿来金编:《胡林翼未刊往来函稿》,岳麓书社1989年版,第79页。
③ 薛福成:《庸盦全集·海外文编》(以下简称《庸盦海外文编》),光绪十三年刊,第4卷,第12、13页。

在清政府中，反对重用汉臣、放权督抚将帅最力者，是汉族官员中的旧贵族，其代表人物是军机大臣、大学士祁寯藻、彭蕴章。咸丰帝则摇摆于祁、彭与文、肃之间。曾国藩在湘淮将帅中地位最高、名望最隆、带兵最早、战功最著，为满汉贵族疑忌亦最深，也就不可避免地成为矛盾的焦点。

咸丰三年曾国藩出任湖南团练大臣，仅奉"帮同办理本省团练乡民搜查土匪诸事务"的命令，借机创办湘军、担当镇压太平军的重任，完全是他自作主张，并未接奉明确命令。后来虽奉命办理炮船，似亦并不包括当时业已大致办理就绪的陆师在内。所以，他要谬将"团练"一词分之为二，声言自己不办保甲而专办练勇，以使自己的做法合法化。而咸丰帝最初命湘军出省作战的上谕，亦称曾国藩之水师、塔齐布之陆师云云，并不把曾国藩视为整个湘军的统帅。因而，他所创办的湘军最初只处于半合法的地位，一旦军事受挫，就立刻出现生存危机。咸丰四年曾国藩率军东征之初，即一败岳州、再败靖港，长沙一片"解散"声，朝中也有人大肆挑拨，若非湘潭取胜，恐怕曾国藩性命难保，湘军也可能夭折。黎庶昌在追述其带兵经历时说："方兵之初起，大学士某倡言于朝曰：'曾某以在籍绅士，非上所令召，而一呼万人，此其志不在小。'语浸淫上闻。湘潭克复，奏捷至京师，大臣或指为妄，上心知非是。一日特旨召见编修袁芳瑛，问所以破贼状"，"因举颠末为上备陈之。上大悦，即日授芳瑛松江知府，而公（指曾国藩）志以明。"[1]这就是说，湘军以其优于八旗、绿营的战斗力争得了合法地位，曾国藩以汉族文臣也取得了带兵的权力。满洲贵族一向最忌汉臣掌实权、掌兵权，尤忌像曾国藩这样有名望的汉族文臣掌握兵权。咸丰帝一时迫于太平天国的军事压力，准许曾国藩独自带兵，已经有违祖制，从祖宗家法上后退了一步，若要他再向后退，那就更加不易。所以，咸丰帝只令曾国藩带兵，不让他兼领地方。他可以任命江忠源为安徽巡抚，胡林翼为湖北巡抚，就是不肯任命曾国藩为其所在省份的巡抚。很显然，江、胡受命之时，并没有像曾国藩那样手中握有近两万人的重兵，其名望与资

---

[1] 黎庶昌：《拙尊园丛稿》，光绪十六年刊，第3卷，第4页。袁芳瑛，湘潭人，曾国藩的好友、亲家。

历也无法同曾国藩相比，故而不易勾起咸丰的心病。

咸丰四年秋，曾国藩率军攻占湖北省城武昌，咸丰帝闻报大喜，立即任命尚未服阕的曾国藩署理湖北巡抚。不料，某相国一言触到痛处，幡然悔悟，立刻收回成命。薛福成《书宰相有学无识》一文对此作了较为生动的描述："捷书方至，文宗显皇帝喜形于色，谓军机大臣曰：'不意曾国藩一书生，乃能建此奇功。'某公对曰：'曾国藩以侍郎在籍，犹匹夫耳。匹夫居闾里，一呼，蹶起从之者万余人，恐非国家福也。'文宗默然变色者久之。由是曾公不获大行其志者七八年。"[①]这里的"某公"与上文黎庶昌所说的"某大学士"曾长期被人们认为是指当时的军机大臣、体仁阁大学士祁寯藻，后来此事传入曾国藩耳中，似乎他也指目祁寯藻。而笔者在查阅《清实录》时发现，早在曾国藩攻占武昌前祁寯藻已请假在家，随之休致，前后数月未去军机处上班，似无此可能，曾专文予以考辨，认为这里的"某公"最大的可能是指彭蕴章。彭当时也是军机大臣，未有请假之事，且反对重用汉臣，观点与祁相同。还有记载说："蕴章在枢府日，唯阿取容，从无建白，外间戏以彭葫芦称之。久之，闻于上。一日，曾国藩奏某处大捷，文宗临朝嗟赏。蕴章忽曰：'国藩以一书生出总师干，权力渐盛，不可不防。'文宗云：'今日葫芦亦开口了。'肃顺将此语述之幕僚，传诸曾耳，颇为畏惧，军事不免趋于保守。"[②]此亦可作为旁证。而黎文所说的"某大学士"，却似指祁无疑。因为祁在道光末年即已晋升体仁阁大学士，而彭直到咸丰五年方授协办大学士，湘军东征事在咸丰四年。不过，有一点可以肯定，薛文中的"某公"无论指祁指彭，则他们反对重用汉臣，极力压制湘军，却是一致的。对于这一点，《清史稿》亦有记载。其《彭蕴章传》称："蕴章久直枢廷，廉谨小心，每有会议，必持详慎。""两江总督何桂清素以才敏自负，蕴章误信之，数于上前称荐。十年江宁大营溃，蕴章犹言桂清可恃。未几，苏、常相继陷，桂清逮治。文宗以蕴章无知人鉴，眷注寝衰。"[③]对照薛文"又有相国某公者，以咸丰初年入政府，后遂为首相，力荐何

① 《庸盦文续编》，卷下，第7—8页。
② 章士钊：《热河密札疏证补》，《文史》，第2辑，第94页脚注。
③ 《清史稿》，第38册，第11678页，第11683页。

桂清兼资文武，必能保障江南。迄苏常告陷，犹不悟，力庇桂清，谋贳其罪。"则知此公为彭蕴章（咸丰六年入值，次年递升领班军机大臣，十年罢值）。彭于肃顺死后复"征起"，"条议时事颇备"，"其大旨谓楚军遍天下，曾国藩权太重，恐有尾大不掉之患，于所以撤楚军、削曾公权者，三致意焉。是时曾公负朝野重望，天子方倚以平贼。军机大臣见而晒之，由是不获再用"①。因系宫廷密事，不可能见诸档案，故多属传闻，无切实记载。所以，有关他们二人的言行，传述有误或张冠李戴者都是有的，但主旨大致不错，足可说明在是否重用汉臣、允许地方督抚集权一身的问题上，清政府内部确实发生过长达数年的矛盾和斗争。而这些矛盾斗争主要在肃顺和祁、彭之间进行，其焦点又往往集中在湘军首领曾国藩身上。此亦可见，肃顺对他们的排挤与压制，并非仅仅出于个人权欲或性格上的恣横，也反映了当时战争形势的紧张和这场矛盾斗争的尖锐、激烈。也就是说，在太平天国百万大军的逼迫下，清政府已经到了生死存亡的关头，而这场斗争的结局，则将决定着清王朝的命运，且可供选择的余地亦愈来愈小。所以，当咸丰十年江南大营被毁、苏常失落之后，清政府只得将两江大权交给湘军领袖曾国藩，至于尾大不掉云云，只好留待后议了。

其实，祁、彭未必有错，否则亦难令咸丰帝为之动心。只是他们分不清轻重缓急，不知重用汉臣、放权督抚将帅是镇压太平天国革命的关键所在，非如此不能在这场战争中取胜，无法保住清王朝。相比之下，显然不如肃顺高明。因而，薛福成也只是批评他们"有学无识""学不能施于用"②。而咸丰帝则为形势所迫，认识上渐有醒悟，行动上不断前进，渐与肃顺达成一致。咸丰七年当曾国藩激于义愤倔强之气，于进退维谷之际向他摊牌，提出或者兼领地方，或者留籍守制，二者必居其一时，他曾断然选择后者，命曾国藩在籍守制，将这位忠臣孝子陡然推入痛苦的深渊。其实，无论咸丰四年朝令夕改，还是这次吝而不授，都不是因为曾国藩没有担任巡抚的能力与资格，而是咸丰帝还没有

---

① 《庸盦文续编》，卷下，第8—9页。
② 《庸盦文续编》，卷下，第7页。

走到山穷水尽的地步，下不了最后的决心。曾国藩系道光朝旧臣，历任内阁学士、礼部侍郎，且遍署工、兵、刑、吏各部，若非在外带兵，可能早已外放督抚。只因带兵打仗，反而苦苦求一巡抚而不可得，无怪曾国藩会为此愤愤不平。究其原因，还是咸丰帝不愿汉大臣身兼军政，权力过大，恐成尾大不掉之势，将来难以收拾。咸丰四年因湘军仍被视为辅助力量，咸丰七年则以为太平军指日可平，尚未从湘军苦战、绿营收功的美梦中醒来，当然觉得曾国藩可有可无，不会将他的摊牌当成一回事。迨至江南大营再次被毁，苏常失落，咸丰帝四顾茫茫，无可倚任，也就只好接受肃顺的建议，将江督一席授予曾国藩了。正如曾国藩的心腹幕僚赵烈文，在追述曾国藩与清政府的关系时说的那样："迨文宗末造，江左覆亡，始有督帅之授，受任危难之间。盖朝廷四顾无人，不得已而用之，非负扆真能简界，当轴真能推举也。"[1]真可说切中要害。

同以上以汉制汉、放权督抚将帅两项主要政策相关联，还有重用士绅与重用勇营两项较为次要的政策。这两项政策亦并非不重要，只是与上述两项政策密不可分，虽理论上平行无所属，但实行起来却变成了附带问题。例如，曾国藩、左宗棠起初皆为士绅，依勇营为功，只是一偏于军，一偏于政，而后身兼军、政，名正言顺，士绅变为封疆大吏，勇营也取代八旗、绿营的地位，一跃而成为清王朝的主要武装力量。所以，前两者一旦解决，后两者也就迎刃而解了。因而，无须再行详述，只是粗略及之，点到就是了。

历代统治阶级有组织的政治力量，主要由官、绅、士三部分组成。官主要指实缺、候补、候选各官。绅则又分两种情况，一是因故离职的实缺官员而尚未向皇帝（自三品以上）或吏、兵二部（自四品以下文、武）报到者，主要是休致与开缺在籍人员；一是已取得任职资格而尚未入选的进士、举人及正、杂各途生员，例如文童、秀才、监生、贡生，实际上包含了士、绅两部分。士也是绅。故科举时代，通常官绅并称，士绅并称，官、绅、士三位一体。因为，不仅官绅之间可以相互易位，士可以为绅、为官，而且一般官员皆有学历，当时称出身或功名，绝大多数都由士而来。不过，这是咸丰初年以前的情况，其

---

① 《能静居日记》，同治三年四月八日。

后捐例日繁，仕途拥塞混乱，也就另当别论了。

太平军一开始即攻势甚猛，很快控制长江中下游的大片地区。清政府筹谋对策，首先想到的就是嘉庆初年镇压川楚白莲教的经验，于调兵遣将进行围攻堵追的同时，在战区及邻近省份实行团练保甲、筑堡练勇，配合军队作战。这项任务主要由当地乡绅担负，由各级官员主持。因各省督抚事务繁忙、无暇顾及，且非本地人，联络有所不便，故一时成效不大。于是，清政府又在不少省份委任团练大臣，专司其事。其人选多为在籍守制官员，奉命回籍者仅占少数，利用其乡情乡谊及广泛的社会联系，联络、劝谕、组织士绅，协同督抚办理团练，例如，命曾国藩帮同巡抚办理湖南团练，命工部侍郎吕贤基回籍办理安徽团练等。据罗尔纲先生的统计，像这样的团练大臣，自咸丰二年十一月至三年二月，清政府先后任命了三批，共四十三人。有的省份一月之内就任命四次，另有两省前后任命过两次。人数最多的是山东省一十三人，次则江苏八人。另据《清实录》等载，在籍大臣陈孚恩、周天爵、毛昶熙、杜翮、晏端书、庞钟璐、王履谦、桑春荣、刘绎等亦先后奉命帮办本省团练防剿事宜。此亦足见清政府对这件事的重视，这也是不难理解的。就一般道理而言，士绅既然是国家官员的后备力量，当天下大乱之时，为了尽快打赢这场战争，将他们组织、调动起来，再由他们去发动、组织团练武装，协助军队作战，维持地方治安，总之是参加与配合这场战争，亦似无甚不妥。况且，这些人也很愿这样做。有些人平日作威作福，欺压乡邻，同贫苦农民有着深仇大恨，为保卫身家甚而乘机发财，办团杀人非常积极。怎奈太平天国革命毕竟不是白莲教起义，一般团练武装对付集中而强大的太平军，毫无作用。所以，曾国藩就只办练而不办团，以集中而强大的勇营武装对付太平军。只是像曾国藩这样做的人为数甚少，绝大多数仍是墨守成规，办理团练保甲，故在镇压太平天国革命的过程中没有什么作为。湘、淮以外稍有名气的勇营武装，如临淮军、皖军、豫军、滇军等，皆地方官员所募练，与团练大臣似乎了无关系。因而，从总体上看，清政府的这项政策，没有产生多大成效，故于咸丰十一年十二月前后将各省团练大臣陆续裁撤。

勇营的情况则有所不同。清政府的武装力量一般讲有三种类型或三个等级。一是国家常备军，即清政府所谓经制之兵或额兵，包括八旗骁骑营，即通常所说的八旗兵与绿营兵，亦即所谓旗、绿各营。一是勇营，有事招募，事毕遣散，集则为勇，散则为民，是纯属雇佣性的半常备武装，带有半兵半民的性质，与编有军籍、世代为兵、父子兄弟相承的八旗、绿营兵不同。一是团练武装，或称团丁，是一种不脱离本土、不脱离生产的民兵。清政府利用勇营参战由来已久。镇压白莲教起义时，随同营兵作战的罗思举、桂涵所部武装，可能就属这种性质。鸦片战争期间，广东、浙江、福建都曾招募勇营，协同查禁鸦片、抗御英军。至于镇压太平天国起义，则一开始就使用勇营。钦差大臣李星沅曾大量招募勇营，向荣、乌兰泰部清军都附有勇营作战。其后江南大营与江北大营围攻太平天国的首都天京，从向荣到和春，从琦善到吉尔杭阿，作战都主要靠勇营。统带勇营的张国梁亦因此成为著名悍将。不过每次打了胜仗，都是勇营苦战、绿营收功而已。此外，江忠源楚勇（实则新宁勇）协同绿营守卫长沙、守卫南昌、守卫湖北田家镇等，都是以勇营的资格参战的。不过，这些勇营尚不能独自成军、独自作战、独自筹饷，始终未能完全脱离依附于营兵的附庸地位。它们同湘军相比，不仅规模大小不同，也有品位高低之分。其实，这种勇营好像正是清政府所需要的。从咸丰帝的所作所为看，他似乎喜欢张国梁、江忠源式的勇营，不喜欢曾国藩的湘军。咸丰三年清政府先后命湘军援皖、援鄂，也是作为一般勇营使用的，不过是让它配合或协助营兵作战，以解决兵力不足的困难，并没有像曾国藩想的那样，让它充任主力，担负镇压太平天国革命的重任。所以，当曾国藩坚持非洋炮不用、船炮不齐不出，尤其处处以"统筹全局""四省合防"自况时，立刻受到他无情的讥讽与嘲笑。咸丰帝在上谕中说："今观汝奏，直以四省军务一身克当，试问汝之才力能乎否乎？"并进而训斥道："平时漫自矜诩，以为无出己之右者，及至临事，果能尽符其言甚好，若稍涉张皇，岂不贻笑于天下！"①真可谓不屑之情溢于言表。从这段言辞中不难看出，曾国藩所以受此讥笑，主要不在其才力如何，而在于说话的口气不合自己的身份。在咸丰帝看来，简直忘记了自己身为何物。而细察当时

---

① 《曾文正公奏稿》，第2卷，第23页。

形势，曾国藩所以为咸丰所轻，不仅因他一介书生、不谙军事，主要还是因为他所统带的军队，并非国家经制之兵，而是不三不四的勇营武装。同是一个曾国藩，当其所部湘军成为镇压太平军的主力时，尽管他不肯遵命驰援苏常，不肯遵命放鲍超率部北援，却再也不会受到如此对待。在湘军的问题上，咸丰帝表现出相互矛盾的心理与做法。他似乎既希望湘军能征惯战，为他打败太平军，又希望它永远像张国梁、江忠源的勇营那样始终处于依附他人的附庸地位。或许正是基于这一目的，长期不肯授予曾国藩督抚之任，使其所带勇营除依附于所在省份的督抚外，无以自存。而既领人之饷，也就不能不受人摆布。对于这一点，曾国藩感到无法忍受。因为在他看来，这些人不过是一些庸人，依靠他们永远也不可能将太平天国革命镇压下去。他所以没有应命赴川，亦是因为咸丰皇帝只有办理军务之命，不肯授予总督之权。这不难看出，对曾国藩的压制，既是对他所创建的湘军的压制，也是对勇营的压制。及至咸丰十年江南大营再次垮台，清政府再也无法集结起大支绿营武装的时候，也就只有依靠湘军等勇营武装，同太平军作战了。这样，重用勇营武装，实际上就与重用汉臣、放权督抚将帅，成为一而二、二而一的问题了。

咸丰十一年奕詝去世，随之发生了一场惊心动魄的宫廷政变，那拉氏垂帘听政，取代咸丰掌握皇权，而奕䜣则晋封议政王，取代肃顺控制军机处，形成垂帘、议政联合体制。其外交政策变化较大，放弃了过去两个拳头打人，即既打外国侵略者又打太平军的政策，经过反复协商，终于达成了"借夷助剿"的协议，形成中外反动派联合绞杀太平天国革命的局面。而其内政方面则无本质变化，奕䜣"阴行肃顺政策，亲用汉臣"[1]，在重用汉臣、以汉制汉方面，较肃顺尤为过之，对曾国藩为代表的汉员督抚，由重用而变为依赖，使用更加放手，授予的权力也越来越大。其主要表现有以下几个方面：

首先，长期受到压抑的湘军统帅曾国藩，权力不断增大，地位不断提高，承担的任务也越来越重。继咸丰十年授任两江总督、钦差大臣，督办江南军务、宁国军务、徽州军务之后，咸丰十一年十月又奉命督办江、皖、赣、浙四

---

① 《异辞录》，第2卷，第22页。

省军务，巡抚、提、镇以下文武官员皆归节制，并在上谕中一再强调："江浙等处军务，朕唯曾国藩是赖。"①至此，曾国藩则已办理四省军务，身兼五大臣之职，颇有位高自危之感。他在给左宗棠的信中说："昨奉廷寄谕旨，谬以鄙人兼办浙江军务"，"即日当具折谨辞，而推阁下督办浙江军务。朝廷恐国藩不兼浙江之名，则必留贵部雄师以自固，而不复谋及浙事，其用心亦良苦。实则阁下久以援浙为己任，即鄙人稍具天良，亦岂敢以浙事为度外！"②而在给湖广总督官文（满）的信中则说："接十月十八日谕旨，令弟兼办浙江军务，有节制四省字样。位太高，权太重，才太短，时太艰，皇悚之至。即日当具折辞谢，而荐左帅督办浙江军务。恐朝廷疑我畏难推诿，求阁下便中及之：言曾某'不必有兼辖之名，自不敢存畛域之见，必当竭力谋浙'等语。旁敲侧击，胜于弟自陈矣。"又说："我楚军之所以尚足自立者，全在不争权势、不妒功名。弟若权势太盛，泰然居之而不疑，则将来暗启人之争心、妒心而不觉。弟拟再三辞谢，得请而后已。"③显然，因官文系那拉氏、奕䜣的亲信，久居上游，负有监视汉员督抚之责，曾国藩企图借他之口以解清廷之疑。清廷悉知其意，不准其请，曾国藩只好干下去。也就是说，时至今日，已不是曾国藩有求于清廷，而是清廷有求于曾国藩了，不是曾国藩伸手向清廷要权，而是曾国藩一再推辞，清廷却非授予不可了。

及至同治元年曾国荃率部进驻雨花台，统军五万围困天京，上上下下尽其亲信。曾国藩愈感自危，遂奏请简派在京亲信大臣驰赴江南会办军务，以试探清廷对他们兄弟的信任程度。奏折称："今年军事甫顺而疾疫流行，休咎之征莫可推测。中夜默思，唯求德器远胜于臣者主持东南大局，而臣亦竭力经营而左右之，庶几补救于万一。"④那拉氏阅折后发布上谕说："刻下在京固无简派之人，环顾中外，才力气量如曾国藩者，一时亦实难其选。"并安慰与鼓励曾国藩说："疾疫流行乃无可如何之事，非该大臣一人之咎。意者朝廷政事多所

---

① 曾国藩：《曾国藩全集》，岳麓书社1987年版，第4册，第2018页。
② 《曾文正公书札》，第17卷，第19页。
③ 《曾文正公书札》，第17卷，第21—22页。
④ 《曾文正公奏稿》，第16卷，第81页。

阙失，足以上干天和。唯斋心默祷，以祈上苍眷佑，沴戾全消。我君臣当痛自刻责，实力实心，勉求禳救之方为民请命，以冀天心转移，事机就顺。"①曾国藩"读之感激涕零"②，在政治上暂时放下心来。两个月后，曾国藩仍觉心里不太踏实，于是又再次上奏，请求清廷简派大臣来江南会办军务。折中奏称："查三年以前，江南钦差大臣一人，两江总督一人，督办徽防一人，督办宁防一人，管辖李世忠、苗沛霖两军之钦差大臣一人。臣今一身所处，兼此五人之职，即使才力十倍于臣者，已有颠踬之患，况如臣之愚陋乎？合无吁恳皇上天恩，简派大臣与臣会办诸务，纵不能复前此五人之旧，但能添一人二人，俾臣责任稍分、案牍稍简，更得专精竭虑，图报涓埃。"③结果，清廷不允所请，仅将严树森奏请皖北各军统归曾国藩调度的折子留中。同治二年十一月，病假在籍的督办皖北军务钦差大臣李续宜病死，清政府四顾无人，最终还是将节制皖北各军的责任压在曾国藩的肩上。同治三年四月曾国藩在一封奏折中说："臣所居职位，昔年凡六人任之：钦差驻金陵者一人，总督驻常州者一人，皖江以南徽防统帅一人、宁防统帅一人；皖江以北，下而滁、和、天、六、全、来归临淮控驭者为东路统帅一人，上而英、霍、潜、太、桐、舒、六、庐多隆阿等经管其间者五年为西路统帅一人。"又说："微臣谬以庸材兼此六事，曾经两次奏请简派大臣来南会办，未蒙俞允"，"合无吁恳天恩，饬将皖北西路责成（安徽巡抚）乔松年，东路责成（漕运总督）吴棠、（江宁将军）富明阿共筹防剿。"④清廷亦不许，仍将江、皖、赣、浙四省军务责成曾国藩一人，拨发巨款，以竟其围攻天京的最后一篑之功。

清政府于授予种种军政大权的同时，在用人、筹饷等方面也为曾国藩大开方便之门。咸丰十年之前，曾国藩奏保属僚很少获准。咸丰九年先是为令李鸿章主持筹建淮阳水师，保奏其补授两淮盐运使而不可得，尽管李鸿章此时已是按察使衔候补道员。随后，保奏其在江西南丰原籍办理团练的老友吴嘉宾（翰

---

① 《曾国藩全集》，第5册，第2615页。

② 《曾文正公手书日记》，中国图书公司，宣统元年印行，同治元年九月初一日。

③ 《曾文正公奏稿》，第17卷，第36页。

④ 《曾文正公奏稿》，第20卷，第51页。

林出身，受过处分）升为候补同知，亦遭吏部议驳。咸丰十年出任江督之后，曾国藩大批保奏其部将、属吏与幕僚，每次少者三四名、多者八九名不等，则几乎无不批准。有时所保人员有违成例，被吏部驳回，曾国藩则稍加修改，再次上奏，清政府只好照准，并应曾国藩的请求，在每年分发外省的新进士中特为安徽一省增额十六名，"他省不得援以为例"①。

在用人问题上有请必应尚不为奇，尤为出格的是，中央政府对曾国藩所辖四省抚、藩大员，乃至与之相邻的闽浙总督的去留、任命，都征求曾国藩的意见。咸丰十一年夏秋曾国藩"叠奉谕旨饬令保举人才"。十一月"又钦奉寄谕令保封疆将帅"，并令其"密查"江苏巡抚薛焕、浙江巡抚王有龄"能否胜任"。曾国藩以"该二员似均不能胜此重任"②入奏，并荐举李鸿章、左宗棠分别办理江、浙两省军务，准许专折奏事。十二月清政府批准安徽巡抚彭玉麟的辞职要求，随即谕令曾国藩荐保安徽巡抚。上谕称："安徽巡抚现在荐用乏人，着曾国藩于所属司道大员内择其长于吏治、熟悉军情者，不必拘定资格，秉公保奏一二员，候旨简放。"③同治元年正月清政府又令"曾国藩、左宗棠随时查访，将能胜苏、浙两省监司道府之员保奏前来，以备简用"，并就"福建本省吏治官常"，"着曾国藩详加访察。如闽省督抚均属未能胜任，即行据实奏参"，"并将能胜该省督抚之员，采访确实，列名具奏"④。

曾国藩以恩遇太过，有侵夺君权之嫌，遂上奏申明己见，以避疆臣贪权之名。他在《金陵未克以前请不再加恩臣家片》中说："前此叠奉谕旨，饬臣保举江苏、安徽巡抚，倾复蒙垂询闽省督抚，饬臣保举大员，开列请简。封疆将帅乃朝廷举措之大权，如臣愚陋，岂敢干预。嗣后臣如有所知勘膺疆寄者，随时恭折入告，仰副圣主旁求之意。但泛论人才、以备采择则可，指明某缺径请迁除则不可。不特臣一人为然，凡为地方督抚者，皆不宜指缺保荐督抚。盖四方多故，疆臣既有征伐之权，不当更分黜陟之柄。唯风气一开，流弊甚长，辨

① 《曾国藩全集》，第6册，第3219页。
② 《曾文正公奏稿》，第14卷，第69、63、66页。
③ 《曾文正公奏稿》，第15卷，第1页。
④ 《曾国藩全集》，第4册，第2036、2037页。

之不可不早，宜预防外重内轻之渐，兼以杜植私树党之端。"同时要求严格组织纪律，加强对地方大吏的管理。"其督抚有任可履者，不准迁延不到，亦不准他省奏留，庶几纲纪弥肃，朝廷愈尊。"①这就是说，在曾国藩看来，清廷此举虽迫于时势，自有一番道理，但作为一个地方大吏，清廷所授予他的权力，已超过其自身，即在长江中下游地区打赢这场战争的需要，且使自己处于涉嫌越权的被动地位，为保全名声，不能不上奏郑重声明，以脱卸今日之责任，亦为将来预留地步。

在筹饷方面清政府也给予曾国藩以大力支持。同治元年五月曾国藩奏请征集广东厘金以济江苏、浙江之饷，受到两广总督劳崇光的坚决反对。清廷立刻罢免劳崇光，以奉命赴粤办理厘金的曾国藩同年晏端书接任粤督，并任命曾国藩的好友黄赞汤为粤抚。不久，曾国藩又因粤厘征管不力、所入太少，与晏、黄二人发生矛盾，清政府又罢免晏、黄，以曾国藩好友毛鸿宾、郭嵩焘分别补授广东督、抚。没有清朝中央政府的支持，作为两江总督的曾国藩根本不可能到广东抽收厘金，更不可能征足定额。而没有这一部分厘金以扩充饷源，曾国藩也难以完成攻陷天京的最后一篑之功。

与此同时，清政府还任命大批曾国藩集团的首脑人物与骨干成员担任战区各省的督、抚、藩、臬及提、镇大员。继咸丰三年任命江忠源为安徽巡抚、咸丰五年任命胡林翼为湖北巡抚之后，咸丰十年闰三月任命刘长佑为广西巡抚，十月任命严树森为河南巡抚。十一年正月任命李续宜以安徽按察使署理巡抚，二月任命毛鸿宾署理湖南巡抚，五月任命张运兰为福建按察使。七月，毛鸿宾实授湖南巡抚，骆秉章补授四川总督。九月，命彭玉麟为安徽巡抚，李续宜调任湖北巡抚，刘坤一补授广东按察使。十二月，任命左宗棠为浙江巡抚，沈葆桢为江西巡抚，李桓为江西布政使。李续宜调任安徽巡抚，严树森调任湖北巡抚，彭玉麟辞安徽巡抚，改任兵部侍郎。同治元年正月，命曾国藩以两江总督协办大学士，任命鲍超为浙江提督、蒋益澧为浙江布政使、曾国荃为浙江按察使、陈士杰为江苏按察使。三月，命李鸿章署理江苏巡抚。五月，曾国荃升浙

---

① 《曾文正公奏稿》，第15卷，第17—18页。

江布政使、刘典补授浙江按察使。闰八月，刘长佑补授两广总督。十月，李鸿章实授江苏巡抚，阎敬铭署理山东巡抚。十一月，丁宝桢补授山东按察使，厉云官补授湖北按察使。十二月，刘长佑调任直隶总督。同治二年三月，左宗棠晋升闽浙总督，曾国荃升补浙江巡抚，万启琛补授江苏布政使。四月，唐训方补授安徽巡抚。五月，毛鸿宾迁两广总督，恽世临补授湖南巡抚。六月，郭嵩焘补授广东巡抚。七月，刘蓉补授陕西巡抚。十一月，阎敬铭实授山东巡抚。同治三年五月，杨载福补授陕甘总督。六月，曾国藩赐一等侯爵，曾国荃、李臣典、萧孚泗依次赐一等伯、子、男爵。九月，左宗棠赐一等伯爵，鲍超赐一等子爵。在此前后，李鸿章亦赐一等伯爵。这样，曾国藩集团以三江两湖为基地，势力不断膨胀，战争发展到哪里，他们的势力便扩展到哪里，南至两广、云、贵、川，北至直隶、山东，东至苏、浙、闽，西至陕、甘，都可以碰到他们的触角。事态的发展竟为彭蕴章所不幸言中，曾国藩集团一发而不可收，终成尾大不掉之局。

第四节　内轻外重的形成与清政府的对策

清政府虽然利用曾国藩、胡林翼、左宗棠、李鸿章等人和他们手中的湘淮军将太平天国革命镇压下去，使清王朝摇而不坠、危而复安，保住了满人王室至高无上的地位，但在这一遍及全国、长达十四年之久的战争过程中，很大一部分原属中央政府的权力，如军事、财政、人事等项大权，都渐渐落入地方督抚，尤其最大的地方实力派曾国藩集团手中。如前所述，绿营兵由各省提督统带，而提督又辖于总督。依照清朝制度，总督作为地方最高行政长官，且侧重于军政，是应掌有兵权的。但实际上，总督多为文官，尤其汉员总督，一向为武官所轻，除自己的督标营外，并不能超越提督直接干预营务。提督只听命满族王室，并不听命于总督。咸丰三年湖南提督鲍起豹挑动提标兵围攻曾国藩公馆，伤及亲兵。曾国藩告到湖广总督吴文镕处。吴与曾有师生之谊，且完全支持曾的做法，却对鲍起豹无可奈何，只能上奏朝廷，听候处理。曾国藩不愿在自己尚未站稳脚跟之前打这场官司，只好"打落牙齿和血吞"，并发愤练成自己的军队。至于侧重于民政的巡抚，除自己的抚标营外，更不能干预营务，只有那些不设提督、由巡抚兼任提督的省份例外。所以，无论总督还是巡抚，实质上都没有掌握兵权。迨至咸丰、同治年间，由于兵不可用，各省纷纷募练勇营同太平军作战，加以清政府无力供饷，于是，这些勇营就成为地方督抚自募、自练、自养的武装力量。岂料饷源的转移带来兵权的转移，当勇营成为清王朝主要的军事支柱时，国家的兵权也就落到地方督抚手中。因为粮饷掌握在他们手中，直接带兵的提镇大员也就失去了独立性，变为督抚的属员。而掌管军营日常业务的营务处（相当今天军中之参谋部），则由布政使、按察使兼领，分别为总督与巡抚掌管营务。实行稍久，渐成定例。据说，阎敬铭就曾以署理湖北布政使、署理湖北按察使的身份兼领湖北总营务处衔①。这就是说，民以食为天，兵以饷为命，谁供饷就听命于谁。以前军队由国库供饷，属于国家所有，这些直接带兵的提镇大员听从中央政府指挥，现在军队由地方供饷，属于地方所有，这些直接带兵的提镇大员也就只听从地方督抚指挥，不再听命于中央了。

清朝各省财政，本来由布政使掌管，而布政使又直属户部。故各省每年财政收入，皆需上报户部，听候调拨，督抚不得擅自动用。而咸丰、同治以来，用兵日久，情况发生很大变化，不仅逐渐成为主要经济收入的厘金完全由督抚支配，而且原本应交户部的地丁、漕折、关税、盐课等项银两，也被督抚截留，大半充作军饷。由于他们统带的勇营武装名为官军，理应由国库供饷，中央政府既然无力发饷，也就等于欠了地方的款项，当然也就不敢调用地方常税，认真查问督抚自筹款项的收支情况了。所以，办理战争期间的地方军费报销，亦徒具形式，不过争个名义而已。同治三年曾国藩曾在一封奏折中较为明确地谈论过战争前后清朝财政制度所发生的这一变化。他说："前代之制，一州岁入之款，置转运使主之，疆吏不得专擅。我朝之制，一省岁入之款，报明听候部拨，疆吏亦不得专擅。自军兴以来，各省丁、漕等款纷纷奏留，供本省

---

① 《清代吏治丛谈》第 4 卷，第 76 页。

军需。于是，户部之权日轻，疆臣之权日重。"①既然曾国藩敢于形诸奏章，并以此作为同沈葆桢争夺江西厘金的根据，这种情况也就成为尽人皆知的事实，并为清政府所认可，否则，是根本不可能的。这样，原来为户部执掌一省财政大权的布政使，也就转而听命于督抚，成为替督抚理财的属员。于是，中央政府的财政大权便落入地方督抚的手中。这就是说，作为一个布政使，虽仍理财，虽仍执掌一省财政大权，但其隶属关系改变了，一省的财政大权也就易手了。与此同时，原来掌管一省司法、监察大权的按察使，也失去独立性，由直属刑部的地方大员变为督抚的属员。这样，原来一省之中的所谓三宪，即巡抚、布政使、按察使比肩而立的情况也就不复存在，而为督抚专政、一长独尊的局面所取代。对于此种情形，早在同治元年曾国藩就曾在一封奏折中作过生动的描写。他说："臣在外多年，忝任封疆，窃见督抚权重由来已久。黜陟司道，荣辱终身，风旨所在能使人先事而逢迎，既事而隐饰。不特司道不肯违其情，即军民亦不敢忤其意。"②曾国藩这里所说的"司道"与"军民"，当然包括布政使、按察使与提督在内。而折中所涉及的官员，则主要是江宁布政使薛焕、江苏按察使查文经、江宁盐巡道英禄、江安粮道王朝纶。他在私下谈论中还说："督抚在任，势足动天地。一举足则从者如云，一出口则诺者雷动；昼则羽仪照耀，夜则列炬星布。"③可见其权势之重。薛福成亦称："自曾文正、胡文忠诸公乘时踔起，铲去文法，不主故常，渐为风气，各省自司道府以下，罔不唯督抚令是听。于是，政权复归一。"④曾、胡所"铲去"的"文法"，当然就是战前那些限制督抚权力、防其拥兵自立的种种规定。这些"文法"不"铲去"，是无法实现督抚专政的。同治六年曾国藩的心腹幕僚赵烈文所说的"师（指曾国藩）历年辛苦，与贼战者不过十之三四，与世俗文法战者不啻十之五六。今师一胜而天下靡然从之，恐非数百年不能改此局面"⑤，就是讲的

---

① 《曾文正公奏稿》，第20卷，第24页。

② 《曾文正公奏稿》，第16卷，第71页。

③ 《能静居日记》，同治六年九月初四日。

④ 《庸盦文续编》，卷上，第40页。

⑤ 《能静居日记》，同治六年六月二十三日。

这个意思。

与之俱来的另一重大变化，就是原属中央的人事大权，有很大一部分落入地方督抚手中。清代定制，三品以上文武大员的任命，先由军机处在记名人员中初选数名，差额呈进，最后由皇帝朱笔圈定简放。三品以下官员缺额则一分为三，文官分别由皇帝、吏部、督抚任命，武官分别由皇帝、兵部、总督、提督任命，各有定额，不得侵混。所以，地方督抚的用人权是有限的。而自用兵以来，司道以下官员的任命，多由督抚奏定，一省人事大权也落入督抚手中。故郭嵩焘称：“往时朝廷有纠参、有保举，同官及部民相与诘于上司，有揭告。今则纠参、保举唯督抚之自为政。朝廷黜陟有言及者，多置不理。同官揭告两败俱伤，不计是非。”[1]而更有甚者，则邻省督抚的任命，有时也要征求有力督抚的意见。咸丰、同治以来此种事例甚多，除前面提到的清政府曾就江浙两省巡抚是否胜任、苏皖两省巡抚的人选乃至闽浙总督的任免等项征求曾国藩的意见外，同治元年七月清政府还就湖北藩、臬大员的任命，令两江总督曾国藩、四川总督骆秉章于李榕等五人中奏荐人选[2]。而类似的例子则不只这些。据薛福成《骆文忠公遗爱》称：“当是时，曾文正公督两江，凡湖广、两粤、闽浙等省大吏之黜陟及一切大政，朝廷必以咨之；骆公督四川，凡滇、黔、陕、甘等省大吏之黜陟及一切大政，朝廷必以咨之。二公东西相望，天下倚之为重。”[3]李榕也说：“外臣恩遇于节帅特隆，南服之封疆将帅，凡有黜陟，皆与赞画。将也，相也，节帅之任重道远矣！”[4]

对满人贵族来说，更为严重的问题是，经过一场战争之后，这些手握军政大权的督抚，汉员越来越多，旗员越来越少，有时甚至清一色汉人，没有旗员，与战前形成鲜明的对照。其时，全国总督缺额十名，巡抚缺额十五名，现仅以太平天国革命爆发时的道光三十年与标志其失败的同治三年为例加以考

---

[1] 郭嵩焘：《郭嵩焘日记》，咸丰八年七月廿四日。

[2] 《曾国藩全集》，第5册，第2541页。

[3] 《庸盦笔记》，第2卷，第10页。

[4] 李榕：《十三峰书屋全集·书札》（以下简称《十三峰书屋书札》），成都文伦书局，第1卷，第22页。节帅，指曾国藩。

察。道光三十年十缺总督旗人占其四，汉人占其六；十五缺巡抚旗人占一缺，汉人占十四缺。同治三年十缺总督旗人占其二，汉人占其八；十五缺巡抚全为汉员，无旗员。值得注意的是，这些汉员督抚中的不少人，如直隶总督刘长佑、两江总督曾国藩、陕甘总督杨载福、四川总督骆秉章、闽浙总督左宗棠、两广总督毛鸿宾以及江苏巡抚李鸿章、山东巡抚阎敬铭、陕西巡抚刘蓉、浙江巡抚曾国荃、江西巡抚沈葆桢、湖北巡抚严树森、湖南巡抚恽世临、广东巡抚郭嵩焘、贵州巡抚张亮基，计有十四名，占二十五缺的一半以上，属于最大的地方实力派曾国藩军政集团首脑、成员或朋友。而其中曾国藩、左宗棠、李鸿章手中都握有重兵，多则十万，少则六七万。一旦天京陷落，太平天国这个主要敌人消失，这二十几万军队就成为清政府的最大威胁。不过，李鸿章资历尚浅，左宗棠、沈葆桢同曾国藩隔阂已深，都不可能有太大作为。这样，统带十万之众的曾国藩兄弟，尤其集结于江宁城内外的五万湘军，就成为清廷的最大心病。于是，"用箭当用长，擒贼先擒王"。清政府为解除汉人督抚对它的威胁，便首先拿曾氏兄弟开刀，直接带兵的前线指挥曾国荃，更是首当其冲。

多年来清政府虽然对曾氏兄弟倍加信用，赏赐有加，而暗中却一时一刻也没有放松对他们的警惕。咸丰十一年工部侍郎宋晋曾上奏清廷，献五省兵饷统筹之议，"请以曾国藩总统四川、湖北、湖南、江西、安徽五省，督办东征军务"[1]。同治元年御史朱潮复献七省"会剿"之策，奏请将东南"兵事责曾国藩总之"，集湖南、湖北、江西、江苏、福建、广东、四川七省之力"协同会剿"，使"数省督抚，如出一人，千里指挥，若在肘腋"，以改变目前这种"画疆自守"[2]、省自为战的不利局面。这显然是让曾国藩担负类似经略大臣的使命，近于总握全国兵权。清政府当然不会授予他这样大的权力，所以，虽朱潮所奏切中东南战事"贼合而我分"的时弊，仍借口"与现办情形均属不相符合"[3]而予以否定。据说，曾国藩攻陷天京后所得到的爵赏，清政府也打了折扣。薛福成在《曾左二相封侯》中称："曩闻，粤寇之据金陵也，文宗显皇帝

---

① 《清史稿》，第40册，第12178页。
② 《曾国藩全集》，第4册，第2085页。
③ 《曾国藩全集》，第4册，第2083页。

顾命颇引为憾事，谓'有能克复金陵者，可封郡王'。及曾文正公克金陵，廷议以文臣封王，似嫌太骤，且旧制所无。因析而为四，封侯、伯、子、男各一。"①

实际上，清政府不仅限制曾国藩的权力和爵位，而且在军事上暗中早有切实布置，对他时时加以防范。自咸丰五年以来，清政府就令湖广总督官文（荆州将军改任）虎踞长江上游的武昌，以建瓴之势，自上而下地监视逐渐控制东南各省军政大权的曾国藩集团。尽管其一无作为而每年挥霍大量钱财，却仍官位连连升迁。咸丰八年授协办大学士，咸丰十年迁文渊阁大学士，同治元年晋文华殿大学士，同治三年封一等果威伯，以酬其劳。而曾国藩同治元年始授协办大学士，同治六年方迁体仁阁大学士，至死也没有升到文华殿大学士，仅以尚低一级的武英殿大学士而告终。两相对比之下，方显出清政府用心之深。此外，还令都兴阿、富明阿先后任江宁将军，统带冯子材等军，驻扎扬州、镇江一带，僧格林沁率满蒙马队及陈国瑞等军驻扎皖北一带，形成对曾国藩湘军的钳制与包围之势。迫至同治三年六月吉字营等部攻陷天京后不久，清政府就抓住天京窖藏金银与幼天王下落问题，对曾氏兄弟步步进逼，命曾国藩追查与严惩放走幼天王的官员，并警告曾国荃等湘军将领，勿得"骤胜而骄"，责令曾国藩对之"随时申儆"，"庶可长承恩眷"②。而对早在一年之前就已实授浙江巡抚的曾国荃，清廷则既不令其赴任，也不准其单折奏事。曾国藩面对兔死狗烹的威胁，既乏取清自为之志，更无北伐必胜之算，只好迅速裁军，自剪羽翼，以释清廷之疑。不过，曾国藩裁军亦有自己的打算。他只撤湘军，不撤淮军，只撤曾国荃所部之勇，不撤鲍超等部之勇，更不撤湘军水师。即曾国荃所部的裁撤，亦先撤依附于吉字营的韦俊、萧庆衍等军一万五千人，再撤萧孚泗、李臣典部，最后裁张诗日部，而将刘连捷、朱南桂等部调往皖南等地，保存下来。然而，曾国藩毕竟将江宁内外的湘军裁撤几尽，只留几千人守城，并令曾国荃辞去浙江巡抚职务，回籍养病，使清政府彻底放下心来。清廷见曾国

---

① 《庸盦笔记》，第2卷，第8页。
② 《能静居日记》，同治三年七月二十一日。

藩已经驯服，就不再追查天京窖金下落与放走幼天王的责任，也没有批准左宗棠、沈葆桢将幼天王、洪仁玕槛送京师的奏请，下令在南昌就地处死，免使曾国藩过于难堪。

与此同时，清政府还为恢复绿营额兵进行了一番努力，但最终却遭到了失败。这样，清廷无法恢复战前旧有的武装力量与军营制度，也就不能不依靠湘淮军，既依靠湘淮军，也就不能不重用靠湘淮军起家的将领、幕僚，也就无法收回这些人在战争中获得的地方军政实权，改变战争所造成的内轻外重的权力格局。同治七年清政府调两江总督曾国藩就任直隶总督，冀以改变其权力构成上内轻外重的局面。结果，自此以后，直隶总督几乎成为湘淮将帅的专席，不仅没有收回过去丧失的地方实权，反而使国家外交乃至整个军政实权渐渐落入疆吏手中。

那拉氏虽然收回相权恢复了战前极端的君主专制制度，但却无法收回战争过程中失落到地方督抚手中的权力，也无法改变整个权力构成上内轻外重的格局。于是，便要弄权术，利用自己至高无上的地位，千方百计地抑制汉族督抚，借以维持清王朝的统治。综合其手法，主要有两个方面：一是分化曾国藩集团，孤立和压抑曾国藩及其至亲密友；一是动员这个集团以外的力量，从舆论上压抑这个集团，以达到政治上某种程度的平衡。

曾国藩集团虽在镇压太平天国革命问题上是一致的，但其内部并非铁板一块，出于种种原因，形成曾、胡、左、江、李五大派系。江、胡死后，胡派消失，江派势弱，势力较强的主要是曾、左、李三派。各派之间，尤其曾、左之间，从历史渊源上即分别来自穆彰阿与林则徐两个派别，在镇压太平天国的战争中渐合为一，共同对敌，当其胜利在握、一步步走向最后胜利的时候，内部又趋于疏远，渐渐产生隔阂。同时，李鸿章本属第二代头目，其地位最初尚不及曾国荃。只因淮军赴沪后很快由洋枪洋炮装备起来，战斗力大为提高，加之湘军逐渐裁撤，淮军成为主要武力，故其地位迅速上升。这样，就为那拉氏的分化政策准备了条件。

清政府分化曾国藩集团的政策主要可概括为佑沈压曾、佑左压曾和抑湘扬淮、抑曾扬左数条。同治三年三月正当曾国藩粮饷困难、日夜忧惧围攻天京之役功亏一篑之时，江西巡抚沈葆桢未经协商，突然奏准将原解安庆粮台的江西厘金全部截取，留充本省之饷。曾国藩闻讯惊慌，上疏力争。清政府乘机偏袒沈葆桢，不仅将曾国藩经办的江西厘金全部划拨给沈葆桢使用，户部还在复奏中谎称，曾国藩每月至少可得四川等省协饷银十万两，使曾国藩在粮饷最为困难之时骤失每月几万两的饷源，于权重自危之际背上广揽利权、贪得无厌的恶名。由此引发了曾、沈之间的一场大争大闹。沈葆桢本属曾国藩的幕僚，当其进退无依之际收入幕府，征收厘金、办理营务。曾国藩对他倍加赏识，荐其才堪封疆之寄。当其负气回籍、坚卧不起之时，曾国藩又力主起用沈葆桢，清政府据此将他由道员超擢江西巡抚。这种情况，不仅当时极为罕见，即曾国藩一生所荐人员，亦只有他与李鸿章二人。其后，沈葆桢延宕不肯出山，清政府再次发谕征询曾国藩对其出处的意见，似有收回成命、改变赣抚人选之意。曾国藩重申前说，坚守成命，并担保沈葆桢很快就会赴任，方保住他的巡抚之位。由此可见，曾、沈二人虽人事渊源上并非同流，但一经结合，关系还是相当紧密的。不料，经此一闹关系疏远，二人皆受损伤，而只有清政府坐收渔人之利。更使曾国藩苦恼的是，二人从此结怨，此波平息不久，又兴更大波澜。

曾国荃攻下天京后，纵兵烧杀淫掠，防务松弛，刚刚炸开的城墙豁口，无人把守，李秀成乘机率军冲出，幼天王即在其内。李秀成本人虽中途落单被俘，而这支队伍却逃往安徽，打算与驻扎湖州的黄文金部会合。清政府探知这一消息后，曾一再令曾国藩认真调查，勿使幼天王逸出。曾国藩并未认真调查，听信部下谎报军情，声称幼天王不被大火烧死，即死于乱军之中，绝无逸出之事。李秀成被俘后，真相本已大白，但曾国藩为掩饰胞弟及其部下的过失，一直心存侥幸，不肯据实上报。不久，左宗棠从逃出的难民中得知，幼天王已随太平军逃往广德，并从广德逃往湖州，遂一面函知曾国藩，一面上奏清廷。清廷便发布谕旨，责备曾国藩所报不实，并下令惩办防范不力的将领[1]，使清政府与曾家兄弟的关系骤然紧张，曾、左之间亦发生一场争斗。以笔者之见，曾国藩集团内部的这两次争闹，情况显有不同。若以统治阶级立场与利益

---

[1] 参见朱东安《曾国藩传》，第230—231页。

而论，上次沈葆桢理屈，这次曾国藩理屈。对于幼天王等一千多名太平军逃出天京一事，曾国荃确有责任，曾国藩也说了谎。但曾国藩认为清政府偏向左宗棠，怨恨左宗棠吹毛求疵，不顾同乡、同事及多年患难情谊，也并非全无道理。否则，左宗棠攻陷杭州时十万太平军突围而去，清廷不出一词，而天京城破走脱千人何必苦苦追究，揪住不放？于是，曾国藩一面陆续裁勇，以消除清廷心病；一面包庇胞弟，抗命不办。其复奏之折不仅以无人把守豁口相搪塞，且以杭州之事反唇相讥。清廷见查无实据，曾国藩又死不认账，只好留待后议。不料这年九月，幼天王不幸与大队失散，为江西湘军席宝田部所俘。沈葆桢、左宗棠乘机报复，二人一唱一和，张大其辞，坚请将洪天贵槛送京师，以彰曾氏兄弟走脱要犯之罪。曾国藩认为，自己临渊履薄之时，被左、沈二人从背后击一猛掌，心中恼怒而有口难辩。从此关系疏远，曾、左终生不通书问，曾、沈则多年后始有书信往来。

在曾国藩集团中，曾国藩与胡林翼、李鸿章关系最好，而曾、李二人则尤为密切。李鸿章之父李文安是曾国藩的会试同年，早在道光年间，李瀚章、李鸿章兄弟就以"年家子"的身份投到曾国藩门下，读书受教，具有名副其实的师生关系。其后，兄弟二人又双双充任曾国藩幕僚，得其保奏，位至督抚，说他们的功名禄位均授自其师亦似乎并不过分。然而，时过境迁，关系却发生了变化。尤其当湘军陆续裁撤、淮军的作用越来越大，曾国藩身家地位的维持有赖于李鸿章淮军之时，则已不是李有求于曾，而是曾有求于李了。而李鸿章的性情又不同于彭玉麟、鲍超诸人，往往官迷心窍、眼睛向上，有"拼命做官"[①]之谓，无患难与共之称。咸丰十年就曾以其师自投"绝地"而借口离去。同治四五年间，又因曾国藩北上"剿"捻主要使用淮军，而李鸿章不肯交出兵权，往往暗中操纵，各将"遇有调度，阳奉阴违者颇多"，致令曾国藩大悔"撤湘军一事"，"与所亲书"，有"'合九州铁不能铸错'之语"[②]。正是根据这种情况，清政府设下抑湘扬淮之策，利用李鸿章打击曾国藩与其他湘军将领。

---

① 俞樾：《春在堂随笔》，上海文明书局，第1卷，第6页。
② 徐宗亮：《归庐谈往录》，光绪十二年线装本，第1卷，第8页。

同治五年九月，正当捻军突破河防，曾国藩"剿"捻失利之际，其长期在家"养病"、出任湖北巡抚不久的胞弟曾国荃，突然背着乃兄上疏参劾湖广总督官文，列有"贪庸骄蹇、欺罔徇私、宠任家丁、贻误军政"①等款，词连军机大臣胡家玉。在此期间，江西巡抚刘坤一也上奏参劾籍隶江西的胡家玉，告发他咸丰以来从未交纳过田赋。"其中警句云：'以五百亩之多，岂无一亩膏壤？以十七年之久，岂无一岁丰稔？'"②曾氏兄弟及其他湘淮将领靠练勇骤得高位，成为一帮新贵，早已引起满、汉旧贵的不满。及见曾国荃参劾官文，更是气愤难当。故派往湖北查办此案的钦差大臣，刑部尚书宗室绵森、户部右侍郎谭廷襄回奏时，处处为官文开脱，竟将曾国荃所列各款，全部驳回，甚至有人指责参劾官文为"肃党"一事，要求依法反坐，治其诬陷之罪。那拉氏极富政治经验，早已洞悉曾国荃参劾官文一事，纯属权力之争。为防止奕䜣插手，整个案子由她亲自处理，完全背着军机处进行。曾国荃"参官文折进御后，皇太后传胡家玉面问，仅指折中一节与看，不令睹全文。比放谭、绵二人查办，而军机恭邸以下，尚不知始末"③。由于当时"剿"捻战争正在进行，尚须借重湘淮军之力，故及时做出让步，于当年十一月调官文回京供职，解湖广总督任，以文华殿大学士掌刑部，兼正白旗蒙古都统。湖广总督一缺由前往查办案件的谭廷襄暂署。不久，即命曾国藩卸去钦差，回两江总督本任，授江苏巡抚李鸿章为钦差大臣，专办"剿"捻事宜。同治六年正月，授李鸿章为湖广总督，调其胞兄、湖南巡抚李瀚章任江苏巡抚，署理湖广总督。湖南巡抚一席则由曾国藩的亲戚刘崑担任。曾国荃踌躇满志，满望可兼署湖广总督一职，结果却是竹篮子打水。不久，所部新湘军相继败溃，自己也不得不奏请辞职，再度回籍"养病"。

官文原属汉军旗，籍隶内务府，同治三年抬入满洲正白旗，清政府曾用他长期担任湖广总督，自上游监视为清王朝支撑东南半壁的曾国藩集团。胡林翼明知其故而不敢动他，迫于无奈才转而与之结好。胡林翼死后，曾国藩虽处处

---

① 《能静居日记》，同治六年四月二十七日。

② 《异辞录》，第2卷，第5页。

③ 《能静居日记》，同治六年七月初九日。

受制亦一再忍让。所以，曾国荃参劾官文一案，实在非同小可，在双方关系中是一个极为严重的步骤，以致在清朝中央、地方乃至曾国藩集团内部，都引起极大震动，好像除左宗棠、曾国荃之外，几乎无人赞成此举。曾国藩更是进退失据、有苦难言，"焦灼弥月"，深恐由此招来大祸。及至取回曾国荃的密折查阅之后，见"所言皆系正大应说之事，无论输赢皆有足以自立之道"①，这才放下心来。待到结果出来之后，则顿感处理极不公平，更担心会遭到报复。他在一封家信中说："顷阅邸抄，官相处分极轻，公道全泯，亦殊可惧。"②而随后发生的一些情况证明，曾国藩的这种担心，并不是多余的。同治六年十月曾国荃免湖北巡抚职务，回籍"养病"；十一月直隶总督刘长佑受革职处分，赏三品顶戴，率所部回籍，其遗缺由大学士官文署理。曾国藩联想起在此之前，湘籍官员如陕西巡抚刘蓉、广东巡抚郭嵩焘、陕甘总督杨岳斌分别于同治五年正月、二月、八月相继落职，尤其刘长佑备受排挤、欺凌的情形，不禁大发感慨，为之伤心落泪。他在给郭昆焘的信中说："官相（指官文）顷有署直隶之信，不知印渠（指刘长佑）何故开缺？近日厚（指杨岳斌）、霞（指刘蓉）、筠（指郭嵩焘）、沅（指曾国荃）次第去位，而印复继之，思之悚惕。"③在给江西巡抚刘坤一的信中又说："闻带勇回籍之举，系官相密片所请，陷穽下石，相煎太急。富都统来此代为不平，并称印帅受穆公之陵侮，人所难堪。而直隶之官绅军民，无人不服其忠勤而惜其去。弟于印帅归时，唏嘘不忍别，闻富公之言尤为感慨，仕途险巇使为善者增惧。"④而刘长佑革职之由，则更令湘军将帅不平。刘长佑自同治元年任直隶总督以来，多在前线指挥军队作战。同治六年夏京畿发生旱灾，"盐山、静海贩私盐枭"乘机起事，当年十月"由固安、雄县掠霸州，京师震动"。那拉氏应官文密请，革直隶总督刘长佑职，遗缺由他署理。"令下十余日而枭匪平"，那拉氏仍令刘长佑带勇回籍，初赏三品，后改

---

① 《曾文正公家书》，同治五年十月二十三日。
② 《曾文正公家书》，同治六年正月二十六日。
③ 《曾文正公书札》，第26卷，第23页。
④ 《曾文正公书札》，第26卷，第28页。文中提到的"富都统"很可能是江宁副都统富陞，同治三年十二月至光绪六年一直担任是职。

二品顶戴①。从这一过程看，显然带有打击报复的性质，似乎满洲贵族失去湖广总督一席，必以直隶总督相报偿。而从湖广总督的人事安排看，清政府的用心亦非常明显。同治五年十一月官文离职，湖广总督由前去查办此案的谭廷襄署理。同治六年正月任命正在前线带兵"剿"捻的李鸿章为湖广总督，却让其刚由湖南调抚江苏的胞兄李瀚章署理是职。苏州与武昌相距不止千里，两职何能兼任？清廷做此安排，显然是为堵塞时任湖北巡抚的曾国荃兼署湖广总督之路。及至曾国荃免职，广西巡抚郭柏荫调任鄂抚，即令其以湖北巡抚兼署湖广总督，并将李瀚章调抚浙江，其苏抚遗缺由李鸿章的亲信丁日昌升补。早在一年前，清政府即应李鸿章的请求，欲令丁日昌担任苏抚，由于曾国藩的反对没有办成，如今终使李鸿章如愿以偿。如果将官文解职的命令与曾国藩撤销钦差的命令相继下达这件事，和上述情况放在一起考察，则清政府抑湘扬淮的意向就更为明显。具体而言，"抑"的主要是曾氏兄弟与刘长佑，"扬"的是李鸿章兄弟及其亲信。这就更使曾国藩有苦难言，在给亲友的信中，也只能为刘长佑抱不平。

从以上事实可以看出，清政府对曾国藩集团进行打击和压抑的目标，自同治三年以来始终未变，主要是针对曾家兄弟的，其后具体方式上的变化，不过是针对其"裁湘留淮"之策，又推出了一个"抑湘扬淮"之计。而此策的实施亦并未至同治六年为止，同治九年那拉氏又导演了一出以李代曾之剧，使曾国藩陷入更深的苦恼。

同治九年五月，因天津法国天主堂支持与纵容教民、拐犯迷拐幼童，法国驻天津领事丰大业复包庇教堂、接连三次向中国官员开枪，激起民众的反抗，酿成有名的"天津教案"。清政府命直隶总督曾国藩赴津查办。曾国藩屈服于外国侵略者的军事压力，一开始就歪曲教案的性质，颠倒是非，混淆黑白，污蔑天津民众，为法国侵略者的罪行辩护，连他自己都承认其有关案情的奏报"言之不实不尽，诚恐有碍于和局，故不惮委曲求全"。②最后竟以天津府、县官员发遣黑龙江赎罪，判天津民众死刑二十名、流放二十五名结案，并赔偿各

---

① 朱孔彰：《中兴将帅别传》，岳麓书社1989年版，第44页。
②《有关天津教案的四份密件》，《近代史资料》，总八十八号，第28页。

国银四十九万两，派崇厚为中国特使赴法赔礼道歉，使中华民族蒙受巨大耻辱。曾国藩的所作所为受到全国官绅民众的愤怒斥责和坚决反对，这位在19世纪60年代曾一度被全国地主士绅视为救星的"名将名相"，骤然成为全国舆论的众矢之的，一世"清名"扫地以尽，直落到"举国欲杀"的地步。曾国藩面对亲友的责备，辄以"内疚神明，外惭清议"谢过，好像在一切人面前都有点抬不起头来了。这时候的曾国藩，很希望他的后台与主子能够给他一点庇护和安慰。这不仅因为几十年来他曾为清政府效尽犬马之劳，还因为这次令其威信扫地的屈辱外交，是他与清政府共同办理的，除隐瞒案情一事应由他个人负责外，整个案件的办理方针和每一重要步骤，都是经清政府批准的。所以，要说责任，那拉氏与奕訢应负有更大的责任。不料，那拉氏却在这关键时刻落井下石，公开责备曾国藩"文武全才惜不能办教案"①，把全部责任都推到他一人身上，并于当年八月令曾国藩第二次回任两江总督，其北洋大臣、直隶总督遗缺，由李鸿章补授，天津教案的未了事宜，亦交由李鸿章接办。这等于是在全国舆论的压力下，调李鸿章进行复审，使曾国藩丢尽脸皮，灰溜溜地离津而去，很有点"墙倒众人推"的味道。既然曾国藩办理津案的所作所为与朝廷无关，反对者自可放胆攻击，毫无顾忌。这就使曾国藩陷于茕茕孑立、赴诉无门的境地。他在给朋友的信中，自称"时论所弃"之人，说"自问（同治）四五年"剿"捻无功，即当退处深山，六年春重回江南、七年冬莅任畿辅，皆系画蛇添足"②。真是伤心、懊悔之至。承办津案前，曾国藩已身得重病，左目微视，右目全盲，经过这次打击，遂成不治之症，时未二载，与世长辞。在此一二年间，曾国藩精神极为痛苦，究其原因，不止一桩，而那拉氏故技重施，以李代曾，则又不能不是其中重要的一条。

清政府分化曾国藩集团的策略，除上述"抑湘扬淮"外还有一条，那就是"抑曾扬左"。左宗棠生性狂傲，自视甚高，长期以来，对曾国藩在这个集团中的领袖地位，心中很不服气，不时发起挑战。咸丰七年曾国藩因不满于清政府

---

① 徐凌霄、徐一士：《曾胡谈荟》，《国闻周报》，第6卷，第38页。
②《曾文正公书札》，第33卷，第8、9页。

的忌刻防范，弃军奔丧于先，伸手要权于后，论理各有是非，论情则应得到左宗棠的同情。不料，左宗棠无条件站在清政府一边，对曾国藩攻击、责备，不留余地。在他的带动下，全省上下一时形成舆论，使曾国藩卒成怔忡不眠之症。同治三年夏秋，正当曾国藩保权保命的关键时刻，左宗棠故技重施，又在幼天王问题上与之闹翻。这无疑等于在清政府与曾国藩集团的矛盾一度成为主要矛盾的关键时刻，向清政府表明心迹：倘若曾国藩敢于造反，他是坚决站在清政府一边的。正因为这一点，清政府在对曾氏兄弟心存疑忌、一再压制的同时，却对左宗棠越来越重用。同治五年广东巡抚郭嵩焘奉旨回京，就是应左宗棠的奏请，并由他的亲信部属蒋益澧取而代之，使郭嵩焘对此怀忿终生，死不瞑目。曾国藩前面提到的纷纷落职的湘籍官员之一、陕甘总督杨岳斌，即由左宗棠取而代之。左宗棠不仅取代杨岳斌调任陕甘总督，还于数月后授任钦差大臣，同李鸿章一东一西，分别负责"进剿"东、西捻军事宜。所以，清政府抑湘政策的"湘"，并不包括左宗棠，除曾氏兄弟外，受到打击、压抑的实际上主要是恽世临、刘蓉、郭嵩焘、刘长佑几个人，而刘蓉、郭嵩焘、恽世临三人，都是曾国藩的好友、幕僚、亲信。至于左宗棠两度充任军机大臣，更是曾、李所不及。此固因左宗棠有收复新疆之功，但在清政府心目中，此事未必会比平定太平军、捻军更为重要，且军机大臣的差委，主要看其是否忠诚可信，同军功之大小似乎了无关系。只是由于左宗棠不善应酬，对清朝官场的适应能力尚不如曾国藩，其两次进出军机处，时间相加还不足一年。但此亦足可说明，清政府对左宗棠的政策，与曾国藩不同，在其实施抑湘之策时，并未打击与压抑左宗棠。同治三年以来，左宗棠地位继续上升，情形与李鸿章相似，却同曾国藩恰成对照。这样，将清政府对待曾、左的不同政策概括为"抑曾扬左"，也就未尝不可了。

清政府压抑曾国藩集团的最后一招是以文抑武，即以言官、词臣从舆论上抑制湘淮军将帅。在清朝统治阶级中，除掌握实权、津要的军政官员外，还有一部分可以制造舆论的力量，如都察院六科十三道监察御史及翰林院、詹事府所属词臣，他们虽地位不高，既无决策权也无执行权，但却可以接近皇帝，上疏言事，参与一些问题的讨论。而御史还可以风闻奏事，不会因言得罪。所以，所奏无论对与不对，朝廷采纳与否，内阁一旦发抄，便经由报房商印行的

《京报》，风闻全国，形成一种舆论力量，即所谓"清议"。任何官员，一旦受到舆论的贬损，便在政治上陷于被动，重者丢官，轻者降调，最低也会影响自己的前程。因而，一般人都害怕受到"清议"的指责。为官多年的曾国藩，深知"清议"的厉害。早在同治元年，就曾为周腾虎"遽被参劾，抑郁潦倒以死"之事，发出"悠悠毁誉，竟足杀人"①的感叹。舆论既有如此巨大的威力，富有政治斗争经验的那拉氏，就不可能不加以利用。于是，同治三年以来，尤其内轻外重的权力格局积重难返、已成定势之后，那拉氏即与醇郡王奕譞相互配合，刻意培植和利用"清议"力量，打击和压抑湘淮军将帅，以致渐渐形成以张之洞、张佩纶为首领的清流派。他们经常聚会，不时上疏，议论朝政，褒贬大臣，"负敢谏之名，为朝廷所重，一疏上闻，四方传诵"，"开当时词臣言事、清流结党之风"。人们还根据其不同人员的地位与作用，戏赠以"四大金刚""清流腿子""清流靴子"及"捐班清流""诰封清流"②诸名号。同治九年曾国藩将天津教案办成典型的屈辱外交，受到全国官绅民众几乎一致的反对，而其中抨击最力的就是清流派诸名士。那拉氏就是利用这些人，并凭借自己至高无上的地位和君臣名分，制造舆论，操纵形势，压抑与控制地方实力派。不过，词臣的活跃是同治后期和光绪初期的事，同治五、六、七年间，那拉氏用以压抑曾国藩等人的舆论力量，主要还是都察院的监察御史。

　　同治五年正值清政府与曾国藩集团之间，因曾国荃参劾湖广总督官文而骤然紧张之际，捻军乘八月中秋之夜，在开封附近冲破湘淮等军修筑的河防，使曾国藩"剿"捻受挫。于是，京中御史如朱镇、朱学笃、卢镇、穆缉香阿、阿凌阿等人，便纷纷上疏参劾曾国藩，有的劾其"办理不善"，有的劾其"督师日久无功"，有的劾其"骄妄"③，有的"疏中竟有'罪不容诛'等语"④。使曾国藩心怀忧惧，不敢强辩，只得忍气吞声，自请处分。清廷也就顺水推舟，撤其钦差，命他回两江总督本任，使曾国藩在政治上大丢脸面，有苦难言，灰

---

① 《曾文正公手书日记》，同治元年八月初三日。
② 《异辞录》，第2卷，第44页、第30、31页。
③ 黎庶昌：《曾国藩年谱》，岳麓书社1986年版，第223页。
④ 《曾文正公书札》，第24卷，第44页。

溜溜地退出"剿"捻战场。

清政府这种以文抑武的做法，引起曾国藩集团的极大不满。郭嵩焘在给曾国荃的信中说，"历观言路得失"，"敢直断言曰：'自宋以来，乱天下者言官也。废言官，而后可以言治。'"又说："唐宋之言官虽嚣，尚无敢及兵政。南渡以后，张复仇之议、推陈兵事，自诸大儒倡之。有明至今承其风，持兵事之短长尤急。末流之世，无知道之君子正其议而息其辩，覆辙相寻，终以不悟。""文宗初基，东南糜烂，天下岌岌。朝廷怀恐惧之意而出之以端简，百官慑于大难之骤兴，瞻顾却立，而抑不敢肆其嚣嚣。金陵之功甫成，士大夫谓自是可以长享无事，而议论嚣然。言路之气日张，时事亦愈棘矣。"还说："（咸丰五年）僧邸（指僧格林沁）引运河之水以灌冯官屯，计工数百里。其时，李开方残贼数百人，无敢议其迂远者。"而今"以侯相功崇德广"，惟"朝廷眷顾稍疏，群小遂从而揶揄之"①。曾国藩读过此信，心感大快，复信对郭嵩焘说："尊函痛陈自宋以来言路之弊，读之正搔着痒处。船山先生《宋论》，如宰执条列时政，台谏论宰相过失，及元祐诸君子等篇，讥之特甚，咎之特深，实多见道之言。尊论自宋以来多以言乱天下，南渡至今，言路持兵事之长短，乃较王氏之说，尤为深美。仆更参一解云：性理之说愈推愈密，苛责君子愈无容身之地，纵容小人愈得宽然无忌，如虎飞而鲸漏。谈性理者熟视而莫敢谁何，独于一二朴讷君子，攻击惨毒而已。"②真可谓怨愤之气跃然纸上。而其私下谈论则更为痛切，至有以言亡国之说："自南宋以来，天下为士夫劫持。凡一事兴作，不论轻重，不揣本末，先起力争。孱暗之君，为其所夺，遂至五色无主。宋、明之亡皆以此。"③然而，曾国藩却不敢抗辩。他在给李鸿章的信中解释说："王侍御疏中竟有'罪不容诛'等语，自无忍而不辩之理。""然如左公之强梁，乃由禀诸天赋，而人事又足以济之。鄙人本无子路好强之资，又恐运气不济，每讼辄输用是敛手而退。"④同时，他还告诫李鸿章，"末世气象，丑正恶直，波澜撞激，

① 郭嵩焘：《养知书屋文集》，光绪十八年刊，第10卷，第29、30、28页。
② 《曾文正公书札》，第26卷，第1页。
③ 《能静居日记》，同治六年六月十八日。
④ 《曾文正公书札》，第24卷，第44页。

仍有寻隙报复之虑。苟非极有关系，如粪桶捐四千万之类，断不能不动气相争，此外少有违言，即可置之不问"。又说："德门兄弟荣戬，功业煊赫，高明之家，鬼神亦忌，总宜处处多留余地，以延无穷之祜。"①总之是抗辩之事愈少愈好。曾国藩如此认识和处理此类问题，恐怕也是接受了刘蓉的教训。同治四年日讲起居注官蔡寿祺疏劾奕䜣，其中"纳贿"一节，于大臣质证时指实刘蓉与薛焕。朝旨令刘蓉自陈。刘蓉怒火满腔，具长疏力辩其诬，为文有气有势，有理有据，可说是慷慨激昂，痛快淋漓。左宗棠称之为天下第一好文章，曾国藩亦说此疏"置身甚高，辞旨深厚，真名作也"②。怎想到，刘蓉只顾意气风发，行文流畅，却忘记了政治上的忌讳，终为内阁侍读学士陈廷经所劾，因泄漏保举密折而受到革职降调处分。这件事不仅对曾国藩，对其他人同样也有借鉴意义：愈是功高权重，愈要谨慎小心，稍有不慎，就为御史所劾。如要抗辩，又往往言多有失，愈加被动，甚而招来他祸，受屈更大。这样，也就不能不引起封疆大吏的警惧。如此看来，那拉氏挟居高临下之势，行以文抑武之策，利用言官词臣控制舆论，压制手握重权的地方实力派，在内轻外重已成定局的情况下，求得政治上的某种平衡和暂时的稳定，还是行之有效的。

纵观咸同政局，太平天国革命虽然失败了，但却造成清王朝中央集权的削弱和地方分权增强，从而大大削弱了其统治力量。早在太平天国革命失败的第三年，曾国藩的心腹幕僚赵烈文，就曾据此做出清朝的灭亡不出五十年的论断："天下治安一统久矣，势必驯至分剖。然主威素重，风气未开，若非抽心一烂，则土崩瓦解之局不成。以烈度之，异日之祸必先根本颠仆，而后方州无主，人自为政，殆不出五十年矣。""然则当南迁乎？""国初创业太易，诛戮太重，所以有天下者太巧。""恐遂陆沉，未必能效晋、宋也。"③事实证明这个论断是正确的，太平天国革命对近代中国历史进程的巨大推动作用，也是不应否定的。

---

① 《曾文正公书札》，第24卷，第43页。

② 《曾文正公手书日记》，同治四年五月十二日。同治二年刘蓉出任陕西巡抚，据《清史稿》载，是官文与多隆阿奏保的，可能出于骆秉章或严树森的请托，似与奕䜣无干。

③ 《能静居日记》，同治六年六月二十日。

第二章

易装自救

▼

从本质上看，曾国藩集团是一群来自地主阶级中下层的儒生。他们思想上忠于地主阶级和封建制度，政治上既不满于清政府的腐败，更仇视各式各样的反清起义。他们通过同乡、师生、亲友、同年等封建关系结为死党，并与战争相辅相成，不断发展壮大。他们之中很大一部分人早就有过镇压反清起义的经历，或者就是起义军的叛徒。所以，大致可以说，从事镇压太平军、捻军的战争，是出于他们的阶级本性，而同清政府及外国侵略者的合作，则不过是他们的政治选择。

第一节　主要成员

这个集团的成员，大致可分为三部分：首脑人物、骨干分子、一般成员。首脑人物有曾国藩、胡林翼、左宗棠、江忠源、李鸿章五人①。他们密切配合而又各自独立，思想、政治上一致而又在组织上自成体系。尤其曾、左、李三人，他们虽最初目标一致，结为一体，而后却各自独立，成鼎足之势，不仅谈不上统属关系，如曾、左之间，甚至不通书问。所以出现这种情况，起初的原因，大约可追溯至该集团形成之始。也就是说，他们是个联合体，既可为成事而合，亦可为事成而散。出于种种原因，同治三年后该集团虽未解体，但同当初相比，关系是大大的松散了。所以，这五人地位、作用虽有不同，但各有各的系统，相互不能取代。

---

① 此外，还有一个重要人物，那就是清朝地方官员、先任湖南巡抚后任四川总督的骆秉章。他在这个集团的发展过程中所起的作用，不逊于上述五人，是一位不可或缺的人物。但种种情况表明，他不是这个集团的核心人物，只能算是这个集团的亲密可靠的朋友。若把他摒之门外，似亦不妥。故暂将其放在骨干成员之中，不入首脑人物之列。

然而，他们亦非没有差异。在此五人中，曾、左、李较为重要，而其中又以曾国藩最为突出。这不仅因其为官最早、地位最高，能将他们集结成团、联为一体，还因他在一些重大问题上能够提纲挈领、先走一步，如改革军制、首创湘军、首倡洋务运动等，故而成为这个集团的领袖。他的思想政治路线，也成为这个集团的灵魂。因而，这个集团应以他的名字命名，称之为曾国藩集团，或曾国藩军政集团。以往，人们往往把它称之为湘淮军集团，有似意在突出军事，强调战争。而我的研究侧重于政治方面，意在从思想与政治上探讨这个集团得以形成和发展的原因。所以，不再采取过去的称呼。

所谓骨干分子，主要指重要幕僚和军官。重要幕僚指所任职事重要或同幕主关系密切者，如主办粮台、厘金局、盐务局、编书局、营务处等，可谓职任重要，而在幕主身边办理咨文、奏折、信函、批札之人，则属二者兼而有之。重要军官指前期的统领、主要营官和中、后期的统领、分统（又称小统领）。有的兼有双重身份，既为幕僚又曾领兵，更无疑是骨干分子了。有的人物，主要是后期一些人，文职位至实缺盐运使以上、武职位至实缺总兵以上者，亦足以说明其地位与作用的重要，故将之归入骨干分子之列。根据这几条原则，经粗略统计，该集团首脑和骨干分子共有475人，经查证核实，其中文职实缺按察使以上125人，武职实缺提督以上58人，位至督抚、堂官以上者67人。这个统计虽难称精确，但亦可大致反映出这个集团在清朝统治阶级中的实力地位。

至于一般成员，则主要指一般幕僚和一般官兵，如前期次要营官及哨官以下、中后期营官以下弁兵。一般幕僚即地位较低、作用不大，入幕前没啥名气、出幕后未太发迹者，也就是那些虽入名幕，但做官未至三品、为学亦没有成名成家的人。曾、胡、左、李等人虽奏保人员甚众，但一般都是候补、候选、即用、记名之类，得任实缺者所占比重不大。尤其那些高级职位的实缺，只有那些重要幕僚和分统以上军官才有可能得到。战争结束时，湘淮军保至记名提、镇大员者成千上万，欲补一个实缺千总、把总亦不可得，甚至一副红顶子只能换得一醉。因而，一般幕僚和军官虽为这个集团出力卖命，但不过为了挣口饭吃，并没有获得太大的利益。况且，他们在政治与思想上所能产生的影响有限，也不能决定这个集团的性质、方向和根本成败。再者，他们人数众多，资料阙如，也无从加以统计。所以，本书对其基本采取略而不计的办法，只从总体上概述，不作具体分析。

主要成员表

姓　名	字号	籍贯	出身	职务	隶　属	官　　至	备注
丁义方		湖南益阳		营官	曾国藩	湖口镇总兵	
丁日昌	雨生	广东丰顺	诸生	幕僚	曾国藩　李鸿章	江苏巡抚总理衙门大臣	
丁汝昌	禹庭雨亭	安徽庐江			李鸿章	北洋水师提督	
丁寿昌	乐山	安徽合肥	文童		李鸿章	直隶按察使	
丁宝桢	稚璜	贵州平远	翰林	岳常澧道	毛鸿宾	四川总督	
丁泗滨		湖南长沙		营官	曾国藩	黄岩镇总兵	
丁锐义	篁村	湖南长沙		分统		运同	
万启琛	簏轩			幕僚	曾国藩	江宁布政使	
万国本					李鸿章	台湾镇总兵	
卫汝贵	达三	安徽合肥	团勇		李鸿章	大同镇总兵	
卫荣光		河南	翰林	幕僚	胡林翼	江苏巡抚	
马德顺		河南			李鸿章	处州镇总兵	
戈　鉴		湖南靖州	生员	分统	席宝田	道员	
方大湜		湖南巴陵	秀才	幕僚	胡林翼	山西布政使	
方友升		湖南长沙		分统	左宗棠	衢州镇总兵	
方有才	竹亭	湖南湘潭	降将		李鸿章	处州镇总兵	
方致祥	心斋	安徽桐城	团首		李鸿章	威宁镇总兵	
毛有铭	竹丹	湖南湘乡	士人	分统	李续宜	道员	
毛鸿宾	寄云	山东历城	进士	荆宜施道	胡林翼	两广总督	
王　吉		湖南衡阳	行伍	营官	曾国藩	狼山镇总兵	

姓 名	字号	籍贯	出身	职务	隶 属	官 至	备注
王 沐		湖南湘乡	诸生	分统	沈葆桢	道员	
王 鑫	璞山	湖南湘乡	生员	统领	左宗棠 骆秉章	道员	
王万友		湖南湘乡		分统	曾国藩	汀州镇总兵	
王万钊					李鸿章	南阳镇总兵	
王士珍	聘卿	直隶正定	北洋武备学堂毕业		李鸿章	署江北提督	
王大经	筱莲	浙江平湖	举人	幕僚	李鸿章	湖北布政使	
王之春	芍棠	湖南清泉		幕僚	彭玉麟	安徽巡抚	
王仁和		湖南湘乡		营官	曾国藩 左宗棠	平凉镇总兵	
王开化	梅村	湖南湘乡	士人	分统	左宗棠	道员	
王开来		湖南湘乡		分统	左宗棠	道员	
王开琳		湖南湘乡		分统	左宗棠	总兵	
王文瑞	钤峰	湖南湘乡	士人	分统		吉赣南道	
王占魁	梅村	安徽庐江	武举团首		李鸿章 刘秉璋	高州镇总兵	
王可陞		湖南保靖		分统	骆秉章		
王平西		湖南湘阴			李鸿章	北洋第六镇统制	
王永胜	荣春	江苏六合	行伍		李鸿章	南赣镇总兵	
王永章		湖南宁乡		分统	骆秉章		
王孝祺	福臣	安徽合肥	团首		李鸿章	高州镇总兵	
王凯泰	补帆	江苏宝应	进士	幕僚	李鸿章	福建巡抚	
王国才	锦堂	云南昆明	武举游击	分统	胡林翼	安义镇总兵	
王定安	鼎丞	湖北东湖	举人	幕僚	曾国藩	庐凤道	
王承泽		湖南邵阳	举人	幕僚分统	刘长佑	道员	

续表

姓　名	字号	籍贯	出身	职务	隶　属	官　至	备注
王明山	桂堂	湖南湘潭		代统领	杨载福　彭玉麟	福建陆路提督	
王钟华		湖南长沙				金门镇总兵	
王载泗		湖南湘乡		分统	曾国藩	记名提督	
王葆生		安徽	进士知县	分统	骆秉章	湖南粮道	
王德固	子坚	河南鹿邑	进士	幕僚	曾国藩	四川布政使	
王德榜	朗青	湖南江华		分统	左宗棠	福建布政使	
邓万林		湖南长沙		营官	曾国藩	广东陆路提督	
邓仁堃	厚甫	湖南武冈	拔贡	江西粮道	曾国藩	江西按察使	
邓日胜		湖南宁乡			周达武	昭通镇总兵	
邓正峰		安徽怀远			李鸿章	郧阳镇总兵	
邓有德		湖南宁乡			周达武	昭通镇总兵	
邓维善		湖南东安	农民	分统	席宝田	记名提督	
韦志俊		广西桂平	降将	分统	彭玉麟　曾国荃	总兵	
冯义和					李鸿章	南昭连镇总兵	
冯桂芬	景亭	江苏吴县	进士	幕僚	李鸿章	右中允	思想家
冯焌光	竹如	广东南海	举人	幕僚	曾国藩　李鸿章	苏松太道	
厉云官	伯符	江苏仪征	清泉知县	幕僚	曾国藩　胡林翼	湖北布政使	
史宏祖		安徽合肥			李鸿章	皖南镇总兵	
史致谔	士良	江苏溧阳	翰林	幕僚宁绍台道	曾国藩　左宗棠	宁绍台道	
叶志超	曙青	安徽合肥	团勇		李鸿章　刘秉璋	直隶提督	
左宗棠	季高	湖南湘阴	举人	幕僚统帅	曾国藩　骆秉章	东阁大学士、军机大臣	二等侯爵
帅远燡	仲谦逸斋	湖北黄梅	翰林	营官	周凤山		

姓 名	字号	籍贯	出身	职务	隶 属	官 至	备注
甘晋	子大	江西奉新	进士	幕僚	曾国藩	礼部主事	
田兴奇		湖南镇箪		分统	田兴恕	副 将	
田兴恕	忠谱	湖南镇箪	行伍	统领	骆秉章	钦差大臣署巡抚	
石清吉	祥端	直隶沙河	武进士、参将	分统	多隆阿 官文	记名总兵	
闪殿魁		直隶昌平	行伍		李鸿章	建昌镇总兵	
任永清			降将		李鸿章	正定镇总兵	
任星元		湖南长沙		分统	曾国藩 彭玉麟	广东水路提督	
伍维寿		湖南长沙		营官	曾国藩	汉中镇总兵	
刘典	克庵	湖南宁乡	士人	幕僚统领	左宗棠	署陕西巡抚	
刘蓉	孟容 霞仙	湖南湘乡	文童	幕僚	曾国藩 骆秉章	陕西巡抚	
刘璈		湖南临湘	士人	分统	左宗棠	台湾道	
刘萧		湖南湘乡			左宗棠	山西按察使	锦棠弟
刘义方		湖南溆浦				腾越镇总兵	
刘于浔	养素	江西南昌	举人	分统	曾国藩	甘肃按察使	
刘士奇	六如	湖南凤凰	游击		李鸿章 程学启	古州镇总兵	
刘长佑	子默 印渠	湖南新宁	拔贡	统领	江忠源 骆秉章	直隶总督	
刘齐衔	冰如	福建闽县	进士	汉阳知府	胡林翼	河南布政使	
刘启发	佩香	安徽霍山	行伍		李鸿章	皖南镇总兵	
刘寿曾	恭甫	江苏仪征	优贡	幕僚	曾国藩		汉学家
刘连捷	南云	湖南湘乡	士人	分统	曾国荃 曾国藩	记名布政使	
刘坤一	岘庄	湖南新宁	诸生	统领	刘长佑	两江总督	
刘岳昭	荩臣	湖南湘乡	文童	统领	骆秉章	云贵总督	

续表

姓 名	字号	籍贯	出身	职务	隶　　属	官　至	备注
刘明镫		湖南永定	武举	分统	左宗棠	台湾镇总兵	
刘松山	寿卿	湖南湘乡		统领	曾国藩　左宗棠	广东陆路提督	
刘秉璋	仲良	安徽庐江	翰林	统领	李鸿章　曾国藩	四川总督	
刘郁膏	松岩	河南太康	进士	幕僚	李鸿章	江苏布政使	
刘厚基		湖南耒阳		分统	骆秉章	延绥镇总兵	
刘胜祥		湖南道州		分统	刘坤一	记名提督	
刘倬元		湖南宁乡	诸生	分统	左宗棠		
刘培元		湖南长沙	武生	分统		处州镇总兵	
刘盛藻	子务	安徽合肥	生员塾师	统领	刘铭传　李鸿章	浙江按察使	
刘铭传	省三	安徽合肥	盐贩团首	统领	李鸿章	台湾巡抚	
刘朝盛		安徽合肥	团勇		李鸿章	署绥靖镇总兵	
刘瑞芬	芝田	安徽贵池	诸生	幕僚	曾国藩　李鸿章	广东巡抚	
刘腾鸿	峙衡	湖南湘乡	士人	分统	胡林翼	补用直隶州	
刘锦棠	毅斋	湖南湘乡	监生	统领	左宗棠	钦差大臣、新疆巡抚	
刘毓崧	伯山	江苏仪征	贡生	幕僚	曾国藩		汉学家
刘德谦		湖南浏阳		分统	骆秉章　毛鸿宾	道员	
刘鹤龄		湖南溆浦		分统	田兴恕　骆秉章		
华蘅芳	若汀	江苏无锡		幕僚	曾国藩　李鸿章		科学家
向师棣	伯常	湖南溆浦	诸生	幕僚	曾国藩		
吕本元	道生	安徽滁州			李鸿章	直隶提督	
多隆阿	礼堂	满洲正白旗	八旗营弁	统领	胡林翼	钦差大臣、西安将军	一等轻车都尉
孙开华	赓堂	湖南慈利		分统	鲍　超	福建陆路提督	
孙长绂	小山	湖北枣阳	进士	幕僚	曾国藩	江西布政使	

续表

姓　名	字号	籍贯	出身	职务	隶　　属	官　　至	备注
孙衣言	琴西 劭闻	浙江瑞安	翰林	幕僚	曾国藩	湖北布政使	
孙昌凯		湖南清泉	铁匠 武童	营官	曾国藩	海门镇总兵	
孙显寅	子扬	湖北黄陂			李鸿章	川北镇总兵	
庄受祺	卫生	江苏阳湖	翰林	幕僚	胡林翼	湖北布政使	
成大吉	武臣	湖南湘乡		分统	李续宜　官　文	记名提督	
成名标		广东	水师 守备	监造 战船	曾国藩		
朱子恒		湖南新宁	生员	分统	刘长佑	道员	
朱孙诒	石翘	江西清江	捐纳 知县	统领 （营务 处）	曾国藩	浙江盐运使	
朱希广		湖南道州	农民	分统	胡林翼　多隆阿		
朱明亮		湖南	士人	分统	左宗棠	道员	
朱南桂	芳圃	湖南湘乡		分统	曾国荃　曾国藩	归德镇总兵	
朱品隆	云岩 云崖	湖南宁乡		分统	李续宾	衢州镇总兵	
朱星槛		湖南湘乡	士人	分统	曾国藩	知府	
朱洪章	焕文	贵州黎平	勇丁	分统	胡林翼　曾国荃 曾国藩	永州镇总兵	
朱桂秋			勇丁	分统	骆秉章　刘　蓉	总兵	
毕金科	应侯	云南临沅	营兵	分统	塔齐布　曾国藩	游击	
江忠义	味根	湖南新宁	士人	统领	江忠源　曾国藩	署广西提督	
江忠信	诚夫	湖南新宁		分统	江忠源	副将	
江忠济	汝舟	湖南新宁		分统	江忠源　骆秉章	道员	
江忠濬	达川	湖南新宁	士人	统领 幕僚	曾国藩　骆秉章	四川布政使	
江忠淑	幼陶	湖南新宁	生员	分统	曾国藩　骆秉章	道员	
江忠朝	荩臣	湖南新宁		分统	曾国藩　骆秉章	临沅镇总兵	

续表

姓名	字号	籍贯	出身	职务	隶属	官至	备注
江忠源	岷樵	湖南新宁	举人	统领	张亮基	安徽巡抚	
汤寿铭	小秋	湖南益阳		幕僚	曾国藩	安徽布政使	
汤詠仙		湖南宁乡			左宗棠	肃州镇总兵	
许振祎	仙屏	江西奉新	进士	幕僚	曾国藩	广东巡抚	
严树森	渭春	四川新繁	举人知县	幕僚	胡林翼	湖北巡抚	
何璟	小宋	广东香山	翰林	幕僚	曾国藩	闽浙总督	
何永胜	少甫	湖南湘乡	武童	分统	李鸿章	大名镇总兵	
何绍彩		湖南道州		分统	多隆阿	宜昌镇总兵	
何胜必		湖南湘乡		分统	骆秉章 刘蓉	肃州镇总兵	
何乘鳌					李鸿章	川北镇总兵	
余际昌	会亭	湖北谷城	武弁	分统	胡林翼	河北镇总兵	
余明发		湖南澧陵		分统	左宗棠		
余虎恩		湖南平江	农民	分统	左宗棠	巴里坤提督	
余思枢	子元	安徽合肥	附生团首	亲军统领	李鸿章	山东布政使	
吴士迈		湖南巴陵	士人	分统	左宗棠	中书科中书	
吴大廷	彤云	湖南沅陵	举人	幕僚	李续宜 曾国藩 左宗棠 李鸿章 唐训方	台湾道	
吴元凯	虞卿	江苏金坛			李鸿章	署定海镇总兵	
吴凤柱	仪堂	江苏徐州			李鸿章	湖北提督	
吴长庆	筱轩	安徽庐江	团首	分统	李鸿章 刘秉璋	浙江提督	
吴长纯		安徽庐江			吴长庆	北洋第二镇统制	
吴廷华	干臣	安徽泾县	文童	幕僚分统	曾国藩		
吴汝纶	挚甫	安徽桐城	进士	幕僚	曾国藩 李鸿章	深州知州	古文学家
吴宏洛	瑞生	安徽合肥	团勇		李鸿章	澎湖镇总兵	

续表

姓 名	字号	籍贯	出身	职务	隶 属	官 至	备注
吴坤修	竹庄	江西新建	监生	幕僚 分统	曾国藩 骆秉章	安徽布政使	
吴宗国		湖南长沙		分统	曾国荃	记名提督	
吴殿元	仑峰	安徽合肥			李鸿章	天津镇总兵	
宋国永	长庆	四川		分统	曾国藩 鲍 超	云南鹤丽镇总兵	
张文虎	啸山 孟彪	江苏南汇	贡生	幕僚	曾国藩		学者
张由庚		四川		幕僚 分统	骆秉章	陕安道	
张声恒		湖南桂阳		分统	左宗棠	署杭嘉湖道	
张志邦	彦侯	安徽巢县	团勇		李鸿章	署皖南镇总兵	
张运兰	凯章	湖南湘乡	士人	统领	骆秉章 曾国藩	福建按察使	
张运桂	樨园	湖南湘乡		分统	张运兰	记名总兵	
张岳龄		湖南平江	士人	分统	曾国藩 左宗棠	甘肃按察使	
张建基		顺天永清	进士	幕僚	胡林翼	湖北布政使	
张拔萃		湖南醴陵		分统	左宗棠		
张秉钧	小山			幕僚	曾国藩		
张诗日	田畯	湖南湘乡		分统	曾国荃 曾国藩	宣化镇总兵	
张春发	兰陔	江西新喻		分统	左宗棠 刘锦棠	湖北提督	
张栋材		安徽庐州			李鸿章	狼山镇总兵	
张树声	振轩	安徽合肥	廪生	统领 幕僚	李鸿章 曾国藩	两广总督	
张树屏	建侯	安徽合肥	团首		李鸿章	大同镇总兵	
张树珊	海柯	安徽合肥		统领	李鸿章 曾国藩	右江镇总兵	
张荣贵		湖南善化		分统	胡林翼	署建宁镇总兵	
张景春	韶臣	安徽合肥			李鸿章	苏松镇总兵	
张富年	芑堂			幕僚	曾国藩	江苏按察使	

续表

姓名	字号	籍贯	出身	职务	隶属	官至	备注
张裕钊	廉卿	湖北武昌		幕僚	曾国藩	莲花池书院山长	古文学家
张锡嵘	敬堂	安徽灵壁	翰林	幕僚分统	曾国藩　左宗棠	云南学政	
张韶南	伴山			幕僚	曾国藩	候补知府	
李胜		安徽合肥	团勇		李鸿章	绥靖镇总兵	
李桓	黻堂	湖南湘阴	廪生	幕僚	曾国藩	江西布政使	
李榕	申夫	四川剑州	进士	幕僚分统	曾国藩	湖南布政使	
李云麟	雨苍	汉军正白旗	诸生	分统幕僚	官文　曾国藩	代伊犁将军	
李元华	采臣	安徽六安	举人	幕僚	李鸿章	山东布政使署巡抚	
李元度	次青	湖南平江	举人	幕僚分统	曾国藩湘抚	贵州布政使	
李长乐	汉春	安徽盱眙	都司		李鸿章	湖北提督	
李光久	伊斋	湖南湘乡	举人	幕僚	曾国藩	浙江按察使	男爵李续宾子
李光燎		湖南湘乡		分统	席宝田		
李兴锐	勉林	湖南浏阳	诸生	幕僚	曾国藩　李鸿章	署两江总督	
李安堂					李鸿章	通永镇总兵	
李成谋	与吾	湖南芷江	工匠	分统	杨载福	长江水师提督	
李臣典	祥云	湖南邵阳		分统	曾国荃	归德镇总兵	子爵
李作士	少山			幕僚	曾国藩		
李助发		湖南		分统	杨载福	河州镇总兵	
李良平		湖南湘乡			左宗棠	凉州镇总兵	
李孟群	鹤人	河南固始	进士	分统	曾国藩　胡林翼	安徽布政使署安徽巡抚	
李宗羲	雨亭	四川开县	进士	幕僚	曾国藩	两江总督	
李明惠		湖南新宁		分统	刘长佑	永州镇总兵	

姓　名	字号	籍贯	出身	职务	隶　　属	官　　至	备注
李明墀	玉楼	江西德化		幕僚	曾国藩	湖南巡抚	
李金旸		湖南	降将	分统	曾国藩		
李昭庆	幼荃	安徽合肥	捐纳	幕僚分统	曾国藩　李鸿章	记名盐运使	
李济清		湖南湘乡		营官	曾国藩	绥靖镇总兵	
李原浚		湖南平江	贡生教谕	分统	曾国藩　骆秉章	候补知县	
李家福		湖南湘乡		分统	刘岳昭	昭通镇总兵	
李泰山					曾国藩　左宗棠	肃州镇总兵	
李祥和		湖南湘乡		分统	曾国荃　左宗棠	寿春镇总兵	
李能通		湖南郴州	降将	分统	刘长佑		
李续宜	希庵	湖南湘乡	文童	统领	胡林翼	钦差大臣、安徽巡抚	
李续宾	迪庵	湖南湘乡	捐纳从九品衔	统领	胡林翼	浙江布政使	
李续焘		湖南湘乡		分统	胡林翼　多隆阿	宜昌镇总兵	
李鸿章	少荃	安徽合肥	翰林	幕僚统帅	曾国藩	直隶总督、北洋大臣、文华殿大学士	
李鸿裔	眉生	四川中江	举人捐纳	幕僚准徐道	胡林翼　曾国藩	江苏按察使	
李善兰	壬叔	浙江海宁	诸生	幕僚	曾国藩	同文馆总教习	数学家
李朝斌	质堂	湖南善化	行伍	统领	杨载福　彭玉麟	江南提督	
李辉武		湖南衡山		分统	左宗棠　周达武	甘肃提督	
李鹤章	季荃	安徽合肥	廪贡	淮军总统	李鸿章	甘凉道	
李瀚章	筱荃	安徽合肥	拔贡	幕僚	曾国藩	湖广总督	
李耀南		湖南祁阳	士人	分统	曾国藩　左宗棠	道员	
杜文澜	小舫	浙江秀水	诸生捐纳	幕僚	曾国藩	候补道员	

续表

姓 名	字号	籍贯	出身	职务	隶 属	官 至	备注
杨占鳌		湖南永顺		分统	曾国藩		
杨玉书	瑞生	湖南湘潭			李鸿章	归德镇总兵	
杨名声		湖南武陵	署守备	分统	曾国藩	总兵	
杨在元		湖南宁乡		营官	左宗棠	署台湾镇总兵	
杨岐珍	西园	安徽寿州	武童		李鸿章 刘秉璋	福建水路提督	
杨芳桂		湖南宁乡		分统	左宗棠	南阳镇总兵	
杨宗濂	艺芳	江苏金匮	监生		李鸿章	长芦盐运使	
杨岩保		湖南		分统	田兴恕	古州镇总兵	
杨昌濬	石泉	湖南湘乡	生员	幕僚 分统	左宗棠	陕甘总督	
杨明海		湖南长沙		营官	杨载福	兖州镇总兵	
杨虎臣		湖南湘乡	武生	分统		副将	
杨金龙		湖南邵阳		分统	左宗棠	江南提督	
杨复东		湖南浏阳			骆秉章	开化镇总兵	
杨载福 又名 杨岳斌	厚庵	湖南善化	千总	统领	曾国藩 胡林翼	陕甘总督	
杨梦岩		湖南凤凰	生员	幕僚 分统	田兴恕	道员	
杨朝林				分统	多隆阿	郧阳镇总兵	
杨鼎勋	绍铭 又少名	四川华阳		分统	李鸿章	湖南提督	
杨慕时					李鸿章	天津镇总兵	
杨德胜		湖南		分统	刘蓉	记名提督	
汪士铎	梅村	江苏江宁	举人	幕僚	胡林翼 曾国藩		
沈玉遂				分统	左宗棠	河州镇总兵	

续表

姓名	字号	籍贯	出身	职务	隶属	官至	备注
沈宏富	仙槎	湖南凤凰		分统幕僚	田兴恕　曾国藩　李鸿章	署贵州提督	
沈葆桢	幼丹	福建侯官	翰林	幕僚	曾国藩　左宗棠	两江总督	
沈葆靖	仲维	江苏江阴	举人	幕僚	李鸿章	福建布政使	
苏元春	子熙	广西永安		分统	席宝田	广西提督	
苏得胜		安徽合肥	团勇		李鸿章	建宁镇总兵	
邹汉勋	叔勣	湖南新化	举人	幕僚	江忠源	同知	
邹汉章	叔名	湖南新化	诸生	营官幕僚	曾国藩	长沙府学教授	
邹寿章	岳屏	湖南新化	监生	营官幕僚	曾国藩	同知	
陈艾	虎臣	安徽石埭	贡生	幕僚	曾国藩	候补直隶州知州	
陈湜	舫仙	湖南湘乡	士人	分统幕僚	曾国荃　左宗棠	江西布政使	
陈嘉		广西		分统	席宝田	安义镇总兵	
陈鼐	作梅	江苏溧阳	进士	幕僚	曾国藩　李鸿章	清河道	
陈士杰	隽丞俊臣	湖南桂阳	拔贡	幕僚	曾国藩	浙江巡抚	
陈飞熊		湖南宁远	游击		李鸿章	宣化镇总兵	
陈凤楼		安徽怀远			李鸿章	徐州镇总兵	
陈方坦	筱浦	浙江海宁		幕僚	曾国藩		
陈东友		湖南湘乡		分统	曾国藩	金门镇总兵	
陈兰彬	荔秋	广东吴川	翰林	幕僚	曾国藩	礼部侍郎	
陈希祥		湖南新宁		分统	骆秉章	记名提督	
陈宝箴	右铭	江西义宁	举人	幕僚	曾国藩　易佩绅　席宝田	湖南巡抚	
陈金鳌		湖南		分统	曾国藩	南赣镇总兵	
陈鸣志		湖南新宁	贡生	分统幕僚	江忠义　刘长佑	记名按察使	

续表

姓　名	字号	籍贯	出身	职务	隶　　属	官　至	备注
陈春万		安徽		分统	左宗棠	肃州镇总兵	
陈济清（原名友胜）		湖南湘乡		分统	曾国藩	浙江提督	
周凤山	梧冈	湖南道州	千总	分统	骆秉章　曾国藩	罗定协副将	
周开锡	寿珊	湖南益阳	举人	幕僚统领	胡林翼　左宗棠	福建布政使	
周兰亭		湖南湘潭			李鸿章	皖南镇总兵	
周达武	梦熊	湖南宁乡	商贩	统领	骆秉章	贵州提督	
周寿昌（钱桂仁）		安徽桐城	降将		李鸿章	安义镇总兵	
周绍濂		湖南宁乡		分统	左宗棠	肃州镇总兵	
周洪印		湖南乾州		分统	骆秉章	记名提督	
周荣耀		湖南邵阳	武弁	分统	骆秉章	记名副将	
周宽世	厚斋	湖南湘乡		分统	胡林翼　曾国藩	湖南提督	
周振南又名周振畹		湖南宁乡		分统	左宗棠	建宁镇总兵	
周康录		湖南宁乡		分统	周达武	即用道	
周盛传	薪如	安徽合肥	团首	分统	李鸿章	湖南提督	
周盛波	海舲	安徽合肥	团首	统领	李鸿章	湖南提督	
周惠堂		湖南湘乡		分统	曾国藩	莱州镇总兵	
周馥	玉山	安徽建德	监生	幕僚	李鸿章	两江总督两广总督	
屈蟠	文珍见田	江西湖口	诸生	幕僚分统	曾国藩	按察使衔候补道员	
庞际云	省三	直隶宁津	翰林	幕僚	曾国藩	湖南布政使署湖南巡抚	
易开俊	紫桥	湖南湘乡		分统	曾国藩　左宗棠	寿春镇总兵	
易良干	临庄	湖南湘乡	士人	营官	骆秉章　曾国藩	从九品	

续表

姓 名	字号	籍贯	出身	职务	隶 属	官 至	备注
易良虎	晴窗	湖南湘乡	士人	分统	曾国荃		
易佩绅	笏山	湖南龙阳	举人知县	分统	骆秉章	江苏布政使	
易德麟		湖南湘乡		分统	左宗棠	记名提督	
林源恩	秀三	四川达州或安县	举人	分统幕僚	曾国藩	候补同知	
林肇元	贞伯	广西贺县	廪生	幕僚	刘岳昭	贵州巡抚	
欧阳正铺		湖南湘乡	生员	分统	曾国藩　官 文	湖北按察使	
欧阳兆熊	晓岑	湖南湘潭	举人	幕僚	曾国藩		
欧阳利见	健飞庚堂	湖南祁阳		分统	曾国藩	浙江提督	
武明良		湖南溆浦	农民	分统	曾国藩	记名提督	
罗 萱	伯宜	湖南湘潭		幕僚分统	曾国藩　骆秉章	候补同知	
罗启勇		湖南湘潭		分统	曾国藩　左宗棠	湖州协副将	
罗孝连		湖南郴州		分统	田兴恕	贵州提督	
罗志珂		湖南宁乡			周达武	威宁镇总兵	
罗进贤		湖南衡山	农民	分统	曾国藩　杨载福	记名提督	
罗泽南	仲岳罗山	湖南湘乡	孝廉	统领	曾国藩　骆秉章胡林翼	宁绍台道	
罗荣光		湖南乾州	武童	分统	曾国藩　李鸿章	巴里坤提督	
罗逢元		湖南湘潭	武生	分统	曾国藩	记名提督	
罗遵殿	有光淡村	安徽宿松	进士道员	幕僚	胡林翼	浙江巡抚	
范泰亨	元吉	四川隆昌		幕僚	曾国藩	吉安知府	
郑国俊	灼三	安徽合肥	盐枭		李鸿章	处州镇总兵	
郑国魁	一峰	安徽合肥	监生盐枭团首		李鸿章	天津镇总兵	

续表

姓 名	字号	籍贯	出身	职务	隶 属	官 至	备注
郑金华		湖南新宁		分统	刘长佑	肃州镇总兵	
郑海鳌	立峰	安徽合肥	武举		李鸿章	崇明镇总兵	
郑崇义	承斋	安徽合肥	武童		李鸿章	署南汉镇总兵	
金国琛	逸亭	江苏阳湖或江阴	监生	幕僚统领	胡林翼 李续宜	广东按察使	
娄云庆	峻山	湖南长沙		分统	鲍 超	湖南提督	
恽世临	季成次山	江苏阳湖	翰林	幕僚岳常澧道	曾国藩	湖南巡抚	
段 起	小湖	湖南清泉	监生捐纳	分统	沈葆桢	广东盐运使	
洪汝奎	莲舫琴西	安徽泾县	举人	幕僚	曾国藩	两淮盐运使	
洪定陞		湖南宁乡	行伍	分统			
胡大任	莲舫	湖北监利	进士	幕僚	曾国藩 胡林翼	山西布政使	
胡中和	元廷	湖南湘乡		统领	骆秉章	四川提督	
胡光墉	雪岩	安徽绩溪	商人	幕僚	左宗棠	候补道员	
胡良作		湖南郴州		分统	李鸿章	记名提督	
胡林翼	贶生	湖南益阳	翰林捐纳	大帅		湖北巡抚	
胡裕发		湖南湘乡			曾国藩	镇筸镇总兵	
胡嘉垣		湖南湘乡	商人	营官幕僚	曾国藩		
赵延训		安徽舒城			李鸿章	楚雄镇总兵	
赵克彰		湖南湘乡		分统	李续宾 多隆阿	记名总兵	
赵启玉		浙江	士人知县	分统	骆秉章	候补知州	
赵烈文	惠甫	江苏阳湖	监生	幕僚	曾国藩	磁州知州	
赵焕联	玉班	湖南湘乡	举人	幕僚分统	骆秉章 左宗棠	云南按察使	

续表

姓 名	字号	籍贯	出身	职务	隶 属	官 至	备注
钟开兰		湖南宁乡		分统	周达武	威宁镇总兵	
钟谦均		湖南巴陵	巡检	幕僚	胡林翼	广东盐运使	
饶应祺		湖北	举人小京官	幕僚	左宗棠	新疆巡抚	
骆元泰		湖南	武弁	分统	刘长佑	记名总兵	
骆秉章	吁门	广东花县	进士	湖南巡抚		四川总督协办大学士	一等轻车都尉
倪文蔚	豹臣豹岑	安徽望江	翰林	幕僚	曾国藩 李鸿章	广东巡抚	
唐义训	桂生	湖南湘乡		分统	李续宾 曾国藩	皖南镇总兵	
唐仁廉	元圃	湖南东安	降将	分统	鲍 超 李鸿章	广东陆路提督	湘改淮
唐立业		安徽庐江			李鸿章	狼山镇总兵	
唐训方	义渠	湖南常宁	举人教谕	分统	罗泽南 李续宜	安徽巡抚	
唐协和		湖南祁阳	士人	分统	胡林翼	安襄郧荆道	
唐际盛		湖南善化	士人	幕僚	胡林翼	湖北按察使	
唐定奎	俊侯	安徽合肥	团首		李鸿章	福建陆路提督	
唐殿魁	荩臣	安徽合肥	团首		李鸿章	右江镇总兵	
夏廷樾	憩亭	江西新建		幕僚	曾国藩	湖北布政使	
容 闳	达明纯甫	广东香山	留美生	幕僚	曾国藩	驻美副使	
席大成		湖南桃源		分统	左宗棠	巴里坤总兵	
席宝田	岷香	湖南东安	廪生	统领	湘抚刘长佑	云南按察使	
徐 寿	雪村	江苏无锡	诸生	幕僚	曾国藩 李鸿章	县丞	科学家
徐文达	仁山	安徽南陵	文童	幕僚	李鸿章	福建按察使	
徐邦道	剑农	四川涪州	武童		李鸿章	正定镇总兵	
徐建寅	仲虎	江苏无锡		幕僚	曾国藩 李鸿章	候补道员	科学家
徐得标					李鸿章	天津镇总兵	

续表

姓 名	字号	籍贯	出身	职务	隶 属	官 至	备注
徐道奎	传宗	安徽合肥	团勇		李鸿章	大名镇总兵	
栗 燿	仲然	山西浑源	举人知府	幕僚	胡林翼	湖北按察使	
桂中行	履真	贵州镇远	诸生	幕僚	曾国藩	湖南按察使	
殷锡茂		安徽合肥			李鸿章	琼州镇总兵	
涂宗瀛	朗仙	安徽六安	举人	幕僚	曾国藩	湖广总督	
班广盛	福斋	安徽巢县	团勇		李鸿章	处州镇总兵	
聂士成	功亭	安徽合肥	武童	统领	李鸿章	直隶提督	
莫友芝	子思邵亭眲叟	贵州独山	举人	幕僚	曾国藩	候补知县	学者
贾起胜	制坛	安徽合肥	团勇		李鸿章	永州镇总兵	
郭崑焘	意城	湖南湘阴	举人	幕僚	骆秉章　曾国藩	内阁中书	
郭松林	子美	湖南湘潭		分统	李鸿章　曾国荃	福建陆路提督	
郭柏荫	弥广远堂	福建侯官	翰林	幕僚	曾国藩	湖北巡抚兼署湖广总督	
郭嵩焘	伯琛筠仙	湖南湘阴	翰林	幕僚	曾国藩　李鸿章	广东巡抚驻英、法公使	
钱应溥	子密	浙江嘉兴	拔贡	幕僚	曾国藩	工部尚书	
钱鼎铭	调甫	江苏太仓	举人	幕僚	李鸿章　曾国藩	河南巡抚	
陶 模	方之	浙江秀水	翰林	皋兰知县	左宗棠	陕甘总督	
陶茂林		湖南长沙	武童	统领	多隆阿　左宗棠	甘肃提督	
高连生		湖南宁乡		分统	左宗棠	广东陆路提督	
高德元		湖南宁乡			周达武	普洱镇总兵	
勒方锜	少仲	江西新建	贡生	幕僚	曾国藩	福建巡抚	
康国器	友之	广东南海	巡检	分统	左宗棠	广西布政使	
康景晖		湖南湘乡	士人	营官	曾国藩	直隶州知州	
曹克忠		直隶天津	勇丁	分统	胡林翼　多隆阿	甘肃提督	

续表

姓 名	字号	籍贯	出身	职务	隶 属	官 至	备注
曹志忠				分统	曾国藩李鸿章	湖南提督	
曹德庆	肯堂	安徽庐江	武童团首		李鸿章	狼山镇总兵	
梁作楫		湖南邵阳	廪生	分统	胡林翼	道员	
梁洪胜		湖南长沙		分统	胡林翼	记名提督	
梁美材				分统	曾国藩	记名总兵	
梅东益		安徽怀远			李鸿章	贵州提督	
梅启照	小岩	江西南昌	进士	幕僚	曾国藩	兵部侍郎	
章合才		湖南湘乡		分统	曾国藩 左宗棠	苏松镇总兵	
章高元		安徽合肥			李鸿章	登州镇总兵	
萧升高		湖南湘潭		分统	左宗棠	署河州镇总兵	
萧开印		湖南湘乡		分统	曾国藩	记名提督	
萧庆衍	为则	湖南湘乡		分统	李续宜 曾国荃	记名提督	
萧庆高		湖南湘乡		统领	骆秉章	汉中镇总兵	
萧启江	浚川	湖南湘乡		统领	骆秉章	记名按察使	布政使衔
萧孚泗	杏卿信卿	湖南湘乡		分统	曾国荃	福建陆路提督	男爵
萧河清		湖南善化		分统	多隆阿	记名提督	
萧捷三	敏南	湖南武陵	千总	分统	曾国藩		
萧德杨		湖南湘乡		统领	刘蓉	汉中镇总兵	
萧德纲		湖南湘乡		分统	刘蓉	候补道员	
萧翰庆	辅臣	湖南清泉	士人	分统		候补道员	
阎敬铭	丹初	陕西朝邑	进士主事	幕僚	胡林翼	户部尚书、军机大臣、东阁大学士	
隋藏珠	龙渊			幕僚	曾国藩		
黄 庆		湖南湘阴	拳师	营官	曾国藩	记名提督	

姓 名	字号	籍贯	出身	职务	隶 属	官 至	备注
黄冕	南坡	湖南长沙	知府	幕僚	曾国藩	迤东道	
黄鼎	彝封	四川崇庆	生员	分统	骆秉章 刘蓉	陕安道	
黄万友		湖南湘乡		分统	曾国藩 左宗棠	记名提督	
黄万鹏		湖南宁乡		分统	曾国藩 左宗棠		男爵
黄中元	吉士	湖南长沙			曾国藩 李鸿章	宜昌镇总兵	
黄少春		湖南宁乡		分统	左宗棠	浙江提督	
黄国尧	聪轩	湖南乾州	行伍	分统	曾国藩		
黄虎臣	楚人	湖南宁远	武生	分统	曾国藩	都司	
黄桂兰	惠亭	安徽合肥	团勇		李鸿章	广西提督	
黄润昌	邵坤	湖南湘潭	廪生	统领	曾国藩 刘昆	记名按察使	
黄淳熙	子春	江西波阳	进士知县	分统	骆秉章	候补道员	
黄辅辰	琴隝	贵州贵筑	进士	幕僚	骆秉章 刘蓉	凤邠道	
黄彭年	子寿	贵州贵筑	翰林	幕僚	骆秉章 刘蓉 李鸿章	江苏布政使	
黄赞汤	尹咸莘农	江西庐陵	翰林	主办劝捐饷盐	曾国藩好友	广东巡抚	
黄翼升	昌岐	湖南湘乡	铁匠	统领	曾国藩	长江水师提督	
龚继昌		湖南湘阴		分统	席宝田	郧阳镇总兵	
储玫躬	石友	湖南靖州	廪生训导	营官	曾国藩	同知	
储裕立		湖南靖州	士人	分统	席宝田	候补道员	
喻吉三		湖南宁乡	裁缝	分统幕僚	曾国藩	记名总兵	
喻俊名		湖南宁乡	船工	营官	曾国藩		
塔齐布	智亭	满洲镶黄旗	游击	统领	曾国藩	湖南提督	
彭三元	春浦	湖南善化	武进士守备	营官	塔齐布 罗泽南	游击	

续表

姓　名	字号	籍贯	出身	职务	隶　　　属	官　　至	备注
彭山屺	九峰	湖南衡阳	武举	分统幕僚	曾国藩		
彭玉麟	雪琴	湖南衡阳	诸生	统领	曾国藩	兵部尚书	
彭椿年	次卿	湖南湘乡		分统幕僚	曾国荃	候补道员	
彭楚汉		湖南湘乡		分统	曾国藩　杨载福	福建水路提督	
彭毓桔	杏南盛南	湖南湘乡		统领	曾国荃	记名布政使	男爵
普承尧	钦堂	云南新平	武进士、都司	分统幕僚	塔齐布　罗泽南曾国藩	署九江镇总兵	战败革职
曾传理		湖南湘潭	生员	分统	骆秉章	知州	
曾纪凤	挚民	湖南邵阳	诸生	分统	骆秉章	云南布政使	
曾国华	温甫	湖南湘乡	生员	幕僚	李续宾	同知衔	
曾国荃	沅甫子植叔淳	湖南湘乡	贡生	统领	曾国藩	两江总督	伯爵
曾国葆又名曾贞干	季洪事恒	湖南湘乡	生员	分统	胡林翼　曾国荃	候补知府	
曾国藩	伯涵涤生	湖南湘乡	翰林	湘军总帅		两江总督、直隶总督、武英殿大学士	一等毅勇侯
游智开	子代	湖南新化	举人	幕僚	李续宜　曾国藩	广东布政使	
裕　麟	石卿			幕僚	曾国藩	贵州布政使	
程孔德		安徽合肥			李鸿章	署徐州镇总兵	
程学启	方忠	安徽桐城	降将	统领	曾贞干　李鸿章	记名总兵	
程桓生	尚斋	安徽歙县	贡生	幕僚	曾国藩	两淮盐运使	
程鸿诏	伯敷	安徽黟县	举人	幕僚	曾国藩	候补知府	
葛承霖		湖南湘乡	监生	分统	曾国荃	候补道员	
董凤高	梧轩	安徽合肥	团勇		李鸿章	徐州镇总兵	
董福祥		甘肃	降将	分统	左宗棠	甘肃提督	

续表

姓 名	字号	籍贯	出身	职务	隶 属	官 至	备注
董履高	仰之	安徽合肥	团首		李鸿章	左江镇总兵	
蒋志章	恪卿	江西铅山	翰林	幕僚	曾国藩	四川布政使	
蒋益澧	芗泉	湖南湘乡	文童	统领	罗泽南　左宗棠	广东巡抚	
蒋嘉械	莼卿	江苏长洲		幕僚	曾国藩		
蒋凝学	之纯	湖南湘乡	士人	分统	李续宜　左宗棠	陕西布政使	
谢邦翰	春池	湖南湘乡	生员	营官	罗泽南	训导	
韩晋昌	苠之	安徽寿州	行伍		李鸿章	寿春镇总兵	
韩照扬		安徽合肥	武举团首		李鸿章	署郧阳镇总兵	
窦如田					李鸿章	处州镇总兵	
简敬临		湖南长沙		分统	左宗棠	衢州镇总兵	
梁国桢		湖南湘阴				绥靖镇总兵	
蒯德标	蔗农	安徽合肥	举人	幕僚	李鸿章	湖北、广东布政使	
褚汝航	一帆	广东	知府	幕僚统领（营务处）	曾国藩		
雷正绾	伟堂	四川中江	武弁	统领	多隆阿　左宗棠	陕西提督	
鲍 超	春霆	四川奉节	行伍	统领	胡林翼　曾国藩	浙江提督	
熊建益		湖南湘乡		分统	左宗棠	记名提督	
熊焕章		湖南		分统	田兴恕	巴里坤总兵	
熊登武		湖南湘乡		分统	曾国荃	福山镇总兵	
翟国彦		湖南新宁		分统	刘长佑	广东水路提督	
蔡金章	绶亭	安徽寿州			李鸿章	右江镇总兵	
谭上连		湖南衡阳	武童	分统	左宗棠	乌鲁木齐提督	
谭仁芳		湖南湘阴		分统	多隆阿	实缺总兵	
谭国泰		湖南湘乡		分统幕僚	曾国藩	记名提督	

续表

姓　名	字号	籍贯	出身	职务	隶　　属	官　至	备注
谭拔萃		湖南湘潭	武童	分统	左宗棠　曾国藩	宁夏镇总兵	
谭胜达		湖南长沙或湘阴		分统	曾国藩	正定镇总兵	
谭钟麟	云覸文卿	湖南茶陵	翰林	幕僚	左宗棠	两广总督	
谭碧理		湖南湘潭	武童			江南提督	
潘万才	艺亭	安徽阜阳	降将		刘铭传	贵州提督	
潘效苏	少泉	湖南湘乡	文童	幕僚	左宗棠	新疆巡抚	
潘鼎立	豫轩	安徽庐江	团首		李鸿章	皖南镇总兵	
潘鼎新	琴轩	安徽庐江	举人	统领	李鸿章	云南巡抚	
黎庶昌	莼斋	贵州遵义	廪贡	幕僚	曾国藩	驻日公使川东道	
薛允升	云阶	陕西长安	进士	幕僚	李鸿章	刑部尚书	
薛福成	叔耘	江苏无锡	副贡	幕僚	曾国藩　李鸿章	出使英、法、意、比大臣，左副都御史	
魏光焘	午庄	湖南邵阳	监生	幕僚分统	左宗棠	两江总督	
魏喻义	质卿	湖南桂阳	生员	分统	左宗棠	候补道员	
藤嗣林	茂亭	湖南麻阳			李鸿章	崇明镇总兵	
藤嗣武		湖南麻阳			李鸿章	郧阳镇总兵	

这个集团的成员，就家庭出身而言，首脑与骨干分子多为中小地主出身，而士兵与下级军官则多为农民出身，其中很大一部分属贫苦农民。就骨干分子而言，其职务（包括候补、候选等）的升迁则分为文武两途。就任文职的官员，除由武职转为文职的杨载福、刘铭传、田兴恕三人外，都具有文童以上学历，其家境一般不错，多为中小地主或富裕农民。而就任武职者则情况有所不同，多数人家境较为富裕，有的人还具有武生、武举、武进士之类的功名，但少数由士卒升迁而来的将领，家境却相当贫苦。其充任幕僚者无论地位、作用

如何，文化程度都比较高，家庭也较富裕，多为中小地主，尚未发现家境贫苦者。当时虽有不少因衣食困难、居无定所而投入幕府以求生存者，但并非由于家境原本困难，而是由于家乡被太平军占领，急急逃出避难，沦为丧家之犬的缘故。不过，从总体上看，这个集团主要成员的家庭出身虽然贵贱不同、贫富不一，但无论军官还是幕僚，家境贫苦者人数不多，出身豪门贵族者也是极少数。

在首脑人物中，除左宗棠之外，曾、胡、江、李都出身地主，有的还是中、小官僚，甚至攀上高亲。

曾国藩自称"家世寒素"，"少年故交多非殷实之家"①，亦只能说明他家尚不是贵族与豪富，并非真的贫困。他曾对其心腹幕僚赵烈文说家"有薄田顷余"②，雇有长工，当是个中小地主，最低是个富农，且正处于上升之中。据曾国藩自己讲，他与曾国荃小时候都曾参加过劳动，他曾到十余里外的蒋街提篮卖菜，曾国荃推过小车，而很少读书的曾国潢还曾从事过推车运石之类的繁重劳动。而他的祖父曾玉屏与曾祖父曾儒胜，"皆未明即起，竟日无片刻暇逸"③，及至他的小弟曾国葆与子侄一辈，就没有听说过参加劳动的事。只是他一生勤俭，生怕子女懒惰败家，一定要他的儿媳和成年未嫁之女学做针线，并年年寄送鞋袜，以考评她们的女工。曾国藩还把他家发家致富的经验总结为"书、蔬、鱼、猪、早、扫、考、宝"④八字诀，作为治家的信条，用以教育其诸弟子侄。据他的解释，"书、蔬、鱼、猪"就是读书、种菜、养鱼、喂猪，"早"即早起、"扫"即打扫庭院，"考"即祭祀祖先，"宝"即周济亲友、乡邻。这些情况，都从不同的侧面反映了曾家的经济地位与发展经历。此外，曾国藩家似还放过高利贷。有一户名叫王大诚的农民，在道光初年向他家借过"百千"大钱（大约相当于白银百两）的债，以自己家的土地做抵押，从此沦为曾家的佃户。曾家每年向王家"收租十石者十余年，收租六石九斗者又二十

---

① 《曾文正公书札》，第12卷，第1页；第1卷，第45页。
② 《能静居日记》，同治六年九月初十日。
③ 《曾文正公家书》，同治二年十二月十四日。
④ 《曾文正公家书》，咸丰十年闰三月二十九日。

余年，实属子大于母"，利息已超过本金一倍以上，直到咸丰七年十二月他在家丁忧期间才"检券发还"①，蠲免了王家父子的这笔债务。不过，在他之前，家中无人做过官；在他父亲考中秀才之前，家中也无人考取过功名。其经济收入亦不甚丰厚，有时仍"不足于用"②。道光十六年曾国藩会试落第南归，还曾因买书而发生过借贷之事。若同官员、富商相比，确实不太富裕，所以，曾国藩富贵之后，与人谈起自己的家庭出身，总是满口"素贫""寒微""贫窭""贫贱"，等等。但若同周围的农民比较起来，则不仅是曾氏家族中的首富，而且是称霸一方的小豪绅了。正因如此，他的祖父曾玉屏才能够遇事强梁，经常出头解决乡邻间的纠纷。

胡林翼的家境比曾国藩好得多，少年时代也比曾国藩活得潇洒，可以说基本上属于纨绔子弟。郭嵩焘称，胡林翼"家故有田数百亩"③。曾国藩亦说："润帅本有恒产，私用当不至空乏。"④胡林翼的父亲胡达源为嘉庆二十四年一甲三名进士，曾任詹事府少詹事，官至正四品。他的岳父陶澍曾任两江总督近十年，是清朝的一代名臣。据此可知，胡林翼家应是个地主官僚家庭，而且是个相当大的地主。而若论其家庭出身，则应算作大官僚、大地主家庭。因为他曾长期在岳父家生活，年十九岁即入赘陶家，在陶家生活了六七年，直到中进士、点翰林，为官京师。故其生活环境相当优越，为曾国藩、左宗棠所远远不及。也正因为这一点，胡林翼自幼养成负才不羁、挥金如土的习性，"在江南幕中，常恣意声妓"⑤，入仕之后还间为狭斜游。徐宗亮亦称："文忠公少年，有公子才子之目，颇豪宕不羁。"⑥

左宗棠出生在一个知识分子家庭，"积代寒素"⑦，家境不如曾、胡，其经济地位大约相当于富农或富裕中农。左宗棠的父、祖两代都是县学生员（即通

①《曾文正公家书》，咸丰七年十二月初六日。

②《能静居日记》，同治六年九月初十日。

③ 郭嵩焘：《胡文忠公行状》，第16页。《胡文忠公遗集》，同治六年刊本，卷首。

④《曾国藩全集》，岳麓书社1994年版，第3册，第1636页。

⑤ 萧一山：《清代通史》，中华书局1986年影印本，第3册，第736页。

⑥ 徐宗亮：《归庐谈往录》，光绪十二年刊，第1卷，第4页。

⑦ 罗正钧：《左宗棠年谱》，岳麓书社1983年版，第2页。

常所说的秀才），以教书为生，靠学生交纳的"束脩"度日，仅能维持一般生活。遇有荒年，例如嘉庆十二年湘阴大旱，家中乏粮，不得不靠糠饼活命。左宗棠出生（嘉庆十七年）不久，母亲缺奶，又无钱雇乳母，只好以米汁喂养。后来他回忆起这段家史，仍不免潸然泪下。他在一篇序文中说："先世耕读为业，以弟子员附郡县学籍者凡七辈。"又在给长子孝威的家书中称："吾家积代寒素，先世苦况，百纸不能详。尔母归我时，我已举于乡，境域较前稍异。然吾与尔母言及先世艰窘之状，未尝不泣下沾襟也。吾二十九初度时，在小淹馆中曾作诗八首，中一首述及吾父母贫苦之状，有四句云：'研田终岁营儿哺，糠屑经时当夕飧，乾坤忧痛何时毕，忍属儿孙咬菜根。'"还在"研田"和"糠屑"句下自注道："父授徒长沙先后廿余年，非修脯无从得食。""嘉庆十二年吾乡大旱，母屑糠为饼，食之仅乃得活。后长姊为余言也。伤哉。"①左宗棠成年后，家境略有好转，但仍不富裕，与周氏夫人成婚后，入赘于湘潭岳丈家。其父去世时家中有田"数十亩，岁收租谷只四十八石"，不足家用。故在兄弟析产时，他与"终岁旅食"的次兄左宗植都没有分取，全部家产都给了长兄（左宗械，二十五岁时去世）的儿子左世延②。直到十年之后，左宗棠才靠历年课徒授馆的余资，在湘阴柳庄购田七十亩③，营造出自己的小巢，结束了寄人篱下的生活。

李鸿章的家庭状况，与胡林翼颇为相近，都属于官僚地主家庭。在其祖父李殿华一代，李家号称"耕读之家"，家有佃户、雇工，四个儿子皆入学读书，大约是个小地主。及至其父李文安由科甲入仕，官至刑部督捕司郎中，李家就成了"庐郡望族"④。

江忠源道光十七年举于乡，是新宁县第一个举人。咸丰二年曾"出私财增募千人"⑤，带赴广西攻打太平军。募勇千人月饷、途费需银当在六千两左

---

① 《左宗棠年谱》，第2页。

② 《左宗棠年谱》，第11页。

③ 《左宗棠年谱》，第22页。

④ 李文安：《李光禄公遗集》，第8卷，第2页。

⑤ 朱孔彰：《中兴将帅别传》，岳麓书社1989年版，第24页。

右，一下子出得起如此一大笔款子，家产当为不薄，可能是个不小的地主，家境当优于曾国藩，而与胡林翼相埒。

此外，主要成员中也有类似情形。如刘蓉的女儿嫁到曾国藩家，居安庆督署还与婆婆夜夜纺线，其家境大约与曾家差不多。吴坤修咸丰六年因"江西饷绌"，"倾家资并劝族里富人出银米饷军，又筹银四万两解省垣，收集平江溃勇"。①其家境似与江、胡相近。郭嵩焘则自称："自曾祖父母以来本为巨富，吾父与伯母分析时已日趋虚乏，各得岁租数百石，每岁衣食足资取给。道光辛卯以后连年大潦，所受皆围业也，坐是益困于水。吾年十八入邑庠，则已岁为奔走衣食之计，总是十余年以馆为生。"②虽家道中落，其经济地位似仍不在曾家之下。胡大任在原籍湖北筹饷期间，曾有"毁家纾难"③之举，家境亦当在中资以上。

骨干成员中家境贫寒者是一部分由士兵升为分统、统领或保至实缺提镇大员者，主要有李成谋、黄翼升、宋国永、威应洪、田兴恕、鲍超等人。据朱孔彰《中兴将帅别传》载，李成谋"家贫，以补釜为业。父死不能葬，舅氏赗之"。而"兄弟三人皆嗜博饮，私相谓曰：'今借舅氏力，仅可举丧事，无以治酒食待乡里吊客，孰若携资入博局，以冀一得，足自豪。负则吾三人舁父而葬，何如？'皆曰：'然。'一夜竟罄其资，遂用苇棺葬父于黄牛墩。"④家中一贫如洗，而又嗜赌如命，应该算作流氓无产者。已知湘军将领中，似无比李成谋更贫困者。其余如宋国永"贫时刺船自给"，威应洪"初家贫甚，为人佣"，黄翼升"少业铁工，又设肆鬻炮竹，岁荒不能自给"，"孙昌凯初为铁工"⑤，大概都属于农村无产者、半无产者。还有一些营兵出身的将领，如田兴恕、鲍超等人，家境也不富裕，吃粮当兵，一般都是为了谋取最低生活保障。据传，田兴恕少年家贫，"刈草为业"，卖与邻家"官都司者"以谋生。

---

① 《清史稿》，第40册，第12334页。

② 郭嵩焘：《玉池老人自叙》，养知书屋光绪十九年刊，第34页。

③ 中国社会科学院近代史研究所编：《曾国藩未刊往来信稿》，岳麓书社1986年版，第265页。

④ 《中兴将帅别传》，第326页。

⑤ 《中兴将帅别传》，第130—131页，第335页、第325页、第329页。刺船即撑船。

"一日往后，都司家已买草，兴恕沮懊，依门嗟叹。都司女闻之，谓其父曰：'贫儿待此以餐，盍留之备来日用？'父从其言。兴恕大喜，归途自誓曰：'妮子解事，苟富贵，当与共之。'后数年，田兴以军功官贵州提督、钦差大臣，乞假归省。都司女犹未嫁，竟媒娶之。"①其最初家境之贫困无助，概可想见。

骨干成员中的文幕人员也有家境较为贫寒者。在曾国藩幕府中主持两江采访忠义局的"拔贡陈艾，甘贫最久，日仅食粥一顿及衣被不完者，岁以为常"②。吴汝纶"少贫力学，尝得一鸡卵，易松脂以照读"③。

将领中有些人出身商贩，如周达武"少时为私贩"④，应属于劳动人民之列。其余如刘腾鸿"少读书，未遇，服贾江湖间"⑤，则属一般商人，生活水平大约高于一般农民，但也算不上富商，其社会经济地位仍处于中下层。

在就任文职的将领中，也有家境不太富有者，如出身教员家庭的李续宾、李续宜、潘鼎新和长期靠课徒授馆度日的罗泽南。罗泽南"少好学，家贫，夜无灯，读书月下。年十九，靠课徒自给"⑥，应属于农村中的贫苦知识分子。他年过三十始补县学生，四十岁后举孝廉方正，生活虽有好转，而"假馆四方，穷年汲汲"⑦，遇有灾年，或竟无米为炊，仍说不上富裕。他在给朋友的信中亦称："泽南与阁下贫士也，饥寒交迫，变故频加。泽南之贫较阁下为尤甚。"⑧潘鼎新的父亲潘璞以教书为生。他中举前，其父曾向青阳司巡检求婚，本名士所不屑者，竟遭拒绝，遂与同乡同学刘秉章"担簦徒步入都"，"至都，穷困不能入郡邸⑨。中举之后，巡检"反求焉"。潘璞要以重聘，"曰：'与我二百金者，吾子与尔婚。'巡检不得已而与之。"潘鼎新便"以二百金鬻为富家赘

---

① 朱克敬：《暝庵杂识》，进步书局版，第3卷，第9页。

② 曾国藩等：《湘乡曾氏文献》，台北学生书局1965年出版，第4册，第2447—2448页。

③《清史稿》，第44册，第13443页。

④ 傅耀琳：《李续宾年谱》，咸丰二年七月条。《湘军人物年谱》（一），岳麓书社1987年版，第110页。

⑤《清史稿》，第39册，第11963页。

⑥⑦《中兴将帅别传》，第70页。

⑧ 罗泽南：《罗忠节公遗集》，长沙线装本，第6卷，第1页。

⑨《中兴将帅别传》，第273页。

婿"①。可见，潘鼎新当时的家境，虽无饥寒之虞亦仍尚不富裕，大约与左宗棠差不多。李续宾之父李登胜（字振庭、南轩）原为岁贡生，未出求官，筑家塾以教子弟。因生计日艰，家用不给，"货其田且强半"。又以家庭开销太繁命李续宾"兄弟析爨（cuàn，指分家），债负亦共任之"②。李续宾兄弟五人，排行第四，因家道中落，长、次、三兄皆外出经商，自己亦于二十岁那年中途退学，操持家务，间或进山打猎，从事贩运③。他与王鑫的胞兄王勋为挚友，二人志同道合，对讲学里中的罗泽南心仪已久，曾"相约执贽其门，而皆以家事纠缠未克竟学"④。其后家境逐渐富裕，不仅将早年卖出的四十亩田重新购回，还于咸丰元年出资"捐纳从九品衔"。这时，李续宾在家经营土地，年"得谷百六十余石"，"诸兄懋迁益丰，丁口蕃庶"。咸丰二年他在乡里办团练，"招募二百人"，"官中又不名一钱，皆公（指李续宾）取于私家以食之"⑤。其经济地位大约已上升到中小地主的水平。

　　将领与幕僚中出身名门贵族者亦为数甚少，只有钱鼎铭、栗耀、帅远燡数人。钱鼎铭的父亲钱宝琛，曾先后担任湖南、江西、湖北巡抚，故于咸丰十一年被麋集上海的苏南官绅选中，派赴安庆向湘军乞援。钱鼎铭先效申包胥秦廷之哭，继带洋轮迎接湘淮军赴沪，后又为李鸿章参谋军事，为湘淮军主办粮运，遂成为曾国藩、李鸿章的重要幕僚。栗耀为东河河道总督栗毓美之子，道光十五年举人。以父恤荫，特赐进士。咸丰三年授湖北汉阳知府，赴任时汉阳已被太平军占领，遂受委综理营务，以廉干为巡抚胡林翼所赏识。复受命管理厘税、粮台，积官至道员。咸丰八年署荆宜施道，寻加按察使衔，授武昌道。十一年授湖北按察使，同治元年病卒。帅远燡的祖父帅承瀛，自嘉庆十五年起曾先后担任都察院左副都御史，礼、工、吏、刑部侍郎，浙江巡抚，道光四年

---

① 《异辞录》，第3、4页。
② 《湘军人物年谱》（一），第105页。
③ 吴酉云：《藤花馆掌故笔记》称，李续宾为人至孝，"家贫亲老，贩煤以供甘旨，自食粗粝"。《小说月报》第8卷，第11号。
④ 《湘军人物年谱》（一），第104页。
⑤ 《湘军人物年谱》（一），第108、109、110页。

丁忧免职。帅远燡道光二十七年进士，选庶吉士，散馆授编修，系李鸿章、郭嵩焘等人的同年，极受曾国藩的赞许，称"少荃及筠仙、帅逸斋、陈作梅四人皆伟器，私目为丁未四君子"①咸丰七年在江西投军，自募千人独成一军，依湘军老将周凤山对太平军作战。不料，初经战阵即遇翼王石达开来攻，周凤山部率先逃溃，帅远燡随之败死。帅远燡自视甚高，贵族习气甚重，求功甚切，其败亡是不可避免的。他在京服官时，即忿于清军屡败，"上封事历诋军机、封疆大臣，大臣切齿，非立奇功不足自表异"②。而初到江西时，又与湘军军营风气格格不入。"时湘军朴鲁，凡京朝官从军者，皆帕首腰刀，习劳苦，无敢鲜衣美食。"而帅远燡"雍容文儒，舆服都丽"，放不下贵族架子，完全不适于带兵打仗。当时有人劝他"宜居幕府"，帅远燡"奋欲自将"③，又依屡将屡溃的周凤山为靠山，皆由其年轻气盛、不懂世事所致。在湘军史上，像帅远燡这样的例子是极少见的。原因不外二端。一则就一般而论，家境富有的子弟多不愿从军犯险。咸丰五年曾国荃曾推荐一个名唤曾和六的人入营，曾国藩复函称："其人有才，但兵凶战危，渠身家丰厚，未必愿冒险从戎。若慷慨投笔则可，余以札调则不宜也。"④其后不见下文，大概尚未下定投笔从戎的最后决心。一则带有一定的偶然性。他本来是投奔曾国藩的，而曾国藩恰好丁忧在籍，不在军营，否则，这件事或许不会发生。

就个人学历或文化程度而言，这个集团的主要成员则分为几种情况，一是幕僚高于统兵将领，一是任文职者高于任武职者。清朝有关任命制度规定，以军功保奏文职官员者，必须有一定文化程度，也就是说要有一定的学历，否则，不能保奏文职，只能就任武职。当时的学历，也称"出身"或"功名"，主要有两类，一是各种官学的生员，如国学的贡生、监生，府、州、县学的廪、增、附生等；一是通过国家科举考试取得的"功名"，如举人、进士、庶吉士。贡生分岁贡、恩贡、拔贡、优贡、副贡、例贡六种，监生分恩监、荫

---

① 《曾文正公书札》，第3卷，第39页。
② 《中兴将帅别传》，第295页。
③ 《中兴将帅别传》，第295、296页。
④ 《曾文正公家书》，咸丰五年五月二十六日。

监、优监、例监四种。地方官学的府、州、县学廪生、增生、附生统称诸生，全部通过考试，择优录取。入学考试分为院试与府、州、县试两级。府、州、县试由府、州、县官主持，取中者称文童，或儒童、童生。它是科举时代最低一级学历，有了它即可担任文官。这个集团官至督抚大员者，如刘蓉、刘岳昭、李续宜、蒋益澧，都是文童出身。而战功远在其上的鲍超，因没有这个资格，官职最高只能升到提督，一再要求转任文职而不可得。院试由学院大人，即各省学政主持，轮回在各府举行，取中者为秀才，只有秀才有资格参加乡试。庶吉士通过朝考选取，由皇帝亲自主持，俗称点翰林。

清代科举除开文科外，还开武科，其情形与文科略相仿佛，有县试、院试、乡试、殿试名目，取中者分别称武童、武生、武举、武进士。所以，在武职人员中，还有一部分出身武童、武生、武举、武进士者。自咸丰末年以来，洋务运动兴起，各地纷纷兴办近代军事工业，筹办新式海军，开办技术、外语学校和武备学堂。从此，在这些学校毕业也成为一种学历。

据粗略统计，这个集团的主要成员共有475人，其中武职及当任武职者264人，文职及当任文职者211人。除汉军正白旗李云麟（以四品京堂改任武职，系秀才出身）和另一军校毕业生外，武职人员多不识字，或识字不多。即使其中有读书数载、粗通文墨者，也没有获得犹如文童那样的学历。不过，有些人参加过武科考试，获得一定资历，也算是一种功名。据不完全统计，在264名武职人员中，获得武童以上功名者计有27人，其中武进士3人，武举6人，武生4人，武童13人。另有秀才1名，北洋武备学堂毕业生1名，共计29名。占武职人员总人数的11%。不过，除李云麟外，这些人员文化程度并不高，同其他武职人员没有多大差别。只有其中的北洋武备学堂毕业生文化程度较高，受过近代教育，具有一定的近代军事技术和科学文化知识，多半还会外语，同文职人员较为接近，而与靠弓、马、刀、石挣得功名者大不相同。

在211名文职人员中，杨载福、刘铭传、田兴恕三人属武职改授文职者。杨载福由福建水路提督升授陕甘总督，刘铭传由前任直隶提督改授福建巡抚，田兴恕以贵州提督署贵州巡抚。此三人虽就任文职，但既无学历，文化程度也不高。所以，文职人员具有文童以上学历者实际上只有208人。在这208名文职人员中，已确切查明其学历者计有142名，其中翰林24名，进士24名，举人33名，秀才23名，文童8名，贡生17名，监生11名，孝廉方正1名，留美学生1名。此外，确知其具有一定学历、但不知其具体名称者36人。其中标明为"士人"者25名，标明为"生员"者11名。在这36人中，除1人官职不明外，其余则或实任，或署理，或实缺，或候补，或实官，或虚衔，自总督至从九，官职高低不等，但皆有官品或名称。其中（含实缺、候补、即用、记名等名目）总督1名，巡抚1名，布政使4名，按察使4名，道员15名，知府2名，知州、直隶州知州、运同5名，训导1名，从九品官员2名。另外，还有未注明学历者33名，连士人、生员的字样也没有，但确实具有一定官职和文化程度。其中查明其所任官职（含实缺、候补、署理等名目）者26名，自四品以下中、下级官员11名，自三品以上高级官员15名，计署理总督1名，巡抚2名，布政使7名，按察使4名，盐运使1名。其余未任官职或职衔不明者10名，则包括著名科学家2名，著名学者1名，著名古文学家1名，办理函、奏的幕僚1名，担任贴身秘书的幕僚1名，主办粮台的幕僚4名。最后还有10名如商人胡嘉垣等，既无法归入武职，只好算作文职人员，因资料缺乏无从查明或推测其文化程度，也只好作罢。

即使不讲什么学问与科学知识，仅就学历而言，幕僚也普遍高于统兵将领。在这个集团的475名主要成员中，幕僚人员计有156名，占总人数的32.8%。非幕僚人员计有319名，占总人数的67.2%。在确知其学历的142人中，幕僚人员为103人，占72.5%，非幕僚人员为39人，占27.5%。在确知其学历的103名幕僚人员中，计有翰林17名，进士18名，举人29名，秀才15名，文童4名，贡生13名，监生6名，留美学生1名。在39名非幕僚人员中，计有翰林7名，进士6名，举人4名，秀才9名，文童4名，贡生4名，监生4名，孝廉方正1名。值得注意的是，在级别较低的三种学历，如监生、秀才、文童的总人数41人中，幕僚人员为24名，非幕僚人员为17名，双方的人数相差不远，其比例大约接近于4：3。而在较高级别的四种学历，如翰林、进士、举人、贡生的总人数97人中，幕僚人员为76名，非幕僚人员为21名，双方人数的差别极为悬殊。这就是说，两者相较，非幕僚人员具有学历者不仅所占比例小，而且所处级别低。

这个集团主要成员所隶籍贯，就其地域分布而言，则南方多于北方，江、淮流域多于黄河淮流；就其行政区划而言，则两湖、三江多于其他省份，其中尤以湖南、安徽最为突出。据粗略统计，这个集团主要成员有籍可稽者，计有445人，占总人数的93.7%。其中，湖南257人，安徽84人，江苏24人，江西15人，四川13人，广东9人，浙江、湖北各8人，贵州7人，直隶、河南各5人，广西、河南各4人，福建、云南各3人，陕西2人，山东、山西、甘肃及顺天府各1人，满洲镶黄旗、蒙古正白旗、汉军正白旗各1人。值得注意的是，籍隶两湖、三江五省者即有388人，占总人数的81.7%。其中湖南占54.1%，安徽占17.7%，两省合占71.8%，其余各省（包括顺天府与旗人）所占比例只有28.2%。就湖南、安徽而言，湘乡县79人，人数与安徽全省差不太多，合肥县40人，占安徽总人数的将近一半。其次如宁乡22人、湘潭17人、新宁15人、长沙14人、湘阴10人，也超过湘、皖、苏、赣、川以外的所有省份。究其原因，则不外湘、淮军为曾国藩、李鸿章所创建，胡林翼、左宗棠、江忠源也都是湖南人，他们在自己的本省、本县募勇最多，保奏升迁者最多，所出的统兵将领也就最多。虽然招聘幕僚的人数也会多于外省、外县，但究竟不会这样悬殊。因为这个集团毕竟靠军队和战争起家，统兵将领占了主要成员的大多数，仅在大帅手下充任幕僚或属员、从未带兵打仗的人不多，能够处于重要地位、保奏三品以上实缺官职或在科学、文化、教育方面取得成就者人数更少。据粗略统计，在这个集团的主要成员中，没有带兵经历而又有籍可考者只有100人，计湖南19人，江苏19人，安徽15人，江西9人，浙江7人，广东6人，贵州5人，四川、河南各4人，湖北3人，陕西、福建各2人，山东、山西、直隶、广西及顺天府各1人。如果拿这个统计数字同前面的统计相比较，人们就会发现，二者的差异全在统兵将领身上。正是由于统兵将领所隶省份的相对集中，造成这个集团主要成员所隶省份之间，人数上的悬殊差别。

第二节　思想与政治基础

　　这个集团的首脑与核心成员，绝大多数出身于儒生，其学历自文童至翰林不等。他们在思想上尊崇程朱理学、注重经世致用，实际上是将儒学中的哲学与政治学结合起来，形成一个独特的学科，后人称它为"义理经世之学"①，而把这派人物称为理学经世派。而这一学科与学派的形成，则既有其特定的社会、地理环境，也经历了一个较长的历史过程。

　　清王朝是少数民族入主中原而建立起来的一代政权，虽采取一些措施，如实行中央六部堂官旗员与汉员缺额对等，地方官旗员与汉员参用，吸收一部分汉族士绅参加满洲贵族为主的各级政权，但满汉藩篱坚固，民族歧视明显。这就无形中不断提醒汉族官绅民众的民族意识，使他们无时不感到自己在遭受着异族的统治。这个统治者高高在上，指挥一切，而自己面对着一些民族间的不平等、不公平，则只能服从，只能忍耐。这样，无疑会对清朝统治者产生不利影响。然而，这又是清王朝对待汉族官绅民众的根本方针，绝对不可能改变。因为满洲贵族只有通过这种方式，使旗人凌驾于汉人之上，给它种种特权和恩惠，才能增加本民族内部的凝聚力，达到利用少数人统治多数人的目的，借以保持其在中原的统治地位。再者，满洲贵族虽以弓马强悍征服了人数众多的汉族，但人数既少，文化程度又低，若打破民族界线，用人唯贤、科考取士，他们很快就会淹没在汉民族的汪洋大海之中，难以维持其统治地位。清朝统治者为了达到既能保持其特权地位、又能模糊汉人民族意识的目的，取得一箭双雕的效果，就在采用哪一学派的思想作为本王朝的统治思想方面，做了认真的选择。由于程朱理学特别注重伦理道德，将三纲五常强调到空前未有的高度，而其中作为纲中之纲的"君为臣纲"一条，尤为适合满洲贵族的口味。所以，他们几经审慎考虑，决定采用程朱理学作为他们对全国官绅民众实行思想统治的

---

① 罗正钧：《左宗棠年谱》，道光十一年条。岳麓书社1983年版，第8页。

主要工具。正是出于这一原因，清初的几代帝王都采取种种措施，极力推崇和倡导程朱理学。清代野史称，康熙帝"在位六十一年间，虽外讨内绥，兵威甚盛，亦知汉族不可以武治之也，乃用儒术以束缚之。计其策有六"，而尤以"崇祀孔子"为上上之选，不仅"饬国子监讲求程朱性理之学，以风示汉民"，而且身体力行，亲自讲习，刻苦钻研理学典籍。据昭梿说，康熙帝"夙好程朱所著，几暇余编。其穷理至性处，虽夙儒耆学莫能测"，"尝出'理学真伪论'以试词林。又刊定《性理大全》《朱子全书》等书，特命朱子配祀十哲之列"①，将朱熹的塑像塞进孔庙大成殿，与孔子最著名的弟子并列排放，从而将他的地位抬到空前未有的高度。企图借助于朱熹的伦理说教，将满汉间的民族关系变为君臣政治关系，使汉人自觉接受满洲贵族的统治，服服帖帖地称臣、真心实意地效忠，而忘记满汉间的民族界线。同时，对一批热衷于"君君臣臣"的伦理说教理学家，大加提拔重用，一时汉员显官如熊赐履、李光地、汤斌等，"皆理学耆儒"②。不过，这些人只会重复前人的说教，学术上没有创新，虽在统治者的大力扶植下名利双收，煊赫一时，但除方苞以文学名世外，余者在学术发展史上都没有什么名气，更很少为后人所知。

然而，这只是清代政治与学术的一个方面，事实上还存在着与之对立的另一方面。清军入关之后，虽将汉族各阶级、阶层的反抗残酷地镇压下去，但却无法征服民心。这不仅表现在以天地会为代表的下层人民经久不息地反清复明活动，即在汉族士人之中，也仍有一部分人不满满洲贵族的统治。正像有人说的那样，"天下几乎大定，明季遗臣义士犹多树独立之帜，挥鲁阳之戈，舍生殉义，力图恢复者。视他代鼎革之际尤为惨烈。康熙削平三藩，中原驯伏，然士大夫犹多以逸民自居，慨然存故国之思"③。这样，他们的这种情绪，必然通过他们的学术著作与学术活动，采取这样那样的形式表现出来。其中有些人通过一些文字游戏，有意无意地表达对前明的怀念或对清朝的藐视，但很快遭到清政府"文字狱"的残酷镇压，不仅自己身陷囹圄，且使亲朋好友受到株

①②《啸亭杂录》，第1卷，第2页。
③《清朝野史大观》，第3卷，第202、203页。

连。于是，另一部分人便总结经验教训，采取更隐蔽、更高级，但却完全合法的斗争方式，以名物考据打击清朝统治者所刻意扶植的程朱理学，以汉宋门派之争的形式，曲折地表达汉族士人对清朝统治者更深层次的反抗情绪。他们不仅在政治高压下表现出高尚的独立人格，而且在学术上取得很大的成就，一时硕果累累，名儒迭出，在中国文化史上创造出一个辉煌灿烂的时代。

清代汉学家对程朱理学的致命一击，是采取釜底抽薪的办法，通过有理有据的考证，否定了理学家赖以立论的学术基础，从而推翻了它的整个学说。例如，阎若璩积三十年之功力，撰成《古文尚书疏证》一书，从篇数、篇名、字数、书法、文例等方面，列举一百二十八条确凿证据，证明东晋梅赜所献《古文尚书》是后人伪造的。而据丁晏所著《尚书馀论》的考证，该伪书出于魏人王肃之手。这部《古文尚书》是宋代理学家尊奉的经典和赖以立论的根据，否定了它的经典性，也就推翻了理学家据以著论的根基，使理学变成以讹传讹的伪道学，从而失去信用。再如另一汉学家胡渭著成《易图明辨》一书，经考证指出，宋代的"河图""洛书"之说，同唐以前完全不相符合，是陈抟、邵雍编造的。而朱熹所著《周易本义》一书，正是采用了宋初道士陈抟关于"河图""洛书"的说法，并进而推衍出理、气、性、命诸说。这样，对陈抟学说的否定，也就否定了程朱理学关于理、气、性、命诸说的理论基础，从而推翻了宋代理学的哲学根据，使之威信扫地，沦至人人喊打的惨境。学兼汉宋的曾国藩在追述嘉道士风时称："嘉道之际，学者承乾隆季年之流风，袭为一种破碎之学，辨物析名，梳文栉字。刺经典一二字，解说或至数千万言，繁称杂引，游衍而不得所归；张己伐物，专抵古人之隙。或取孔孟书中心性仁义之文，一切变更故训，而别创一义。群流和附，坚不可易，有宋诸儒周程张朱之书，为世大诟。间有涉于其说者，则举世相与笑讥唾辱。以为彼博闻之不能，亦逃之性理空虚之域，以自盖其鄙陋不肖者而已矣。"[1]于是，在这种风气的压力之下，尽管统治者大力倡导，官绅士人中却很少有人讲习理学。有人描述这种怪现象说："近日士大夫皆不尚宋儒，虽江浙文士之薮，无以理学著者。转

---

[1]《曾文正公文集》，第2卷，第68页。

于八旗得二人：一为松尚书筠，蒙古人"；"一为唐水部嵩龄，满洲人"[①]。这就愈加使人相信，在汉、宋学术之争与满、汉政治关系之间，确实存在着某种微妙的联系。

汉学家对程朱理学的打击是致命的，其目的绝不只是为了在清朝统治者面前同它争宠，而是从根本上摧毁这一学说，必欲置于死地而后快，"以为不足复存"[②]。这就不能不使汉、宋两派结下深仇大恨，以致晚清、民国年间还有人大张挞伐[③]，将太平天国革命的爆发和西方殖民主义者的入侵，统统归罪于汉学。亦属横加罪名，力图铲除之。如果没有政治上的因素包含其中，仅只出于不同学术观点的争论，何致倾毕生精力，去追求这样一个结果？如果说他们完全是出于学术上的追求，并不想同理学家为难，作为个人或许难料，但若作为一种社会时尚，就很难做出这样的解释。孔子及其学说曾被冷落多年，直到西汉初年才得到最高统治者的重视，以致《尚书》失传，仅据年老齿稀的伏生的口授成书，而仍被尊为经典，谁也不去追究其中的真伪和可信程度。直到汉武帝时在孔子宅壁中发现用古蝌蚪文写成的《古文尚书》，似乎才算找到了真凭实据，但也由此引发了一场有关《尚书》的今古文之争，从此出现今文经学和古文经学两个学术派别。不幸的是，西晋永嘉年间，汉武帝时在孔子宅壁中发现的《古文尚书》因战乱遗失，直到东晋元帝时才由梅赜奏献一部《古文尚书》。唐代时由孔子后人孔颖达作疏，多年来一直被人们奉为经典，不只理学家，古文经学家也是如此。因为他们所能看到的《古文尚书》只有这一本。该书比孔宅《古文尚书》多九篇，显然不是原来那一本。然而，一千多年来读过此书的人何止千万，怀疑此书的人也大有人在，却很少有人揭露此事。其原因无他，无论王朝的统治者还是理学家、今文经学家、古文经学家，他们需要的只是孔子学说，至于书本、史实、具体材料，则只看其有用无用，不看其是真是假。为了政治上和学术上的需要，儒家曾对中国历史上的不少重大事实，诸如尧舜禅让、周公圣贤、西周井田等，进行了歪曲和捏造。所以，人们虽知其

---

① 《啸亭杂录》，第8卷，第14页。
② 《曾文正公文集》，第3卷，第20页。
③ 见本章左宗棠、孙鼎臣理学门户之见部分。

伪，仍当作真，更不会去揭露。因为伪书也比无书好，揭露之后还要用它，就不如不去揭露。时至今日，梅赜所献《古文尚书》仍被视为儒学经典，大量翻印，广为传布，就是最好的明证。因而，清代汉学家拼一生精力去论证它为伪书，不能不令人认为他们在学术背后隐藏着一个政治目的，通过考证揭伪，直接打击的是理学，间接打击的是对其倍加推崇的清朝统治者。而这种学术风气的盛行，广大知识分子热心考据而冷淡理学，则表明当时确实曾有一大批知识分子在内心深处不愿同满洲贵族合作，有时甚至隐隐相抗，不顾政治上的高压，利用一切机会继续在思想上进行合法的、隐蔽的斗争。

然而，这种历史现象的存在是有条件的。随着时间的推移、民族仇恨的淡忘，尤其清朝统治者对汉族知识分子拉拢政策的加紧实施，具有较强民族意识的汉族知识分子亦逐步发生分化。有些人逐渐转变立场，由反清转而拥清，由对清廷不合作转为效忠。桐城文派的创始人方苞，就是这样一位具有典型意义的代表人物。

方苞字凤九，又字灵皋，安徽桐城人。晚年自号望溪，诸门生、学者称他为望溪先生。他出身于官绅名士之家，其父"民族意识甚强"[1]，清代初年仍经常书写一些怀念亡明的诗词，以抒发内心的感慨。与之友善、过从较密者，亦多为前明遗老。父辈的这种思想感情，对青年时代的方苞产生很大影响。后来他在回忆这段经历时曾说："仆少所交，多楚越遗民，重文藻，喜事功，视宋儒为腐烂。因此，二十年未尝涉宋儒书。"[2]正是这种思想基础，导致他与怀有反清情绪的同乡学者戴名世结为密友，并为其《南山集》作序。康熙四十九年戴名世的《南山集》为御史所劾，本人被收狱处死，方苞亦因为该书作序而株连入狱。解至京师后，先判死刑，后经多方营救免死，而将本人与整个家族改隶汉军旗籍充当奴婢。康熙五十一年以其为天下名士，奉旨转隶武英殿总管和素名下为奴。嗣后，连日奉命撰写为清王朝歌功颂德的文章，受到皇帝的赏识，旋即以白衣入值南书房，教诸王子读书。如此度过了长达十年半是人犯、

---

① 王献永：《桐城文派》，中华书局1992年版，第13页。
② 《桐城文派》，第14页。

半是王子师的生活。雍正元年新君继位，将方苞及其家族赦免放归原籍。从此，方苞对清朝统治者又是恐惧又是感激，完全放弃了原来不合作甚或反对的立场，彻底归顺新王朝，不断用自己的作品向清王朝效忠。这样，他也就愈益受到清朝统治者的信任与重用。又十年，即雍正十一年擢内阁学士兼礼部侍郎衔。又四年，即乾隆二年擢礼部侍郎。这时，方苞年已七十，不仅身跻卿贰，且成为皇帝的亲信。雍正遇有大政方针，往往咨询于方苞。方苞遇咨多密陈己见，"于是盈廷侧目矣"[①]。只是原因不明，不知究竟是出于嫉妒还是对其人格的鄙视。服刑反而成为接近皇帝的机缘，钦犯变成了亲信，人们的惊讶总是不可免的。

不过，这究竟是个别的例子，虽较为典型，但却不能代表大多数。大多数汉人知识分子对清王朝政治态度的根本转变，当在嘉庆年间，而推动这一转变的根本原因，应是嘉庆初年的白莲教起义。川楚白莲教大起义给予清王朝以沉重的打击，成为其由盛到衰的转折点。它无情地揭去清王朝"太平盛世"的面纱，将各种社会矛盾暴露出来，使清朝统治者与广大士人受到巨大的震惊。面对共同的敌人，汉族知识分子的头脑渐渐清醒起来，他们终于认识到，只有将农民起义镇压下去，保住清王朝的统治，才能保住自己的身家地位。这样，阶级利益压倒了民族利益，阶级矛盾掩盖了民族矛盾，往日的一切"复明"梦想也就变得毫无意义。况且，经过一百数十年的时间，清王朝的统治已经完全巩固下来，他们也看不到有如元朝统治者那样的迅速败亡的迹象。于是，广大汉人知识分子的政治态度也就产生根本性的变化，由反对或不合作转而拥护、归顺，甚至主动、自觉地去效忠清王朝。他们逐渐将自身的利益同清王朝联为一体，其政治希望不再是清的灭亡和明的复兴，而是寄托于清王朝的巩固与发展。这样，他们的注意力也就渐渐开始转移，不再集中于学术上的一些旧案，不再向故纸堆中寻慰藉，更不再借打击归顺清朝的理学家来发泄自己对异族统治的不满。其中的一些有识之士，开始逐渐把自己的眼光转向社会现实问题，探索解决这些问题的方法，以求得清王朝的长治久安。于是，广大汉族士人对

---

① 《桐城文派》，第15页。

清王朝政治态度的变化，带来学术风气的转变，盛极一时的考据学经过乾隆、嘉庆两朝的发展，终于在道光年间衰落下来，其在学术上左右潮流的领袖地位，渐为方兴未艾的经世致用之学所取代。学术风气为之一变。

经世致用之学又称经世济用之学，简称经济之学，但不是今天的经济学，而是包含政治、经济、军事、科学、技术等项内容的综合学科。咸丰元年曾国藩曾把它的内容概括为官制、财用、盐政、漕务、钱法、冠礼、婚礼、丧礼、祭礼、兵制、兵法、刑律、地舆、河渠十四大项，实际上是当时的政治学。故他在谈到儒学的分科时称，经世致用之学"在孔门为政事之科，前代典礼政书及当世掌故皆是也"[1]。这一学派倡导学以致用，着眼于当前急需解决的政治与社会问题，也恰是一个国家官吏的应尽之责。故常常被那些坐而论道的理学家和发掘故纸的考据学家目为"做官术"，摒之于学术研究之外。姚鼐、唐鉴论为学之道，皆称义理、考据、词章三门，而不及经世致用之学。唐鉴甚至将它归入理学，说"经济之学即在义理之中"[2]。道光年间这一学派的主要代表人物是陶澍、林则徐、魏源等人。鸦片战争前他们的主要精力放在内政方面，诸如兴修水利，清理财政，整顿漕务、盐务等，取得了显著成效。时任两江总督的陶澍对两淮盐政的治理，成效尤为突出，其所行淮南纲盐之法、淮北票盐之法遂成定制。同治年间曾国藩整顿两淮盐政，乃不过恢复陶澍的旧制，亦取得很大成效。两淮盐政由两江总督专任，亦自陶澍始。

鸦片战争的发生，则给当时的士人以极大的震动。堂堂天朝大国，竟惨败于"岛夷"小国手下，惨败之余又被迫签订了丧权辱国的《江宁条约》，使中国由一个独立国变为半独立国。于是，关心国家命运的知识分子眼光转而对外，开始总结鸦片战争失败的教训，寻求强国御侮之策。他们一面介绍海外各国的情况，了解外国的长处，提出"师夷之长技以制夷"的思想；一面要求对照外国，改造中国自身，提出学习西方某些制度，对中国的一些制度实行改革的主张。与鸦片战争前有所不同的是，当时作为地方大吏的陶澍，既手握重

---

[1] 《曾文正公杂著》，第4卷，第4页。
[2] 《曾文正公手书日记》，道光二十一年七月十四日。

权，又得到清政府的支持，所以，思想上的认识可以立刻化为行动，并取得成效。而鸦片战争后的魏源等人，只是一些幕僚与学者，因而，他们的认识和主张十几年间一直停留在思想上，保存在著作中。虽然如此，但却使风气大开，一些先进的知识分子开始向西方寻求救国的真理，开始讲学习外国，开始讲中国制度的改革。在学术风气上，广大士人渐以经世致用为尚，不再以闭门治学为荣。这种习尚风靡全国，而魏源的故乡尤为称盛。有人形容当时的士风说，他所辑录的《皇朝经世文编》一书由贺长龄刊刻发行后，"三湘学人诵习成风，士皆有用世之志"[①]。

鸦片战争前后经世致用之学的复兴与学术风气的改变，影响了整整一代人，而曾国藩军政集团的首脑人物与骨干分子大多集中于湖南，其学术派别的称号复于"经世致用"之前加上"义理"二字，以示其与魏源等今文经学派的不同，则又有其深刻原因。

首先，湖南地处南国，域近边陲，境内多种民族杂处，民族关系和阶级矛盾都较为尖锐复杂，遇有天灾人祸，往往发生起义或变乱。乾隆末年的湘黔苗民起义，使清政府调兵转饷，倾动七省，卒成为震惊全国、持续九年的川楚白莲教大起义的前奏。进入道光朝以来，各地各族起义更加频繁，三十年间较大规模的起义有三四次，而较小规模的反抗、冲突、起义则接连不断，几乎年年都有。其中以新宁农民雷再浩、李沅发起义最为著名。正是这种频繁的动乱和极不安定的社会环境，培养出湖南地主阶级敏感的政治嗅觉与丰富的斗争经验，以及争强斗狠的习性。在这种环境下，他们所昼思夜想的就不再是什么朱明王朝的复兴，而是如何对付眼前的敌人。而要将这些农民或少数民族起义镇压下去，也就只有依靠清政府的支持与援助。正是这共同的敌人——农民与少数民族起义，使满、汉间的民族对立情绪较早地淡化下来。所以，这里的封建士人基本没有或很少有同满洲贵族相对抗的情绪。这样，乾嘉学派也就失去了普遍发展的政治思想基础。再者，这里地瘠民贫，经济文化都比较落后，就大多数知识分子来说，大约也没有江浙文人那样的闲情逸致。另外，因有大湖阻

---

① 《花随人圣庵摭忆》，第200页。

隔，湖南在学术上的对外联系不多，同江浙学人来往更少。所有这一切，都成为乾嘉学派难以在湖南得到蓬勃发展的重要因素。

同时，义理之学在湖南学术界一直居于主导地位，溯其源流可追至宋代。宋代理学分濂、洛、关、闽四大派，其代表人物则分别为周敦颐、程颢程颐、张载、朱熹。而濂学创始人周敦颐就是湖南道州人，洛学创始人程颢、程颐兄弟则师承周敦颐，而理学大师朱熹又师承二程。南宋时期的理学家张栻曾长期居住湖南，在长沙创办城南书院，主讲岳麓书院，并请朱熹赴长沙讲学。时至今日，长沙城郊的湘江岸边，仍留有名唤"朱张渡"的一处古迹，据说是朱熹、张栻赴岳麓书院讲学时的渡江之处。其时，张栻与朱熹、吕祖谦齐名，合称"东南三贤"。降至清代道光年间，著名理学家唐鉴亦籍隶湖南，曾国藩讲习理学就是从向唐鉴问学开始。这样，自宋至清连绵七八百年，湖南士人就形成了讲习理学的传统。在这种风气的影响下，门户偏见甚深，对汉学往往采取排斥态度。乾隆以来汉学风行海内，"而湖湘尤依先正传述，以义理、经济为精宏，见有言字体音义者，恒戒以逐末遗本。传教生徒，辄屏去汉唐诸儒书，务以程朱为宗"。[1]这就是说，当"汉学风靡一时"、普天下皆以考据为尚之际，"湖湘学子大都专己守残，与湖外风气若不相涉"[2]，在文化学术上形成一个闭塞、落后的孤岛。而一旦乾坤倒转、首尾易位，广大汉族知识分子在白莲教起义后对满洲贵族的政治态度发生转变，开始冷淡考据、注重社会现实问题的研究与解决之时，湖南士人也就处于全国知识分子的前列，成为同满洲贵族通力合作镇压农民起义的先锋和主力。

其次，湖南士人一直保有一种务实精神，崇尚学以致用。倡导此风者有清以来首推王夫之，道光以来则以陶澍为第一。在这种风气的影响下，无论治宋学抑或治汉学者，都主张学以致用、身体力行，注重经世济用之学。例如魏源，本师从刘逢禄治今文经学，而贺长龄则讲习理学，二人皆致力于经世济用之学，重视历代典章制度的考订，合作编印《皇朝经世文编》一书，一时风行

---

① 罗汝怀：《绿漪草堂文集》，光绪九年版，首卷，第5页。
② 湖南省文献委员会：《湖南文献汇编》，1949年湖南省文献委员会印行，第2辑，第111页。

海内，对湖南知识界产生很大影响。贺长龄的弟弟贺熙龄亦尊崇程朱，致力经世济用之学，曾长期担任城南书院山长，从事讲学多年。其余学者如王文清、罗典、欧阳厚钧、丁善庆、邓显鹤等人，或任岳麓书院山长，或长期在此讲学，尽皆宗尚宋儒，注重经世致用。曾国藩军政集团的首脑与骨干成员，不仅自幼耳闻目染，受到他们多方面的影响，且多曾在这里问业受教，直接受到他们的教育、训练和熏陶。于是，久而久之，就形成了一个独特的学科和别具特色的学派，后人称这一学科为"义理经世之学"①，称曾、胡、左等人为义理经世派，或理学经世派。显然，这一学科是由义理之学和经世济用之学，即哲学和政治学两个学科结合而成的，就其形成过程而言，固然不能忽视朱熹与理学的作用，但相对而言，陶澍的作用则似乎更大一些。故张佩纶在论及此事时称："论道光来人才，当以陶文毅为第一。其源约分三派：讲求吏治、考订掌故，得之者在上则贺耦庚，在下则魏默深诸子，而曾文正集其成；综核名实、坚卓不回，得之者则林文忠、蒋砺堂相国，而琦善窃其绪以自矜；以天下为己任、包罗万象，则胡、曾、左直凑单微。而陶实黄河之昆仑、大江之岷也。"②这一派人数甚多，虽在总体上兼习义理、经世两科，但不同的人不仅于理学的习染程度存在一定差别，即在经世济用方面，对于一些重大政治问题，尤其对外国侵略问题的态度与对策，也有所不同。

他们对于理学的习染程度，大致有这样几种情况：其一，既讲习有年又具理学家之名，如罗泽南、曾国藩。曾国藩于道光二十一年七月开始向唐鉴请教读书之法、检身之要，并每天写修身日记。次年十月，又向另一理学家倭仁请教修身方法，并每天静坐反省，检查自己的言行，发现有不符圣道者，即严加自责，写进日记。同时，还将自己的日记交唐鉴、倭仁批阅，接受指导。有时也同二三好友一起交流心得，展开批评与自我批评。总之是完全按照理学家的方式，严格地进行有关修身养性的训练。他如此坚持了九个多月，即于道光二十三年六月因搞得过于紧张而突然病倒，痊愈后即停止书写修身日记、静坐反

---

① 罗正钧：《左宗棠年谱》，道光十一年条。
② 张佩纶：《涧于日记》，光绪五年十一月二十一日。

省等活动，认为这套办法不适合自己的情况。此后，曾国藩虽然放弃了理学家这套修身方法，但从未放松过对自己道德修养的要求，终生自刻自砺，奋斗不息，基本做到为清政府和封建地主阶级鞠躬尽瘁，死而后已。此外，他在治国、治军、用人、外交乃至为人处世等方面，亦无不受到理学的影响。故其虽无著述问世，仍无愧于理学家之名。罗泽南则不仅按照理学家的方式修身、讲学，且有理学方面的著述，如《人极衍义》《姚江学辨》《西铭讲义》等刊行于世。所以，在一些人的心目中，他比曾国藩更像一位理学家。曾国藩也对之极表赞赏："阅罗罗山《人极衍义》《姚江学辨》等书，服其见理甚真，所志甚大，泣为吾乡豪杰之士。"①然而，令人惊奇的是，这种理学上的正统又往往流为政治上的邪僻。他们以道学家自居，仁义道德经常挂在嘴上、流于笔下，而为了捍卫他们的所谓"天理"，不仅可以"灭人欲"，有时甚至可以灭绝人性，一点人道都不讲。曾国藩、罗泽南就曾做过这等违反人道之事。咸丰五年罗泽南率师回援湖北途中打了败仗，彭三元、李杏春战死。罗泽南为鼓舞士气，竟于反攻取胜后以全部战俘血祭阵亡弁勇，还让湘军士兵生食其肉。其残忍野蛮为古今中外所罕见。事后，曾国藩又根据罗泽南的禀报上奏清廷，对这一骇人听闻的暴行大加赞扬："日暮收队，各路共杀毙九百余名"，"生擒七十余名，杀之以祭壕头堡阵亡将士。诸勇犹痛憾切齿，争啖其肉。"并信誓旦旦地宣称，此乃"实在情形也"②。曾国藩有时也用权术，只是技不如人，适得其反，只好弃而不用。咸丰八年他在给曾国荃的信中说："弟书自谓是笃实一路人，吾自信亦笃实人，只为阅历世途，饱更事变，略参些机权作用，把自己学坏了。近日忧居猛省，一味向平实处用心，将自家笃实的本质，还我真面，复我固有。"③其二，既无理学家之名，亦无卓然可称之行，仅取理学之"忠孝"二字付诸实践，同一般儒生无异者。这个集团的大多数文职人员（包括其后就任文职官员的统兵将领）恐怕都属于这种情况。其中有些人则是第二代、学生一辈的人物。例如李鸿章，中举后即以"年家子"的身份投到曾国藩的门下而

---

① 《曾文正公手书日记》，同治三年十月二十九日。

② 《曾文正公奏稿》，第6卷，第50页。

③ 《曾文正公家书》，咸丰八年正月初四夜。

"师事之"，"朝夕过从，求义理经世之学"①。其三，接受理学关于忠、孝、仁、义的说教，但拒绝按理学家的要求修身养性，既有惊世骇俗之壮举，亦间有丑陋邪僻之行者。仅从他们的言行看，不但很难同理学联系起来，且为一般儒生所不齿。属于这种情况的典型人物是胡林翼和江忠源。江忠源是湖南新宁县多年来的唯一举人，其"少时游于博，屡负，至褫衣质钱为博资，间亦为狭斜游，一时礼法之士皆远之"。他曾屡次赴京应礼部试而不中。"其下第回南时，三次为友人负枢归葬，为人所难为。"曾国藩"以此赏之，令阅儒先语录，约束其身心。"江忠源表面唯唯，"谨受教"，实际则依然故我，"冶游自若"②，终生不改其恶习。胡林翼年轻时纨绔习气甚重，在其岳父陶澍幕中充任幕僚时，时常饮酒游乐。在京服官时，还间或外出逛妓院。有一次恰逢御史巡查，同伴被捉去，他因机警灵便，侥幸逃脱。出任地方官员之后则多用权术，曾国藩说他"本可移入霸术一路"③，左宗棠称其"喜任术，善牢笼"④。赵烈文亦说："胡咏芝颇得古人家数。"⑤而胡林翼本人亦直言宣告："兼弱攻昧，取乱侮亡，言道学者疑之，而英君贤相之方略实不外此。"并解释说："自强者天道之所取，自弱者《洪范》谓之'极'。帝王驭世之微权，必取强杰之人预为驾驭，为我用而不为人用。"⑥薛福成称其善于驾驭和调护诸将，"量能授事，体其隐衷而匡其不逮。或家在数千里外，辄馈资用，问遗其父母，珍裘良药，使岁月至"⑦，实则善用权术，杨载福、彭玉麟、金国琛、鲍超、罗泽南、刘蓉以及李续宾、李续宜兄弟，都曾令他煞费苦心。例如，胡林翼初任湖北巡抚时，湘军水师将领杨载福与彭玉麟不和，甚有碍于战事，他为其跪酒而和解之。一日，邀请杨载福与彭玉麟入室就座，"胡设酒三斗，自捧一斗跪

---

① 周维立编：《清代四名人家书》，第164页。

② 欧阳兆熊、金安清：《水窗春呓》，中华书局1984年版，第13页。

③《曾文正公书札》，第6卷，第24页。

④ 左宗棠：《左文襄公全集·书牍》，第2卷，第28页。

⑤《能静居日记》，同治六年九月初三日。

⑥ 胡林翼：《胡文忠公遗集》，同治六年刊，第58卷，第4页。

⑦ 薛福成：《庸盦全集·庸盦文编》（以下简称《庸盦文编》），光绪十三年刊，第4卷，第7页。

地，陈利害，责大义，二人和解"①。又如"金国琛以贫乞返，立馈千金；鲍超母病，时致参药。"再如，"先恶刘霞仙，继折节事之。"而对罗泽南则不仅"执弟子礼甚恭，虽与僚属语，必称罗山先生，事无巨细，谘而后行"，还"以女弟妻罗公长子"②，"以疆臣而为统将晚辈。"③此外，李续宾、李续宜兄弟为人至孝，"父母皆笃老，方事之殷，以不能归省为憾。"胡"为迎养其父母，晨昏定省，如事父母，日发书慰二李。二李皆感激，愿尽死力"。由于做得太过，以致引起李续宜的怀疑，私下对曾国藩说："胡公待人多血性，然亦不能无权术。"曾国藩答道："胡公非无权术，而待吾子昆季，则纯出至诚。"李续宜"笑应曰：'然。虽非至诚，吾犹将为尽力。'"④就是说，胡林翼犹类汉初的陈平，因过用权术，虽获成功仍不免德薄之讥。致令曾国藩引为教训，不敢轻使此着，并以此告诫李鸿章："闻渠（指刘铭传）于阁下不满处在'权术'二字，昔年希庵不满于胡文忠，亦在此二字。"⑤至于胡林翼处理同官文的关系，更全靠权术二字，其详情则有待后言。

如此说来，胡林翼同理学之间不就没有什么关系了吗？实则也不尽然。胡林翼之父胡达源"学宗宋儒。林翼少时即授以性理诸书。"只是胡林翼"负才不羁"⑥，不肯接受理学教条的约束，故从言行上看不出理学的影响，别人也不把他归入理学家之列，唯曾国藩赞其"进德之猛"，出人意表。曾国藩在给李续宾的信中说："润公聪明，本可移入霸术一路。近来一味讲求平实朴质，从日行俗事中看出至理来，开口便是正大的话，举笔便是正大之文，不意朋辈中进德之猛有如此者。"⑦有人认为，胡林翼治学甚勤，军中课读不辍，亦极为注意个人道德品质的修养。惟"其学问则掩于勋烈，世庸有不尽知者。"称其"在军治经史有常课，仿顾亭林读书法，使人雒诵以己听之。日讲《通鉴》二

---

① 徐凌霄、徐一士：《凌霄一士随笔》《国闻周报》，第13卷，第16期。

② 《庸盦文编》，第4卷，第4页。

③ 《能静居日记》，同治六年九月初三日。

④ 《庸盦文编》，第4卷，第5页、第7页。

⑤ 《曾文正公书札》，第32卷，第10页。

⑥ 《清史稿》，第39册，第11927页。

⑦ 《曾文正公书札》，第6卷，第24页。

十页，四子书十页，事繁则半之。而于《论语》尤十反不厌，敦请耆儒，与之上下其议论，旁征列史，兼及时务。病至废食，犹于风雪中讲肆不少休，每问吾今日接某人、治某事，颇不悖于斯义否？"其所著《读史兵略》四十六卷、《论语衍义》十卷，"皆自抒其所心得，而非捃扯以成书者。宜曾文正疏陈劳勚（yì），尤服其进德之猛与！"①胡林翼本人有时也效仿理学家的样子，强调"诚"之可贵，谓"唯诚之至，可救欺诈之穷。"②而欧阳兆熊则认为，胡林翼这样做不过是赶时髦，对其事业的成功了无作用。他在《英雄必无理学气》一文中列举江忠源的例子之后说："他如胡文忠公，以纨绔少年一变而为头巾气，亦不能舍此时趋，究竟文忠之所以集事者，权术而非理学也。"③这与赵烈文称其行权为"英雄举动"④、曾国藩谓其"于朋友纯用奖借，而箴规即寓乎其中"⑤，意思是大致相同的。就是说，胡林翼将儒家的"修齐治平"拦腰裁为两段，以理学、权术分任之：修身、齐家奉理学为本，治国、平天下靠权术收功，故亦不失为义理经世派的典型代表人物。

理学经世派人物与理学的关系，除上述习染程度的差别外，其门户之见的深浅亦有所不同。有的门户之见甚深，有的门户之见不大，有的则全无门户之见。就其著名人物而论，左宗棠应归第一类人，而曾国藩则属于最后面一种人。

曾国藩学宗宋儒，兼治汉学，尊周敦颐、张载为理学正宗、孔孟传人，认为程、朱、许、郑各有偏颇，不过是儒学的支流旁系。他早在青年时期，就表达自己的学术见解和治学志向说："所谓见道多寡之分数何也？曰深也，曰博也。""许、郑亦且深博，而训诂之文或失则碎；程、朱亦且深博，而指示之语或失则隘。"见道"能深且博而属文复不失古圣之谊者，孟氏而下唯周子之《通书》、张子之《正蒙》，醇厚正大，邈焉寡俦。"而自己则"欲兼取二者之

---

① 小横香室主人：《清朝野史大观》，中华书局民国四年版，第7卷，第131页。

② 蔡锷：《曾胡治兵语录》，民国二十六年铅印线装本，第14页。

③ 《水窗春呓》，第14页。

④ 《能静居日记》，同治六年九月初三日。

⑤ 《曾文正公书札》，第6卷，第24页。

长，见道既深且博，而为文复臻于无累。"而"于汉、宋二家构讼之端，皆不能左袒以附一哄，于诸儒崇道贬文之说，尤不能雷同而苟随。"①其好友刘蓉亦治理学，但不仅对王阳明心学攻之甚力，且于"崇道贬文之说"持之甚坚。他对曾国藩醉心古文一事，多有批评，认为"文也者载道之器"，"犹花草之美、锦绣之文，犹末也"。而欲探"治乱之本源"、以求"济治之方"，则应按照理学家"即物穷理"的办法向社会寻求，"静其心以察天下之变，精其心以穷天下之理，息其心以验消长之机"，而"非特记诵词章"②所能济事。实际上是批评曾国藩舍本逐末，不务正业。曾国藩不同意这种看法，上面那段引文就是在二人往返辩论时讲的。

还有一些人对汉学成见甚深，不仅从学术上贬斥该学"素少研求"，而且在政治上"痛诋汉学，谓其致粤寇之乱。"曾国藩有个名叫孙鼎臣的好友，"尝作《畚塘刍论》"③一书，函请曾国藩为其作序。"其首章追溯今日之乱源，深咎近世汉学家言用私意，分别门户，其语绝痛。"④其后左宗棠作《重刊〈吾学录〉序》，持论较孙鼎臣更加偏激，不仅将太平天国起义的爆发，甚至将西方列强的入侵亦归罪于汉学。他说："出于礼即入于刑，其翼教持世者不可忽也。礼坏慝作，讼狱繁而干戈起矣。盗起岭峤，祸延下国，中原糜沸，夷戎凭之。三朝忧于上，公卿将吏瘁于下，阅廿余稘乃有止戈之望。推原祸始，厥有由来。"⑤显然，该文作于光绪年间收复新疆之时，实际上是将咸、同年间的内忧外患归因为"礼坏"，而又将"礼坏"归咎于乾嘉考据之学。其见解之荒谬、褊狭是不言而喻的。曾国藩不同意这种看法，认为"曩者良知之说诚非无蔽，必谓其酿晚明之祸则少过矣；近者汉学之说诚非无蔽，必谓其致粤贼之乱则少过矣"⑥。而太平天国革命爆发的真正原因则是清朝政治的腐败。咸丰元

---

① 《曾文正公书札》，第1卷，第4、5页。
② 刘蓉：《养晦堂文集》，思贤讲舍光绪三年刊，第3卷，第17、18页。
③ 徐珂：《清稗类钞》，中华书局1984年版，第8册，第3824页。
④ 《曾文正公文集》，第3卷，第33页。
⑤ 左宗棠：《左文襄公全集》，萃文堂光绪十六年刊，第1卷，第20页。
⑥ 《曾文正公文集》，第3卷，第34页。

年他在给朋友的一封信中说："今春以来，粤盗益复猖獗。西尽泗、镇，东极平、梧，二千里中几无一尺净土。推寻本源，何尝不以有司虐用其民，鱼肉日久，激而不复反顾。盖大吏之泄泄于上，而一切废置不问者，非一朝夕之故也。"①同左宗棠相比，曾国藩之所以对这个问题有较为符合实际的认识，当然不是由于他更接近基层，了解下情，而是在学术上没有门户之见，也就不会像一般学者那样，轻易为世俗偏见所惑。当时士林中怀有左、孙之见者大有人在，不仅治理学者，即如今文经学一派也"力诋乾隆诸大儒"。"谓海夷之祸，粤寇之乱，酿成于汉学"②。直到民国年间，湖南仍有人持此成见，认为左、孙之说虽"为通儒所訾"，但对"破碎害道"的汉学，"殆非厚诬之言也"③。此亦可见门户偏见为害之大，流毒之远。也正出于这同一原因，作为一代通儒的曾国藩，被后世治理学者摒出理学家之列，称其"训诂、经济、词章皆可不朽，独于理学则徒以其名而附之，非有镜于唐镜海、倭艮峰、吴竹如、罗罗山之所讲论者"④。

与其思想上宗尚理学、尊奉三纲五常相联系，曾国藩集团最基本的政治特点就是拥护封建制度，极力维持封建秩序和地主阶级的统治地位，尤其君主专制政体与土地剥削制度。而在当时的政治环境下，也就产生出相互矛盾的政治态度：既不满于清政府的腐败无能，又反对各式各样的反清起义。他们对清政府的不满可归纳为两个方面：一是清政府吏治败坏，官吏、胥役贪赃枉法，敲诈勒索，严重侵害了他们的自身利益，并造成官逼民反的动荡局面，进而威胁到他们的生存；一是当这种局势愈演愈烈、无可挽回的时候，这些平日如狼似虎的人物又一下子变得昏庸无能、摇摆不定，甚或胆小如鼠、望风逃遁。曾国藩在咸丰元年接连呈上的一折三疏，即《敬陈圣德三端预防流弊疏》和《议汰兵疏》《备陈民间疾苦疏》《平银价疏》，以及这一时期或稍前稍后所写的书

---

① 《曾文正公书札》，第1卷，第30页。

② 《清稗类钞》，第8册，第3825页。

③ 《湖南文献汇编》，第2辑，第191页。

④ 夏震武：《灵峰先生集》，浙江印刷公司出版，第4卷，第13页，

信、诗文，都不同程度地反映了这种情绪①。而其中《备陈民间疾苦疏》所列"银价太昂，钱粮难纳""盗贼太众，良民难安""冤狱太多，民气难伸"三大苦情和《里胥》一诗所描绘的生动画面，无疑是代表地主阶级中下层发出的呼喊。而他的这种情绪则在很大程度上源于家乡友人刘蓉、罗泽南等人，基本上代表了这个集团。左宗棠对清廷的不满似乎比曾国藩更甚。他三试礼部而落第，其后绝意仕进，宁充幕僚而不肯为官，恐怕不能不与此有关。道光二十年，他在给贺熙龄的信中说："洋事日浸不佳，江东复作败局。""一二庸臣一念比党阿顺之私，令天下事败坏至此。百尔君子，未闻有以公是公非诵言于殿陛间者。仕风臣节如此，古今未有也。天下无不了之事，无不办之寇，亦未尝无了事办寇之人。然由今之道，无变今之俗，则正未可知耳。"又说："山农勤瘁，终年不及一饱，释耒而叹，诅怨侯兴，而百里之君匮有省之者。一邑之水可走而违，天下汤汤曷其而归?! 午夜独思，百忧攒集，茫茫世宇将焉厝此身矣。"万般无奈，只好"营一险僻之处，为他日保全宗族亲党计。"②咸丰二年，洪秀全围攻长沙期间，"相传有人微服往诣之，说以勿弃孔孟而事天父，秀全不纳"。此事传播甚广，不少人测猜此人为左宗棠，而尤以郭崑焘言之最切："此必左宗棠也。幸不合，合则不可收拾。""宗棠以意诚有意陷己，与断绝往来。"事过多年还有人旧话重提，当面询问曾纪泽："左帅于洪杨围省时，传曾微服由柳庄走长沙，谋谒洪杨于天心阁畔，上万言书，确否?"③而这种测猜无论确与不确，都足可说明，左宗棠对清政府的不满已经到了行将造反的程度。否则，人们为什么会测猜是他，而不是别人? 郭崑焘与左为姻亲，其兄郭嵩焘与左为至友，他说得那么肯定，则因其对左了解最深，绝非有意陷害。此外，王鑫的经历也可说明这一问题。王鑫初为县学生员，在本县坐馆任教。道光二十九年"夏间大旱"，湘乡饥民"啸聚数百人，于县南掠食，居民惶惧"，社会上出现即将发生大动乱的某些征兆。而当时的湘乡知县"为政贪虐"，与

---

① 参见拙著《曾国藩传》，第32—38页。

② 左宗棠：《左文襄公全集·书牍》（以下简称《左文襄公书牍》），萃文堂刻刷局光绪十六年版，第12卷，第20页。

③ 萧一山：《清代通史》，商务印书馆出版，第3册，第812—813页。

胥吏朋比为奸，漕折、地丁银两的征收，"浮收倍取"，"县民苦之"。他与"县人士"屡次到省城告状，"大吏不省"，乃公推王鑫为代表，"赴都控告"。王鑫"乃赍粮走京师，行千里，疾作，不得已罢归"①，其内心的愤懑是可想而知的。显然，王鑫所代表的不是个人，而是全县大多数士绅。只是问题解决得很快，才未造成严重后果。朱孙诒由鄞县调任湘乡知县之后，主动向他征求意见，并接受他的建议，将"湘乡钱漕、地丁悉由书吏征解"的旧例，"易为民自投纳，官给以券"，遂使"百年积弊"尽消，官绅双方和解。否则，湘乡县难以成为湘军的发源地。不过，这只是一县的情况，而就全国而言，这个集团同清政府的矛盾可没有这样容易解决。

曾国藩集团同各式反清起义的矛盾和斗争则完全是另一性质的，是势不两立的矛盾和你死我活的斗争。用胡林翼的话说，这些起义"非叛国叛藩可比"，"非我杀贼，即贼杀我"②，绝无退避之地。按曾国藩的说法，对于这些反叛之人，"虽周孔生今，断无不力谋诛灭之理"。③他们所以得出这样的认识，亦并非尽出于"忠君"的理念，主要还是由自身利害及本阶级、阶层的根本利益决定的。他们所以联络同志，筹兵筹饷，起而同起义军拼命，少半为清廷，多半为身家。清廷是封建制度的象征、地主阶级的代表，当然要保卫它。这正是曾国藩集团与苗霈霖的不同之处。但更重要的是保卫桑梓，保卫身家。像曾国藩、左宗棠这样一批不习武事的文人，所以会甘冒种种风险，起而舞枪弄棒，主要还是因为清政府无能，绿营兵腐败，不能恪尽职守，迫使他们不得不越俎代庖，易装自救，从而创造出这一历史奇迹④，多年来一直为文人所乐道。所以，这个集团的不少人，或者本人，或者至亲好友，早在这个集团形成之先，或加入这个集团之前，就已经投入这场战争，参加镇压起义军的活动，其后的所作所为，不过是这场斗争在规格上的升级和规模上的发展。

曾国藩集团的首脑人物，个个都有组织团练武装镇压农民起义的经历，而

① 《湘军人物年谱》（一），第46、47页。
② 《胡文忠公遗集》，第74卷，第1页。
③ 《曾文正公家书》，咸丰十一年六月十二日。
④ 参见拙文《曾国藩与中国传统文化》，《近代史研究》，1997年第1期。

动手最早者应数江忠源。江忠源道光十七年中举，二十四年大挑得教职，分发湖南补用。他的家乡新宁县地接广西，汉瑶杂处，官贪民穷，关系比较紧张。瑶民雷再浩等不堪忍受官府的压榨，组织青莲教，广结会众，酝酿起义。江忠源"察天下将乱，倡行团练，以兵法部勒乡人子弟，湖南团练自此始。"道光二十七年雷再浩发动起义，"道府议征兵"，江称"无庸"，"自率乡练捣其巢，擒再浩"①，将这场起义镇压下去。并因功得知县，分发浙江，署秀水知县，补授丽水知县。道光二十九年雷再浩旧部李沅发再次发动起义，攻占新宁县城，亦很快被镇压下去。他虽远在浙江未参与此事，但在他的影响下，其胞弟江忠济和同县好友刘长佑、刘坤一都参加了这次军事行动。江忠济"倡募乡勇，有复城功"②，刘长佑与刘坤一则徒步赴宝庆府衙门"告变"于先，"请开地道"以攻陷城池于后，及起义军撤走，又"率乡勇追之，一日驰百里"，杀伤"百余人"③。道光三十年，刘长佑赴京应试，所部乡勇交堂弟刘长伟管带。李沅发逃至广西兴安，无法立足，返回湖南后被刘长伟擒获，起义宣告失败。彭玉麟也参加了这次军事行动。其时他正在衡阳"协标充书识"④，亦奉命随军追杀起义军残部，同刘长佑"一见如故交然"⑤。

道光三十年太平天国革命爆发。咸丰元年江忠源应调赴广西，在广州副都统乌兰泰帐下参谋军事，于募勇一营令其弟江忠濬带赴广西之后，咸丰二年又"出私财增募千人"，命其弟江忠济和刘长佑带赴桂林前线，"合新旧所部千七百人，名楚勇"⑥，为湖南勇营出省作战之始。后闻太平军将撤围北上，进入湖南。江忠源遂先期率勇返湘，在蓑衣渡伐树塞河，设伏阻击，迫使顺流而下的太平军弃船登陆，改道道州，不仅失去袭取长沙的最好战机，还造成南王冯云山的牺牲。在太平军围攻长沙期间，江忠源又率勇积极助守，并与太平军各

---

① 《中兴将帅别传》，第23页。
② 《中兴将帅别传》，第34页。
③ 《湘军人物年谱》（一），第320页。
④ 《中兴将帅别传》，第86页。
⑤ 《湘军人物年谱》（一），第321页。
⑥ 《湘军人物年谱》（一），第322页。

自占据天心阁外一个带有决定意义的制高点，造成太平军攻城的失败和西王萧朝贵的牺牲。太平军的这两次失败，尤其南王和西王的牺牲，不仅在军事上遭受重大损失，简直可以说改写了太平天国革命的历史进程，以致人们在谈论促成其由盛转衰的关键性政治事件天京事变时，都不能不追溯到南王和西王的过早去世。而这又直接、间接地同江忠源有关。可以说这是江忠源为湖南官绅和清王朝立下的两大功绩。这年冬天，江忠源率勇镇压了浏阳忠义堂起义，因功超擢署理湖北按察使。咸丰三年夏，江忠源又伙同罗泽南、郭嵩焘等人率勇助守江西省城南昌，使太平军始终未能攻克该城。这是他为清政府建立的第三大功。为此，虽然他在田家镇阻挡太平军西征失败，所部新宁勇溃散，仍被清政府任命为安徽巡抚，从而成为曾国藩集团第一个担任地方督抚的人。不料，上任未及两月，新改省城庐州被太平军攻占，江忠源丧命。此时，曾国藩正在加紧编练湘军，本拟先练成水、陆万人统交江忠源指挥，自己仅做些后勤与谋划工作。江忠源的过早去世，完全打乱了他的计划，对这个尚在形成中的军政集团和摇摇欲坠的清政府，都是一个巨大损失。

胡林翼也是办团练较早的人物。道光二十七年胡林翼署理贵州安顺府知府。该地靠近越南与滇、桂边界，山高林密，汉苗杂处，自然地形与社会环境都比较复杂，有的地区则往往成为积年盗匪或小股起事农民的聚集之所。而鸦片战争以来，道光帝"尤畏疆臣生事，各省大吏承风旨，唯务安静"，致使"官吏重发难，益相与粉饰颟顸，无敢擒治"①。胡林翼一反成例，力主以重法治乱世，认为"世变日移，人心日趋于伪，优容实以酿祸，姑息非以明恩"。故"居今日而为政"，"治将乱之国，用重刑"，"非用霹雳手段，不能显菩萨心肠"②。他上任后，"延访士绅，寄以耳目，尽得盗匪姓名、状貌及道里远近状，乃躬往缉捕。""故任事一年，前后擒巨盗二百余名，一郡肃然，盗贼衰息。"为了一举成功，他还选择大年除夕之夜，采取秘密行动。"一日，侦知盗党当以腊尽醵饮某所。除夕，方会燕僚佐，忽起更衣，疾率健捕，夤夜驰至某

---

① 《湘军人物年谱》（一），第210—211页。
② 蔡锷：《曾胡治兵语录》，民国二十六年铅印线装本，第21页。

处，掩获渠魁黄老广、佘饶贵等，其党无一脱者"①。道光二十九年胡林翼移署镇远府知府。这里是苗族、瑶族的聚居地，其黄平、台拱、清江、施秉、天柱等厅、县，已是"寇盗充斥"，而高山、革夷、山丙、沙邦四寨苗民则据险起事，对抗官府。贵州巡抚乔用迁"思募兵进剿"，故调胡林翼署理此府。他上任伊始即"添卡哨、购眼线、信赏必罚"②，待其一切准备就绪，便调兵进剿苗寨。他先带兵攻占高山寨，又集中苗、汉兵勇近二万人剿平革夷、山丙、沙邦三寨，杀人放火，无所不用其极。因功升即用道，补授黎平府知府。黎平地接广西，形势更为紧张。因为那里不仅有业已在金田起义的太平军，还有遍布全省的天地会起义部队，随时都可能冲入贵州，黎平则首当其冲。故胡林翼既要靖"内匪"，又要备"外寇"。他认为，"欲清内匪，莫如保甲；欲御外寇，莫如团练"，遂于力行保甲连坐的同时，"又以差役营兵窳惰不可用，乃自练壮勇百名，仿明参将沈希仪、嘉庆时傅鼐因间雕剿之法，分巡游徼。"③行之数载，取得显著成效。在此期间，"办团练千五百余寨，建碉楼四百五十余座，连屯相望。"又"劝富民捐谷置仓，以备城守"④。是以黎平叠被攻击而未破，瓮安聚众抗粮亦被平息，胡林翼遂成远近闻名的能吏。其"杀人如麻"⑤之说及"胡屠户"的徽号，皆由此而起。胡林翼与曾国藩一样，似有杀人之癖，每到一处，首先想到的就是如何杀人。他担任湖北巡抚之后，于咸丰六年十二月上一奏疏，其架势和办法，恰是其贵州屠户勾当的继续。疏称："湖北莠民之从贼者，以兴国、崇阳、通城、通山、大冶、广济、黄梅为最多。臣于臬司任内，由岳州驻崇阳一月，以保甲之法，勒令首户捆斩三千人，未及毕事而驰往九江矣。"又说："兵至为民，贼来从逆，及今不治，终必为乱。治之之法"，"唯有保甲清查，户族捆献，分别斩释之法。"⑥

---

① 《湘军人物年谱》（一），第211页。
② 《湘军人物年谱》（一），第212页。
③ 《湘军人物年谱》（一），第216页。
④ 《中兴将帅别传》，第15页。
⑤ 《清代通史》，第3册，第379页。
⑥ 胡林翼：《胡文忠公遗集》，同治六年刊，第14卷，第4页。

在曾国藩集团中，李鸿章是在籍办团练时间最久的一个。李鸿章在京为官时，其父李文安也在京为官，任刑部督捕司郎中。太平天国革命爆发后，军势尚未及于安徽，李文安即"寄信回里，劝谕乡人先为思患预防之计"[①]。在他的影响下，合肥一带很快办起地主团练武装，其著名团首有桐城马三俊，庐江吴廷香、吴长庆父子，合肥张树声、张树珊兄弟和周盛波、周盛传兄弟，以及刘铭传、解光亮、潘鼎新之父潘璁、李鸿章之弟李鹤章等，在安徽以至全国都成为团练武装较为集中的地区。李鸿章也力主以地主团练武装镇压当地的捻军起义，对抗太平军。他在京任职翰林院编修时，颇"以文字自喜"，常为安徽同乡吕贤基"草疏言事"。吕贤基字鹤田，安徽旌德人，出身翰林，官至工部右侍郎，兼署刑部左侍郎，是个尊崇程朱理学，既贪生怕死又希图美名的封建官僚。太平军声势浩大，方兴未艾，前线不断传来清军失败的消息。在一般官员看来，以草草组建的乡勇迎击太平军，无异于以卵击石、自取灭亡。吕贤基自己亦持这种看法。但其自太平天国革命爆发以来，接连上疏倡办团练，仅后来出版的《吕文节公奏议》中即有"数疏谈论团练事宜"[②]。咸丰三年正月太平军攻克安徽省城安庆，消息传到北京，李鸿章闻讯惊慌，急忙跑到吕贤基家，怂恿其上奏请求派京中官员回籍办团练，吕"即令其代制而允具名焉"。本来，他们并不打算力践奏折中的做法，而是要别人去送死。而军机大臣祁寯藻却看透了吕贤基的用心，偏偏就建议派他回籍办团练。咸丰皇帝允准，当天便发布谕旨，命其即刻启程。于是，由此引出一场闹剧，同时也改变了李鸿章一生的道路与命运。淮军将领刘秉璋之子刘体智曾对此作过生动的描写。次日下午，李鸿章"心念昨事，驾车往见文节，及门，闻合家哭声如有丧者。登堂，文节自内跳而出曰：'君祸我，上命我往。我亦祸君，奏调谐行。'是日，文节召对，上大哭，文节亦伏地哭"[③]。咸丰二、三年间，清政府先后任命四十三名团练大臣，除吕贤基外皆属因故在籍的官员，只有这位在京任职的工部侍郎算是一个例外。

---

① 光绪《续修庐州府志》，第34卷，宦绩传二，第12页。
② 樊百川：《湘军史》，四川人民出版社1994年版，第4页注释。吕贤基谥文节。
③《异辞录》，第1卷，第6页。

当时安徽是太、清双方激烈斗争、反复争夺的地区，地方官员更换频繁，先后有几位巡抚丧命或革职，吕贤基也很快命丧黄泉。咸丰三年正月太平军攻克安庆，安徽巡抚蒋文庆战死。二月清政府命周天爵署理皖抚，旋实授。旋又改任李嘉端为巡抚，命周天爵以兵部侍郎衔办理防剿事宜。九月李嘉端革职，任命江忠源为安徽巡抚。十二月太平军攻克安徽新改省府庐州，江忠源兵溃自杀，清政府又任命福济为安徽巡抚。吕贤基也于这年十月率六百乡勇防守舒城时城破被杀。一年之内四易巡抚，又有周天爵、吕贤基穿插其间，皖北半省之地三帅并立，各争雄长，事权不一，动多掣肘。李鸿章在他们手下办事，又处于太平军的军事重压之下，其艰难竭蹶可想而知。由于福济是李鸿章的座师（丁未科会试副考官），与李鸿章有师生之谊，对李鸿章甚为扶持和护佑，一抵任即将他收入幕府，使其处境大为改善。刘体智甚至说，连他那套"时时以不肖之心待人"的"治军之法"，即"不使诸将和睦、预防其协谋为主帅害"的驾驭部将之术，亦"似传中丞（指福济）衣钵"[1]。

咸丰三年秋冬，李文安经户部左侍郎王茂荫奏保，回籍督带练勇，但很快死去。临终仍不忘以镇压太平军、捻军为己任，手书训谕诸子说："贼势猖獗，民不聊生。吾父子世受国恩，此贼不灭，何以家为？汝辈努力，以成吾志！"[2]李鸿章对此牢记在心，誓与造反农民为敌。怎奈太平军声势浩大，自己所带练勇又不堪一击，若要想保命，也就只有争先逃跑之一法。李鸿章回籍带勇作战，前后五年有余，总的看是胜时少而败时多，且胜亦小胜，败则大败。有人统计，他曾先后五次从死亡之地逃脱性命，其中三次属于临阵脱逃[3]。第一次咸丰三年十月与吕贤基共守舒城，城破吕死，他先事逃走得免。第二次同年十二月太平军攻克庐州，江忠源及守城官绅丧命，李鸿章因没有率勇入城助守而幸免。第三次咸丰四年李鸿章奉命助守巢县，太平军发动突袭，清军惊溃，营盘被毁，他因奔丧离营幸免。第四次咸丰六、七年间李鸿章驻守巢县，太平军为进军庐州途经该城，所部团勇惊溃，他因奔逃迅速保住了性命。第五

① 《异辞录》，第1卷，第10页。

② 李鸿章：《李文忠公遗集》，第4卷，第2页。

③ 参见樊百川《淮军史》，第5—8页。

次约在咸丰八年，李鸿章在合肥东南的葛洲新茔为其父服丧守庐。太平军大军云集，志在夺取庐州。他闻讯奉母北逃，远走盱眙县明光镇。太平军攻克庐州，将李家祖宅"焚毁一空"，却未能伤着李鸿章的一根毫毛。刘体智曾就李鸿章如何溜出危在旦夕的舒城，亦即第一次临阵脱逃的经过，作过生动具体的描述："文忠从文节至皖，等于徒手。官军见寇即走，屡败不振；乡勇乌合，不堪一试。文节以客官，更无能力应敌，驻守舒城，闻寇将至，议守御，文忠与焉。封翁（指李文安）在庐州办团练，老仆刘斗斋久役于封翁京寓中，时随至舒城。见事急，密引文忠至僻处告之曰：'若辈死耳无可避免，公子何为者？独不念老人倚闾而望乎？'文忠悚然问计：刘斗斋曰：'马已备。'急驰去而免。'"刘体智还说："其后，文忠有田百顷在英、霍之间，命刘斗斋之子某甲为收私租，十年无所得，召往问之。某甲呈簿，入不敷出，须益以三千余金，出入乃能相抵。文忠怒以足蹴之，亦不之罪也。"[1]此事经淮军将领刘秉璋之子讲出，已使人觉得有几分可信，复证以李鸿章不忘刘斗斋旧恩的事例，更令人感到绝非无中生有。更为严重的是，李鸿章仿佛由此悟出"临危先逃"这一临阵应敌的诀窍，只是在屡试不爽之下，名声愈形不佳，成为全省有名的长腿将军。据当时正在和春幕中的一位幕僚记载：一次，太平军攻打巢县附近的柘皋，李鸿章闻风先遁，"以致官军营垒数十座均被破入，兵勇死者不可胜计，仅存河州镇总兵吉顺一营"，太平军日夜环攻，形势岌岌可危。和春闻讯带兵赶至，"吉营重围立解"。"次日李鸿章来见，称誉'声威大震，以军门（和春时任江南提督）为最'，而军门答以'畏葸溃逃，当以阁下为先'。"李鸿章"赧颜而退，大江南北至今传为笑谈。"[2]由于李鸿章所带勇营一溃再溃，本人也屡屡临阵先逃，在安徽官绅中遂渐渐失去信任，不再为人们所看重。咸丰七年秋李鸿章丁忧服阕，本应复出带勇，而安徽巡抚福济却上奏清廷，"李鸿章丁父忧服阕，俟经手事件料理完竣，给咨回京供职。"[3]这就是说，让他"京来京去"，不要再在安徽带勇了。清廷批准这一奏请，以李鸿章叠次"剿匪"

---

① 《异辞录》，第1卷，第7页。
② 太平天国历史博物馆：《太平天国史料丛编简辑》，中华书局1962年版，第1册，第36、37页。
③ 《曾文正公奏稿》，第11卷，第4页。

出力，交军机处记名，遇有道员缺出，请旨简放。这样，李鸿章既无法在安徽立足，又不想马上回京，便一时游荡不定，成了孤苦无依的闲人。

总结其时近五年的统带乡勇的经历，虽谓逆多顺少，处境不佳，但亦并非一无所获。第一，于翰林院编修之上，又得到一个按察使衔记名道员的官阶，以致成为曾国藩幕僚中，入幕之初官阶最高者之一。第二，在政治和军事方面受到锻炼，取得一定的实践经验，不仅具备"久历戎行，文武兼资"①的资历，而且学会驾驭部将之术。这个集团中善弄权术者，胡林翼之外，恐怕就数李鸿章了。第三，数年之中经常统带庐州地区的团练武装作战，遂与合肥数县的团练头子，如刘铭传、张树声、周盛波、周盛传、潘鼎新、吴长庆等，形成较为牢固的上下级关系。这些人也就在政治上和军事上成为李鸿章的组织班底。所有这一切，都为他未来的发展奠定了较为坚实的基础。

左宗棠对抗太平天国革命的历史是从咸丰二年开始的，只是长期充当湖广总督和湖南巡抚的幕僚，主要在背后出谋划策，尚未直接带兵作战。咸丰二年八月正当太平军围攻长沙期间，新任湖南巡抚张亮基抵任，经胡林翼的推荐和张的一再派人诚聘敦请，尤其左宗植、郭嵩焘的大力劝导、推动，怀才不遇、愤世嫉俗的左宗棠方离开其避难之所，入湖南抚衙充任幕僚，张亮基"一以兵事任之。"②他感其知遇之恩，一入幕府就"日夕区画守具"，积极出谋划策，长沙得以保全，有左宗棠的一份功劳。据称，当太平军开挖地道、攻城甚急之际，是左宗棠"请调邓绍良、瞿腾龙率八百人入（城）助守"的，其后"地雷"炸塌城墙，"邓绍良所部力捍之"③，以是省城未被攻破。太平军撤围北上之后，左宗棠又"助张公一意以整饬吏治、捕治会匪为务"。"江忠源讨平忠义堂，实受方略于左宗棠，发谋决策皆宗棠任之，张亮基受成而已。"④这年十二月，湘抚张亮基奏请在省城设一大团，专任守卫，妥"委明干官绅，选募本省有身家来历、艺高胆大之乡勇一二千名，即由绅士管带，仿前明戚继光束伍之

---

① 《曾文正公奏稿》，第11卷，第4页。

② 《左宗棠年谱》，第30页。

③ 《左宗棠年谱》，第31页。

④ 郭振镛：《湘军志平议》，岳麓书社1983年合刊本，第199页。

法行之"，俟奉旨帮办团防的丁忧在籍侍郎曾国藩到省，"当面相商榷，妥为办理"①。此奏不仅出自左宗棠之手，亦恐出自左宗棠之谋，同曾国藩的想法可谓不谋而合，编练湘军之议即始发于此。咸丰三年正月张亮基调署湖广总督，左宗棠随至武昌。九月张亮基调任山东巡抚，左宗棠辞归。

咸丰四年三月左宗棠入湖南巡抚骆秉章幕，充任幕僚。左宗棠刚回湖南旧居，骆秉章即接连派遣专人，携带巡抚、布政使、按察使三位大员的亲笔书信和优厚聘礼，热诚邀其入幕，左宗棠辞而不受。曾国藩东征之前贻书邀其入幕，也被他拒绝。这时，太平军已占领湘阴，扬言要活捉左宗棠，距其避难之所梓木洞仅五十里，他只好携带女婿陶桄以"捐输"为名逃往长沙，随即带勇接出眷属，全家移居省城。这样，左宗棠再也无法拒绝骆秉章等人的盛请婉劝，只得答应"入署襄办"，但"仍不受关聘"②。

左宗棠居骆秉章幕府，"事无大小，专决不顾"，"监司以下白事，辄报请左三先生可否"③。以致"唯时楚人皆戏称左公曰'左都御史'，盖以骆公官衔不过右副都御史，而左公权尚过之。"于是，左宗棠"练习兵事，智略辐凑。骆公专任以军谋，集饷练兵、选用贤将"，很快把湖南建成清王朝镇压太平天国革命的基地，不仅屡却强敌、"两败石达开数十万之众"，牢牢控制这一首要之区，而且分兵四出，"援黔、援粤、援鄂、援江西"，卒使骆秉章"丰采几与曾、胡二公相并，则左公帷幄之功也"④。其时，左宗棠已因功保奏官职，咸丰七年清政府还有意令其"帮同曾国藩办理军务"⑤，皆不愿俯就。且曾私下向人表示："鄙人二十年来所尝留心，自信必可称职者，唯知县一官。""此上唯督抚握一省大权，殊可展布。""若真以蓝顶加于纶巾之上者，吾当披发入山，誓不复出矣。"⑥这就更使人认为，他在实际上已是有实无名的巡抚，隐操

---

① 左宗棠：《左文襄公全集·张大司马奏稿》，萃文堂光绪十六年刊，第1卷，第35页。
② 骆秉章：《骆文忠公自订年谱》，咸丰四年三月条。
③ 徐宗亮：《归庐谈往录》，第1卷，第9页。
④ 《庸盦笔记》，第2卷，第9页。
⑤ 《左宗棠年谱》，第59页。
⑥ 《左文襄公书牍》，第2卷，第28页。

一省大权。若非樊燮控案引来的一场政治风波，迫使其于咸丰九年十二月"辞骆公，荐刘公蓉自代，请咨赴京会试"，离开湘抚幕府，此事尚不知如何终了。然而，在这场镇压太平天国革命的战争中，他的实际地位和作用，已与曾、胡相近，隐成三足鼎立之势，虽未投到曾国藩的麾下，却已为清政府和这个正在形成之中的军政集团，立下了不可磨灭的功勋。毛鸿宾称其在骆秉章幕，"血诚自矢，思虑精专"，"自刑名、钱谷、征兵、练勇与夫厘金、捐输，无不布置井井，洞中机宜"[1]。左宗棠自己也说："湘中财赋，不及江浙七郡之一。自军兴以来内固疆圉，外救邻封，未尝请大府之钱，未尝乞邻邦之助，兵无饥噪之事，民无困敝之虞。"[2]所谓"骆秉章之功实则左宗棠之功"，"天下不可一日无湖南，湖南不可一日无宗棠"，绝非虚语。

曾国藩办理团练的时间，虽较江忠源、胡林翼为晚，较李鸿章为短，但其父曾麟书和二弟曾国潢，却早在道光二十九年就在家乡组织"安良会"，对付"吃排饭"的饥民。咸丰元年在湖广总督程矞采、湘乡知县朱孙诒的支持下，曾麟书、曾国潢父子又和刘东屏、刘蓉父子组织团练武装，镇压湘乡县境内的民众抗粮斗争。他们亲自购置眼线，率勇捕人，连自己的亲戚朋友也不放过，很快把这场斗争镇压下去。咸丰二年湘乡全县普遍办起团练，县城设立总团，下设三个分局，曾麟书以湘乡首户充任总团长。

咸丰二年曾国藩奔丧回籍之后，尽管丧服在身，亦仍不甘寂寞，特写《保守太平歌》一首，意在动员地主士绅，积极组织起来，对抗农民起义军。出任团练大臣之后，又别出心裁地将"团练"一词一分为二，于积极募练勇营的同时，在全省推行团练保甲制度，设立审案局，残酷镇压农民的反抗活动，声言只要"良民有安生之日"，即"身得残忍严酷之名亦不敢辞"[3]。他办案不经有司，定罪不要证据，废除一切司法制度和办理程序，仅根据团绅的言词与要求即可置人死地：或者就地正法，或者杖毙堂下，或者瘐死狱中。按照湖南司法惯例，一切送省审理的案件，都应先交首府首县善化县衙讯办。故在曾国藩的

---

[1] 毛鸿宾：《毛尚书奏稿》，宣统二年刊，第3卷，第26页。
[2] 《左文襄公书牍》，第5卷，第61页。
[3] 《曾文正公奏稿》，第2卷，第3页。

审案局设立之后，仍有人将疑犯送到那里。而曾国藩则嫌他们杀人太少太慢，竟不顾别人脸面，强行将人从善化县衙提走，施以重刑。曾国藩这种既违人道、又属越俎代庖的做法，在官绅民众中引起极大不满，不仅被冠以"曾剃头""曾屠户"的徽号，还暗中鼓动提标兵哗变，群起围攻团练大臣公馆，枪伤曾国藩贴身警卫，迫使他灰溜溜地离开长沙，实际上是被赶出了湖南省城。曾国藩移驻偏居湘南的衡州之后，全力编练湘军，无暇顾及团练保甲事项，虽仍保有审案局名目，亦不再过问民间案件。

除上述首脑人物外，这个集团的骨干成员中，也有不少人具有在籍办理团练、镇压农民起义的经历，而湘淮军的早期将领则大部分如此。湘军早期将领主要由八旗、绿营弁兵和士绅组成，旗、绿营弁兵主要是多隆阿、塔齐布、杨载福、鲍超、田兴恕等人，士绅则主要是罗泽南、王鑫、李续宾、李续宜、彭玉麟、刘长佑、刘坤一、蒋益澧、刘腾鸿、杨昌濬等人。彭玉麟、刘长佑、刘坤一三人都曾参加过镇压李沅发起义的军事行动，前面已经述及。刘长佑、刘坤一曾长期追随江忠源办团练，参加过包括蓑衣渡伏击在内的一系列军事活动。当咸丰三年十一二月间江忠源被围于庐之时，刘长佑曾带勇援救，因中途受阻未能到达。江忠源死后，刘长佑和江氏兄弟便投到湖南巡抚骆秉章，实际上是左宗棠的门下。其余如罗泽南、王鑫、李续宾、李续宜、蒋益澧、刘腾鸿、杨昌濬等人皆籍隶湘乡，而王、李、李、蒋、刘、杨数人又都是罗泽南的学生。湘军始源于湘乡练勇，要弄清他们湘军创建之前的情况，还须从湘乡团练说起。而湘乡团练所以优于他县，则又同知县朱孙诒的积极活动分不开。

朱孙诒字石翘，江西清江人，捐纳出身。始为刑部主事，旋改知县，分发湖南，历署宁乡、长沙知县，道光三十年移署湘乡知县。其时，由于漕务积弊和前任知县贪渎，官绅严重对立，饥民成群，会党活跃，呈现出动乱在即的种种征兆。朱孙诒上任后，首先逮捕"陈胜祥、刘福田等置之法"，严厉镇压了会党、饥民的反抗活动，随后即动手解决官绅之间的矛盾。他通过王鑫了解到士绅的基本情况和要求，便于改变漕粮征收办法、消除官绅之间对立情绪的同时，着意对湘乡士绅的中坚分子加以拉拢，"举罗泽南孝廉方正，县试拔刘蓉冠其曹，延王鑫襄幕，于康景晖、李续宾、李续宜皆奖劢之"①。咸丰二年春太平军久攻桂林不下，有北上入湘迹象，广西巡抚邹鸣鹤急移咨湖广总督程矞采，促湖南早做准备。消息传出后，湖南各县纷纷举办团练，湘乡县尤为积极。朱孙诒亲自召集全县巨绅，议定团练章程，并决定在湘乡县城设团练总局，下设三个团练分局，地点分别在县城和永丰、娄底两镇。太平军进入湘南后，湖广总督与湖南巡抚命各县团练武装沿途阻截。朱孙诒"集团丁分三营，以罗泽南领中营，易良干副之；王鑫领左营，杨虎臣、王开化、张运兰隶焉；康景晖领右营。罗信南综粮糈，谢邦翰治军械。"②开始分发号衣，集中训练。为报知县朱孙诒的知遇之恩，王鑫在营伍编练过程中表现最为积极。"始分给号衣，群然耻为异服，不肯服。公（指王鑫）则取一号补自著之布袍，乃定。"于是，王鑫"以意创为营制、号令，日夜与罗忠节公编束队伍，令友人弟子分领之，亲教之步伐、技击。每教一人讫，则以一算珠令衔之，牵使就列，乃复进一人，教之如前"③。其办法虽然较为原始，态度却相当认真。太平军围攻长沙期间，清政府大军云集，将太平军四面包围，湘乡团练也积极参加防堵活动，"王鑫、康景晖、赵焕联分驻要隘，罗泽南、易良干防县城，伏莽蠢动，即时捕灭，县境肃然"④。湘乡团练遂名响全省，为巡抚所知。

因地处偏远，李续宾、李续宜兄弟其始未参与总团的活动，而在乡里另建有团练组织。李氏家住湘乡县崇信都岩溪里，临近宝庆府界。早在道光二十九年李续宾就在彭洋中的函请和其次兄的敦促下，纠集"二百余人，教之击刺"⑤，准备开赴新宁参与镇压李沅发起义，后因李沅发败走，取消此行。咸丰元年三月李续宾在参加县试时"受知于"湘乡知县朱孙诒。十月王鑫之兄王勋探访李续宾，大约带来王鑫等人举办团练保甲的信息。从此，李续宾"益讲求团练事"。咸丰二年四月"邑宰朱公孙诒檄公（指李续宾）领团丁捕搜土

---

① 《清史稿》，第40册，第12347页。
② 《清史稿》，第40册，第12348页。
③ 《湘军人物年谱》（一），第48页。
④ 《清史稿》，第40册，第12348页。
⑤ 《湘军人物年谱》（一），第108页。

匪"。"公乃招募二百人以行。官中又不名一钱，皆公取于私家以食之。"途中
"闻铳声，以为贼至，而逃者过半。""乃又增募数十人以补之。初相从最有名
者：胡中和、周宽世、蒋益澧、萧庆衍、李登辟、李续宾诸君；增募有名者：
周达武、朱品隆、胡裕发、刘神山、李存汉等。"①太平军围攻长沙期间，李续
宾先"领团丁驻宁乡"，八月"率团丁还县"，与罗泽南、王鑫合编。其时，
"合邑团丁不满三百人，无所统属，闻警则逃。又民家往往不欲团丁驻宿"，他
们只得买河干屋为治事之所"，"而屯团丁于涟滨书院，日教以坐作进退，少长
有礼。"又请湘乡知县朱孙诒"节制之，严为法令"。朱孙诒遂以湘乡县衙的名
义"出告示曰：'如有不遵号令约束，造谣惑众，奸淫掳掠，泄漏军情，损坏
人民房屋、坟墓及身体，犯此者死。如有聚众赌博，吸食鸦片，遗失器械，喧
呼斗殴，犯此者杖革。如有点名无故不到，操练不勤，出入不告，吹弹歌唱，
争先落后，犯此者责罚。"②经过这次整顿之后，湘乡团练的纪律稍有改观，这
群投笔从戎的书生，也积累了一点治军经验。更为重要的是，经此历练之后，
他们已由思想上的卫道者，变为农民起义军政治上的对头，封建制度与清政府
的自觉捍卫者。

此外，原为清朝基层官员的李孟群，曾历署桂平知县、浔州知府，积极参
加镇压李沅发起义和追堵围剿太平军的活动，并因此受到曾国藩的赏识，咸丰
四年将之调至湖南统带水师。"时武昌陷，闻父殉节，日夜泣血，誓灭贼。"③
亦属与太平军不共戴天的人物。

淮军的情况则略有不同。淮军骨干分子主要由湘军军官和庐州团练的团首
组成。由于官绅未尽融为一体，庐州团练一开始即有官团与民团之分，且相互
之间嫌隙甚深。刘秉璋的儿子刘体智对此曾有专门叙述："英果敏④任合肥县
时，倚乡绅解某，混名解五狗子者治官团。同时，李采臣方伯⑤率西乡诸圩治

① 《湘军人物年谱》（一），第109、110页。
② 《湘军人物年谱》（一），第110页。
③ 《中兴将帅别传》，第204页。
④ 英翰字西林，满洲正红旗，举人出身，官至两广总督。谥果敏。
⑤ 李元华字采臣，安徽六安人，举人出身，官至山东布政使。

民团，实为淮军之先导。官、民分两党，各不相下。""寇至则相助，寇去则相攻，视为故常。叶曙青军门①时为解家将，每战勇冠其曹。一日，途遇一女，羡甚。解慰之曰：'汝战若再捷，吾为汝致此。'乃夺而与之。既而知女与张靖达②昆仲为中表妹，公然不惧，唯不通往来而已。"李部健将其后有铭、盛、树、鼎四军，隶李文忠麾下，同时乡曲悉被引用。"铭、盛、树、鼎四军之首领，分别为刘铭传、周盛波、张树声、潘鼎新。"张靖达与弟勇烈居于乡，粤寇过境，乡人咸筑圩练兵自卫。寇众大至，悉众入堡，以死坚守。贼不能久留于小邑，往往为所拒退。寇去追杀，每获辎重、俘殿兵以论功邀赏，有名于时。同时有周刚敏、武壮昆仲及刘壮肃之圩相近，守望相助。潘琴轩中丞③为赘婿于青阳司巡检署，随至庐州府，行无所归，因从李采臣方伯办民团，所谓吃大锅饭者也。"④在此期间，潘鼎新之父潘璞亦在家乡庐江县办理团练。咸丰十一年湘军"围怀宁、桐城甚急"，太平军驻庐江部队速往援救。潘璞"督乡团自后袭之，战庐江东门外，军败，被执至三河镇，骂贼死。"潘鼎新"乃号哭，请于大府，率乡团及诸子侄疾攻三河镇，克之，擒斩剧贼数百，负父骸归，哭而誓曰：'不尽杀诸贼，非人子也！'曾文正督师安庆，闻而壮之，檄为淮军将。"⑤当李鸿章回籍招兵之时，"解部（即英翰所办之官团）因有宿怨，患不相容，故莫之从。洎先文庄⑥出为将，始招至军。其著者曰解先播、曰解向华皆战死，曰黄桂荣以伤废，曰吴武壮⑦仕至广东提督，曰王占魁仕至广东高州镇总兵，曰叶志超仕至直隶提督。"⑧

　　除带兵将领外，文幕人员也有不少人曾在家乡举办团练，对抗太平军及其

---

① 叶志超字曙青，安徽合肥人，官至直隶提督。

② 张树声谥靖达。

③ 张树珊谥勇烈。周盛波谥刚敏。 周盛传谥武壮。刘铭传谥壮肃。潘鼎新字琴轩，官至广西巡抚。

④ 《异辞录》，第1卷，第26、27页。

⑤ 《中兴将帅别传》，第273页。

⑥ 刘秉璋字仲良，安徽庐江人，翰林出身，官至四川总督，谥文庄。

⑦ 吴长庆字晓轩，安徽庐江人，官至浙江提督，改广东水路提督，谥武壮。

⑧ 《异辞录》，第1卷，第26页。

他农民起义武装。例如，咸丰四年广东"海阳县三合会吴忠恕等围攻潮州府城"，丁日昌"以邑绅身份治乡团，率汤坑乡勇三百人援救"[1]。潮州府城解围，"选琼州府学训导，录功叙知县，补江西万安"[2]。李兴锐湖南浏阳人，以诸生在本县教书度日。咸丰二年浏阳忠义堂起事。李兴锐举办团练，协助江忠源将之镇压下去。以是受到浏阳教谕李竹浯的赏识，将他荐入曾国藩幕。咸丰十年太平军踏破清军江南大营，顺势席卷苏、常，籍隶常州的赵烈文即伙同当地士绅，率领团练武装顽强抵抗，受到曾国藩的高度赞扬。同年，陈金刚发动起义，占据高州、信宜等地，据有两广十余州县。丁忧回籍、主讲高州书院的前刑部主事陈兰彬，督练乡兵，积极参加镇压陈金刚起义的军事活动，前后达三年之久。并主动献计，诱陈部将郑金叛变，配合清军将这场起义镇压下去。叙功加四品衔，赏戴花翎[3]。陈士杰早在咸丰二年就在家乡湖南桂阳州办团练，防堵太平军入湘，并因此受到曾国藩的赏识，于咸丰四年调入幕府。咸丰五年回籍专治团练，并将当地乡团编练提高为勇营武装，称广武军。此后数调不出，曾国藩令其赴援上海，且已授江苏按察使，亦辞不受命，一意在籍办团练，以严防石达开再入湘境为己任。胡大任湖北监利人，在礼部主事任内奉旨回籍帮办团练。自咸丰四年闰七月曾国藩率湘军攻入湖北起，即在新堤一带随军办理沿江团练。曾国藩称其："辛勤督劝，颇著成效。"[4]再如，黄彭年"咸丰初随父在籍治团练"[5]。陈宝箴"以举人随父伟琳治乡团，御粤寇"[6]。萧世本四川富顺人，初为直隶知县。因"先在籍治团练有声，曾国藩莅直隶，辟为幕僚"[7]。冯桂芬初为翰林院编修，咸丰三年丁忧期间，亦在原籍苏州举办团练，并受到官升右中允的奖励。他如沈葆桢、潘鸿焘、郭用中也皆有在籍举办团练的经历。即如著名科学家华蘅芳亦曾在籍治团练，对抗太平军。其父华翼

① 江村：《丁日昌生平活动大事记》，广东人民出版社1988年版，第13页。
② 《清史稿》，第41册，第12513页。
③ 《清代人物传稿》下编，第5卷，第19—20页。
④ 《曾国藩全集》第1册，第457页。
⑤ 《清史稿》，第41册，第12354页。
⑥ 《清史稿》，第42册，第12741页。
⑦ 《清史稿》，第43册，第13075页。

纶曾在家乡无锡、金匮一带办理团练多年，是苏南地区的著名绅士。他和徐寿都是在华翼纶的带领下，方才进入曾国藩幕府的。

　　曾国藩集团的骨干成员，除绝大多数来自军营弁兵和士绅、团练首领外，还有一部分出身于太平军及其他起义军降将。其主要人物有韦俊、程学启、李能通、方有才、任永清、周寿昌、唐仁廉、董福祥、潘万才。他们也是革命人民的死敌。韦俊又名韦志俊，系太平天国北王韦昌辉的胞弟，韦昌辉被杀后，弃武昌退往安徽，经人说情天王洪秀全仍封他为右军主将。咸丰九年在安徽池州叛变，与湘军约期攻打芜湖，其部将黄文金等反戈一击，夺回池州，韦俊逃入水师彭玉麟部。彭玉麟依照曾国藩的指示，将其军大部遣散，仅留数营令其统带，充分统。他曾在争夺咽喉要地枞阳之战中，为湘军立下大功，使安庆失去唯一的对外通道，陷入绝境。又曾奉派随萧翰庆赴援杭州，中途与太平军遭遇，所部溃散，使萧翰庆白白送掉性命。后调属曾国荃部，随同攻打天京，天京陷后首批裁撤。据说，韦俊其后又重返降清之地，安徽韦氏即其后人。程学启安徽桐城人，咸丰三年参加太平军，隶叶云来部。咸丰十年湘军围安庆，奉命守城外堡垒。咸丰十一年曾国荃诱降，约降有日，未行而事发，程学启急奔湘军军营，投降曾贞干，而曾国荃却并不完全相信他的诚意。"初，公（指程学启）气傲诸将，诸将谗公"，曾国荃"犹虑公为变"，对其严加防范。当时，湘军掘长濠困安庆，"曾公（指曾国荃）军濠内，公军濠外"当敌锋，"令无召不得入濠内，濠内置炮对公军。"其日用薪米由濠内接济，每当运送之时，"濠上为梁"，"既济，撤濠梁。苦战数月，克安庆，公功为多。""至是，曾公深信之"[1]。曾国藩自东流大营至安庆，程学启"进谒"，曾国藩"奇之，使将千人"，命其营名为开字营，"而未大用也"[2]。"是时，湘军之锋甚锐，鸡犬皆有升天之望"，程学启战功虽著，"客籍混其中，颇难出人头地"。恰李鸿章"率淮军东下，求将才于"曾国藩。程学启"为桐城籍，乃以其军隶焉，且勖之曰：'江南人爱张国梁不置，汝往，又一张国梁也。'"[3]所部增至四营二千

---

① 《中兴将帅别传》，第256页。

② 《庸盦文编》，第4卷，第12页。

③ 《异辞录》，第1卷，第27、28页。

人，遂成淮军初战上海时最为强悍的一支。

周寿昌原名钱桂仁，又名百顺、得胜，安徽桐城人。同其兄百春一起参加太平军，具体时间不详。咸丰十年已晋封慷天燕，充任镇守常熟的太平军主将的副手。钱百春先投降清军，咸丰九年已升至守备。钱桂仁一直与之保持秘密联系，早有降清之心，并于咸丰十一年通过徐少蘧获得江苏巡抚薛焕的"谕单"。随后同熊万全、李炳文、徐少蘧串通，先后数次阴谋献苏州、太仓、昆山降清，但皆未得逞。同治元年他的部将骆国忠在常熟叛变，使苏南太平军陷入腹背受敌的困境。只因当时他正在苏州而未被揭露，还一再晋爵，升至比王。后调往杭州，复与清军约降献城，未行而事发，大批叛徒被捕、被杀，他却安然无恙，再次逃脱惩罚。直至同治三年杭州失陷，大批太平军撤走，他才有机会投降湘军，后辗转加入淮军。董福祥甘肃固原人，同治初年乘西北回民起义之机，在安化起义，聚众十余万，据花马池为基地，势力波及陕、甘十数州县。后被刘松山所败，其父先降，他亦率众降。简其精壮编为董字三营，由董福祥统之，并自带中营。其余如李能通、方有才、任永清、唐仁廉、潘万才等事迹不详，皆属降将，李、方、任官至实缺总兵，唐、潘官至实缺提督。

第三章

纠结成团

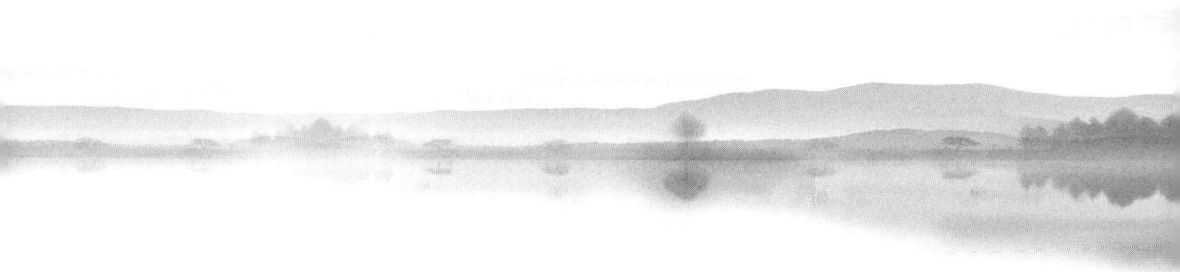

▼

　　曾国藩集团所以能够较快形成并长期固结不解，除思想政治方面的原因外，还靠一些封建关系作为纽带，从中加以维系。归纳起来，大约有以下几种。

　　同乡关系。这是该集团最重要的纽带。其赖以起家的湘淮军，尤为如此，简直成为他们的最高组织原则。湘军从一开始就以地方武装面世，其最初的组建目的，就是保卫长沙，保卫湖南。而其最初兵源，也是从各州县抽调的。不过，开始时尚出自自然，但很快发现这种同乡关系的重要维系作用，于是便自觉加以利用。所以，湘军出省后无论到了何地，也不管将领籍隶何处，一旦需要扩充队伍或另建新军，都必须到湖南招募。后来因湖南兵源枯竭，将才缺乏，曾国藩才不得已而另建淮军。他们不但注重同省关系，还注重同县、同里关系。故湘军内部又有湘乡勇、平江勇、新宁勇、宝勇诸名目。曾国藩曾说："沅浦不独尽用湘乡人，且尽用屋门口周围十余里之人。"①李鸿章初建淮军，也主要在庐州地区招募。这个集团的骨干成员，多籍隶湖南、安徽，且又以湘乡、合肥所占比例最大，与此有很大关系。这个集团的首脑人物也主要集中于湖南，只有李鸿章一人例外，且属第二代。有人说湖南人最重乡谊，事实上亦的确如此。他们能够集结成团，牢不可破，这是一条重要原因。可以说，是该集团赖以生存的组织基础。虽亦由此产生一些副作用，如湘淮矛盾等，但毕竟是次要的。

　　亲族关系。在曾国藩集团中，兄弟从军、姻亲同列者不为鲜见，如曾国藩兄弟、李鸿章兄弟，李续宾、张树声、周盛波、刘腾鸿兄弟，以及江忠源家族、王鑫家族，皆属兄弟从军的例子。而刘长佑与刘坤一，刘松山与刘锦棠，则属侄叔相承或叔侄相承之例。至于姻亲，曾国藩与刘蓉、郭嵩焘、罗泽南，以及李续宾与曾国华都是亲家，曾国藩与彭毓桔、江忠源与邹寿章都有中表关系，而江忠源与刘长佑则是郎舅关系。其曾家军、李家军、江家军、刘家军以及左湘军的形成，皆基于此。湘军纠集之

---

① 《能静居日记》，同治六年六月十七日。

初，即以戚家军为榜样，结死党为目的，亲族关系也就不能不成为其立军之本。

师生关系。李瀚章、李鸿章兄弟曾在曾国藩门下受业，李榕、钱应溥、庞际云等曾为曾国藩所取士，汪士铎曾为胡林翼所取士，刘秉璋系李鸿章门生。于是，他们也就具有了师生关系。罗泽南授业弟子更多，王鑫、李续宾、李续宜、杨昌濬、刘腾鸿等都是他的学生。在科举时代，"师"与"天地君亲"并列，更有"一日为师，终身为父"之说。据说，罗泽南带兵，全以自己的弟子充任营、哨官，李续宾以下及早期战死的谢邦翰、易良干等都曾是他的部下。李鸿章奏调刘秉璋赴上海军营，并很快即令其募勇五千，独任一路，亦为师生之故。这样，师生关系就直接变成了上下统属关系，其重要维系作用亦不言而喻。而有的师生关系，如赵烈文拜曾国藩为师，李续宾称曾国藩为先生，则系后来建立的。然既有此层关系，其亲密程度也就加深了一步，同样可以起到维系作用。

同年关系。毛鸿宾、胡大任、王德固、王延长、史致谔、刘于浔、李沛苍都是曾国藩的同年，他们追随于鞍前马后，并借以攀升高位，与此有很大关系。这里值得特别一提的是丁未同年，即道光二十七年同榜考中进士的那批人，如李鸿章、沈葆桢、何璟、郭嵩焘、李宗羲、刘郇膏、陈鼐、黄彭年、黄淳熙、蔡应嵩、李孟群、丁寿昌、祝垲、张韶南、姚体备、陈浚、帅远燡及薛福辰、薛福成之父薛湘等。其中李、沈、何、郭、帅、陈濬还同入翰林院庶吉馆深造，而李、郭、帅、陈鼐则有所谓"丁未四君子"之目。他们互通信息，彼此关照，共同编织了一张关系网。郭嵩焘得任苏松粮道并为李鸿章筹办粮饷，陈鼐入李鸿章幕并很快补授直隶清河道，皆因同年之故。李鸿章离开祁门后长期滞留江西，不肯赴福建延建邵道任，就是因为接受了沈葆桢的劝告。沈葆桢为人耿介，官场中朋友很少，极难与人相处。他所以肯为李鸿章设身处地着想，为之提供实情，出谋划策，主要还是同年之故。薛福成兄弟得以分别进入曾国藩、李鸿章的幕府，并得到特别眷顾，亦与之有很大关系。

此外，还有同僚关系，部属关系，私人恩谊等，不再一一列举，但都或多或少地对这个集团起过维系作用。

第一节　集结始末

　　曾国藩集团是一个松散的联盟，它在历史上虽然存在了相当长的时期，但既无固定的组织形式亦无明确的组织章程，故带有很大的隐蔽性。由于它不具有合法性，当事人对这一事实又有意加以回避，所能收集到的资料有限，这就给从组织方面确定它的上下时限带来困难。但这个集团却是一个不容怀疑的客观存在，根据大量事实仍能画出一个大概的轮廓，只是带有一定的不确定性，属于学术上的探讨。所以，关于这个集团整个历史发展过程的时限，又有狭义和广义之说。狭义说起于咸丰十年闰三月左宗棠入曾国藩幕，曾、胡、左联手图皖，止于同治三年六月湘军攻陷天京，曾、左争闹。广义说起于咸丰四年春曾国藩率湘军东征，胡林翼率勇投其麾下，左宗棠入湘抚骆秉章幕，止于光绪二十七年九月《辛丑条约》签字，李鸿章病死。或许还有其他折中之说，如起于咸丰四年春曾国藩率湘军东征，止于同治十一年二月曾国藩去世，等等，限于时间与篇幅，恕不一一尽述。本书拟暂取广义之说，理由是，前说过于拘泥于个人交往的疏密，后说过分强调曾国藩个人，往往与该集团的主要发展脉络不符。例如，自咸丰四年春曾国藩率湘军东征以来，曾、胡、左即相互支援，存在着一种非同寻常的特殊关系。左宗棠虽心高气傲，不断向曾国藩的领袖地位挑战，但只是个人行为，并未拒绝在事业上的合作，也未能从根本上动摇其领袖地位。故而，胡林翼虽兵多粮足，战术精妙，一旦同孤悬无依的曾国藩联手图皖，立刻将其推为盟主，自己甘居次位。所以，从历史事实上看，从那时起，这个集团即在形成之中，将它的起点推迟至左宗棠入幕之时是不尽妥当的。又如，湘军攻陷天京后曾、左之间虽曾相互攻讦、断绝书问，但当左宗棠西行时，曾国藩仍将湘军中较为可恃的老湘营交给他，并由江南源源供饷，使之获得圆满成功。尤其当有人自西北来，赞扬"左公之所为，今日朝端无两"时，曾国藩"击案曰：'诚然。此时西陲之任，倘左公一旦舍去，无论我不能为之继，即起胡文忠于九原，亦恐不能为之继也。君谓为朝端无两，我以为天下第一耳！'"①正因为如此，左对曾极为感激，自表甘服，称"知人之明，谋国之忠，实非臣所能及"②。并在家信中进而解释说："君臣朋友之间，居心宜直，用情宜厚。从前彼此争论，每拜疏后，即录稿咨送，可谓锄去陵谷，绝无城府。至兹感伤不暇之时，乃复负气耶？'知人之明，谋国之忠'两语，久见章奏，非始毁今誉，儿当知吾心也。"又说："吾与侯所争者，国事兵略，非争权竞势比。同时纤儒妄生揣拟之词，何值一哂耶！"③曾国藩死后，左宗棠所送"知人之明，谋国之忠，自愧不如元辅；同心若金，攻错若石，相期无负平生"④的挽联，即据此拟就。因而，不能将此时此事视为曾、左决裂的标志，更不应看作曾国藩集团的分裂与终结。事实上，曾、左二人终身为一条纽带所维系，不仅利害一致，而且心意相通。否则，曾国藩决不会对左送兵送饷。骆秉章赴川、都兴阿赴吴，皆曾向胡林翼借兵，均遭拒绝。他们是靠军队起家的，兵与饷是他们的命根子，也是检验他们关系亲疏的试金石。此事足可说明曾、左没有分裂，这个集团仍然存在。再如，天津教案之后，曾国藩退居二线，李鸿章成为这个集团实际上的盟主，身居直隶总督、北洋大臣要职，对清朝中央政府，尤其在军事、外交方面产生越来越大的影响。与此同时，左宗棠的表现也甚为突出。他在西北的事业越做越大，平回之后又收复新疆，成为近代史上少有的壮举和该集团的最大光荣。他回京之后又两度入值军机处，地位之显赫超越曾、李。所有这一切，都构成该集团整个事业不可分割的组成部分。所以，种种事实表明，曾国藩死了，李、左还在，数以百计的骨干成员还在，这个集团还在。可以将之称为没有曾国藩的曾国藩集团。它依然控制着很大一部分军政实权，依然是清朝政权中最大的实力派，若仅从满汉关系看，甚至可以说比曾国藩时代更得势。更为重要的是，它的所作所为，都是其既定方针的延续和发展，包括李鸿章的甲午战败和代表清政府签订一系列卖国条约，

---

① 陈其元：《庸闲斋笔记》，宣统三年版，第4卷，第29页。

② 左宗棠：《左文襄公全集·奏稿》（以下简称《左文襄公奏稿》），萃文堂刻刷局光绪十六年版，第28卷，第29页。

③ 左宗棠：《左文襄公家书》，上海聚珍仿宋印书局，下卷，第32、33页。

④ 《左文襄公书牍》，第1卷，第19页。

都是这个集团整个事业不可分割的组成部分。因为李鸿章的做法，并未违背曾国藩所亲手制定的、体现在天津教案办理过程中的外交方针。其程度的差异，则决定于时局的不同而已。至于李与左在对待外侮问题上所表现出的巨大差距，从方针政策上看，也是这个集团所固有。在对外问题上，曾、李祖述穆彰阿，胡、左师承林则徐，他们在集团内部分别构成两个派别，从来不同，一贯不同，各自坚持始终，无稍改变。惟曾国藩是这个集团的领袖，曾、李相承构成这个集团的轴心，他们的外交方针居于主导地位，成为该集团的主流。而胡、左的外交方针虽然大放异彩、值得称道，但无论在这个集团内，抑或清政府的外交活动中，都不占主流。更可悲的是，历史进入二十世纪之后，曾、李传人屡见不鲜，而林则徐、左宗棠式的地主阶级抵抗派领袖却再未现世。这不仅是林、左诸人的悲哀，也是整个地主阶级的悲哀。总之，曾国藩之死亦不应成为这个集团的下限，其终止线似应延至李鸿章去世之时，以为这个集团保留一部完整的历史。

曾国藩集团在近代史上的军政活动前后达五十年，大约经历了酝酿、形成、发展、兴盛、延续、终结六个阶段，现作一概述，以大致梳理其出发展变化的一个脉络。

一、酝酿期：时间约为咸丰元年四月至咸丰四年初，其标志是曾国藩上疏批评咸丰皇帝和湘军水陆练成、船炮齐备。

曾国藩集团大致由五部分组成，咸丰元年前他们是各自集结、分别活动的，其相互之间的亲疏远近亦不一样。他们之中以曾国藩发迹最早、地位最高、仕途最顺。他道光十八年考中进士，选庶吉士，散馆授检讨，由于权相穆彰阿的提携与自身的努力，一路顺风，节节提升，未及十年即位至内阁学士兼礼部侍郎衔，又二年，即道光二十九年迁礼部侍郎。他最早结识的朋友是刘蓉、郭嵩焘。刘蓉字孟容，号霞仙，亦是湖南湘乡人。道光十四年冬曾国藩考中举人后，于赴京会试途中与之相识。道光十七年又通过刘蓉结识郭嵩焘。三人气味相投，结为好友。胡林翼与左宗棠同于嘉庆十七年出生，比曾国藩小一岁。他们二人因有亲戚关系而结识较早、交往较密，思想感情也较为一致。胡林翼为两江总督陶澍之婿，道光十年即入赘陶家。左宗棠则是陶澍的忘年好友，儿女亲家。左宗棠道光十二年湖南乡试举人，三试礼部落第，只得效法先人，教书度日。道光十七年左宗棠主讲澧陵渌江书院，恰遇陶澍回籍"省墓，道出澧陵"，知县治馆舍，请左宗棠为其撰楹联。左宗棠挥笔而就，钦敬仰慕之情跃然而出。"联云：春殿语从容，廿载家乡印心石在；大江流日夜，八州子弟翘首公归。"①陶澍"激赏之"，询为左宗棠所作，"因属县令延致，一见目为奇才，纵论古今，为留一宿"。②此次会见中，陶、左两家还订立婚约，以左宗棠长女孝瑜为陶澍子楷妇。胡、左之间的交游亦由此开始。道光十八年胡林翼为官京师，左宗棠赴京应礼部试，二人"游处极欢"③。道光二十年左宗棠移居陶家，受陶澍托孤遗命，代理家务，教授其子。道光二十三年胡林翼回安化商议陶氏家事。道光二十五年胡林翼再赴安化，奔陶澍夫人之丧，与左宗棠"风雨联床，彻夜纵谈古今大政"，"十日乃别"④。而胡林翼与曾国藩则很少来往，虽同为京官数年，据曾国藩《日记》记载，仅道光二十一年相见一次，还是因胡父去世，曾国藩以同乡之谊前往吊唁。而对曾国藩的挚友刘蓉，胡林翼更是冷漠，从不交一语。曾国藩与左宗棠的关系则更差一些，咸丰二年之前尚未见二人交往之迹。

最初与曾国藩联系较多的是刘蓉、郭嵩焘、欧阳晓岑、罗泽南、江忠源等人。咸丰元年曾国藩贸然发起的那次政治尝试，主要是基于这些人的推动。罗泽南与曾国藩虽属同县，但在咸丰二年曾国藩丁忧回籍之前，二人并未见过面。曾国藩最早听到这个名字，仅为一件私事，时间大约在道光二十四年。缘罗泽南在长沙设馆授徒，曾国华欲前往附读，去信同曾国藩商量。曾国藩欣然同意，称"罗罗山兄读书明大义，极所钦仰，惜不能会面畅谈。"⑤其后，曾国藩在给父母的家信中催问过一次，大概事情没有办成。二人直接通信则始于咸丰元年。先是罗泽南托人捎信给曾国藩，促其上疏言事，后又致函一通，是为贺长龄之女与曾纪泽做媒。其时罗泽南正在贺家做家庭教师。曾国藩只回过一封信，现已收入书信集中。罗泽南那封以学术之名行政治之实的惊人之作，亦

---

① ② 《左宗棠年谱》，第15页。

③ ④ 《湘军人物年谱》，第204页。

⑤ 《曾文正公家书》，道光二十四年三月初十日。

收入其遗集中。曾国藩是在上疏七日后收到罗泽南那封信的，认为"适与拙疏若合符节"，感叹"万里神交，其真有不可解者耶"①！而在曾纪泽的婚事上，二人却发生了分歧。曾国藩先以贺长龄属长辈，认为两家结亲于辈分不合，继于其父曾麟书拍板订盟之后，又以贺女庶出、夫人坚决反对为由，要求取消这门亲事，并令其弟向罗泽南转致此意，不知是否会在二人关系中产生影响。惟咸丰三年五月之前，尚未见到二人交往的信函，若再考虑到咸丰五年罗泽南之弃曾投胡，即知二人虽在国事上神交万里，但私交似不深厚，难以同刘、郭相比。

曾国藩与江忠源相识于道光二十四年。这年八月江忠源试罢留京，因郭嵩焘求见曾国藩。曾"与语市井琐事，酬笑移时。"分别时，江出，曾"目送之，回顾嵩焘曰：'京师求如此人才不可得。'，既而曰：'是人必立功名天下，然当以节义死。'时承平日久，闻者或骇之"②。江忠源曾因会试落第之余，千里迢迢，将三位客死异乡的友人运回故里而受到曾国藩的称赞。及道光二十七年镇压湖南瑶民雷再浩起义，就更为曾国藩所器重。

自官居二品以来，曾国藩"常慨然有澄清天下之志，每自负"。只是承平日久，人们多不理解，或谓其"大言欺人"，唯倭仁等"数辈信之"③。而处于基层的士人则与京中人士观感大异。刘蓉已在家乡组织团练镇压当地"吃排饭"的灾民，罗泽南即将参加湘乡总团的活动，而刘长佑来自镇压李沅发起义的前线，江忠源更是镇压农民起义的老手。通过与这些人的交往，曾国藩不仅对全国政治形势了然于心，而且在相互鼓动、激励之下，信念更加坚定，思路更加清晰。当其未入仕前，一心苦读诗书，求取功名；当其未仕之后，一心飞黄腾达，光宗耀祖；当其身居高位、父祖诰封之后，则一心效忠大清王朝。

道光三十年正月道光皇帝去世，四皇子奕詝登上皇位，此即咸丰皇帝。咸丰上台伊始，即诏谕科道九卿等有言事之责者，可就用人行政一切事宜据实直陈，封章密奏。曾国藩以为国家振兴有望，于是，连上奏章，就清王朝面临的

---

① 《曾文正公书札》，第1卷，第33页。
② 《曾国藩年谱》，第9页，道光二十四年八月。
③ 《中兴将帅别传》，第1页。

一些具体问题，提出自己的解决办法。三月上《应诏陈言疏》，就人才的识拔、培养、使用提出自己的主张，并推荐李棠阶、吴廷栋、王庆云、严正基、江忠源五人各有专长，皆为有用之贤才。咸丰元年三月又上《议汰兵疏》，主张对绿营兵裁汰五万，痛加训练，以解决国用不足、兵伍不精的问题。该疏已触及清政府的症结所在。当时太平天国已在广西金田举行起义，全国性的一场大乱势在难免。而清政府政治腐败，财政拮据，军力疲软，根本无力担负起镇压农民起义、维护清朝统治的职责。该疏本着"兵贵精不贵多"的原则，旨在对清朝武装力量进行改造。因满汉藩篱之故，不敢涉及旗营，虽二者一样腐败，仍只讲绿营。其改造之方就是"去腐生新"："医者之治疮痈之甚者，必剜其腐肉而生其新肉。今日之劣弁羸卒盖亦当量为简汰，以剜其腐者，痛加训练，以生其新者。"①从这篇奏折中，可以明显看出，曾国藩对绿营武装的基本看法与最初设想，即绿营武装非痛加改造不可，而实施办法则是自上而下地进行。

然而，曾国藩的建议却不为清朝当局所接受，种种迹象表明，咸丰帝下诏征言，不过是故作姿态。他既看不出问题的严重性，也找不到解决问题的关键所在，只是依照常规一个接一个地向广西前线派遣钦差大臣，根本不想改造他的军队，更不相信以百万之众不能将太平天国革命镇压下去。这就不能不引起曾国藩的愤懑和不满。他在给同年好友胡大任的信中说："今春以来，粤盗益复猖獗，西尽泗、镇，东极平、梧，二千里中几无一尺净土。推寻本源，何尝不以有司虐用其民，鱼肉日久，激而不复反顾。盖大吏泄泄于上，而一切废置不问者，非一朝夕之故也。"又说："国藩尝私虑，以为天下有三大患：一曰人才，二曰财用，三曰兵力。"而要解决这些问题，非对清朝的现状大加改造不可。然"自客春求言以来，在廷献纳不下数百余章，其中岂乏嘉谟至计！"而咸丰帝"或下所司核议，辄以'毋庸议'三字了之；或通谕直、省，则奉行一文之后，已复高阁束置，若风马牛之不相与。""书生之血诚，徒以供胥吏唾弃

---

① 《曾文正公奏稿》，第1卷，第25—26页。

之具，每念及兹，可为愤懑。"①其时，形势紧迫，改革无望，曾国藩苦闷彷徨，不知所为，若非刘蓉、罗泽南的批评、推动，或者就难有下文。

多年以来，曾国藩周围集结了一群挚友，不仅可一起探讨学问、谈论时事，也可以吐露心迹、相互批评。从刘蓉的复信看，曾国藩在给胡大任信中所表露的情绪，似亦流露于给刘的信函中，而不时将奏稿寄示好友，则是可以肯定的。惟刘蓉站在阶级斗争前沿，正向起义农民做殊死之斗，亟须通过曾国藩这个身居高位的代理人，将社会基层的真实情况和中小地主的迫切要求，反映到最高统治者面前。所以，曾国藩的苦经，不仅没有得到丝毫同情，反而受到他的尖锐批评。刘蓉复函称："大疏所陈，动关至计，是固有言人所不能言、不敢言者。然言之未见其效，遂足以塞大臣之责乎！国事未见其益，而闻望因以日隆，度贤者之心不能不以是嫌然于怀也。"又说："既已达而在上矣，则当行道于天下，以宏济艰难为心。""今天下祸乱方兴，士气弥懦"，贤者更当挺身而前。"曰其廉可师"，"曰以身殉国"，"曰不爱钱，不惜死"。壮哉斯言，足可"明执事自待之志，为戡乱济时之本"，然"若以慰天下贤豪之望，尽大臣报国之忠，则岂但已哉"？②其立身之高，言词之厉，真让曾国藩无地自容。

这封信无疑对曾国藩起了极大的鞭策和激励作用，使其甘冒风险，再次上奏，仿乾隆初年孙嘉淦《三习一弊疏》，于当年四月呈上《圣德三端预防流弊疏》，从三个方面谏正咸丰皇帝的所作所为③，尤对其求言以来的表现，提出较为尖锐的批评。他在给江忠源的信中解释说："四月又条陈一疏，以圣德咸美而预防其蔽，大致似孙文定《三习一弊疏》。第孙托空言而仆则指实，太伤激切。盖嫉时太甚，忘其语之憨直。"④故其发折之后亦忧亦喜，忧的是可能招来不测之祸，喜的是终可在朋友面前有个交代。此时，他是否函告刘蓉尚难确定，而写给罗泽南的复信却收在全集之中。罗泽南致曾国藩函是在上疏后的第七日收到的，因未收入其《遗集》而内容无从得知，但从曾国藩的复函看，其

---

① 《曾文正公书札》，第1卷，第30页。

② 刘蓉：《养晦堂文集》，思贤讲舍光绪三年刊，第5卷，第9—10页。

③ 参见拙著《曾国藩传》，第37—38页。

④ 《曾文正公书札》，第1卷，第37页。

言词之尖锐当不逊于刘蓉，且主旨大致雷同，不外促其知难而进，犯颜直谏而已。从中亦可看出，罗、刘之间似就此事通过消息，唯不见往来函稿，其取何方式不得而知。曾国藩在信中说："以阁下之贤而国藩幸同里闬，国有颜子而行谊不达于岩廊，仆之耻也。来书反复陈譬，所以砭警愚顽良厚，中如'有所畏而不敢言者，人臣贪位之私心也；不务其本而徒言其末者，后世苟且之学也'四语，国藩读之，尤复悚感。"上月"二十六日敬陈《圣德三端预防流弊》一疏，学道未深，过伤激直。阅七日而春介轩①廉访来京，递到阁下一书，乃适与拙疏若合符节，万里神交，其真有不可解者耶！今录往一通，阁下详览而辱教之。山中故人如刘孟容、郭筠仙昆仲、江岷樵、彭筱房、朱尧阶、欧晓岑诸君，不妨一一寄示，道国藩忝窃高位，不敢脂韦取容，以重负故人之期望者，此疏其发端也。"②曾国藩此举非同一般，实际上是企图通过自上而下的改革，来解决当时不可或缓的兵、饷、人才问题，以使清王朝能够担负起镇压农民起义、维护封建制度的使命。同时，这也不是一般的上疏言事，而是一个深思熟虑的集体行动。它所反映的不只是曾国藩个人的要求和政治意图，而是一个团体的意志。因为他们事先通声息，事后作通报，相互鼓动，串通一气，无论自觉与否，有形无形，已在曾国藩周围形成一个政治小团体，且函中点到之人，除彭筱房情况不明外，全是曾国藩集团的重要成员。更为重要的是，这次行动对该集团发展道路的选择影响很大，只因行动失败③，自上而下的改革走不通，方迫使他们别寻他途，另起炉灶，自己动手来解决镇压农民起义所必不可少的兵、饷、人才问题。因而，在研究这个集团的发展过程时，应把曾国藩的这次上疏看作它的发端，其思想上、政治上以及组织上的酝酿，从此开始。而曾国藩在此前后所上的一系列奏疏，则基本上勾勒出他所要进行的各项改革的轮廓，种种设想初露端倪，其后的行动，不过因形势的不同而有所发展变化而已。曾国藩早年，尤其道光二十七年之前，一心读书养望，以道德文章报国，经过数年的转变与准备，大约自道光三十年开始，其主要精力逐步

---

① 春熙，字介轩，满洲镶黄旗，时任湖南按察使。
② 《曾文正公书札》，第1卷，第32—33页。
③ 参见拙著《曾国藩传》，第38—39页。

转向如何解决决定国家命运的政治、军事难题上，而此次上疏，亦成为其一生道路的转折点。

咸丰二年十一月底，在籍守制的曾国藩接到命其帮办湖南团练的寄谕，几经犹豫反复，终欣然从命。值得一提的是，曾国藩这次出山，郭嵩焘从中起了很大作用。其初，曾国藩决心拒不奉命，奏折和写给湘抚的信函已封缄，正拟发送时，郭嵩焘受张亮基之托来到曾家。郭嵩焘从机缘和形势两个方面动员曾国藩出山。他说："本有澄清天下之志，今不乘时而出，拘于古礼，何益于君父？且墨绖从军，古之制也。"①机会难再，不能不使曾国藩动心。再者，太平军已经占领武昌，随时可能打回湖南，蛰居山林，亦非乱世良策。加以郭嵩焘动以保卫桑梓为词，曾国藩亦很难再行退避。这是郭嵩焘为这个集团立下的第一件大功。至于救左宗棠于危难之际，劝李鸿章重归曾幕，则是后话。

为解决湖南兵力不足的问题，湖南巡抚张亮基奏请从各县选调乡勇一二千人，仿戚家军之式加以编练，并委团练大臣曾国藩实施办理。这一奏折不仅出于左宗棠之手，亦出于左宗棠之谋，与曾国藩在省城建一大团的计划尤不谋而合。其理由都是一个：用兵不如用勇，且兵无处可调。所以，湘军之创建，为曾国藩所一手经办，而左宗棠亦有建议之功。只是左宗棠很快随张亮基离开湖南，未能始终其事，只好由曾国藩独力完成，亦因而错过曾、左协同创业的一个机会。然而，相处时日虽短，彼此了解颇深，拯救桑梓之情，重振大业之志，已将他们的心连在一起，甚至远在贵州的胡林翼亦成为他们之中不可或缺的一员。曾国藩在给胡林翼的信中说："廿一日驰赴省垣，日与张石卿中丞、江岷樵、左季高毫三君子感慨深谈，思欲负山驰河，拯吾乡枯瘠于万一。盖无日不共以振刷相勖，亦无日不屡称台端鸿才伟抱，足以救今日之滔滔，而恨不得会合以并纾桑梓兵后之余虑。"②惟曾、左关系起伏太多，变化太快，旋因曾国藩向陶家勒捐军饷，引起左宗棠的不满，遂致二人一度疏远。

当曾国藩途经县城之时，湘乡知县朱孙诒和刘蓉、罗泽南等人，已接到巡

---

① 《中兴将帅别传》，第4页。
② 《曾文正公书札》，第2卷，第8页。

抚张亮基的信札，命他们率湘乡团丁赴省，于是，便同曾国藩一起赶赴长沙，遂形成曾国藩最初的办事班底。不久，欧阳兆熊来访。欧阳是曾国藩年青时代的好友。道光二十年曾国藩任职翰林院之初，病倒于南城果子巷万顺客店中，几至不起，多亏粗通医道的欧阳兆熊精心护理，方得转危为安。从此，二人成为知心好友。欧阳建议曾国藩建立"文案"，曾国藩遂在团练大臣公馆内设立审案局，调湖南清泉知县厉云官等专司其事，成为曾国藩幕府的第一个办事机构。

曾国藩到长沙后主要办两件事，一是设审案局杀人，一是苦练湘勇，为此得罪了湖南地方大吏，但却将塔齐布收到自己的麾下。曾国藩初练湘军，按规定应由湖南藩库供饷，然实际上领饷困难，常常受到刁难。曾国藩六月操兵，世人反感，湖南地方大吏也未能超出常人见解。而曾国藩设局办案，有违常规，甚至强行从善化县衙提走人犯，更使他们不满①。所以，当曾国藩遭到提标兵围攻时，骆秉章先是装聋作哑，后又放走犯卒，使其丢尽颜面。王闿运对此曾有生动描写："营兵既日夜游聚城中，文武官闭门不肯谁何，乃猖狂公围国藩公馆门。公馆者，巡抚射圃也，巡抚以为不与己公事。国藩度营兵不敢决入，方治事，刀矛竟入，刺钦差随丁，几伤国藩，乃叩巡抚门。巡抚阳惊，反谢，遣所缚者，纵乱兵不问。司道以下公言，曾公过操切，以有此变。国藩客皆愤怒，以为当上闻。国藩叹曰：'时事方棘，臣子既不能弭大乱，何敢以己事渎君父？吾宁避之耳。'即日移屯衡州。"②至于其丛讥取戾的原因，他在给朋友的信中解释说："国藩从宦有年，饱阅京洛风尘。达官贵人优容养望，与在下者软熟和同之象，盖已稔知之而惯尝之，积不能平。乃变而为慷慨激烈、轩爽肮脏之一途，思欲稍易三四十年来不白不黑、不痛不痒牢不可破之习。而矫枉过正，或不免流于意气之偏，以是屡蹈愆尤，丛讥取戾。"又说："二三十年来，士大夫习于优容苟安，揄修袂而养姁步，昌为一种不白不黑、不痛不痒之风。见有慷慨激烈以鸣不平者，则相与议其后，以为是不更事，轻浅而好自

---

① 善化是湖南首府首县，按正常司法程序，一切讼案均应先交该县衙审理。故曾国藩此举，实属严重侵犯湖南地方司法权的行为。

② 《湘军志》，第22页。

见。国藩昔厕六曹，目击此等风味，盖已痛恨次骨。今年承乏团务，见一二当轴者自藩弥善，深闭固拒，若唯恐人之攘臂而与其间者也。欲固执谦德则于事无济，而于心亦多不可耐。于是，攘臂越俎，诛斩匪徒，处分重案，不复以相关白。"还说："方今主忧国弱，仆以近臣与闻四方之事，苟利民人，即先部治而后上闻，岂为一己自专威福？所以尊朝廷也。"①直至二十三年后，谈及此事仍颇多感慨，称"起兵亦有激而成。初得旨为团练大臣，借居抚署，欲诛梗令数卒，全军鼓噪入署，几为所戕。因是发愤募勇万人，浸以成军。"②其时羞愤之情，可想而知。而骆秉章则称："时曾涤生在又一村住，嗣因镇算赌博拿获，后欲将来正法。是晚兵勇鼓噪，闹至又一村。出而弹压，兵勇始散。曾涤生见兵心不服，不在省住，移节到衡州矣。"③就是说，二人至死也没有就这一问题达成共识。

塔齐布，满洲镶黄旗人，初属乌兰泰（后曾任广州副都统），任三等侍卫。咸丰元年调湖南，次年迁游击，署抚标营中军参将。咸丰三年曾国藩于盛夏之时苦练湘勇，并请营兵会操。湖南提督鲍起豹、长沙协副将清德以为虐士，坚决反对。而塔齐布独持赞同，"每校阅"，"必短后衣，蹀屣带刀侍"。鲍起豹、清德以为塔齐布媚曾，禁其会操，并将摧辱之。曾国藩劾罢清德，力荐塔齐布取而代之，称"日后有临阵退缩之事，即将微臣一并治罪"④。恰有署湖广总督张亮基保塔劾清之折亦至，奉旨允准。鲍起豹怒气难申，遂暗中鼓动提标兵哗变，"掌号执杖至参将署，欲害塔齐布"，"匿菜圃草中以免。兵众毁其房室"，随之围团练大臣公馆，刺伤亲兵，几中曾国藩⑤。经此一场讧闹之后，二人皆无法在长沙立足，曾国藩避往衡州，塔齐布移驻澧陵，仍统抚标兵及宝勇、辰勇。从此，他们命运相连，塔齐布更加死心塌地地追随曾国藩，成为曾国藩初起之时在军事上的主要支柱。更难得的是，塔齐布知恩图报，不忘

---

① 《曾文正公书札》，第4卷，第45页、第42—43页。

② 《能静居日记》，同治六年八月二十一日。

③ 骆秉章：《骆文忠公自订年谱》，咸丰三年八月条。

④ 《曾文正公奏稿》，第2卷，第8页。

⑤ 《曾国藩年谱》，第28页，咸丰三年七月。

根本。《湘军志》称："塔齐布以都司署守备，仅二年，超擢大帅。""受印之日，文武、民士聚观相叹诧，虽起豹僬从亦惊喜，以为皇上知人能任，使军气始振焉。是时，依故事提督列衔在巡抚前，曾国藩以事降黜，衔名在巡抚后。而塔齐布谨事国藩，自比于列将。"[①]

曾国藩移驻衡州后，苦练旧勇，增募新勇，改定营制，发愤图强，加紧编练湘军。不久，又奉命建立湘军水师，先后在衡州、湘潭设立船厂，征调战船监造人员和水师将领。于是，广西候补道员署浔州知府李孟群、广西候补同知褚汝航、广西候补知县夏銮、湖南岳州营水师守备成名标陆续应调来衡州，杨载福、彭玉麟、鲍超亦由陆改水，充任水师营、哨官。杨载福与鲍超都是绿营出身，家隶军籍，世代为兵。参加湘军时杨载福已擢至千总，鲍超大约仍是士兵。彭玉麟系安徽某巡检司巡检之子，早年丧父，考取秀才而因家贫无力续读，不得不另谋生计。先为一副将掌书记，后又为一富商看仓库，从而学会技击和经商两套本领。大约自当年九月起开始设立粮台与劝捐局，独自筹办粮饷，其幕府人员也有所增加。陶寿玉管理粮台账目，吴坤修管理军械，郭嵩焘、夏廷樾、黄赞汤、万启琛等为其劝捐筹饷。

二、形成发展期：时间约为咸丰四年初至十一年末，其标志是曾国藩率军东征和曾、胡联手攻陷安庆。

咸丰四年初，曾国藩水陆练成，船炮齐备，开始举兵东征。其陆师十营，营官分别为塔齐布、邹寿章、周凤山、储玫躬、曾国葆、林源恩、朱孙诒、邹世琦、杨名声；水师十营，营官分别为褚汝航、夏銮、胡嘉垣、胡作霖、成名标、诸殿元、杨载福、彭玉麟、邹汉章、龙献琛。罗泽南留防湘南，未随曾国藩出征。王鑫已与曾国藩分离，改投骆秉章、左宗棠门下，自带七八营陆师，虽一同出征但不与这二十营之数。

正当曾国藩由衡州进抵长沙，即将举兵东征时，胡林翼来到湖南。胡林翼在贵州任知府期间，以组织团练、镇压当地农民起义颇有名气，两湖大吏一再奏调，均为云贵总督所奏留。后经御史王发桂奏荐和湖广总督吴文镕的奏请，

---

① 《湘军志》，第7页。

调往湖北，于咸丰四年正月率三百黔勇到达岳州。此时，惊闻吴文镕败死黄州，太平军占领武汉，攻破金口，湖北按察使唐树义军溃自杀。胡林翼进退失据，孤苦无依，只得投到曾国藩麾下。曾国藩将胡奏留湖南，"谓其才胜臣十倍，可倚平寇"①。这样，胡林翼就暂时成为曾国藩的部下属员。此时左宗棠已入湖南巡抚幕，亦以骆秉章的名义奏留胡林翼，遂形成曾、胡、左共同创业的初步格局。

然曾国藩初战不利，一败于岳州，再败于靖港，不仅本人几乎自杀身亡，也使初立不久的湘军发生生存危机，若非湘潭一战取胜，真不知该集团的历史将如何写法。王闿运《湘军志》称，咸丰四年四月庚午，曾国藩自靖港败归省城，"布政使徐有壬、按察使陶恩培会详巡抚，请奏劾侍郎曾国藩，且先罢遣其军，巡抚不可。辛未，塔齐布破寇于湘潭。丙子，靖港寇具退走，踞岳州。巡抚、提督上功，而曾国藩请罪。有诏诘责提督鲍起豹，以专阃大员不闻出战，惟会衔奏报，即日免官，以塔齐布署提督。"又说："方事之急也，布政使徐有壬绕室走达旦，明日，与按察使会详巡抚，请罢遣曾军，语倨妄甚。巡抚语有壬：'且待之。'及克湘潭，国藩犹待罪，俄而得温诏，且超用塔齐布，文武官大惭沮，有壬诣国藩谢。"②于是，曾国藩对水、陆湘军大加整顿，敢战者增募，溃败者裁撤，加以褚汝航等客将先后战死，王鑫与罗泽南对调，迨至湘军再次出征时，陆师仅塔齐布、罗泽南两军，水师仅杨载福、彭玉麟、李孟群三军。次年李孟群亦离水改陆，遂形成塔、罗、杨、彭四大统领支撑湘军的局面。

湘军再出东征，一路风流水顺，两月稍过即攻克湖北省城武昌。咸丰帝大喜过望，立授曾国藩署理湖北巡抚，只为某公一言警悟，旋即收回成命，致令湘军数年受挫，曾、胡陷入困境。太平军将湘军水师分割、重创之后，挥师西进，再占武汉。咸丰五年八月胡林翼自将四千人由江南渡至江北，"思合水师取汉阳，不能进，屯夲山。"太平军来攻，"林翼督军出，士卒要饷出怨言，强

① 《胡文忠公年谱》咸丰四年二月。
② 王闿运：《湘军志》，岳麓出版社，1983年合刊本，第7页、第25页。

之战，未交绥，噪而大奔。林翼愤甚，索马欲赴敌死，围人见巡抚色恶，反旋马四五转，向空野乃鞭之。马驰不能止，临江乃遇鲍超船"①。经反复冲杀，数次苦战，鲍超始救胡林翼脱险。胡林翼令鲍由水改陆，独领一军，赏其才，亦为报此救命之恩。罗泽南此时尚在江西，见湖口一关牢不可破，长江中段无所作为，遂决心力争上游，率军赴湖北。他致函曾国藩称："今日之忧不在湖口之难复，而在湖口之难守。贼上踞武汉，下踞金陵，相为犄角。吾出湖口之后，欲攻武汉则虑小孤山贼船乘于下，欲攻安庆则虑武汉贼船尾于上。且湖口逼近江面，为贼必争之地，得湖口必分兵以守，与贼相持于无已，非长策也。为今之计，唯以复武汉为要著。武汉复则从北路以攻蕲、黄，下小池口，金口之水师相联而下，以断贼之粮道，内湖之水师从而会合之。然后，以一军捣江之南，以一军控江之北，顾兹小丑尚能久居此耶！"②又以所部湘勇兵单，要求增添一营，以壮其势而利远征。曾国藩从其议，并拨出原属塔齐布的宝勇两营随行。幕僚刘蓉劝阻道："公所赖以转战者，塔、罗两军。今塔将军亡，诸将可恃独罗公，又资之远行，脱有急，谁堪使者？"曾国藩说："吾极知其然。然计东南大局宜如是，今俱困此无益。此军幸克武昌，天下大势犹可为，吾虽困犹荣也！"③罗泽南遂成援鄂之行。当时，罗泽南部约七营三千五百人，加宝勇一千五百人，即有五千之众，全为湘军骨干。援鄂之行非同小可，使曾国藩集团的重心从此移至湖北，数年未能改变。胡林翼得此精兵，局面大为改观，此后夺武汉、取九江、谋安徽，屡建大功，皆赖于此。因而，他对罗泽南仰若天神，毕恭毕敬；对曾国藩感恩图报，有求必应。故薛福成在论及胡林翼发家经过时称："公名位既与曾公并，且握兵饷权，所以事曾公弥谨，馈饩（yùn，运粮赠送）源源不绝。湖北既清，乃遣诸将还江西，受曾公节度。"④从此，湖北

---

① 《湘军志》，第30页。
② 《罗忠节公遗集》，第6卷，第34—35页。
③ 《拙尊园丛稿》，第3卷，第5—6页。
④ 《庸盒文编》，第4卷，第6页。

兵强马壮，列为全国第一，曾、胡紧密团结，构成该集团的主干①。

与此同时，湘军水师也得到恢复。咸丰四年十二月，湘军水师炮船被太平军封锁在鄱阳湖内之后，停泊江面的大船，又接连遭到太平军和大风的袭击，大部损坏，丧失战斗力，只好退至湖北金口修理。曾国藩所谓"每闻春风之怒号，则寸心欲碎；见贼帆之上驶，则绕屋彷徨"②即指此而言。其时，胡林翼新任鄂抚，与总督官文关系紧张，且湖北的大部分已落入太平军手中，根本无此财力物力。水师得以迅速恢复，全借江西、湖南之力。江西主要借重粮道邓仁堃的支持，使内湖水师得以存活；湖南则靠骆秉章、左宗棠的全力援助，使外江水师船舶以新，大小齐备，犹如新生。其修造船只的经费、物料、工匠皆出自湖南，日夜督催，如期完成，呈现出两湖一体、胡左无间的局面。

然而，曾国藩的处境却越来越困难。罗泽南走后不久，石达开即率军折回江西，踏破湘军樟树镇大营，顺势夺占江西大部府县，使曾国藩四面封禁，坐困于南康狭小地区。加以清政府的压抑、刁难，复与湖南、江西地方官员不和，致使曾国藩"浩然不欲复问世事"③，对这场镇压太平天国的战争，态度也越来越消极。他弃军奔丧于先，伸手要权于后，要求得不到满足，则继之躺倒不干。凡此种种，与其理学家的身份确有不符，然亦自有苦衷，尤应得到朋友们的理解和同情。而左宗棠则对之"肆口诋毁，一时哗然和之。"曾国藩"内疚于心，得不寐之疾"④，二十年后仍耿耿于怀，称"我生平以诚自信，彼乃罪我欺，故此心不免耿耿"⑤，谓二人"致隙"皆由此而起。在此期间，曾国藩还常常受到其好友郭嵩焘的责备。同治二年他在家书中说："咸丰三、四、五年间，云仙之扬江、罗、夏、朱而抑鄙人，其书函言词，均使我难

---

① 就该集团的主干首脑人物而言，与其所经历的各个时期相适应，大概可勾画为曾—胡、左—曾、胡—曾、左、李—李、左—李这样一条线索，其相应的时间段大约为咸丰元年—五年，咸丰六年—八年，咸丰九年—十一年，同治元年—十一年，同治十二年—光绪十一年，光绪十二年—二十七年。是否有当，仅供参考。

② 《曾文正公奏稿》，第5卷，第27页。

③ 《曾文正公书札》，第24卷，第26页。

④ 欧阳兆熊：《水窗春呓》，中华书局1984年版，第17页。

⑤ 《庸闲斋笔记》，第4卷，第28页。

堪。"①其当时的狼狈和伤心，可想而知。

曾国藩乡居期间，该集团的势力有了很大发展，主要是两湖，尤其湖北担当了主角。太平天国领导集团的内讧从咸丰六年一直闹到咸丰八年，为清朝军队的反攻提供了可乘之机。湖南派遣刘长佑、萧启江、王鑫等增援江西，会同普承尧、刘腾鸿、吴坤修等湖北援军，连连进逼，逐步夺回九江以外的所有府州。而湖北则不仅乘太平天国内讧方酣之机，于咸丰六年十一月攻陷武昌，还乘石达开出走之机，于咸丰八年四月攻陷九江。这样，湖南、湖北、江西也就完全控制在湘军手中，下一个目标就是同太平军争夺安徽了。相比之下，曾国藩则显得颇为可怜。作为前朝重臣、湘军缔造者，征战多年，屡建大功，却连个巡抚也没有混上，与整个集团蒸蒸日上的事业恰成对照。于是，胡林翼、左宗棠、骆秉章便一起努力，力求为他谋个好的出处。首先是胡林翼对其推许最高、同情最深、援助之心最切，在给李续宜的信中称："涤公忠良第一，然而闲居山中，令人生感。"②早在咸丰七年十月，他就上奏请求令曾国藩前赴九江统率水师，遭到清廷拒绝。咸丰八年三月石达开率军出走，由江西进入浙江。胡林翼又乘机奏请起用曾国藩率军援浙，不久即获旨准。接着，骆秉章、左宗棠亦就此事上奏清廷。曾国藩这次也极为知趣，接到谕旨即匆匆上路，再不提任不任巡抚的事。

咸丰八年七月曾国藩再次出山，无论其人事环境还是个人处世态度，都有了很大改变。他乡居期间，在别人的启发下，曾对以往的做法进行过深刻反思，发觉与人关系不好，原因不止一宗，自己于处事处人之中，亦有不当之处，无非太过倔强，不够世故圆滑。于是，决心改弦更张，重新做人，搞好与同事诸人，尤其同左宗棠的关系。其好友欧阳兆熊在《一生三变》一文中，对此言之颇详。咸丰七年曾国藩驻军江西，"闻讣奏报后即奔丧回籍，朝议颇不为然。左恪靖在骆文忠幕中，肆口诋毁，一时哗然和之。文正亦内疚于心，得不寐之疾。予荐曹镜初诊之，言其岐黄可医身病，黄老可医心病。盖以黄老讽

---

① 《曾文正公家书》，同治二年五月廿一日。
② 《胡林翼未刊往来函稿》，第62页。

之也。先是文正与胡文忠书，言及恪靖遇事掣肘，哆口谩骂，有'欲效王小二过年，永不说话'之语。至八年夺情再起援浙，甫到省，集'敬胜怠，义胜欲；知其雄，守其雌'十二字，属恪靖为书篆联以见意。交欢如初，不念旧恶。"又说："此次出山后，一以柔道行之，以至成此巨功。"①王闿运也说，"然其再出也"，"谨官守，和众心，以惩补前失"②。具体事实或有出入，而曾国藩作风大变却是事实。从此之后，为人处世少了几分急于求成、怨天尤人的情绪，多了几分谦谨、圆滑、世故。他在给曾国荃的家书中说："兄自问近年得力，唯有一悔字诀。兄昔年自负本领甚大，可屈可伸，可行可藏，又每见得人家不是。自从丁巳、戊午大悔大悟之后，乃知自己全无本领，凡事都见得人家有几分是处。故自戊午至今九载，与四十岁以前迥不相同。大约以能立能达为体，以不怨不尤为用。立者，发奋自强，站得住也。达者，办事圆融，行得通也。吾九年以来，痛戒无恒之弊，看书写字从未间断，选将练兵亦当留心。此皆自强能立功夫。奏疏公牍再三斟酌，无一过当之语、自夸之词。此皆圆融能达功夫。至于怨天本有所不敢，尤人则常不能免，亦皆随时强制而克去之。"③又在给友人的信中说："国藩昔年锐意讨贼，思虑颇专。而事机未顺，援助过少，拂乱之余，百务俱废，接人应事，恒多怠慢，公牍私书，或未酬答。坐是与时乖舛，动多龃龉。此次再赴军中，消除事求可、功求成之宿见，虚与委蛇，绝去町畦。无不复之缄咨，无不批之禀牍，小物克勤，酬应少周，藉以稍息浮言。"④这与理学信条颇不相符，但却于事业有利，做事顺了，名声也好了，令他颇为不解，将之一概归之于天命："大凡经世百务，机之已至，我一措注，推挽者四出而助之，非必恃权位之重也。机之未至，我极经营，崎龁者四出而挠之，不尽由权位之轻也。"⑤后来，他回顾一生经历，愈到老年，

---

① 《水窗春呓》，第17页。
② 《湘军志》，合刊本，第57页。
③ 《曾文正公家书》，同治六年正月初二日。
④ 《曾文正公书札》，第8卷，第41页。
⑤ 薛福成：《庸盦全集·海外文编》（以下简称《庸盦海外文编》），光绪十三年刊，第4卷，第3页。

愈信命运。所谓"运气口袋之说"①，所谓"不信书，信命运"②，似皆有感而发，并非全属戏语。同时，两湖、江西大吏，尤其胡林翼也决心助其成功。他们商定，曾国藩此次再出，由湖南出兵，江西、湖北供饷。湖南派出的部队，主要有张运兰的老湘营四千人，萧启江果字营四千人，吴国佐营千余人。行至中途，李续宾感念旧恩，又赠送两营充亲兵，使所部总兵力超过万人。行至江西，曾国藩又专门绕道拜访江西巡抚耆龄。耆龄态度友好，愿与曾国藩合作，保证军饷的供应，其表现虽不如继任赣抚毓科，却比以前的陈启迈、文俊好得多。

　　曾国藩驻军江西期间，值得一提的有两件事，一是曾国荃率军来投，一是李鸿章入幕。曾国藩兄弟五人，以大排行为序，分别称为老大、老四、老六、老九、季弟，除曾国潢一人留在原籍经理家务外，其余藩、华、荃、葆皆出外带兵打仗。曾国葆最先从长兄带兵，长沙整军后回家闲居。曾国藩坐困江西期间，他三个弟弟皆奉父命出而带兵，以助其一臂之力。曾国华赴湖北求救，普承尧、刘腾鸿、吴坤修一支就是他搬来的救兵。以后，他又投到李续宾军中，参谋军事。曾国葆改名曾贞干，号事恒，再出投军湖北，留于胡林翼帐下。曾国荃则与新任吉安知府黄冕合作，幕勇攻打江西吉安，故其所部称吉字营。曾国荃起初同周凤山合军，及周凤山部败溃后即独领全军六七千人。攻陷吉安后，曾国荃即前往抚州，投靠曾国藩。他遣散旧勇，更募新勇，使所部新旧勇总数达五千八百人。此时，张、萧两军已返湖南，吉字营便成为曾国藩手中的主要武装力量。李鸿章是咸丰八年十二月来到曾国藩大营的。曾国藩先令其回籍招募马勇，想让他统带马队，但没有搞成。咸丰九年五月又令李鸿章随曾国荃攻打景德镇，进一步在军事方面加以历练。攻陷景德镇之后，李鸿章又回到曾国藩身边，负责草拟奏、咨、函、札，甚得曾国藩赏识，称"少荃天资于公牍最相近，所拟奏、咨、函、批皆有大过人处，将来建树非凡，或竟青出于蓝，亦未可知。"李鸿章亦向人表示："从前历佐诸帅，芒无指归，至此如识南

---

① 《能静居日记》，同治六年九月初三日。
② 《水窗春呓》，第17页。

针，获益非浅。"①可谓气味相投，相得益彰。从此，李鸿章找到了理想的靠山，曾国藩也得到一个亲信和得力助手。

曾国藩在江西转了一年，毫无兼任地方的希望，可以说一无所获，胡林翼、左宗棠不得不为他另谋出处。恰在这时，石达开在湖南宝庆久攻不下，有撤围入川之意。骆秉章侦知这一情况，便急急函告胡林翼，并通过官文上奏清廷，请求派曾国藩入川预为布防，冀以授予四川总督一职，为其谋一立足之地。清廷很快批准这一请求，下诏命曾国藩入川，但只令其督办军务，迟迟不见后命。胡林翼见曾国藩终无总督四川之望，遂与之紧急磋商，并求官文奏请曾国藩暂缓入川，留扎湖北，共图安徽。曾国藩行至武昌附近的阳逻镇收到新命，其后便回驻湖北巴河，与胡林翼共商进攻安庆之事。

曾、胡联手图皖，是该集团发展史上的转折点，其后一个时期的迅猛发展，皆肇基于此。安徽是太平天国的重要根据地，它不仅是首都天京的屏障和粮饷基地，也是太平军的主力部队陈玉成部的驻地。进攻安徽，也就意味着主动寻求太平军主力进行战略决战。故无论胡林翼还是曾国藩，谁都没有单独取胜的力量。所以，此策对曾、胡皆为有利，实则决定着两人的命运。对曾国藩的好处是显而易见的。后来他曾对人说："起义之初，群疑众谤，左季高以吾劝陶少云（文毅之子）家捐赀，缓颡未允，以至仇隙，骆呀门从而和之。泊舟郭外，骆拜客至邻舟，而惜跬步不见过。藩司陶庆培（后任鄂抚殉难）、臬司徐有壬以吾有靖港之挫，遽详骆抚请奏参。黄昌歧及吾部下之人出入城门，恒被谯诃，甚有挞逐者。四年以后在江西数载，人人以为诟病。在鄱湖时，足下目睹；迨后退守省垣，尤为丛镝所射。八年起复后，倏而入川，倏而援闽，毫不能自主。到九年与鄂合军，胡语芝事事相顾，彼此一家，始得稍自展布，以有今日。诚令人念之不忘。"②而对胡林翼之利，只要回顾一下胡湘军以往作战的历史，亦不难理解。胡林翼督湖北湘军进攻九江时，久攻不下，最后得以取胜，亦甚侥幸。胡林翼在给蒋凝学的信中说："去年九江之事，设有二百悍贼

①《庸盒笔记》，第1卷，第9页。

②《能静居日记》，同治六年七月十九日。陶庆培应为陶恩培，时为湖南按察使，布政使系徐有壬。

乘天未明时破九江官军，官军败矣。天欲成迪帅之名，故得申其志，然实非兵事之上策。"①其后进攻安徽之时，李续宾在三河小镇，惨败于太平军陈、李联军之下，六千之众全军覆没。究其原因不只一宗，而兵力不足又一再分散，则是其根本的一条。故当有人建议三路围攻安庆时，胡林翼哀叹道："三路分兵，苦无三路之将。迪既云亡，都又求退，涤公必无渡江之理。湖北之将实不敷用，恐所议者急切均不行也。"②曾国藩亦早就预料："敝军之势，将来恐终当与鄂中合而为一。"③而曾、胡联手则不仅使兵力增厚，且集二人智力，思虑更为周密，亦可避免以往战略战术上的错误。不过，曾国藩的插手，也有对胡不利的一面。本来，进围安庆的方案，胡林翼已思之甚熟，筹兵筹饷亦以湖北为主。而曾国藩被其拥立为主帅后，不仅在战略指挥上使之降为次位，且将原由湖北部队承担的直取安庆的主攻任务，改由曾国荃吉字营担任，从而失去此役首功。据载，曾国藩为使胡林翼接受这一方案，动了不少脑筋，其中亦经历了不少曲折。其提议之初，即借李续宜之名："昨夕熟商进兵事宜，希庵之意以蔽部围怀宁，多公围桐城，希统各营暂扎青草塥，为怀、桐应援。"④因迟迟未获胡林翼的首肯，又致函称："进兵之略，鄙意仍守希庵前议，以朱、李进安庆，多公进桐城，希军扎青草塥，不知尊意有更改否？季公即日至英山，请其一决。"⑤后借左宗棠的赞助，才最后将此事决定下来。《胡林翼年谱》亦称："李公续宜至军，曾公议三道规安庆，以其弟曾国荃率朱品隆、李榕进集贤关，多隆阿公进桐城，李公续宜为援兵助二军。就公议，久不决。适左公宗棠来英山视公，曾公为迎致宿松，其议乃定。"⑥结果，湘军攻陷安庆后，曾国藩虽一再强调胡林翼的巨大贡献，称"楚军围攻安庆已逾两年，其谋始于胡林翼一人。""前后布置规模、谋剿援贼，皆胡林翼所定"⑦，而最后受上赏的还

---

① 《胡林翼未刊往来函稿》，第120页。

② 胡林翼：《胡文忠公遗集》，同治六年刊，第61卷，第10页。

③ 《曾文正公书札》，第7卷，第8页。

④ 《曾文正公书札》，第10卷，第33页。

⑤ 《曾文正公书札》，第10卷，第30页。

⑥ 《湘军人物年谱》（一），第285页。

⑦ 《曾文正公奏稿》，第14卷，第18页。

是曾氏弟兄，致使多隆阿一怒之下，远走陕西。此亦足见胡林翼对该集团的巨大维系作用和在其形成发展过程中所做出的突出贡献。此外，湖北还为曾国藩的所属部队提供粮饷，如杨载福的外江水师一直由湖北供饷，李续宜旧部毛有铭、萧庆衍随同曾国荃围攻天京时，亦仍由湖北供半饷。至于湖北对曾国藩的协饷，那更是诸处协饷中唯一可靠的一处饷源。

咸丰十年闰三月，正当湘军攻克太湖、击败陈玉成援军，顺利进围安庆之时，左宗棠来到曾国藩宿松大营。由于樊燮案越闹越大，至谕中竟有"就地正法"之语，左宗棠遂于年初辞去骆秉章幕职，携婿陶桄北上，拟赴京参加会试。不料，此时京中已布下天罗地网，俟其一到，即行捕杀。胡林翼闻之大惊，急忙致函止其北行，并令湖北安襄郧荆道道员毛鸿宾在襄阳持函专候。左宗棠只好改变计划，先至英山胡林翼大营小住数日，随之来到宿松。恰于此时，曾国藩接奉上谕："有人奏，左宗棠熟悉形势，运筹决策，所向克敌，现在贼势披猖，东南蹂躏，请酌量任用等语。应否令左宗棠仍在湖南本籍襄办团练等事，抑或调该侍郎军营，俾得尽其所长，以收得人之效，并着曾国藩酌量办理。"曾国藩复奏则称："左宗棠刚明耐苦，晓畅兵机，当此需才孔亟之时，无论何项差事，求明降谕旨，必能感激图报。"虽未明言左的出处，但于奏折中反复强调自己"兵力单薄"，"又乏著名统将"，明显流露出愿其襄办本部军务之意。咸丰帝洞察此意，遂令左宗棠以四品候补京堂襄办曾国藩军务。左宗棠"留营中两旬"，同曾国藩及前来为罗遵殿吊丧的胡林翼，"昕夕纵谈东南大局，谋所以补救之法。"①

他们谈话的内容，因缺乏记载而难知其详，但从此后曾国藩的书信、奏报和所发生的一系列事件看，大约可推想到有这样三件事：形势、方略、左宗棠的出处。左留曾营时间虽短，天下形势却骤起大变。就在左宗棠离开襄阳、游荡于英山、宿松之际，太平军再破清军江南大营，乘胜追击，张国梁、和春先后毙命，丹阳、常州相继失守，清廷上下陷于一片慌乱。这就是说，终经其敌人太平军之手，为曾国藩集团的顺利发展，搬去了江南大营这块绊脚石。在此

---

① 黎庶昌：《曾国藩年谱》，岳麓书社1986年版，第114页。

情况下，他们三人既有此难得相聚之机，就不可能不谈论形势。胡林翼大忙之中跑到宿松，大概为一个昔日的属员吊丧尚属其次，主要还是为了上述目的。曾国藩在给沈葆桢的信中称："四月之季胡润帅、左季高俱来宿松，与国藩及次青、筱泉、少泉诸人畅谈累日，以为大局日坏，吾辈不可不竭力支持，做一分算一分，在一日撑一日，庶冀挽回于万一。"①他还在一封家书中说："东南大局一旦瓦裂，皖北各军必有分援江浙之命，非胡润帅移督两江，即余往视师苏州。二者苟有其一，则目下此间三路进兵之局不能不变。"②这说明他们确实在一起讨论过当时的形势和对策，且对两江总督人选做出非胡即曾的判断。自幼在曾国藩身边长大的朱孔彰亦称："江南大营复陷"，"左宗棠闻而叹曰：'天意其有转机乎？'或问其故，曰：'江南大营将蹇兵罢，万不足资以讨贼，得此一洗荡，而后来者可以措手。'又问谁可当之？胡公林翼则曰：'朝廷能以江南事付曾公，天下不足平也！'"③不久，果有曾国藩署理两江总督之命，并连日促其撤安庆之围，火速驰赴下游，以救苏、常之急。曾国藩拒不应命，而以坚围安庆不撤、另外发兵三支直取苏、浙复奏：一支取芜湖，一支图溧阳，一支防广信、衢州。这个方案大概就是他们三人在宿松谋划的，即使没有后来那么详尽严密，也已大致勾画出一个梗概。因为曾、胡、左三人个个老谋深算，既对形势的发展有所预见，也就不能不对其可能出现的几种情况，预谋对策。至于左宗棠的出处，也是他们必不可少的话题。而从现有资料看，则似乎当时并未得出结论。左宗棠一到英山，即表示"愿自带六七百人随大军讨贼"，胡则不愿留他，令其"与涤帅商之。"④曾国藩也与胡的想法相同，皆以未奉明诏为词，劝其暂时隐居，实则怕他因而招祸，亦会牵连别人。多年以来，人们仅据曾国藩致骆秉章信中，"侍劝其不必添此蛇足"，"左季翁自领一队之说"，"今已作罢论"数语，即认为因与左不和，故曾反对左自领一军，而后领兵则是出

①《曾文正公书札》，第11卷，第27—28页。

②《曾文正家书》，咸丰十年四月二十四日。

③《中兴将帅别传》，第8—9页。

④ 胡林翼：《胡文忠公手札》，中国社会科学院近代史所藏，第2册，《与李希庵》，咸丰十年三月廿三日。

于胡的奏请。从上述材料看，此说显然是不确的。另外，胡林翼给骆秉章的信亦可说明，他与曾意见相同，"愿其暂隐"，不想让左宗棠马上出而带兵。书云："季丈以幕府而见疑，则义当隐居"，"林翼不能强留季丈于皖中，而实愿其暂隐，以待明诏而后起。"①查《胡文忠公遗集》，确有荐举左宗棠、刘蓉之奏，"并请旨饬下湖南抚臣，令其速在湖南募勇各六千人，以救江西、浙江、皖南之疆土，必能补救于万一。"②但其时间却是五月三日，事在接奉令左宗棠襄办曾国藩军务的谕旨之后，亦不能作为曾、胡意见相左的证据。不仅如此，这篇奏疏还说明，当左宗棠危急之时，胡林翼并未上疏保荐过他，薛福成所引"名满天下，谤亦随之"③等语，皆出自此疏。故仅据此疏，很难看出胡林翼对左的出处比曾更热心。人们所以会有上述印象，很可能跟薛福成引用该疏之际，将其时间大幅度前移有关。胡林翼于事过数月之后，复夹在沈葆桢、李元度、刘蓉之中密保左宗棠，似有过后买好之嫌，实在不应大肆张扬。

胡林翼和左宗棠大约是四月十八日分手的，他们一起离开宿松，一返湖北，一回湖南。左宗棠返乡的直接原因，是家中小孩生病，并非回籍募勇。恰于此时，曾国藩接奉上谕："有人奏，左宗棠熟悉形势，运筹决策，所向克敌，现在贼势披猖，东南蹂躏，请酌量任用等语。应否令左宗棠仍在湖南本籍襄办团练等事，抑或调该侍郎军营，俾得尽其所长，以收得人之效，并着曾国藩酌量办理。"曾国藩复奏则称："左宗棠刚明耐苦，晓畅兵机，当此需才孔亟之时，无论何项差事，求明降谕旨，必能感激图报。"虽未明言左的出处，但于奏折中反复强调自己"兵力单薄"，"又乏著名统将"，明显流露出愿其襄办本部军务之意。咸丰帝洞察此意，遂令左宗棠以四品候补京堂襄办曾国藩军务。此时胡、左还都尚在途中。接到此旨，曾国藩急于通知左宗棠，后因久不见左的回音，遂于五月二十三日致函郭嵩焘打探消息："季公到省后，尚无一字见及，何也？世兄未愈耶，抑蛮性发作耶？"④大约通过郭嵩焘将这一信息传

---

① 《左宗棠年谱》，第70页。

② 《胡文忠公遗集》，第37卷，第9页。

③ 《庸盦笔记》，第1卷，第10页。

④ 曾国藩等：《八贤手札》，中国社会科学院近代史所藏，第36页。

至左宗棠，又经曾、胡、骆、左各方商定，他在湖南募勇五千，带至皖南作战的。然而，正当左宗棠在长沙集练新勇，准备开赴皖南之时，却又突然接到命其赴川帮办的上谕。原来，石达开统率太平军二十万意欲入川之事，久在清朝中外官员的预料之中，曾国藩留皖不发，川督乃奏请不已。这年五月石达开率军进入贵州，而先前奉派统军入川的湘军将领萧启江又已病故，以致引起四川总督曾望颜的一片慌乱，急忙奏请清廷派人入川办理军务，清廷遂拟令左宗棠改办四川军务，下旨征求曾国藩的意见。曾国藩仍持前说，奏留左宗棠襄办皖南军务，清廷便又征求湖北督抚的意见。胡林翼亦加奏留，其理由一是左宗棠难以独当一面，一是曾国藩渡江之后兵力太单。清廷遂取消此议。

不过，在这个问题的筹商过程中，亦颇有一番周折。左宗棠一向瞧不起曾国藩，与他人往来书信，辄以"书憨"称之。咸丰四年曾国藩欲在攻克岳州案内保其候补知府，本属好意。不料左宗棠闻之大怒，二人几成仇隙。他在给刘蓉的信中说："既不当武侯之意，而令此武侯为世讪笑，进退均无所可，非积怨深仇断不至是。"幸而此事未成，"若真以蓝顶加于纶巾之上者，吾当披发入山，誓不复出矣"[1]。咸丰七年清政府曾有意令其"帮同曾国藩办理军务"，被他拒绝。曾国藩对此应有所闻。故其一度深虑左宗棠不会甘居自己之下，前此复奏不肯明言己意，亦可能与此有关。所以在给胡林翼的信中，力主放左入川，理由是："季公之才必须独步一方，始展垂天之翼。"[2]胡林翼一目了然，知曾在探寻左对此事的态度，遂致函解释曾处"不可无左"、左亦"不可无涤"[3]的道理，并将左宗棠"志在平吴，不在入蜀"[4]的亲笔信附寄曾处，曾始上疏奏留。其道理很简单，清廷既不授曾国藩川督之任，而派左入川亦不会令其兼理地方，不过顶替萧启江专办军务而已。故胡、左皆不愿其入川督军。而曾明知其理，但却不能不试探一下左的态度，看其是否甘愿充当自己的助手。此亦说明，在此之前，曾、左关系虽有改善，但并未协调一致，经过此番周

---

① 《左文襄公书牍》，第2卷，第28页。

② 《曾文正公书札》，第11卷，第38页。

③ 《胡林翼未刊往来函稿》，第151页。

④ 《左宗棠年谱》，第73页，咸丰十年六月注释。

折，关系又进一步，出现二人一生关系中最称良好的时期。《湘军志》称，左宗棠"以初领军，亦益谨事国藩。当、补太常卿，有陈谢，犹不敢自上奏。凡有军谋，咨而后行，自比于列将"①。然江山易改，本性难移。左宗棠"幼年自负，几不可以一世"②，一番风波甫过，已自踌躇满志，"要尽平生之心，轰轰烈烈做一场"。在曾国藩面前，虽外表略显自抑，而内心深处却仍瞧不起他，称其"才略太欠，自入窘乡，恐终非戡乱之人"③。而曾国藩在给九弟的信中则称："余因用呆兵太多，徽、祁全借左军之力，受气不少。"④然究属次要细节，且一般不为人知。咸丰十年九月左宗棠率军五千到达江西乐平。从此转战于赣、皖交界地区，成为曾国藩的重要助手。这时，曾国藩大营驻扎皖南祁门，因兵力单薄，不善于带兵打仗，加以西征太平军云集赣皖一带，遂使之一再陷于困境。尤其咸丰十一年三月失去景德镇后，复大败于徽州城下，饷道中断，士气低落，全军濒于瓦解，整个形势岌岌可危。曾国藩回到祁门，再次遗嘱后事，坐以待毙，不知所为。恰在此时，左宗棠以新集之众，在乐平附近击败太平军猛将李侍贤部，夺回景德镇，使曾国藩和山内各军绝处逢生。此事不仅显示出左宗棠的军事才能，亦足以说明，他的到来对曾国藩是何等重要。在此期间，左宗棠还为曾国藩草拟过一封奏折，使其在洋务运动中先声夺人，独占鳌头。其经常被人引用的"目前资夷力以助剿济运，得纾一时之忧；将来师夷智以造炮制船，尤可期永远之利"的著名奏章，即出于左宗棠之手。曾国藩曾向人表示，此疏乃季公捉笔，吾不为也。

咸丰十一年四月初，曾国藩将大营移至东流江面的几条大船上，并将鲍超调至安庆进攻太平军赤冈岭坚垒，皖南一带也就全仗左宗棠、张运兰各军支撑。这年七月清廷改命骆秉章总督四川，办理军务。他即奏请由左宗棠随行襄办一切。曾、胡再次将左奏留，另荐刘蓉代左赴川。不久，曾国荃攻陷安庆，曾、胡、左联手夺取战略决战的胜利，使太平天国的首都失去屏蔽，直接暴露

① 《湘军志》，第89页。
② 《异辞录》，第2卷，第19页。
③ 《左文襄公家书》，上卷，第9页。
④ 《曾文正公家书》，同治二年五月初二日。

在湘军的打击之下。不过，奏报之中大功仅及曾、胡两家，左宗棠尚属一支偏师，还没有取得与之并驾齐驱的资格。

围攻安庆期间，曾、胡二人基本是协调一致的，但也发生过分歧。其中较为突出的共有两次，一是由多隆阿引起，一是因太平军西征而起。不过都是工作上的分歧，并非出于个人意气。咸丰九年湘军围攻太湖之时，胡林翼"默计"多隆阿为旗籍将领，虽奉命受自己节制，但得清廷信任，实"为朝使"，遂不顾曾国藩和湘军将领的反对，命多总统前线各军，即使鲍超以此告退，亦在所不惜。他在给曾国藩的信中说："事权不一兵家所忌。七年、八年以前，多、鲍有都公主之，故能战。今年鲍已实为总兵，多已实为副都统，一请省亲，一言伤发，情状不和，已可想见。古来将帅不和，事权不一，以众致败者不仅九节度相州一役。林翼曾奏言兵事喜一而恶二三，江忠烈曾奏以兵事少用提镇。多礼堂为人意忌情深，忮心尤胜。然临阵机智过人，且是天子之使，以副都统奉旨总统前敌，再四以权分势均为言，不可不专胤委任，将鲍、唐总归其节制调遣。否则，太湖今年之兵事，必有决裂不可收拾之状。"还说："克己以待人，屈我以申人，唯林翼当为其忍、为其难，非如此则事必不济。如因此鲍请退，则留其兵与多。"①但是，"诸将不乐出其下，李续宜称母病久不至"，曾国荃长假不归，"鲍超亦求去，唐训方、蒋凝学等陈说军事各殊异。"多隆阿"既为统帅，遂撤太湖围，檄鲍超屯小池驿，当前敌；移蒋凝学于龙家凉亭为超后援，留唐训方三千四百人独围太湖；己屯新仓，相去二十里。"曾、胡"危之，业已听多隆阿。乃遂增兵，而飞召续宜回营。"②最后虽扭转战局，转败为胜，但曾国藩与大多数湘军将领一样，对胡林翼此举，始终保有不同看法。曾国藩当时曾致函李续宜，催令"星夜前来，预为补救之地"，"扶危定倾"。其中有五可虑之说："连日雨雪，泥深数尺，鲍营新移，墙濠难修，前御大股掖贼，后逼太湖城贼，多**公**隔二十里外，难遽救应。一可虑也。太湖城贼万人，能战者约六千。唐公仅三千四百人，且多新立之营，岂能遏此城贼？"

---

① 《胡文忠公遗集》，第67卷，第3—4页。
② 《湘军人物年谱》（一），第279、280页。

"二可虑也。多公忮而盈满，观其举动于左季公所谓'宜静、宜整、宜无示之以形'三者，恰与相反。三可虑也。润帅新调舒公及逸亭、干臣马队万人"，"深入太猛，后路太空。其余际昌等天堂一军，贼若分支扑犯，则无兵可以拨援。四可虑也。敝军现扎宿松，本可为后继之师。无如人数近万，无一统领，如散钱委地；中有新募四千人，尤不可恃。万一前敌稍有疏失，敝军竟不足资补救。五可虑也。"①此其一。曾国藩担任两江总督后，根据形势的变化，再次对整个兵力部署，作了较大调整。其主要意图是，既要坚持围攻安庆，又须摆出进军苏南的姿态，以应付清政府和苏南士绅的责难。为此，二人又调整部署，重新分工，曾国藩带兵进驻皖南，拉出由皖入苏的架势；而胡林翼仍留英山，继续指挥各军进攻安庆。同时决定，主攻安庆的曾国荃一军交胡林翼指挥，仍担负主攻安庆的任务；而将原属湖北的鲍超霆字营交由曾国藩调遣，会同张运兰、朱品隆各军一万数千人随曾渡江。这样，就对湖北方面带来不利影响。其原来的部署是：多隆阿驻桐城挂车河主任打援，李续宜驻青草塥策应各路，余际昌驻霍山为第三路防兵，霆军扎机动位置为第四路防兵。由于李、鲍两军皆有机动能力，虽后方兵力空虚，有事尚可补救。而鲍超调走后，机动兵力削弱，遂使这种兵力部署的弱点更加突出。咸丰十一年春，太平军为解安庆之围而发动二次西征，陈、李两部南北呼应，威胁武汉。胡林翼后悔莫及，急得吐血，竟有"笨人下棋，死不顾家"②之叹。他还在给李续宜的信中说："林翼舍田芸人，失地千里，贻害万家，此正俗谚所谓死棋不顾家也。"③此时，曾国藩已移驻东流，直接指挥曾国荃一军，理应将霆营交还胡林翼。然而，当李续宜一军难以兼顾两岸，胡林翼欲调鲍超回援湖北时，却成了难上加难之事。胡林翼先调鲍超继调多隆阿，均遭曾国藩拒绝，后经二人面商，决定派鲍超回援④湖北，曾国藩又不顾信义，中途变卦，批准鲍超攻打宿松、黄梅的请求，"令其暂驻宿松，听桐、怀消息"，并在给曾国荃的信中解释说："前缄允以霆

---

① 《曾文正公书札》，第9卷，第43、44页。

② 《胡文忠公遗集》，第81卷，第13页。

③ 《胡林翼未刊往来函稿》，第103页。

④ 《曾文正公手书日记》，咸丰十一年五月十二至十五日。

军听润帅调遣，今亦将失信"，他所以"不严催其南渡，亦恐多公吃不住也。"①这就是说，胡林翼已将整个战局的重心移往武汉，而曾国藩所关注的中心还在安庆。从客观上讲，是因太平军西征击中敌人要害，引起曾、胡之间战役指挥上的重大意见分歧，曾国藩似乎比胡林翼更坚毅，颇有临变不惊的气概。实则并不尽然，主要还是由于各自利害的不同，引起不同的反应。而在鲍超的调遣上，则暴露出曾国藩的私心，其于朋友情义和个人胸怀似不如胡林翼。鲍超向以令行禁止、动作神速著称，其回师援鄂若如赴救南昌那样积极，曾国藩也就无机可乘。谁知他受命驰救武昌途中，竟有缓行五日之请，以应官绅之邀而攻打宿松。这就正中曾国藩下怀。因曾国藩此时只怕安庆有失，老九被歼，并不在乎武昌的安危。因武昌失守倒霉的只是官文与胡林翼，同他了无关系，只有南昌失守，责任才会追到他的头上。若鲍超真的到了武昌，李秀成回师猛攻南昌，形势岌岌可危，而胡林翼又偏偏扣住霆营不放，曾国藩亦未必能以坚定不摇，事后也不会耻笑胡林翼临事把持不定了。不过，总的来看，胡林翼借曾国藩所遣罗泽南援师而成名，曾国藩复借胡林翼之力而成安庆决战之功，二人相辅相成，皆属不可或缺。至于关键时刻，个人品行上出现的差别，也就微不足道了。只是那些将曾国藩吹捧为完人的人，不应忽视这些细节。就个人道德品质而论，曾某自有足可称道之处，但其无论何时，都难免世人指评，除其政治、社会因素之外，主要还是因为他的品行，实际上并非像后人说的那样完美无缺。

三、兴盛期：时间约为同治元年至七年，其标志是曾国藩节制四省军务和李鸿章、左宗棠剿平捻军。这一时期又分为两个阶段：第一阶段同治元年至三年，主要是对太平军作战，从三路进军开始到攻陷天京结束；第二阶段同治四年到七年，主要是对捻军作战，从曾国藩北上"剿"捻开始到李鸿章、左宗棠剿平西捻军为止。

安庆之役是湘军与太平军之间的一场战略决战，通过这次战役，湘军不仅控制了安徽全省，打开了进攻天京的大门，而且瓦解太平军主力陈玉成部，使

---

① 《曾文正公家书》，咸丰十一年五月二十四日、二十八日。

太平军在长江以北再没有大支主力部队，从而取得整个战争的决定性胜利。如果太平天国对清朝的战争，可以分为三个阶段的话，咸丰元年至六年可作第一阶段，太平军实施战略进攻，清王朝实行战略防御。咸丰六年至十一年可作第二阶段，双方互有胜负，战争处于相持状态。同治元年至三年可作第三阶段，以湘、淮军为主力的清朝军队对太平军发动全面战略进攻，太平军全面防御，步步后退，最后天京陷落，宣告失败。由此可知，正是安庆决战的胜利，揭开了湘、淮军战略进攻的序幕，并将曾国藩集团推向兴旺发达的巅峰。

当曾、胡联手攻取安徽的时候，太平军李秀成部却在江南获得较大发展，最后虽失去安徽一省，但却取得天下最称富庶的苏杭地区。所以，清政府既得安徽，又望江浙，于咸丰十一年十月命曾国藩督办苏、皖、赣、浙四省军务，所有四省自巡抚、提、镇以下官员悉归节制，以使他能够尽职尽责。于是，曾国藩相应部署，形成三路进军之势，整个军政集团亦进入迅猛扩张时期。不过，曾国藩早有攻取天京和杭州的打算，此项部署可谓势在必行，惟另派新军赴沪作战一事，出于计划之外，在一定程度上带有偶然性。

曾国荃攻陷安庆一月之后，即乘胜发动攻势，并很快攻占无为等沿江重镇。同治元年二月扩充兵力后迅速向前推进，连陷巢县、含山、和州、太平、繁昌、芜湖等府县，于当年四月进扎雨花台，直逼天京城下。此后又不断增厚兵力，于本部吉字营三万五千人外，复增调原属李续宜、唐训方的萧庆衍、毛有铭及太平军降将韦俊三军一万五千人，总兵力达五万人，成为三支大军的主力和人数最众的部队。

浙江的富庶是尽人皆知的，加以地方官员如何桂清、王有龄等善于搜刮，故一度成为清军的主要饷源。在很长一个时期，江南大营的军饷即主要由浙江供应。江南大营瓦解后，曾国藩亟望分润其余，得到浙江的部分协饷。故当浙抚王有龄向其求救时，曾国藩慨然应诺，并作出切实部署。咸丰十年李元度补授浙江温处道，并奉札回籍募勇，即为援浙一事。不意其后浙抚派使洽谈时，竟言不及协饷之事。曾国藩遂将李元度奏留皖南，改任徽宁池太道，援浙之事就此搁置。迨至咸丰十一年左宗棠旧话重提，则情况已有所不同。曾国藩一方面奏请以左宗棠节制徽、饶、广三府驻军，自行奏报军情，并先期驻镇邻近浙省的广信，以婺源、河口、景德镇三卡厘金为饷源；一方面与之定议"以固徽保饶、广为根本"①，积极为进军浙江做准备，但戒其兵力单薄，后方空虚，万不可贸然入浙。随之，曾国藩又奏请以左宗棠督办浙江军务，并奏参王有龄不谙军情，密保左宗棠接任浙江巡抚。至于何时入浙，则反反复复，摇摆不定，倏尔催其速进，倏尔劝其缓行。左宗棠则稳扎广信，按兵不动。咸丰十一年十一月二十八日，太平军攻占杭州，浙江巡抚王有龄自杀身亡。曾国藩一面致函左宗棠催令迅速入浙，一面奏调远在广西的蒋益澧迅速带兵援浙。左宗棠亦上奏清廷，端出收复浙江的全套计划。清政府很快批准这一计划，并任命左宗棠为浙江巡抚。于是，左宗棠挥军入浙，成为进攻太平天国的第二路兵马。真可谓机关算尽，各得其所。只是曾国藩迟迟不救王有龄之事，几乎人人皆知，更一直遭到杭州人的怨恨。《清人逸事·王壮愍》称："杭州未陷时，壮愍力求救于曾文正。文正先以他事与壮愍有隙，故迟之，而李秀成兵入杭州矣。壮愍自缢院署桂花树下，秀成入，叹为忠臣，以王者冠服葬之。故杭人多秀成而少曾侯也。"②

曾国藩集团进攻太平天国的第三支人马是李鸿章的淮军。咸丰十一年十月，前湖南巡抚钱宝琛之子钱鼎铭，受苏南官绅派遣，奔赴安庆泣血求援。曾国藩感其包胥秦庭之哭，兼羡上海饶富，便慨然应允此事。曾国藩鉴于湖南兵源枯竭，早就有意以湘军营制，募练淮上剽悍之勇，另建一支新军。此时兵力缺乏，难以分拨大支兵勇赴沪，遂决定派李鸿章回籍募勇，建立淮军，开赴上海应援，其原辖淮扬水师亦随同东下，配合作战。又虑淮军新立，难以独当一面，故从曾国荃各部抽调湘军弁勇程学启等四千人随行，以壮行色。曾国藩最初所派赴沪人选除李鸿章外，还有曾国荃与陈士杰，担当主角的亦非李鸿章，故所派湘军半由曾国荃部抽调，连并非皖籍的营官郭松林、杨鼎勋、滕嗣林、滕嗣武亦皆入选。为促令陈士杰赴沪，曾国藩还先事奏荐他为江苏按察使，并获旨准。后因曾国荃、陈士杰拒不应命，方形成李鸿章独当一面的局面。至于

①《左宗棠年谱》，咸丰十一年十月条。
②《清朝野史大观》，第7卷，第185页。

淮军赴沪的行军路线，曾国藩初拟从镇江附近冲过太平军防区，经陆路到达上海。同治元年二月钱鼎铭雇外国轮船六艘，由上海直达安庆，前来迎接淮军。他们遂改乘洋轮，明目张胆地穿越天京城下江面，分三批开往上海。从而，不仅在军事上开辟出一个对太平军作战的新战场，而且在政治上大大方便和加强了曾国藩集团同外国侵略者的联系。三月底李鸿章全军抵沪，并经曾国藩密荐，奉旨署理江苏巡抚。

除上述主战场外，在此前后，这个集团还分别在广西、贵州、四川等省开辟了几个次战场，镇压当地农民和少数民族起义。太平军离开广西以后，当地天地会组织继续发动起义，咸丰七年蒋益澧带兵入援也未能解决问题。咸丰九年石达开由湖北进入广西，分兵包围桂林。湖南巡抚骆秉章派刘长佑、萧启江赴援，蒋益澧一军已先期进入桂林府城助守，三军合计总兵力近两万人。石达开撤围南走之后，湘军便对陈开、陈金刚、张高友等天地会起义军发动进攻。咸丰十年四月刘长佑出任广西巡抚，由刘坤一接统其军，继续进攻占据柳州、贺县两地的陈开、陈金刚军。战至咸丰十一年秋，二陈失败，石达开返回湖南，广西战事告一段落。同治元年蒋益澧应调援浙，湘军在广西的兵力减少，天地会黄鼎凤、张高友乘虚而起，分别对浔州、阳朔发动进攻。刘长佑急忙率兵援救，湖南亦派遣江忠义、李明惠入援，合刘坤一军大举反攻，先歼灭张高友一支，同时对黄鼎凤步步进逼，深入腹地。起义军顽强抵抗，据险固守，双方时停时打，争战一年有余，直到同治三年四月湘军方攻克最后据点，黄鼎凤全军覆没，广西起义军遭到最后失败。

咸丰九年湖南出援广西的同时，还派遣田兴恕赴援贵州，所部一再扩充，兵力最多时大约有四千五百人。活跃在贵州的反清武装主要是号军，有红号、白号、青号、黄号之分。这里情况复杂，矛盾尖锐，统治力量薄弱，故对田兴恕的到来，当地官绅仰如救星，清政府亦倚为柱石，而曾国藩集团势力所及，亦只有这支军队。因而，田兴恕虽目不识丁，默于大体，仍得步步提升，位至方面。咸丰九年十二月以候补总兵署理贵州提督，咸丰十年十月实授。同年十二月授钦差大臣，督办贵州军务。咸丰十一年八月复兼署贵州巡抚。然而，田兴恕的能力和见识，却并未随着官位的升迁而提高。政治上的颟顸和经济上的横征暴敛，终于激起各方面的反对，军队亦因乏饷而士气低落，接连失败，加以捕斩天主教士，为法国所逼，清政府迫于无奈，只好将他解职。咸丰十一年十二月解署抚任，同治元年二月革钦差大臣职，七月解贵州提督职，交部议处。同治二年又奉命援川，灰溜溜地离开贵州。田兴恕走后，援黔湘军愈不振，三万多人仅堪闭门固守。苗民起义军势转盛，先后统兵之员皆受处分，兆琛、周洪印革职，李元度降一级。直到同治六年席宝田带兵万人入黔，形势始有好转，和李元度等部苦战五载，才将苗民起义镇压下去。

咸丰九年秋李永和、蓝大顺在四川发动起义，湖南巡抚奉清政府命，派萧启江率六千湘军入川援救，却不久病死。随后又调曾国藩、左宗棠入川，亦皆未成行。咸丰十年八月复命湖南巡抚骆秉章，赴川督办军务，咸丰十一年七月授四川总督，督办军务如故。随同骆秉章入川的还有刘蓉、黄淳熙及湘军弁勇五千人，连同萧启江旧部兵力达一万二千人左右。其后又增调刘岳昭、易佩绅、周达武三军，加上挑练川军和萧启江旧部的扩充，使总兵力达三万二千多人。骆秉章咸丰十一年正月抵川，经过一年零八个月的争战，首先将李蓝起义军打败，李永和被俘斩首，蓝大顺带少数部队北走入陕。接着，集中兵力对同治元年入川的石达开展开进攻。石达开先是北渡长江受阻，后又在紫打地抢渡大渡河失败，而先行渡河的主力赖裕新余部亦被逼远走，最后陷于绝境，全军覆没。刘蓉入川之后升迁迅速，咸丰十一年九月以候补知府署四川布政使，同治元年二月实授。四川形势稳定后，复于同治二年六月奉命督办陕南军务，七月迁陕西巡抚。与此同时，湘军兵力渐次由四川移入陕西南部，先后派易佩绅、萧庆高、朱秋桂等增援汉中。这样，战事逐步转到陕西，四川也就成了湘军的后方。

主战场上的三支部队，左、李两路进军都较顺利。左宗棠自同治元年正月入浙，由于蒋益澧一军的加入和中法常捷军洋枪队的支持，一路进军顺利，没有遇到什么风险，打什么恶仗，除在衢州相持较久外，进展相当迅速。同治三年二月湘军攻陷杭州，李侍贤、陈炳文等十数万太平军自江南下福建、广东，浙江战事渐次结束。李鸿章淮军到达上海不久，正值李秀成撤军西去，率主力解救天京之围，仅留下少数部队在上海地区作战。迨同治元年冬天李秀成回到苏州，淮军在上海已站稳脚跟。同时，李鸿章到达上海后，由于得到苏南士绅和外国侵略者的支持，逐渐改用洋枪，加上五千多人的中英常胜军洋枪队及新式大炮的配合，很快在武器装备上超过太平军，占据优势。另外，由于苏南社会和李秀成错误思想的影响，这里的太平军政治动摇、士气低落，各地将领纷纷同敌人暗中勾结，接洽投降。继同治元年十一月骆国忠在常熟叛变后，同治二年十月郜永宽等八人又杀死主将谭绍光，献出苏州城投降。这就为李鸿章淮军攻城略地大大提供了方便。若不是李鸿章和程学启在苏州大杀降人，他们在常州等地就不会遇到那样顽强的抵抗，进军速度或许会更快一些。

相比之下，曾国荃一路则经受波折较多，攻陷天京的时间亦较迟。由于原定助攻天京的多隆阿远走陕西，驻扎雨花台的吉字等营，实际上成为孤军。其后虽将原属李续宜、唐训方的萧庆衍、毛有铭两军和降将韦俊拨归曾国荃指挥，使总兵力达五万之众，而面对高大坚厚的天京城墙，兵力仍显不足。尤其当李秀成大军来援、日夜围攻之时，形势更是岌岌可危。李秀成大军东撤之后，驻扎天京城外及皖南各地的湘军，又疾疫流行，造成大批弁兵非战斗死亡。曾国藩最小的胞弟曾国葆，即死于此疫。及至流行病过去之后，又遇到缺粮缺饷的困难。尤其同治三年春天，苏杭等城相继收复之后，廷旨一再催促李鸿章前往助攻，而曾国荃却要独占其功，由此引发出曾国藩集团的种种矛盾。

在大局已定、清方必胜的情况下，曾国藩集团的内部矛盾无非争名争利之事。当淮军攻入浙江的嘉兴之后，曾与左宗棠部湘军发生过一些冲突，后得到妥善解决。而湘淮军争夺攻陷天京之功，则虽未成为事实，却其中颇多曲折。刘体智《异辞录》云：“方诏之日促也，铭、盛诸将皆跃跃欲试。或曰：‘湘军百战之绩，垂成之功，岂甘为人夺？若往，鲍军遇于东坝，必战！’刘壮肃曰：‘湘军之中，疾疫大作，鲍军十病六七，岂能当我巨炮。’文忠存心忠厚，终不许。”所谓“存心忠厚”不过是“迁延不行，显然让功之意”。所以，曾国藩对李“益感不置”。“及大功告成，文忠至金陵，官场迎于下关，文正前执其手曰：‘愚兄弟薄面赖子全矣。’”[1]不过，李鸿章让功并非全由“存心忠厚”，

---

① 《异辞录》，第1卷，第38—39页。

而主要还是出于自身利害的考虑。曾国荃历尽艰辛攻夺天京，无非贪功贪财，其弁兵上下，甚至忍饥挨饿都不肯散去，亦不过为了攻进城中大抢一通。吉字营过去在吉安、景德镇、安庆都是这样干的，兵法所谓"用贪用憨"似亦此意。所以，淮军若来助攻，中途是否会遭到鲍超霆营的拦截，不敢断定，而与曾国荃吉字营的火并，则似乎是不可避免的。同治三年六月李鸿章经受不住廷旨的一再催逼，终于在得到曾国藩的同意后决定西行，率兵助攻天京。消息传出，立刻引起曾国荃及其部下的愤怒与恐慌，遂决心不顾一切，抢在淮军到来之前，攻陷天京。六月十五日，正在前线指挥攻城的曾国荃，接到李鸿章有关来函后，立即"传示诸将曰：'他人至矣。艰苦二年以与人邪?!'众皆曰：'愿尽死力。'"[1]侥幸于当晚攻陷城池，淮军也没有前往助攻，从而避免了一场火并。

然而，曾氏兄弟同沈葆桢、左宗棠之间的矛盾，却没有这样容易解决，以至双方僵持不下，闹到长期不通音问的地步。这次争闹可分为两个阶段，前后大约有半年的时间。[2]先是同治三年三月因沈葆桢在户部偏袒下，强行截留原由曾国藩支用的江西厘金一事，引发了曾、沈之间的一场厘金争夺战，继因曾国荃走脱幼天王一事，左宗棠、沈葆桢得理不让人，狠挖曾氏兄弟的面皮，导致曾国藩老羞成怒，反唇相讥，亦借以抵制清政府："杭州省城克复时，伪康王汪海洋、伪听王陈炳文两股十万之众，全数逸出，尚未纠参，此次逸出数百人"，为什么定要即刻参办？"向使破城之夜，该逆大开十三门，每门冲出数百人，不仅由缺口一路，官军亦未必能悉数截剿；向使李秀城不因乡民争匿羁延时刻，官军亦未必能既脱复擒"[3]，那时又当如何？从而加深了双方的矛盾。这次争闹使清政府坐收渔人之利，曾国藩集团则蒙受了一定损失。首先是，曾、左之间自咸丰八年以来遇事函商的现象不见了，双方的名声也受到一些影响。这不能不使人感到胡林翼死得早了一些。胡林翼是双方都易接受的人物，以往曾、左之间关系得以调整，多借助于他。胡若不死，这两次争闹或许可以

---

① 《能静居日记》，同治三年六月十五日。

② 参见拙著《曾国藩传》，第191—193页，第230—231页。

③ 《曾文正公奏稿》，第21卷，第14页。

避免，即使发生矛盾，大约也不会闹到这样严重的地步。就常理而论，曾国藩与沈葆桢间的争闹，理亏的是沈葆桢。他截留江西厘金不能说没有理由，但做法不妥。主要是违背了曾国藩集团通行已久的惯例，即先内部商定再向上奏请的一贯做法，从而为清廷的挑拨离间造成可乘之机，以致伤害了双方的感情。至于曾、左之间的争闹，则理亏在曾，主动在左，就是说，在很大程度上是由左宗棠挑起的。如果换上曾国藩集团的其他人，大概就不会这样干。例如，胡林翼对曾国藩的看法与左宗棠差不多，亦认为其不善治兵，自入窘境，"恐德足以入文庙，功必不足入太庙"，"异日稗官野史，将蒙千古之忧"①，但却从未向其领袖地位挑战。再如，李鸿章也得到了幼天王出走的消息，致函曾国荃称："据各营禀报，幼主已至广德，处处皆有此说，但不知人数多少耳。"②只是他既不像曾国藩那样谎报军情，也不像左宗棠那样揭发二曾走失幼天王之过。左宗棠也曾致函曾国荃。赵烈文同治三年七月十五日《能静居日记》载："拟左制军等信稿五十五件。见左来信，有逆子洪福瑱迎入湖州，辅、堵各逆假以号召之说。"（时赵在雨花台大营）从言辞上看，大约与奏折写于同时，亦可据情理推知，左、李二人也同样向曾国藩通报了此事。然清政府接到左折，就立即发下措辞严厉的谕旨："洪填福（左折称'伪幼主洪填福'）谅即洪福瑱。昨据曾国藩奏洪福瑱积薪自焚，茫无实据，似已逃出伪宫。李秀成供曾经挟之出城，后始分散，其为逃出已无疑义。湖熟防军所报斩杀净尽之说，全不可靠。著曾国藩查明此外究有逸出若干，并将防范不力之员弁，从重参办。"③曾国藩无法承受来自各方的压力，遂作困兽之斗。至于左宗棠一定要这样做的原因，则其本人和他的后人，做出两种不同的解释。他在家书中曾称："吾与侯所争者，国事兵略，非争权竟势比。同时纤儒妄生揣拟之词，何值一哂耶。"就是说，全属公心，毫无私意。而他的后人，在1985年长沙学术讨论会上，则把左宗棠的这次争闹解释为掩护曾国藩的政治计谋，以曾、左分裂之假

---

① 《胡林翼未刊往来函稿》，第27页。

② 《能静居日记》，同治三年七月初十日

③ 左宗棠：《左文襄公全集·奏稿》（以下简称《左文襄公奏稿》），萃文堂刻刷局光绪十六年刊，第10卷，第6页。

象，释清廷对曾之疑。不知究竟孰是孰非，或许左家代有密传，外人无从得知。不过，以现有资料看，左宗棠的话恐怕要打些折扣。实际上自同治元年以来，曾、左关系即开始淡化。曾有大事相询，左往往不答，以致引起曾的不满，致函责之曰："文忠死，希庵归，此间竟罕共谋大局之人。每有大调度，常以缄咨敬商尊处，公每置之不论，岂其未足与语耶?!"[1]又说："弟数年在外，忧愤无如近时。文忠不作，希庵归去，孤怀郁郁，公将何以教我?"[2]若与前面"才略太欠，自入窘乡"之说联系起来看，很难说左宗棠一秉公心，毫无私欲。起码是心有疏忽，思虑不周，未能充分估计到此举的严重后果。

天京的陷落宣告了太平天国革命的失败，但却并不意味着战争的结束，清王朝同起义军之间的战争，在东南、西北、西南以及广大黄、淮地区，仍继续进行。东南地区主要是南下闽、粤的太平军残部，西北地区主要是回民起义军和陈玉成派出的陈得才远征军，西南地区主要是号军和少数民族起义军，活跃在黄、淮广大地区的主要是新捻军，经过一年的发展，于同治四年再现高潮。曾、左、李及众多湘淮将领，奉清廷之命重上战场，从而使这个集团继续保持兴旺发达的态势。

杭州陷落后，李侍贤、陈炳文等部太平军南下福建，左宗棠只好挥军紧追。其后，陈炳文投降，李侍贤为部下杀害，大股太平军在汪海洋带领下进入广东，由于鲍超叛勇的加入，在同治四年声势又复壮大起来。曾国藩急催鲍超回营，左宗棠也率兵进入广东，双方合力，经过几场恶仗之后，才将这部分太平军镇压下去，至同治四年底东南战事基本结束。

这一时期活跃在山东一带的起义军，主要是赖文光领导的新捻军。捻军曾长期同太平军联合作战，是太平军的忠实盟友。太平军所以能够在天京事变后再振声威，在很大程度上借助于捻军的支持与合作。而后随着安庆、庐州的失陷和陈玉成的牺牲，捻军在皖北亦陷入孤立无援的境地。僧格林沁乘机发动进攻，于同治二年攻陷捻军的根据地雉河集，杀害捻军首领张洛行，并在蒙、亳

---

[1]《曾文正公书札》，第20卷，第4页。
[2]《曾文正公书札》，第20卷，第21页。

一带展开疯狂的大屠杀，使数万群众无家可归。这些不甘屈服的人们，重新集结起来，在张宗禹、任化邦等人的领导下，转入湖北、河南境内，继续坚持斗争。同治三年以陈得才为首的远征西北太平军，为解天京之围兼程东援，后因断粮被官文等军围困在鄂、豫、皖交界地区。他们双方会合后，全军达到几十万人，分编为四个大队，声势复壮。不久，却因天京失陷、军心动摇而连遭失败。结果，陈得才自杀，马融和叛变，主力部队被歼，仅剩下两支较小的部队保留下来。一支退回陕西南部，一支在赖文光的领导下转战于鄂、豫、皖地区，继续坚持斗争。赖文光是太平军中少有的文武兼资的将领。他在极为困难的条件下，很快将张宗禹、任化邦为代表的数万蒙、亳群众团结在自己周围，并以太平军的军政制度将之加以整编，使它由原来带有民兵性质的武装力量变为野战部队。史称新捻军。从此，他们以新的面貌和战略战术，纵横驰骋于黄河以南、淮河以北的广大地区，不断发展壮大，尤其同治四年四月，在山东曹县地区阵斩僧格林沁、打垮所属各部后，声势转盛，成为继太平军之后最强大的一支起义武装。清廷闻讯惊慌，急派曾国藩带兵"剿"捻，湘淮军对捻军的战争，遂成为清王朝镇压人民起义的主战场。同治四年五月曾国藩自江宁出发，北上"剿"捻。由于江宁城外的湘军大部裁撤，鲍超霆营南下广东，故曾国藩此次出征主要调用淮军，所用湘军不足万人。由此引发出曾、李之间的种种矛盾。淮军随曾国藩出征后，李鸿章仍暗中遥控，牢牢抓住指挥权不放。遇有调遣，各将敷衍不听指挥，仍要函请李鸿章后再定行止，以致贻误军机，作战失利。曾国藩指挥不灵，苦恼异常，不得不致函李鸿章，要求他交出淮军指挥权，不要再干预营中事务。函称："目下淮勇各军既归蔽处统辖，则阁下当一切付之不管，凡向尊处私有请求，批令概由蔽处核夺。则号令一而驱使较灵。"又说："以后鄙人于淮军，除遣撤营头必先商左右外，其余或进或止，或分或合，或保或参，或添勇或休息假归，皆蔽处径自主持，如有不妥，请阁下密函相告。"①经过这次交涉，李鸿章稍事缩手，曾国藩的处境亦稍有好转，但没有根本解决问题，致令其大悔裁勇过速一事，有"聚九州铁不能铸错"之

---

① 《曾文正公书札》，第25卷，第37页。

语。曾国藩"剿"捻失败，抑此亦不无关系。

由于捻军不再如太平军那样坚守城镇，实行大规模机动作战，曾国藩亦只好重新摸索制胜之术。他先行重点布防，继为马队"追剿"，后又采刘铭传防河之议，欲以天然河道限捻军之马脚。他在刘铭传的禀贴上批道："防守沙河之策，从前无以此议相告者，贵军门创建之，本部堂主持之。凡发一谋，举一事，必有风波磨折，必有浮议摇撼。从前水师之设，创议于江忠烈公，安庆之围，创议于胡文忠公。其后本部堂办水师，一败于靖江，再败于湖口，将弁皆愿去水而就陆，坚忍维持，而后再振。安庆未合围之际，祁门危机，黄、德、糜烂，群议撤安庆之围援彼二处，坚忍力争而后有济。至金陵百里之城，孤军合围，群议皆恐蹈和、张之覆辙，即本部堂亦不以为然，厥后坚忍支撑，竟以地道成功。可见，天下事果能坚忍不懈，总可有志竟成。办捻之法，马队即不得力，防河亦属善策，但须以坚忍持之。""无论何等风波、何等浮议，本部堂当一力承担，不与建议者相干，即有咎豫兵不应株守一隅者，亦当一力承担，不与豫抚部院相干。此本部堂之贵乎坚忍也。""愿与贵军门共勉之。"①然清政府却不让他再建勋业，一遇挫败即乘机易帅，命其回任两江总督。

同治五年十月曾国藩接到回任两江总督的上谕后，自感脸面无光，奏请以散员留营效力，或进京陛见一次，实际上是给清廷出个难题。李鸿章不念旧情，步步进逼，迫使曾国藩就范。他先是奏请曾国藩务必返任，否则，"剿"捻各军的粮饷供应没有保障，致使清廷不准曾国藩所请，催令速赴江督之任；继而派弁追要钦差大臣关防，迫使正值行军途中的曾国藩，不得不改变原定计划，于返回徐州接受江督印信之前，派员先将钦差大臣关防驰送徐州，交到李鸿章手中。其迫不及待之心和不近人情的做法，不能不令曾国藩寒心。曾几何时李鸿章还是他的学生和幕僚，荣辱进退全在一言之间，如今地位变化、形势不同，竟要逼其退位、取而代之了。曾国藩回到江宁，曾对赵烈文谈及此事，说："李少荃在东流、安庆时，足下常与共事，不意数年间一阔至此。"赵回答说："烈元年冬到沪，少帅犹未即真苏抚，邀烈坐炕，固问老师处有人议鸿章

---

① 《曾文正公全集·批札》（以下简称《曾文正公批札》），第3卷，第65、66页。

者否？意甚颟顸，不一月实授。从此隆隆直上，几与师双峰对峙矣。"①其实，李鸿章攻陷苏州后，自感羽翼丰满，无求于曾而曾反有求于己，书信言词之间已不免气盛。同治三年四月十八日曾国藩在一篇日记中写道："是夜，闻上海十五万金已到金陵，为之一喜；接少荃信辞旨逼侮，为之一戚。"不过这时吉字营未撤，李鸿章尚有所收敛。及至湘军大加裁撤，曾国藩处处依赖淮军，尤其"剿"捻失利、钦差由李取代之后，李鸿章就对他的老师不仅气盛，简直可以说是有些凌人了。这就是说，江、胡去世之后，由于左宗棠的争闹和李鸿章的寡情，曾国藩在这个集团中，已失去节制四省时那种唯我独尊的地位，形成曾、左、李三雄并立的局面。与此同时，全国战争形势也发生了很大变化。西北战场地位上升，渐渐形成与中原并重的局面。而这两个战场的主帅，则分别为左宗棠与李鸿章。而曾国藩自中途退出"剿"捻战场后，再没有出任过一方大军的主帅。

清政府向来关注西北战场。为了将这里的各路起义军尽早镇压下去，同治元年十一月授荆州将军多隆阿为钦差大臣，督办陕甘军务，率军远征西北，并于次年十月改西安将军。这时活动在西北地区的起义武装，主要是回民起义军、李蓝起义军余部和陈得才、赖文光为首的远征西北的太平军。同治三年四月多隆阿因伤重死于陕西盩厔，陕甘总督旋亦病死，清政府遂命杨载福总督陕甘，会同陕抚刘蓉主持西北军事，率湘军镇压当地汉、回起义军。不料，杨载福离水改陆，用非所长，时经两年，不仅军事上无大起色，且连自己的督标兵亦发生了哗变。迫于形势，不得不称病辞职，于同治五年八月和刘蓉同时病免。清政府遂命左宗棠移督陕甘，并于次年正月授钦差大臣，督办陕甘军务。开始，左宗棠奏调鲍超霆营随行，而所部士卒不愿远征，分别在福建上杭和湖北金口索饷哗变，只得奏请改派老湘营西征。左宗棠迟至同治五年十月始就道，行至湖北又奉先入陕西之命。此时，捻军已分为两支，以赖文光、任柱为首的东捻军仍留中原黄、淮一带，而以张宗禹为首的西捻军则远征陕西。所以，会有是命，且催其速行。左宗棠遂遣刘松山率九千人先行入陕，自己则驻

---

① 《能静居日记》，同治六年七月二十五日。

扎汉口，等待续调各军。为了保障军饷供应无误，左宗棠复奏准预借洋商银一百二十万两，设上海采运局，委浙江官商胡光墉总司其事。左宗棠在陕甘一带的征战可分为前后两个阶段，同治六、七两年主要是对西捻军作战，同治七年十月后主要是镇压当地汉、回民众起义，至同治末年关内战事结束，从而为进军新疆铺平道路。其间，左宗棠曾尾追西捻军返回直、鲁地区，事平再赴陕西，直到同治八年十月始抵兰州，就陕甘总督任。

李鸿章对捻军的作战也经过不少周折。李鸿章接手指挥"剿"捻战争之初，所用兵力湘淮军皆有。淮军除最初调用的铭、盛、树、鼎四军外，还有后续编练的李昭庆一军。湘军则除老湘营和张诗日两军外，又增加了曾国荃的新湘军与鲍超霆营。其后，老湘营远走西北，新湘军垮台，鲍超亦因李鸿章在尹隆河一战中偏袒刘铭传愤而离去，所用兵力便只剩下淮军。应该说明的是，尹隆河之事屈在刘铭传。他本与鲍超约期会战，却为争头功而擅改计划，先期发起攻击，结果被捻军团团围困，几至不支。鲍超准时赶到将其救出，并取得转败为胜的战果。事后，刘铭传为掩己过，谎称鲍超失期。李鸿章不做调查，偏听偏信，亦委过鲍超，致其怨愤难忍，称病求退。鲍超走后，所部亦相继遣散。至此，曾湘军裁撤殆尽，老湘营等左部湘军便成了一枝独秀。鲍超是湘军悍将，刘铭传是淮军悍将，互不服气，争名争利，本意料中事。而李鸿章的袒刘压鲍，则不仅说明其狭隘偏私，心胸不如其师，更说明淮军对湘军的倾轧排挤。以致引起左宗棠的不满，曾国藩亦致函严加训诫之："昨令兄书来言，左公函中有'湘、淮暗分气类'之语，'即从大帅分起'云云。鄙意湘淮实无丝毫衅隙，渠前批霆军之禀，颇似有意簸弄。尊处军事若不得手，左公必从而龃龉之。"[1]此事亦从另一个角度，反映出这个集团内部湘、淮两军与曾、李两帅实力地位的消长变化。

"剿"捻战争中，以刘铭传出力最大，功勋最著。他先以去留相争，迫使李鸿章接受了他的防河之策，继而购奸杀害东捻勇将任柱[2]，从而为淮军的取

---

[1]《曾文正公书札》，第31卷，第25页。

[2] 任柱英勇善战，赖文光倚如长城。有人说，全军兴衰系此一身，犹如太平军后期的陈玉成。

胜奠定了基础。然而，最后论功行赏，刘铭传仅得轻车都尉世职，实属功高赏薄，连曾国藩都代为不平。他在给李鸿章亲信丁日昌的信中说："省三建议防河，计诛任柱，三年追剿，屡次大捷，论劳论功，论谋论勇，近世诸将罕出其右。此次劳浮于赏，远近皆知。"[1]刘铭传怨愤难当，请假回籍，对李鸿章颇有不满。迨至同治七年西捻军挥师东进，威胁京师时，刘铭传拒不奉调，称病不起，致令李鸿章受到革职留用处分，急得如同热锅上的蚂蚁，曾国藩只好亲自致函进行劝解。函称："运河之守自君建之，任逆之歼自君谋之。追剿数省唯君最劳而且速，大捷数次唯君最劲且精。甚至波折叠生唯君始终不挫，屡军滥竽唯君侃直不阿，卒能埽除剧寇，成此奇勋。虽劳浮于赏，中枢或不深察；而全功出于阁下一人，则远近皆知。"又说："张逆盘旋保定、河间一带已逾一月。彼苍玉成豪杰，安知不留此难题，历试群将帅所不能，而后逾显阁下之能乎？"[2]刘铭传阅之感动，投袂而起，以消世人赏薄引退之疑。事定之后，清政府赏刘铭传一等男爵，其不平之气为之稍解。不料又由此引出左、李之间的矛盾。当西捻军回师直、鲁，威胁北京，自西北紧追而至的刘松山等苦战不下，刘铭传却因功高赏薄而坚卧不起之时，大约左宗棠已经有气。迨战事结束，刘铭传赏一等男爵，李鸿章授协揆，左宗棠心气难平。他先是上奏大彰刘松山之功与曾国藩知人之明，"论者谓其伸秦师而抑淮勇"[3]；继又"公然疏言'张总愚未死，伏有隐患'"[4]，遂致左、李二人数年不通音问。同治九年清廷以左宗棠西北用兵久未得手，复遣李鸿章带淮军前往助剿。后因改办津案中途返回，已达陕西的刘铭传、周盛波也陆续离陕，否则，可能会发生更大的冲突。

四、持续期：时间约为同治八年至光绪二十年，其标志为曾国藩移督直隶和李鸿章甲午惨败。

自咸丰末年，尤其同治三年之后，曾国藩集团的一项重要活动，就是兴办军事工业，创建近代海军。因此事拟辟专章，这里不再提及，仅就其二十几年

---

[1]《曾文正公书札》，第31卷，第54页。

[2]《曾文正公书札》，第32卷，第4—5页。

[3]《曾文正公书札》第26卷，第42页。

[4]《异辞录》，第1卷，第56页。唯同治九年一次例外。

间所经历的几件大事，作一简要概述。

这一时期的大事约有三件，一是曾国藩办理天津教案，一是左宗棠收复新疆，一是李鸿章甲午战败和签订《马关条约》。

天津教案发生在同治九年，实质上是地方官员与广大民众，反对以教会为代表的外国侵略势力的斗争。在此之前，曾先后发生过贵州教案、江西教案，性质与之类似，唯规模和影响远不及天津教案。

自清政府中途易帅以来，曾国藩就有一种被遗弃的感觉，心情一直不大舒畅。东捻军平定后，清政府追念曾国藩"剿"捻之功，赏其云骑尉世职，时隔数月又由体仁阁大学士晋升为武英殿大学士。西捻军刚刚平定，清政府为改变权力格局中内轻外重的状况，即于同治七年七月调曾国藩移督直隶。曾国藩疑虑重重，祸福难测，迟至十一月初始启程北上。他十二月中旬行抵京师，随之陛见帝、后，拜见大臣，访亲问友，参加新年盛宴，直到同治八年正月底始抵保定，就直隶总督任。故地重游，荣耀空前，本该高兴才是。而曾国藩却大失所望，情绪沮丧，颇有到头一场空的感觉①，可以说从此失去奋斗目标和精神支柱，身体也一天天衰弱下去。同治九年夏，正当他请假养病期间，忽然接到赴津办理教案的上谕。曾国藩认为，洋人恃强凌弱，没事找事，动辄吵闹不休。这次死了这么多人，涉及多国，其中尚有领事官在内，必定要兴师问罪。所以，他出发之前写下遗嘱，似有要做"叶名琛第二"的预感。在这样的精神状态下，他将天津教案办成中国近代史上较为典型的屈辱外交，是一点也不奇怪的。令人奇怪的是，正当曾国藩人人喊打、孤独无助之时，他的后台主子那拉氏竟再次换马，令其梅开二度，旧戏重演，速返江督之任，由他的学生和部下李鸿章取代直督，接办教案。所以，这件事非同小可，对曾国藩集团乃至晚清政治都产生很大影响。从此，李鸿章地位上升，对清朝中央政府的影响力越来越大，几乎可以左右全局。光绪初年"醇邸欲以左易李，既知不可，任之益专"。李鸿章"坐镇北洋，遥执国政，凡内政外交，枢府常倚为主"，"朝廷大

---

① 参见拙著《曾国藩传》，第276—280页。

事，悉咨而后行"。①而曾国藩则有些灰溜溜抬不起头来，不到二年即一命呜呼。对这个集团来说，实际上是一次主帅易人，由曾国藩时代进入李鸿章时代。在近二年中，他虽然其人尚在，但已退居二线，仅只是精神上的领袖。所以，及至曾国藩死后，这个集团仍然固结不解，继续作为一个最大的地方实力派存在和发展下去，可以将它称之为没有曾国藩的曾国藩集团。

左宗棠收复新疆，是这个集团最为辉煌的一页。其时，俄国强占伊犁，天山南北已控制在浩罕（俄国控制地区）军事头目阿古柏手中，并建立起名为哲德沙尔的"汗国"。英国侵略者亦乘机插手，给予它以外交承认和军火支援。从而造成西北边疆的严重危机。左宗棠决心维护国家领土的完整、统一，平定陕甘回民起义之后，即积极进行各项准备，并将军队部署在肃州至安西一线，展开进军新疆的军事态势。这时，由于日本侵略台湾，引发创建海军之议，清政府财力不足，不知钱该花在哪里，故有"海防""塞防"之争。其代表人物就是李鸿章和左宗棠。李鸿章主张放弃塞防，专注海防，实际上将使黄河以西的广大地区，沦为英、俄帝国主义的殖民地，兰州、西安亦无宁日。左宗棠对之痛加批驳，提出海防、塞防并重的主张，并得到清政府的支持。光绪元年清政府命左宗棠督办新疆军务。光绪二年刘锦棠等军陆续开进新疆，经过近二年的征战，至光绪四年初，彻底打败阿古柏军，收复被其占领的全部地区，从而为曾纪泽外交谈判的胜利打下基础。新疆苦寒荒芜，路途遥远，交通不便，用兵难饷运更难。左宗棠不避艰险，知难而进，终成大功。在此期间，他以年近七旬的高龄，仿效六出祁山的诸葛孔明，日治军书，夜草奏章，未明而兴，夜深未寐。其舆榇出征的壮举，更成为千古佳话。

李鸿章创建北洋舰队，是同左宗棠进军新疆同时开始的。他最终能够建成这支近代海军舰队，尽管存在着种种问题，仍是一个很大的成绩，总算使中国在军事近代化的道路上，迈出了踏实的一步。然而，他忠实执行曾国藩的民族投降主义的外交方针，对外国侵略者的武装进攻，实行不抵抗主义，致使中国在中日甲午战争中一败涂地，陆军一溃千里，舰队全军覆没。三十年的惨淡经

---

① 《异辞录》，第2卷，第22、24页。

营，竟在数月间化为乌有，连在同时起步的日本人的进攻面前，都不堪一击。这不能不使中国人对洋务运动大失所望，再也不相信他们船炮救国、隐图自强的神话。至此，洋务运动作为一项技术与经济活动，仍然继续存在与发展，但作为一个挽救国家命运的政治方案，却显然是失败了，再也不能成为振奋民族精神的政治旗帜。先进的中国人，不得不为我们中华民族的生存和发展，探索新的政治出路。而曾国藩集团所赖以起家的湘、淮勇营，也重蹈八旗、绿营的覆辙，因丧失战斗力而被历史所淘汰，其地位和作用渐由新军，亦即北洋军所取代。

五、终结期：时间约为光绪二十一年至光绪二十七年，其标志是李鸿章签订《马关条约》和李鸿章去世。

中国在中日甲午战争中的失败，从根本上讲，应归咎于这个集团的思想政治路线，追溯到它的领袖与创始人曾国藩。而直接责任者却是其第二代头领李鸿章，尤其他的军事不抵抗主义，更是激怒了广大官绅民众，以致全国上下无不斥之为卖国贼。清政府为躲避舆论的冲击，故技重施，于光绪二十五年十一月将他调往广州，以大学士署理两广总督，以示薄惩。不过，他的个人命运远胜其师，没有在南国一隅沉寂而死。未及一年直、鲁一带发生义和团运动，清政府对外宣战，八国联军打进北京，使他有了大显身手的机会。他先是和两江总督刘坤一、湖广总督张之洞、山东巡抚袁世凯联合起来，搞东南互保，宣布对外中立，并事后得到清政府的认可；随后奉调回京，充任首席代表，同八国联军进行谈判，并于光绪二十七年签订《辛丑条约》，使中国沦为半殖民地。因为这时的李鸿章，备受帝国主义各国的青睐，清政府一切对外条约的最后签字，非他莫属，他人取代，定遭拒绝。光绪朝以来，他于签订中英《烟台条约》《中法条约》，尤其中日《马关条约》之后，已成为签订卖国条约的专业户。且带有垄断性质，只此一家，别无分店。正是靠着这点剩余资本，李鸿章方能于赖以起家的湘淮军基本垮台、北洋舰队全军覆没之后，又为曾国藩集团创建上述两大业绩。有人把对外签订这些卖国条约的责任，统统推到清政府那拉氏身上，似乎李鸿章只是一个单纯的执行者，这恐怕是不符合历史事实的，最低限度是他们一起卖国，各有各的责任。不过，李鸿章毕竟已是风烛残年。

他在签约后不久即病死北京，临终举袁世凯自代。这个在中国政治舞台上喧嚣数十年的军政实力集团，终为袁世凯北洋集团所取代，走到了历史的尽头。

第二节　内部派系

曾国藩集团总的来看是一个整体，细而察之则又分为几个派系，其中包括统兵将领与幕僚、属吏等。大致说来有曾、胡、左、李、江五个系统，兹分别叙述如下。

曾国藩系统人数最多，地位较高，尤其幕僚人员，为他人所望尘莫及。就最初而言，胡林翼、左宗棠、李鸿章都曾是他的部属和幕僚，江忠源也不过门生之类，谁都没有同他并肩而立的资格。有人对《湘军志》中列有《曾军篇》《曾军后篇》的章目表示反感，亦并非毫无道理。只是出于种种原因，造成他们之间的发展不平衡，使之自立门户，相对独立，从中分离出一个个新的派系。所以，这里讲的曾国藩系统，主要指分派后的情形。不过，由于他们关系过于密切，成员间又有流动或一仆二主之事，故区分不当之处亦在所难免。

曾国藩系统的带兵将领主要有塔齐布、罗泽南、杨载福、彭玉麟、鲍超、曾国荃、张运兰及其部属将领。其中，罗泽南、杨载福自咸丰五年去了湖北，一直由湖北供饷，鲍超咸丰十年由胡系调归曾系，张运兰初由湖南巡抚调派、一直由湖南供饷，其余塔、彭、荃则与他人了无瓜葛。塔齐布虽出身上三旗，由火器营三等侍卫绿营即用都司，但升迁并不太快。其后两年之内，由候补游击、署抚标营中军参将超擢湖南提督，则主要出于曾国藩的识拔举荐，故对之感恩图报。即在曾国藩以前礼部侍郎带兵复受降级处分之后，身为一品大员的塔齐布，仍自甘部属之列，直至咸丰五年七月病死于九江城外，一直忠贞不贰。曾国藩初练湘军，备受湖南地方官排挤，后借塔齐布之力，始立稳脚跟，故对塔齐布既欣赏又感激。同治八年回到京师，他还曾专门拜访塔齐布的老母。其部下主要有周凤山、普承尧、朱洪章等。朱洪章初为黔勇，随胡林翼至湖北，后改隶塔齐布，塔齐布死后复于咸丰六年改隶曾国荃。初为营官，后渐升至分统。咸丰十一年攻陷安庆后，曾按照曾国荃的命令，屠戮陆续投降的太平军战士万余人。同治三年六月湘军攻陷天京时曾充任头队，所部伤亡惨重，不久遣散。官至永州镇总兵，著有《从戎纪略》记其一生经历。普承尧武进士出身，原为营弁，应募为宝勇，咸丰二年调赴长沙，咸丰三年归隶塔齐布，咸丰五年拨隶罗泽南，随同赴援湖北。咸丰六年又随曾国华回援江西，积功迁九江镇总兵。咸丰十年末因战败革职，后为曾国藩护理安庆粮台。同治二年复出，统临淮军攻打怀远。周凤山营弁出身，在湘军中资格甚老，大约咸丰四年曾国藩整军再出时隶于塔齐布。咸丰五年塔齐布病死，周凤山接统其军。罗泽南走后，周凤山部就成为曾国藩在江西赖以立足的主要军事支柱。不料，周凤山纪律严明，军容整齐，就是胆子太小，骤临大敌则往往慌乱。咸丰六年二月驻防江西樟树镇，被石达开踏破营盘，全军奔溃，周凤山亦离曾而去。曾国藩在江西陷于困境，与周凤山的无能和樟树镇之败有很大关系。此后，周凤山又屡出带兵，一再败溃，最后不知所终。塔齐布虽为湘军第一悍将，为曾国藩屡立大功，但毕竟是一介武夫。其作战不习兵法，亦不善识拔与培养将才，故身后无大将，死后少声息，同罗泽南恰成对照。

罗泽南生于嘉庆十二年，较曾、胡年长四五岁。咸丰四年曾国藩东征之始，亦因年龄关系留防湘南，未随军出征。迨整军再出，曾国藩以王鑫故违将令，将其留于湖南，改调罗泽南率军随行。咸丰五年八月罗泽南以江西无所作为，执意赴援湖北，并要求增拨一营以厚其兵力。曾国藩一一允准，使其部由七营三千五百人增至九营五千人。曾国藩此举虽着眼大局，但亦出于无奈。因罗泽南自恃资深年长，复有乡望，看准之事要行便行，无人可以阻止。其时，塔齐布刚刚去世，曾国藩正倚罗为干城，急于攻破湖口一关，对罗的弃己他去不能不心存哀怨。后来他在回忆这段经历时说："咸丰五年余率水陆驻扎南康，志在攻破湖口一关。五、六两年竟不能破，七年丁忧回籍，寸心以此为大憾事。罗罗山于五年八月至南康、湖口一看，知其不足以图功，决然舍我而去，另剿湖北。其时，有识者皆佩服罗山用兵能识时务，能取远势。余虽私怨

　　杨载福出身营弁，彭玉麟出身诸生，咸丰三年应募入湘军，初为陆军隶于曾国葆营，后改水师充营官。长沙整军后，水师仅余杨载福、彭玉麟、李孟群三支，李亦不久离去。故湘军水师将领，皆他二人的旧部，非隶于杨，即属于彭。咸丰四年十二月水师炮船困于鄱阳湖内，长龙、快蟹亦大部被毁，只好撤回湖北金口休整，从此分为外江、内湖两支。咸丰五年七月原内湖水师统领萧捷三中炮而死，曾国藩急调彭玉麟接统内湖水师。当时正在湖南衡阳探亲的彭玉麟，闻命而起，"易衣为贾客"穿过太平军占领的广大地区，"草履徒步七百余里达南康"①，得到曾国藩的赞赏。咸丰七年曾国藩在籍守制，奏章所称尤感愧对的两名部将，就是李元度和彭玉麟。这年九月内湖水师冲出鄱阳湖，与外江水师会合，从此取消内湖外江之名目，但水师仍由彭、杨分统。由于历史上的原因，彭部由曾国藩供饷，杨部由湖北供饷，统归曾国藩指挥。同治元年七月杨载福奉旨改名杨岳斌，同治三年四月离水改陆，督办赣南军务，五月迁陕甘总督，水师统由彭玉麟节制。从此水师归于一尊，彭玉麟成为唯一的权威。杨载福易地非其所宜，成为曾国藩密保人才的一大教训。而彭玉麟颇有自知之明，坚决不肯舍水改陆，为此一再辞官。咸丰十一年授安徽巡抚、同治元年授兵部右侍郎、同治四年命署漕运总督，皆辞不就，但坚持每年巡阅长江一次。光绪九年正月授兵部尚书，又辞，清廷不允，再辞即以轻视朝廷论罪。彭玉麟不再辞职，也不赴任，仅每年巡阅长江一次，奉旨允准。光绪十四年六月病免，巡阅长江如故。彭玉麟淡于名利，"素志雅不欲入官场"，是湘军中少有的清廉将领。其一再辞官的另一原因，就是对清朝官场的腐败深恶痛绝，而又感无能为力。相传授皖抚之初，"偶至安庆，命府县限三日内，将闾巷伪示剔除净尽。届期，首府据知县之禀上谒销差。彭公驰马通衢，视之果无伪示，及入穷街僻巷，则见伪示张贴者如故，且多悖逆之辞。彭公大怒，知其犹是官场敷衍旧习，召首府擢发骂之，复奋拳殴之。"②真可谓嫉恶如仇。彭玉麟巡阅长江时，遇有商民控告水师弁兵之案，总要认真查办。相传有一水师军官，因妻

---

① 《中兴将帅别传》，第87页。

② 《庸盦笔记》，第2卷，第19页。

子拒绝为他引入家中的妓女敬酒而杀之，引起公愤。彭玉麟查明事实，将其立予正法，得到社会的好评，民间致有"彭青天"之誉。然曾国藩认为，彭玉麟德长于才，为人"光明伟俊，而本事不及杨厚庵"[1]。

由于湘军水师改为清王朝的长江水师，骨干分子基本保留下来，故在该集团主要成员中，水师将领所占比例较陆师为大。他们主要是黄翼升、李成谋、李朝斌、王明山、任星元、彭楚汉及王吉、邬桂芳、胡俊友、喻俊明、丁泗滨、孙昌凯、刘国斌、郭明鳌、成发翔等。黄翼升、李成谋曾先后任长江水师提督，李朝斌曾任江南提督，任星元官至广东水路提督，王明山、彭楚汉官至福建陆路提督，其余王吉以下亦保至提镇大员，且多数得总兵实缺。

鲍超原为营兵，咸丰三年离伍赴长沙，谋生不就，川资将尽，欲自杀以终。为黄翼升所救，应募加入湘军，初为陆师，后改水师，隶杨载福营。咸丰六年经胡林翼讯拔，改陆师，募霆字六营约三千六百人[2]。咸丰十年改隶曾国藩，渐有悍勇之名，所部亦增募命众，其中不少属太平军降卒。迨同治五年北上"剿"捻时，所部马、步各营已近二万人，成为当时湘军从旅最华的一支。霆营纪律之坏为湘军之最，其行军作战之悍勇，亦非他营可比。据曾国藩称，闻警即行，一路兼程而求，日夜兼程，败则城迫且能血战可立即投入战斗者，湘军各部中唯霆营可以做到。但它只听命于鲍超一人，此外无人可以约束。同治四年曾因鲍超回籍探亲而相继在湖北金口和福建上杭索饷哗变，同治七年鲍超离营后又一再哗闹。曾国藩只得忍痛割爱，将其全部遣散。鲍超贪财嗜利，积蓄甚厚，甚至连部下的截旷银，也要追回收归己用。据说，杨载福免职回籍后财用每每拮据，常去奉节向鲍超讨取。鲍超感念旧情，辄能满其所求。鲍超官至浙江提督，其部下将领宋国永、娄云庆、谭胜达、唐仁廉亦皆至实缺提、镇。娄云庆官至湖南提督，唐仁廉官至广东陆路提督，宋国永官至云南鹤丽镇总兵，谭胜达官至直隶正定镇总兵。

曾国荃是曾国藩的第三个弟弟，本应排在第四位，而在大排行中却成了老

---

① 《能静居日记》，同治六年五月十八日。
② 霆营每营六百人，营制有别于他营。

九。曾国藩初创湘军时，他未曾出而带兵。咸丰六年曾国藩坐困江西，曾氏兄弟纷纷出援，曾国华赴鄂搬兵，曾国荃则募勇三千，随刚任吉安知府的黄冕前往江西。因该军以收复吉安为目标，故曾国荃所部称吉字营。初依老将周凤山，及周凤山军败溃后，黄冕即将全军数千人委曾国荃一人统带。咸丰八年曾国荃攻陷吉安后，即投奔曾国藩，从此成为其嫡系部队。数年间接连攻陷景德镇、安庆、天京等名城重镇，所部兵勇也由六七千人扩充至三万五千人，加上萧庆衍、毛有铭、韦俊等部，使曾国荃统辖的总兵力达五万人，成为湘军中人数最多的一支。曾国藩规定，各军增募新勇，必须事先经他批准，否则粮台拒绝供饷。而曾国荃仰仗胞兄之势，每每擅自增募，粮台碍于曾国藩的情面，也往往破例照准，供饷不误。所以，吉字营虽军史较短，战功不著，主帅又无勇悍之名，但其发展速度却非他军可比。不料，祸福变幻，得报太促，一夜之间，这攻克坚城的最大功臣，竟成为清廷心目中的最大隐患。曾国藩迫于无奈，只得首先向它开刀，将其大部裁撤，主帅曾国荃亦开缺回籍养病，从此之后，再没有吉字营的名号。迨其同治五年授任鄂抚，募勇再出，所统新湘军则不堪一击，不到一年即相继败溃，曾国荃只得再次辞职回籍，从此不再带兵。事实证明，曾国荃确实不是能征惯战之将，昔日之功多借他人之力。曾国藩说他侥天之幸，贪天之功，看来并不过分。

曾国荃的部下将领主要有曾国葆、萧孚泗、李臣典、彭椿年、朱洪章、刘连捷、彭毓桔、郭松林等。曾国葆是曾国藩的第四个弟弟，也是最小的弟弟，小排行第五，称季弟或满弟。咸丰三年，他继曾国藩之后，第一个出而带勇，后因作战不利，在咸丰四年长沙整军时开差回籍。咸丰九年改名曾贞干，投奔湖北巡抚胡林翼麾下，募勇千人同驻英山，咸丰十年改隶曾国荃。曾先后参与围攻安庆、天京之役，同治元年病死于天京城外的军营内。萧孚泗位至福建陆路提督，又因俘获李秀成而封赏男爵。但为人贪卑，名声太坏，攻陷天京后即被迫辞职回籍，所部裁撤。李臣典官至归德镇总兵，复因开挖地道成功得一等子爵，旋因贪淫无度病死，所部遣散，连授爵的荣耀也未能领受。彭椿年先为曾国藩的幕僚，后转至曾国荃名下，充任幕僚和分统。刘连捷原为刘腾鸿族人和所部营官，刘腾鸿死后转隶曾国荃，从陷吉安、安庆、天京等城，获布政使记名。曾国藩大裁吉字营时，所部三千人保留下来，移防舒城、桐城，复追杀霆营叛卒和太平军至广东。战事结束回籍养病。光绪六年经山西巡抚曾国荃奏请，再出为其练兵。中法战争期间，曾国荃督两江，刘连捷奉命统万人驻江阴，光绪十三年病死军中。朱南桂亦为吉字营分统，裁军时所部得以保留，移驻皖南，大约在同治四年裁撤。彭毓桔本是曾国藩的表弟，咸丰九年入吉字营，大约同治二年左右充任分统。同治三年攻陷天京，得布政使记名。同治五年随鄂抚曾国荃再出，充分统，独领一军"剿"捻，同治六年二月在湖北蕲水战死，所部溃败。郭松林初为湘军，隶曾国荃部。同治元年随李鸿章赴上海，积功授福山镇总兵，同治三年七月迁福建陆路提督。同治五年三月随鄂抚曾国荃复出，带勇"剿"捻，十二月在湖北臼口大败被俘，所部溃散，后被降于捻军的一旧日部卒救出，回籍养伤。同治六年李鸿章接统"剿"捻各军，郭松林伤愈复出，奉命统万人作战。同治八年调湖北提督，同治十一年忧免。

张运兰自咸丰二年应募充湘勇，隶王鑫部下，先后转战于湖南、湖北、江西各地。咸丰七年王鑫病死军中，张运兰与王开化分领其众。咸丰八年曾国藩再出，张运兰率军随行，充任主力，甚受倚重。另一统将吴国佐与之不和，曾国藩将之辞退，遣散其营，专依张军。咸丰九年张运兰率军回湘，参加宝庆解围战，咸丰十年返回，随曾国藩进入皖南。李秀成西征大军途经皖南，曾国藩一日数险，有一次太平军前锋距祁门大营不足二十里。张运兰会合鲍超，几经激战，始得解围，使曾国藩转危为安。同治元年授福建按察使，同治三年于赴任途中被俘死。张运兰离营后，所部由刘松山、易开俊分领，各带三千人，仍驻兵皖南。同治四年老湘营奉命北上"剿"捻，未出安徽，易开俊即因援救涡阳不力，被曾国藩开差离营，全军六千人概交刘松山一人统带，后又扩充至九千人。同治六年刘松山奉曾国藩命率军先行入陕，从此改隶左宗棠。因此，咸丰八年至同治六年老湘营应属曾湘军，张运兰、易开俊应属曾国藩的部将，刘松山则既属曾国藩的部将，也是左宗棠的部将。

曾国藩的幕僚人数众多，名声响亮，知其姓名者有四百多人，实际上则不只止数。唯限于篇幅，仅能就其主要人员，分类列其姓名。其从军从政，文职官至实缺（含署职）盐运使以上者五十二人，武职官至实缺（含署职）总兵、提督者四人。其中大学士二人：文华殿大学士李鸿章、东阁大学士左宗棠。军机大臣二人：左宗棠、钱应溥。督抚堂官二十三人：丁日昌、刘蓉、刘瑞芬、许振祎、沈葆桢、李兴锐、李明墀、李宗羲、李瀚章、何璟、庞际云、陈士杰、陈兰彬、陈宝箴、恽世临、倪文蔚、涂宗瀛、钱鼎铭、郭柏荫、郭嵩焘、梅启照、黄赞汤、勒方锜。布政使、按察使、盐运使二十六人：万启琛、王德固、厉云官、邓仁堃、江忠濬、汤寿铭、刘于浔、孙长绂、孙衣言、朱孙诒、李元度、李光久、李桓、李鸿裔、李榕、吴坤修、金安清、洪汝奎、胡大任、夏廷樾、桂中行、游智开、裕麟、蒋志章、程桓生、薛福成。提督二人：李云麟、沈宏富。总兵二人：朱品隆、普承尧。从事科研、教育、翻译、文学活动的著名科学家、学者、文学家十三人：刘寿曾、刘毓崧、华蘅芳、徐寿、徐建寅、李善兰、张文虎、张裕钊、吴汝纶、容闳、龚之棠、薛福成、黎庶昌。详见拙著《曾国藩幕府研究》，各人具体情况不再赘述。

此外，曾国藩还有一些关系较为密切的属员或朋友，如毛鸿宾等，也应属于他这个派系。毛鸿宾是曾国藩的会试同年，又同在翰林院庶吉馆深造，但官运不如曾国藩，直到咸丰十年春还滞于道员之任。此后则上升甚快。这年五月由湖北安襄郧荆道迁安徽按察使，九月迁江苏布政使，次年二月署湖南巡抚，七月实授。同治二年五月授两广总督。这几次升迁是否皆与曾国藩有关尚难确定，而其升任苏藩和两广总督，则确系出于曾国藩的鼎力举荐。毛鸿宾不过普通一吏，并无什么出色的才能和表现，竟于四年之间由道员升至总督，没有曾国藩的关系是根本不可能的。其被人目为曾党，亦乃意中之事。

胡林翼系的统兵将领主要有罗泽南、李续宾、李续宜、多隆阿、鲍超、金国琛、余际昌等。罗泽南是在胡林翼最为困难的时候，率湘军主力赴援湖北的。因而，胡林翼对之仰若天神，毕恭毕敬，不仅"执弟子礼甚恭，虽与僚属语，必称罗山先生，事无巨细，咨而后行"，还"以女弟妻罗公长子"[1]，以疆臣而为统将晚辈[2]。咸丰六年三月罗泽南重伤死，所部即由李续宾接统。其

---

① 《庸盦文编》，第4卷，第4页。
② 《能静居日记》，同治六年九月初三日。

后，胡林翼攻陷武昌，攻陷九江，皆主要依靠李续宾。咸丰八年湖北湘军分两路进攻安徽，一路由富明阿统帅进攻安庆，一路由李续宾统帅进攻庐州。其时，太平军陈、李联军已击溃江北大营，移兵安徽，遂在三河镇外将李续宾一股围而歼之，除少数人突围逃脱外，所部五千人全军覆没。李续宾久胜而骄，发觉形势不妙后，既不肯退兵，也不向驻扎黄冈、英山的李续宜、唐训方求援，加以胡林翼奔丧回籍，官文调度失宜，最后造成这场惨败。三河之败对曾国藩集团打击很重，不仅数年经营的一支精锐毁于一旦，而且全军上下士气大挫，形成对太平军，尤其对陈玉成的畏惧心理。咸丰九年底湘军围攻太湖时，据曾国藩事后讲，闻陈玉成大军来援，诸将无不色变，直到此战取胜，上述情形才得以扭转。李续宾死后，湖北湘军即由李续宜统带。李续宜没有建立李续宾那样的大功，也没有李续宾那样的威名，但谋略胜过乃兄。胡林翼称他"至性戚戚于心。其智略较胜其兄，其宽大尚逊其兄，盖狷狭之士也。"①曾国藩称他"知人之明，处事之当，得之天授"②，遇有政治军事难题，往往同他商议。据曾国藩称，除前述咸丰十年安庆进兵之略外，蓄意逃避北援的按兵请旨之策，亦是李续宜提出的。曾国藩在给胡林翼的信中说："楚军入援之谕本日始行复奏，恭亲王之咨亦钞折咨呈复之。兹将折稿录呈台鉴。主意系希庵所定，与侍初计相符。"③故在诸将中，李续宜最为曾、胡所看重。咸丰十一年正月经曾国藩推荐署安徽巡抚。八月胡林翼病重，举李续宜自代，复奉命改署湖北巡抚。九月胡林翼去世，李续宜实授湖北巡抚。十二月又经曾国藩举荐，改调安徽巡抚，同治元年七月授钦差大臣，八月请假回籍葬母。同治二年四月又奉旨专小皖北军务，十一月病死。其地位大大超过乃兄。只是同治以来身体多病，长期在家休养，实际上没干什么事。

罗泽南旧部属胡湘军者，除李氏兄弟外，还有唐训方。唐训方湖南常宁人，举人出身，大约咸丰三年加入湘军。初为水师，后改陆师，从罗泽南，所部称训字营。咸丰六年五月曾与舒保马队同援河南。其后独领一军，转战湖北

---

① 《胡文忠公遗集》，第59卷，第29页。
② 《曾文正公书札》，第11卷，第36页。
③ 《曾文正公书札》，第13卷，第9页。

境内，偶及邻省，所部渐增至三千人。咸丰十年初以久劳成疾离营，赴湖北粮道任，所部交毛有铭统带，隶于李续宜。是年闰三月迁湖北按察使，十月迁湖北布政使。同治二年四月迁安徽巡抚，十月降调。同治三年三月署湖北按察使，七月授直隶布政使，同治五年三月召京，其后事迹不详。

李续宜部将主要有成大吉、蒋凝学、萧庆衍、毛有铭。其中成大吉部尤称精锐。咸丰十一年春，他曾会同鲍超围攻刘琯琳等，在集贤关外修建的坚垒，后随胡林翼回援湖北。这年十二月李续宜奉旨仍抚安徽，四军随行。同治元年七月李续宜丁忧回籍，所部四军交由曾国藩指挥，陆续调往天京地区。同治二年十一月李续宜死后，所部兵将一分为二，成大吉、蒋凝学调至湖北，萧庆衍、毛有铭改隶曾国荃，参与围攻天京。天京陷，萧、毛两军裁撤。成大吉部后在"剿"捻前线哗变，本人以记名提督终。同治四年蒋凝学奉命西征，所部因畏于远行而哗变。蒋凝学只得将其遣散，另募新勇二千人，于同治五年带赴兰州。同治九年署兰州道，同治十年迁山西按察使。光绪元年二月迁陕西布政使，光绪四年病免。

多隆阿满洲正白旗人，原在黑龙江驻防，大约咸丰三年调入关内，参与镇压太平天国的战争。初从胜保，后改隶僧格林沁。咸丰五年调援湖北，隶于都兴阿，曾参与九江等役。咸丰八年冬都兴阿因病离营，多隆阿接统其军，奉旨就近听从胡林翼调遣。咸丰九年湘军进攻太湖期间，胡林翼曾以多隆阿总统前敌各军。咸丰十年进攻安庆时，多隆阿牢牢守住桐城挂车河一线，有力地阻止和推迟了太平军的救援行动，在安庆之役中起了关键作用。然最后论功，曾氏兄弟得上赏，多隆阿虽于当年十月，由蒙古正红旗都统授荆州将军，仍不免功高赏薄之憾。故于同治元年拒不参与围攻天京之役，通过官文奏请远走陕西。同治元年十一月授钦差大臣，督办陕西军务，同治二年十月调西安将军。同治三年春奉命督办陕甘军务，四月伤重死于陕西周至，赐一等轻车都尉世职。

多隆阿的部将主要有石清吉、雷正绾、陶茂林、曹克忠等。石清吉直隶沙河人，武进士出身，咸丰初选湖北郧阳镇守备。初隶都兴阿，后改隶多隆阿，先后转战于湖北、安徽等地，所部称飞虎军。同治元年多隆阿远赴陕西，石清吉率所部五千人留守庐州。同治三年九月战死于湖北蕲水。

雷正绾四川中江人，原为绿营武弁，积功至游击。咸丰八年从多隆阿转战安徽各地，所部称精选军。咸丰十一年授陕安镇总兵，同治元年从多隆阿赴援陕西，擢陕西提督，帮办军务。同治三年多隆阿死，都兴阿督师甘肃，雷正绾改帮办甘肃军务。同治四年因所部哗变被劾，撤帮办，归陕甘总督杨岳斌节制。雷正绾捕送叛军首领其弟雷恒等置之法，旨准专折奏事，率部众三千人转战于甘肃各地。同治六年左宗棠督师入陕，雷正绾前往助剿，先后会攻于庆阳、长武、董志原、金积堡等地。光绪二十一年革职留任，光绪二十二年罢归，光绪二十三年病死。

陶茂林湖南长沙人，以武童入湘军，转战湖北、江西，积功至游击。咸丰八年调为湖北湘军营官，咸丰十年隶于多隆阿，曾先后在桐城、庐州等地作战。同治元年从多隆阿赴陕，授汉中镇总兵。同治二年八月署甘肃提督，十月实授。同治四年九月以所部哗溃革职。同治十年应调赴贵州协剿，复原官。光绪二年加头品顶戴，赏勇号。光绪十六年署古州镇总兵，卒于官。

曹克忠直隶天津人，大约咸丰中应募入湘军，咸丰八年左右隶于多隆阿。咸丰十年募忠字一营充营官，转战于安徽各地。同治元年从多隆阿赴陕，同治二年授河州镇总兵。同治三年转战入甘肃，同治四年九月迁甘肃提督。其时，雷、陶两军相继哗变，回民起义军势转盛，仅曹克忠和杨岳斌两军与之相持。同治六年二月病免。同治十年奉旨再赴西北，专防肃州。同治十一年署甘肃提督，光绪元年忧免。光绪九年奉命募六营防山海关，光绪十年授广东水路提督，次年病免。光绪二十年奉命治天津团练，统津胜军，光绪二十二年病卒。

鲍超初为水师，充哨官，隶杨载福部下。咸丰五年湖北㐱山军营败溃，胡林翼被太平军围困在离长江不远的高庙，危在旦夕。"鲍超飞棹往救，力战却之。"德安、应城的太平军乘船来攻，鲍超"火其舟，拔林翼于重围"[1]。由此得到胡林翼的赏识。咸丰六年奉札赴长沙募勇，改领陆军。初隶都兴阿，咸丰八年改隶多隆阿，转战于湖北、安徽等地。咸丰十年初因围攻太湖时与多隆阿结怨，请假省亲，离营而去。胡林翼将他拨归曾国藩指挥，大概与此有很大

[1]《清史稿》，第39册，第11981页。

关系。

金国琛江苏阳湖人，监生出身。大约咸丰五、六年间加入湘军，从李续宾转战鄂、赣、皖等省。咸丰三年李续宾死于三河，金国琛侥幸逃脱，改从李续宜，为其办理营务处。咸丰九年末为解鲍超小池驿之围，金国琛奉胡林翼之命，率兵一万一千人翻越潜山天堂水吼岭，长途奔袭太平军之背，使太湖之战转败为胜，为曾国藩集团立下大功，得到胡林翼的赏识。其后，不知何因，与胡林翼失和，但仍得到李续宜的信任。金国琛善于笼络诸将，李或离营，各将互不服气，唯金国琛可以统辖。自咸丰十一年随李续宜回援湖北，即长期留防鄂省。后复与李续宜不合。同治三年正月调防徽州，从此留驻皖南。官至广东按察使，光绪五年六月病死。

余际昌原为湖北绿营武弁，因受胡林翼赏识而留用，其他绿营弁兵皆在咸丰五年整顿营务时陆续裁撤，遂成一枝独秀之局。咸丰九年末曾与金国琛一起，带兵翻越潜山天堂水吼岭，长途奔袭太平军，为湘军夺取太湖之战的胜利立下大功。此后即驻防鄂、皖边境，充湖北之屏障。咸丰十一年陈玉成为解安庆之围，举行第二次西征，一举突破余际昌防线，所部溃散。不久，他又带兵赴援河南，同捻军作战。同治二年授河北镇总兵，同年夏天死于湖北麻城。

胡林翼的主要幕僚，除在其死后投入曾国藩幕府的张裕钊、汪士铎、李鸿裔、刘翰清、王家璧、胡大任、厉云官等人外，还有严树森、阎敬铭、庄受祺、卫荣光、张建基、李宗焘、钟谦均、罗遵殿、方大湜、唐际盛、周开锡、栗耀、郑兰、周乐、蒋照、李荫芬、牟嗣龙、邢星槎、廖铸臣、贺青莲、傅卓然、张映云、朱辉宪、曾业耀，以及徐宗亮、文希范、曾少固、林汝舟、林聪彝、童槩等。栗耀前已述及。张裕钊等详见拙著《曾国藩幕府研究》。徐宗亮曾著《归庐谈往录》，文希范曾致函曾国藩，故知此二人为胡林翼幕僚。李宗焘亦从曾国藩的一封奏折中知其为胡林翼的幕僚。周开锡、钟谦均、罗遵殿、方大湜、唐际盛则系从龙盛运《湘军史稿》所列表格中，得知其为胡林翼幕僚。曾少固与邢星槎、周乐同时入幕，"均是四年冬间延访而招致者"[1]。其中

---

[1]《胡林翼遗集》，第62卷，第9页。

周开锡和曾少固皆湖南益阳人，胡林翼的小同乡。而与周开锡更是"幼稚相识，以从子视之"，二人关系尤为密切。卫荣光原为翰林院编修。张建基原为江西奉新县知县，因曾任湖北东湖知县，为胡林翼所知。也有人说，所凭事迹乃其前任所为，仅以同姓误。据徐珂称，东湖知县张某曾为一孝妇平冤狱，甚费周折。"及胡文忠林翼抚鄂，访知其事，则张已前卒，文忠竟以后任张建基登之荐牍，而前任张之籍贯名字不可考矣。"①林汝舟字镜飚，原为翰林院编修；林聪彝字听孙，原为某部主事。二人皆林则徐之子。胡林翼对他们的考语分别是"品行纯谨，才堪经世"和"综理精密，志行清严"。童槐字子木。此六人皆咸丰九年初奏调入幕，胡林翼称他们为"六君子"②。以上十四人皆职事不详。现仅将其余幕僚的所任职事简述如下。

严树森字渭春，初名澍森。四川新繁人，举人出身。咸丰四年任湖北江夏知县，次年迁随州知州。以长于吏治、为政精勤为胡林翼所知，收入幕府，委以重任，从而成为胡林翼的主要助手。胡林翼巡抚湖北以来，主要精力用于行军打仗、调护诸将，其于用人行政、理财筹饷担持大纲，具体事务概由严树森一手操持，故深得胡林翼的赏识和倚重。同治元年曾国藩曾在《复查严树森被劾各情折》中，详细列举其长处和功劳："严树森之所长，亦多非时流所可及。才思警敏，精神完足。胡林翼综理厘务，新改漕章，严裁各衙陋规、台局浮费，担持大纲，其节目周详、经营初稿，多严树森赞襄之力。逮胡林翼出省征剿，凡鄂民之疾苦、刑案之出入、州县之积弊，皆由严树森悉心察核。往往昼接僚佐，夜治文书，侵晓从公，达旦未寝。咸丰十年升任豫抚，沿途夫役到省供应，概不索之州县，一洗从前恶习。其裁汰冗兵，参劾劣员，亦颇力求整顿。谕旨称其'操守尚好，留意吏治，自莅豫抚任后尚无大过'，足见圣明垂察之精。臣于咸丰九年经过黄州，见胡林翼座右《同官录》数册，胪列州县佐杂履历，注载详明，评骘精当，知为严树森手笔。闻其接见僚属，询访一次，历久不忘。胡林翼保荐人才，如阎敬铭、李宗焘、张建基等，皆严树森之所汲

---

① 《清稗类钞》，第3册，第1108页。
② 《胡文忠公遗集》，第60卷，第18页；第61卷，第5页。

引。胡林翼晚年多病，专以荐贤报国为务。严树森被其荐达，感名卿知己之恩，沐文宗不次之擢，被除旧习，力争上流，亦孜孜焉以崇尚正人、扶持善类为己任。"①故在湖北属僚中亦贡献最大、升迁最快，咸丰十年十月已位至河南巡抚。当时曾国藩集团升至此位者，只有曾国藩、胡林翼、刘长佑及去世多年的江忠源数人。而论资历严树森只与江忠源、刘长佑相当，但江、刘皆靠多年征战而得，远非劳绩升迁者可比。然精明太过，心计太工，带兵非其所长，终因临战退避被劾，受到降四级以道员调用的严厉处分。

阎敬铭翰林出身，授户部主事，咸丰九年经胡林翼奏调来鄂，总司粮台、营务，兼充智囊谋士。正是听从他的劝告，胡林翼放弃参劾官文的想法，双方和好如初，终成安庆之功。自咸丰十年十月严树森赴豫抚任，胡林翼先在安庆前线，后复大病不起，省中诸务皆由阎敬铭主持，实际上取代了严树森昔日的地位和作用。只是在胡林翼死后，阎敬铭官运亨通，与严树森恰成对照。阎敬铭咸丰十一年七月署湖北按察使，九月实授。此时胡林翼已死，阎敬铭升迁如故，虽丁忧期内仍无减进阶之速。他同治元年八月署湖北布政使，十月署山东巡抚，同治二年十一月服阕，实授山东巡抚。同治五年十一月因不谙军务受到曾国藩参劾，被迫假归。同治七年起用核查赈务，同治八年八月授工部右侍郎，旋病免。光绪八年正月阎敬铭再次起用，授户部尚书。据说，"阎工会计，官户部尚书日，悉发旧簿籍，一一综核，抉摘爬罗，得四百余万"②，并从此掌握全国财政收支情况和户部库银数量，为汉员大臣首创先例。以往户部汉尚书皆不知底细，任凭旗人司员拨弄，弊端丛生。从此，阎敬铭深得那拉氏信任，官位步步高升。光绪十年三月授军机大臣，五月授协办大学士，光绪十一年十二月授东阁大学士，管户部。在曾国藩集团中，官至大学士者五名，官至军机大臣者三名，而大学士入值军机处者，则只有左宗棠与阎敬铭二人。光绪十二年九月罢值军机处，光绪十四年七月，因反对那拉氏动用海军经费修建颐和园，被迫休致，光绪十八年病死。据说，阎敬铭身材矮瘦，面黑短须，一

①《曾文正公奏稿》，第16卷，第67—68页。
②《清朝野史大观》，第7卷，第120页。

目眇，曾因其貌不扬在一次大挑时落选。但为人刚直，精明干练。他在湖北按察使任内，遇有民间喊冤者，其女为官文亲兵队长因强奸未遂而杀。阎敬铭查实捕犯，定要为民申冤。该犯匿于官文内室，阎即携被住于官厅，逼官文交出人犯。官文长跪不起，为犯人求情，众官亦群起呼应。阎敬铭无奈，改死刑为流放，但坚持活罪不可免，当着官文的面执行杖击，刑毕发送，不准片刻停留。官文亦不敢再为求情。曾国藩集团有刚直之名者，大概以彭玉麟和阎敬铭为最。

胡林翼幕僚知其职事者，除严、阎、栗三人外多为经办营务、粮饷之员。贺青莲原为湖北汉阳府教授，傅卓然原为湖北举人，张映芸原为湖北拔贡生，朱辉宪原为湖北文生，曾业耀原为湖南增生，咸丰五年正月，曾分别在武昌、新堤、沙市、施南等地设局劝捐，试办厘金。庄受祺原为湖北荆宜施道道员，咸丰五年二月奉胡林翼之命，在宜昌设盐厘局抽厘筹饷。三月又奉命总办后路粮台。咸丰八年六月出幕，补授湖北按察使，咸丰九年四月迁湖北布政使。咸丰十年闰三月降福建按察使，六月迁浙江布政使，十一月病免。郑兰字谱香，原为荆州同知，咸丰五年二月奉胡林翼命，在沙市设盐厘局抽厘筹饷。周乐字笠西，湖南善化人，初在沙市盐厘局，后接手掌管宜昌盐厘局，为胡林翼抽厘筹饷。牟嗣龙字皓升，曾接替周乐掌管宜昌盐厘局。李荫芬字香雪，曾总管全省牙厘总局，为胡林翼抽厘筹饷。邢星槎字星槎，不知其名，咸丰四年入幕，职事不详，约于咸丰九年初开始为胡林翼办营务，后因积劳太甚，告病离幕。胡林翼引为憾事，因对幕僚关心不够而自责。廖铸臣字铸臣，不知其名，与另外姓名全缺的树人、菊人二人，皆为周乐所荐，曾为胡林翼办理营务。

上述幕僚及前述职事不明者，后事多不详，其中官至三品者除庄受祺外，还有张建基、卫荣光、方大湜、周开锡、罗遵殿、钟谦均、唐际盛。张建基同治八年五月由荆宜施道迁湖北按察使，八月迁湖北布政使，同治十二年病免。卫荣光咸丰二年进士，选庶吉士，散馆授编修。咸丰九年经胡林翼奏调来湖北军营，随多隆阿转战鄂、皖各地。咸丰十一年胡林翼死，卫荣光回京供职。同治二年历迁至侍讲学士，放山东济东道，先后署山东盐运使、山东按察使，同治六年丁忧回籍。同治十二年起授江安粮道，署江苏按察使。光绪元年八月授安徽按察使，光绪二年四月迁浙江布政使，光绪四年二月迁湖南巡抚，三月忧免。光绪七年十一月起授江苏巡抚，光绪十四年十月调山西巡抚，光绪十五年十月病免，次年病死。方大湜光绪六年五月由安襄郧荆道迁直隶按察使，光绪八年二月迁山西布政使，十一月受降级处分。周开锡后入左宗棠幕。罗遵殿道光十五年进士，原为安襄郧荆道，大约咸丰五年入胡林翼幕，咸丰六年迁两淮盐运使，未赴任，留湖北为胡林翼治粮台。咸丰七年三月迁湖北按察使，八月迁湖北布政使。咸丰九年四月迁福建巡抚，九月调浙江巡抚。咸丰十年三月太平军攻破杭州外城，罗遵殿死。灵柩运回安徽宿松故里，曾国藩、胡林翼都参加了他的葬礼。钟谦均湖南巴陵人，入幕前为巡检，官至广东盐运使。唐际盛同治三年七月由荆宜施道迁湖北按察使，同治五年七月召京。

除上述将领幕僚外，胡林翼还有一些亲近属员，如毛鸿宾、刘齐衔等，当亦属于这个派系。毛鸿宾前已述及。刘齐衔原为汉阳知府，为胡林翼所知。他似与林则徐二子较为熟悉。咸丰九年初胡林翼奏调林氏兄弟，曾专函请其寄信与盘费至福建，促二林早日上路。其离开湖北时间不详。现仅知他同治六年十月由陕西粮道迁浙江按察使，同治八年迁河南布政使，光绪三年十一月革职。

左宗棠派系的带兵将领，主要是蒋益澧、刘典、杨昌濬、刘松山、刘锦棠及王开化、王文瑞等王鑫家族弟兄。左宗棠派系的湘军，简称左湘军，虽正式出现较晚，而论其渊源，则肇基于湘军初立之时。王鑫在湘军中资历甚深，地位重要，系湘乡练勇最初的三位营官之一。因另一营官（先为康景晖，后改邹寿章）离营较早，故湘军骨干多罗、王旧部。然王鑫自视甚高，从一开始就同湘军创始人曾国藩意见不合。咸丰三年九月曾国藩与罗泽南等议定营制，将原湘乡练勇的每营三百六十人，改为五百人。王鑫拒不采纳，其所带湘勇仍营、旗参用，每营三百六十人，每旗不足三百人。与此同时，又乘奉旨援鄂之机，将所部扩充至三千四百人。其后援鄂命令撤销，湘军陆师亦由原拟二十营缩编为十营，曾国藩令其将所部缩编为三营一千五百人[①]，被拒绝。曾国藩创立湘军，志在扫除绿营积习，要求下级绝对服从上级，不许有人一再梗令。于是形

---

① 其时，塔、罗亦由两营七百人缩编为一营五百人，其余营官也最多只带一营。

成僵持局面。这时，骆秉章、左宗棠乘机插手，宣布王鑫所部营营可用，无须裁撤。从此，王鑫脱离曾国藩，投靠骆秉章，实际上是左宗棠的门下。咸丰四年曾国藩整军再出，又因故将王鑫留在省内，故其一直在左宗棠的指挥下作战，遂使王氏家族同左宗棠结成较为密切的关系。故《湘军志》称："宗棠佐湖南军事十年，勇将健卒多归心，其名者黄少春、崔大光、张声恒。又雅善王鑫，诸王多从之。"①咸丰十年左宗棠在籍募勇建立新军，以王鑫从弟王开化总理全军营务，营、哨官亦多王鑫昔日下属。而其中一千四百人则纯粹王鑫旧部，由王鑫弟王开琳领之，营制一仍其旧（新募各营皆为每营五百人）。左宗棠在江西、皖南作战，及初入浙江之时，主要依靠这支部队。

蒋益澧道光二十九年从李续宾充团丁，咸丰二年四月随李续宾加入湘乡团练，三年六月随李续宾赴援江西，六年因与李续宾不和告假归。咸丰八年募勇援广西，累功升候补道，署广西按察使。咸丰九年四月实授广西按察使，旋迁广西布政使，九月降为道员。咸丰十年升记名按察使，咸丰十一年七月补广西按察使。同治元年正月奉命率军援浙，迁浙江布政使，八月抵衢州。所部八千人分左右两军，由高连陞、熊建益分领之。同治三年九月护理浙江巡抚。同治五年正月奉命带兵赴广东，二月取代郭嵩焘为广东巡抚。同治六年十一月降二级调用，乞病归。蒋益澧自幼放荡不羁，"不为乡里所容，逃之四方"②，实际上是个游民。故虽作战有功，保至方面大员，但不能适应官场，一再被劾降黜，属于有仗用有、无仗无用的典型人物。蒋益澧的部将主要有高连陞、熊建益。高连陞咸丰四年投军，隶于蒋益澧，咸丰七年充营官。咸丰八年从蒋益澧援广西，积功升记名总兵。同治元年正月补右江镇总兵，从蒋益澧援浙。同治三年二月从蒋益澧攻陷杭州，署浙江提督，七月随左宗棠入闽、入粤。同治四年擢广东陆路提督。同治六年从左宗棠赴陕西，调改甘肃提督。同治八年二月所部中两营发生哗变，高连陞被杀。熊建益久从蒋益澧，为其部下骁将，官至记名提督。

---

① 《湘军志》，第89页。
② 《中兴将帅别传》，第238页。

刘典秀才出身，咸丰六年投军，从罗泽南攻武昌。后返湖南，奉左宗棠意旨在原籍宁乡办团练。咸丰十年左宗棠建新军，王开化总营务，刘典、杨昌濬辅之。后独领一军，转战于赣、皖一带。咸丰十一年随左宗棠入浙。同治元年正月分兵"攻剿"赣北皖南，充偏师，以配合蒋益澧主力部队进攻杭州的军事行动，所部已增至五千人。五月，由候补知府超擢浙江按察使。同治二年十月丁父忧回籍。同治三年夏奉旨募勇八千人赴江西，复随左宗棠入闽、入粤。同治五年秋奉命帮办陕甘军务，随左宗棠西行。同治六年奉命督办陕西军务，同治七年二月署陕西巡抚。同治八年十二月乞养归。光绪元年左宗棠进军新疆，刘典奉命再赴西北，帮办左宗棠军务。光绪二年七月以三品候补京卿补太常寺卿，光绪四年五月改通政使司通政使，乞养归。是年冬行至兰州病死。

杨昌濬初以诸生从罗泽南办团练，后入湘军，曾出援湖北，转战于广济、黄梅等地。咸丰十年左宗棠建新军，与刘典助王开化总营务。同治元年从左宗棠入浙，带勇数千人，先后协同刘典、蒋益澧作战，曾参与杭州、湖州等役，因功迁浙江盐运使。同治三年十二月迁浙江按察使，同治五年二月迁浙江布政使，同治八年十二月署浙江巡抚，同治九年八月实授。光绪三年二月坐杨乃武、小白菜案革职，光绪四年起佐新疆军务，光绪五年九月以三品衔署甘肃布政使，光绪六年十一月护理陕甘总督。光绪九年二月迁漕运总督，光绪十年七月改闽浙总督。法军入侵福建，左宗棠授钦差大臣，主军事，杨昌濬、穆图善佐之。光绪十一年六月兼福建巡抚。光绪十四年二月调陕甘总督，光绪二十一年十月甘回再次起事，因预防不力解任。光绪二十三年病死。

刘松山同治六年初率军先期入援陕西，改隶左宗棠，对西捻军作战，由皖南镇总兵改肃州镇总兵。二月迁广东陆路提督，留陕带兵如故。西捻军渡河东去以援东捻，刘松山尾追而至冀、鲁一带。西捻平，赐三等轻车都尉世职，奉命重返陕甘，对回民起义军作战。同治八年陕回逃向灵州，刘松山奉命率军进入宁夏。同治九年二月进攻金积堡，重伤死，年二十八岁。

刘锦棠乃刘松山之侄，其父为王鑫属下湘勇，咸丰四年死于岳州，立志为父报仇。年十六从军，时间约在咸丰十一年，从刘松山转战于江西、皖南。同治四年从刘松山"剿"捻，独领一军作战，同治六年随刘松山入援陕西，同治八年转至宁夏。同治九年二月刘松山死后，刘锦棠代统老湘营。平金积堡，得候补道员加布政使衔。同治十年五月运刘松山灵柩回湘，同治十一年七月重返西北，先征陕甘回，后征青海回。同治十二年西宁平，又移兵肃州，回民起义军首领马文录出城降，刘锦棠竟疯狂屠城。先碟头目八人，复入城纵火，屠回民七千人，仅留老弱九百人。其手段之残忍，与曾国荃安庆杀降、李鸿章苏州杀降相类似。左宗棠奖其功，奏保补授西宁道。光绪二年四月率军出嘉峪关，在左宗棠的指挥下向新疆挺进，并充任全军主力。六月克乌鲁木齐，收复北疆。乘胜追击南下，至光绪三年十一月收复南疆，新疆平。光绪四年四月授太常寺卿，六月改通政使司通政使，未赴任，在新疆带兵如故。光绪六年正月奉旨帮办新疆军务，七月左宗棠回京，新疆事交由刘锦棠主持。十一月署钦差大臣，光绪七年八月授钦差大臣，督办新疆军务。光绪八年三月遵从左宗棠的意旨，与甘督联衔奏请新疆建省，设郡县。光绪九年十月迁兵部右侍郎。光绪十年十月新疆建省，改新疆巡抚。光绪十二年八月卸钦差任，光绪十四年正月归籍省亲。光绪二十年七月病死原籍。据说，这位收复新疆的大功臣染有吸毒恶习。当其途经北京时，西太后请他看戏，为防烟瘾发作，不得不贿赂太监，以送水为名为其递送鸦片。其弟刘瞻官至山西按察使。部将余虎恩官至巴里坤提督，谭上连官至乌鲁木齐提督，谭拨萃官至宁夏镇总兵。

王开化乃王鑫从弟，年十七投军，从王鑫征战江西。咸丰七年王鑫死，他与张运兰分领其众。咸丰十年左宗棠建新军，王开化总营务，甚得左宗棠倚重。是湘军少有的悍将，曾先后战胜过太平军著名勇将黄文金、李侍贤。其乐平一仗尤为关键，以少胜多，以弱胜强，使曾国藩与山内各军转危为安，为曾国藩集团立下大功。其传云："厚重沉毅，行军常以寡击众，虽矢石如雨之中，意思安闲，不异平常。至其摧锋陷阵，飙发电举，贲、育不足喻其勇也。"[1]湘军诸将中很少有人得到这样的评语。咸丰十一年病死于江西广信。王文瑞为王鑫族叔，初从王鑫转战于湘、赣边境一带。咸丰十一年从左宗棠由江西入浙江，同治二年春复由浙江援徽州，补授皖南道，与刘典、朱品隆、唐义

---

① 《中兴将帅别传》，第97页。

训共保皖南，以配合左宗棠攻夺杭州的军事行动。同治三年赴皖南道任，所部三千人由王开琳接统。

左宗棠的幕僚，除曾入曾国藩幕府的邹寿章、吴大廷外，已知者还有杨昌濬、刘典、周开锡、段光清、叶熊才、杨叔怿、胡光墉、王加敏、袁保恒、沈应奎、陈瑞芝等。杨昌濬、刘典曾为左宗棠管理营务，前已述及。周开锡初入曾国藩幕，随同郭嵩焘等在湖南省内为其劝捐筹饷。后又入胡林翼幕，职事不详。胡死后转入左宗棠幕府，主办河口、乐平、景德镇三卡厘金。接手数月，收入骤然大增，引发同治元年曾国藩对江西厘务的大力整顿。后又为左宗棠劝捐筹饷，管理粮台。同治八年十一月由延建邵道擢福建布政使。经左宗棠奏调西赴甘肃，总统甘南各军，兼理地方厘税、钱粮诸务。同治十年六月，因范铭部众哗变为言官所劾，遂告病归籍。八月解福建布政使职。段光清、叶熊才、杨叔怿三人曾于同治元、二年间，在浙江办理劝捐、厘金为左宗棠筹饷。胡光墉号雪岩，原为商人，乘战乱之机，依浙江大吏何桂清、王有龄大发其财，一跃而成东南巨富。左宗棠巡抚浙江，胡光墉又为左筹饷。其后，左宗棠陕甘"剿"回、新疆用兵，两次向外国银行借巨额债款，皆胡光墉为其经办。故极得左宗棠赏识，"以一商人，官至二品"。胡亦感恩图报。"宗棠驻军肃州，偶思莼菜，雪岩用缎匹卷运八千里，送至军府。"[1]王加敏曾于同治六年，为奉旨远征西北的左宗棠，专司设立在武昌的陕甘后路总粮台。其时王加敏为候补道员。袁保恒、沈应奎、陈瑞芝皆左宗棠用兵西北时期，经办粮台、饷运之员。朱德裳《续湘军志》称："初设西北粮台于西安，以翰林院学士袁保恒总其事，凡开单奏催协饷及咨商分致各省、关之事掌焉。""其后移师出关，设局而不设台，以道员沈应奎、知府陈瑞芝等督率分局委员，催促收发，亦曾无贻误之事。"[2]

此外，沈葆桢之事亦似应顺便一提。他既非部将、幕僚，也非属吏、门生，但与左宗棠关系密切，非同一般，若论派系，亦应归于左之一派。沈葆桢

---

① 朱德裳：《续湘军志》，岳麓书社1983年合刊本，第279页。
② 《续湘军志》，第278、279页。

本曾国藩的幕僚，因争饷和曾结怨，又以走脱幼天王事，与左联手对付曾，从此同左宗棠关系渐趋亲近。在左宗棠陕甘"剿"回期间，自同治六年至同治十三年（除丁父忧二十七个月外），沈葆桢受其委托，一直充任总理船政大臣，替他掌管福州船政局。他二人何时交厚，尚难确指，大概不会开始于同治三年夏秋之时。沈葆桢是林则徐的外甥和女婿，而左宗棠则对林甚为崇拜，二人在内政外交上方针颇为一致，似出同一师承，彼此心仪已久，亦未可知。

李鸿章系统的带兵将领主要有程学启、刘铭传、张树声、周盛波、周盛传、潘鼎新、刘秉璋、丁汝昌及郭松林、杨鼎勋、藤嗣林、藤嗣武、韩正国等。程学启前已述及。刘铭传前段事迹已述。同治四年七月以记名提督授直隶提督，未赴任，带兵"剿"捻如故。西捻平，驻军张秋。同治七年九月奉命赴西北"剿"回，同治八年四月病免。光绪十年九月起用改文职，授福建巡抚，光绪十一年九月改台湾巡抚，移驻台湾。光绪十六年加兵部尚书衔，帮办海军事务，光绪十七年病免，光绪二十一年病死。刘铭传是淮军将领之佼佼者。中法战争期间，法军侵犯台湾，刘铭传进行了坚决的抵抗，前后相持八月之久。

张树声、张树珊、张树屏兄弟，皆出身团首，同治元年入淮军，号树字营。先从李鸿章镇压太平军，后又随曾国藩"剿"捻。张树声同治四年五月补授江苏徐海道，十一月迁直隶按察使，留营"剿"捻，未赴任。后因与其弟张树珊意见不合离营，为曾国藩经办营务，所部树字军交张树珊统带。大约同治六年初曾国藩回任江督后赴直隶按察使任。同治八年三月与山西按察使史念祖对调，为直督曾国藩奏留，直至直隶历年积讼清理完毕，始放赴山西按察使任。同治九年七月迁山西布政使，同治十年十二月改漕运总督，未赴任。同治十一年二月旨准暂留原任。七月署江苏巡抚，十月署两江总督，同治十二年正月授江苏巡抚，同治十三年九月免职。光绪五年正月起授贵州巡抚，闰三月调广西巡抚，十一月迁两广总督。光绪八年三月署直隶总督，九年六月回任两广总督，十年四月病免，七月病死，谥靖达。张树珊同治五年冬在湖北德安中伏死，官至广西右江镇总兵。张树屏历任山西太原镇、大同镇总兵。

淮军将领铭、树、盛、鼎前期经历雷同，从略。周盛波、周盛传兄弟初同在一军，号盛字营，由周盛波统带。同治三年六月李鸿章改抚标亲兵三营为传字营，由周盛传统带，开始独领一军。同治七年周盛波授甘肃凉州镇总兵，西捻平，乞假归养。周盛传接统其盛字营，同治九年入陕西"剿"回，同治十年奉调回驻直隶境内，光绪八年授湖南提督。光绪十年中法之战事起，周盛波募勇五千人出防天津，兄弟带兵，同驻京津一带。光绪十一年五月其母病死，奉旨周盛波留营统军，周盛传回籍治丧，寻病死。其湖南提督遗缺，由周盛波署理，未赴任，仍在天津带兵。光绪十三年九月服阕，周盛波授湖南提督，留津统军如故。光绪十四年病死。

潘鼎新同治四年四月奉旨"剿"捻，先乘轮船北上防京津，后回驻江苏。八月由江苏常镇道迁山东按察使，同治六年二月授山东布政使，未赴任，继续留营带兵"剿"捻。同治七年西捻平，赏云骑尉世职。同治九年丁忧回籍，同治十三年起授云南布政使，光绪二年三月署滇抚，九月实授，光绪三年八月病免。光绪五年赴天津随李鸿章治军，光绪七年乞归。光绪九年授湖南巡抚，光绪十年二月调广西巡抚。光绪十一年二月因在中法战争中，临阵策马狂逃革职。据说，逃跑途中落马，狼狈万状，手臂摔断。光绪十四年五月病死。

刘秉璋安徽庐江人，冒籍取中顺天府举人。曾入督办徽州军务张芾幕府，充任幕僚。咸丰十年考中进士，选庶吉士，散馆授编修。同治元年经李鸿章奏调赴上海军营。同治二年奉李鸿章命，募勇五千人，独领一军图嘉善。从此，刘秉璋与淮军主力兵分两路，率偏师杀向浙西，陆续攻陷嘉兴、湖州等地，历迁至翰林院侍讲学士。据其子刘体智称，刘秉璋虽与李鸿章早年友情甚笃，但从军后关系并不协调，反而同曾国藩较为密切。同治三年曾国藩大裁吉字等营时，曾欲将老湘营交由刘秉璋统带，调防江宁，后因李鸿章的阻难没有办成。《异辞录》称："曾文正遣散湘军，唯留老湘营。又知先文庄与淮军将领气味不投，终不相合，欲以老湘营隶于文庄领之，常驻江宁为防军。致书请于李文忠曰：'将使之淬厉湘军暮气，我亦得日以老生常谈勖之，俾成栋梁之器云。'黄昌岐提军持书谒文忠于苏州，文忠不置可否，私谓文庄曰：'往也，唯此老翁能致人于方面重任。'时文忠家居拙政园，设宴待提军，值春初山茶盛放。文忠曰：'花如此丽，虽仆婢今日折一支，明日摘一朵，究无损焉？'提军退而备行具。文庄问：'何若是之速？'提军曰：'昨日之言，公不闻与？已示意不欲公往，尚待言耶？'"①此后，刘秉璋与李鸿章的关系愈不谐。同治四年春淮军各部陆续北调"剿"捻战场，唯刘秉璋等三支留防江南，驻守苏、松、东坝一带，同治五年正月经曾国藩奏调北上"剿"捻。同治五年四月刘秉璋迁江苏按察使，未赴任，带兵"剿"捻如故。同治六年初曾、李易位，一再乞归未允。同治六年二月迁山西布政使。东捻平，丁父忧归。同治十一年六月起授江西布政使，光绪元年八月迁江西巡抚，光绪四年七月以母老乞养归。光绪八年十二月起授浙江巡抚。中法战争期间，对法军的侵扰进行了坚决的回击。光绪十二年五月迁四川总督，六月兼署成都将军，十月解职。其原因名为荐举失误被劾，实则办理教案得罪了洋人。《清史稿》称："初丁宝桢督蜀，称弊绝风清。秉璋承其后，难为继，故世多病之。未受代而民教相哄，重庆先有教案。秉璋初至，捕教民罗元义、乱民石江等置之法。至是各属继起，教堂被毁者数十。教士忿，牒总署，指名夺秉璋职。朝廷不获已，许之，秉璋遂归。三十一年卒。总督周馥及苏绅恽彦彬等先后上其功，复官，予优恤，建祠。"②这就是说，刘秉璋的罢职是个冤案，直到死后方予平反，属于近代史上屈辱外交的典型事例之一，也是清政府失去主权的明证。所谓"朝廷不获已"，不过曲笔讳尊之词而已。刘秉璋是淮军诸将中出类拔萃的人物，他与刘铭传一样，贵在不肯向外国侵略势力屈服。而二人相较，其战功虽稍逊，而文化素养则大为过之。

刘秉璋的部将主要有吴长庆、叶志超、王占魁等。吴长庆初随李鸿章援沪，后奉命回籍募勇二千五百人，号庆字营，从此独领一军。同治二年秋从刘秉璋图嘉善，先后攻陷嘉兴、湖州等地，积功晋记名总兵。同治四年从刘铭传"剿"捻，授直隶正定镇总兵。西捻平，调防江苏。光绪六年正月迁浙江提督，十月改广东陆路提督，留防江苏如故。光绪八年夏赴朝鲜，光绪十年六月病故。叶志超初从刘秉璋打太平军，后从刘铭传"剿"捻。光绪初署直隶正定镇总兵，后实授。光绪十五年十一月迁直隶提督。光绪二十年奉李鸿章命赴朝

---

① 《异辞录》，第1卷，第29页。刘秉璋谥文庄。
② 《清史稿》，第41册，第12500页。

鲜，诫勿战。闻饷道断，弃牙山逃至平壤，讳败为胜上报，获嘉奖银二万两，及总统前线诸军之权。日军攻平壤，献城降，导致全军覆没。叶志超仅以身免，逃回奉天，被劾革职。光绪二十一年械送京师，处死刑缓期。光绪二十六年赦归，岁余病死。王占魁官至广东高州镇总兵。

丁汝昌安徽庐州人，初隶长江水师，后改陆，从刘铭传"剿"捻，充营官，积功至参将。捻平，授记名总兵。光绪初留北洋差遣叙职。曾赴英国购买兵舰，游历法、德各国，归国后即综理长江水师营务。光绪九年授天津镇总兵，光绪十四年十一月授海军提督，统北洋舰队。丁汝昌"故不习海战"，总兵多籍闽、粤，徒以皖人居高位，"威令不行""恒为所制"。"总兵以下多陆居，军士亦去船以嬉。又值部议停购船械，数请不获，盖海军废弛久矣。"[1]光绪二十年甲午，中日战事起。丁汝昌欲至济物浦先攻日舰，将启行，被总理衙门电报制止。后战局愈形恶化，同日军战于奉天大东沟，丧五舰，击沉日舰一艘，尚不为大败。不意丁汝昌竟放弃旅顺，率舰远逃山东威海。被劾革职逮问，经李鸿章奏请戴罪立功。从此，北洋舰队士气尽丧，只言守，不言战。光绪二十一年日军追至，丁汝昌饮药自杀以终，成为李鸿章不抵抗主义的牺牲品。

郭松林、杨鼎勋、藤嗣林、藤嗣武、韩正国与前述之程学启，皆同治元年拨隶李鸿章的湘军将领。郭松林已在曾国荃部将中述及，惟其出湘入淮的原因不详。郭松林籍隶湘潭，本曾国荃"爱将，以勇冠其曹中"，大约为湘乡人所忌，"蜚长流短，颇有谤言"。李鸿章赴沪，"请于文正，以之自随"。数年之间，由一营官保至实缺提督，报之不为不厚。"剿"捻期间，李鸿章接统各军之后，郭松林重伤初愈，复再出带兵，从李鸿章"剿"捻。所以，他也应是李鸿章的部将。杨鼎勋四川华阳人，原为鲍超部下营官，因"不得志于霆军"，而与李鸿章"交谊颇笃"，故荐之赴沪，曾国藩"又以亲军二营佐之。所谓赠嫁之资是也"[2]。这"亲军二营"的营官，就是韩正国。李鸿章临行之前，又

①《清史稿》，第42册，第12727页。
②《异辞录》，第1卷，第28页。

以二营水师向曾国荃换得湘军二营，其营官就是藤氏兄弟。杨鼎勋官至湖南提督，二藤亦皆官至实缺总兵，唯韩正国抵沪不足半年战死。李鸿章抵沪之初，所统总兵力大约十三营六千五百人，其中湘军八营四千人，淮军仅五营二千五百人。故作战主要依靠湘军，尤其程学启的开字营。后来雨花台军情吃紧，曾国藩曾派赵烈文以专使赴沪，要求调回程学启等人，亦未能如愿。

李鸿章幕僚众多，除曾先后入曾国藩幕的丁日昌、王延长、冯焌光、刘瑞芬、吴世熊、倪文蔚、郭嵩焘、郭柏荫、刘瀚清、吴汝纶、钱鼎铭、陈鼐、李兴锐、程国熙、薛书常、洪汝奎、凌焕等，请参见拙著《曾国藩幕府研究》，兹不赘述外，已知者还有沈葆靖、郑藻如、朱其昂、朱其诏等。郑藻如出入幕时间不详，现仅知同治十一年前，曾同冯焌光、沈葆靖一起管理江南制造局局务。据曾国藩讲，郑藻如做事精细干练，条理秩然，局务大半赖其经理，是冯焌光手下主要办事人员，沈葆靖亦倚为心腹。同治十一年冯焌光离局，郑藻如不知所终。沈葆靖同治元年入幕，与李鸿章同至上海。大约同治四年江南制造局设立之初，即协同冯焌光管理局务。同治十一年李兴锐接管局务，沈葆靖授江西广饶九道道员。光绪五年正月迁江西按察使，光绪七年八月迁福建布政使，光绪十一年六月降三级调用。从时间上看，可能与中法战争有关。朱其昂江苏宝山人，同治初入淮军，积功至候补道员，颇得李鸿章赏识。朱其诏为其昂弟，捐资为知县，累迁至候补道，历任江、浙漕运事。李鸿章以军中运输舰养护乏资，奏请改为商船，朱氏兄弟遂创议官商合办，请设轮船招商局。李鸿章采用其议，经奏准设局，任命朱其昂为总办，是为中国近代官督商办制度之始。朱其昂曾署津海关道，朱其诏曾署永定河道，后事皆不详。此外，还有翟增荣、张家斌、张垤、张进、张凤翔、张席珍、张铭坚、张光藻、张莘亭、张性渊、张秉刚、张士智、张士珩、赵继元、赵熙文、赵康侯、赵炳麟、陈琦、陈其元、陈锦、陈庆长、陈浚、陈锡纯、陈黉举、陈洪钟、蒋浩、蒋一桂、蒋铭勋、江麟瑞、钱恩荣、钱勖、金福曾、秦缃业、周馥、周沐润、朱桂生、褚兰生、方鸿、方瀛、方德骥、冯瑞光、冯桂芬、韩杰、何慎修、许懋功、许道身、徐宝治、徐士荣、徐文达、薛福辰、薛时雨、薛允升、胡楷、胡光祚、任本照、高梯、耿思义、葛士达、蒯德模、蒯德标、郭缓之、郭道直、郭道清、李安澜、李金镛、李隰馥、李言立、李元华、梁承祖、林达泉、刘钟灵、刘浚卿、刘含芳、刘郇膏、刘汝翼、刘佐禹、刘文荣、路崇、潘其钤、鲍国治、包国挺、邵增、沈燿、史克宽、史书青、石永贞、石东山、疏长庚、唐德埥、蔡良杰、崔廼犟、童埏、万年清、王学懋、王翚翎、王凯泰、王大经、王德均、王文治、魏承樾、吴俭、吴春霖、吴崇寿、吴国恩、吴鹗、吴炳辉、杨嘉善、杨倬章、杨觐辰、杨福祺、杨宗瀚、严信厚、阎克显、叶清臣、於培庆、袁世功等117名，为其办理文案、筹办粮饷、经理营务。其中周馥、徐文达、薛允升、刘郇膏、蒯德标、李元华、王凯泰、王大经皆为三品以上实缺官员，冯桂芬为著名思想家，详见王尔敏《淮军志》载《淮军幕府表》。

江忠源系统，或称江刘系统的统兵将领与幕僚，主要是刘长佑、刘坤一、江忠义、李明惠、席宝田、江忠濬及江忠济、江忠信、江忠泊、邹汉勋等。这一派系，在该集团的整个发展过程中，从未担当过主角，但在其主要首脑人物曾、胡、左出场之前与退场之后，却都有过出色表演。有人说江忠源"烛照机先"[1]是有道理的，而刘坤一对晚清政治影响亦不可忽视。所以，既不应忽而不计，也不能随意并入其他派系，只能将之单列一号。

刘长佑同江忠源关系密切，有郎舅之亲，也是他的主要部将和幕僚，其长子思询又娶江忠濬之女为妻。咸丰二年入江忠源幕，同赴广西对太平军作战，襄衣渡伏击、长沙城守、攻剿征义堂诸役皆与之。咸丰三年江忠源赴鄂途中受阻，刘长佑率兵赴援，为其独领一军之始。咸丰五年所部扩充渐众，有刘家军之名。咸丰六年奉湘抚命，率萧启江等五千人援江西，咸丰八年八月率部返湘。咸丰九年初再出救宝庆，九月率兵八千尾追石达开入桂，由记名按察使授广西按察使，十月迁广西布政使。咸丰十年闰三月迁广西巡抚，所部交刘坤一统带。同治元年闰八月迁两广总督，未赴任，十二月改直隶总督。同治六年十一月革职归籍。同治十年四月起授广东巡抚，六月改广西巡抚。光绪元年十一月迁云贵总督，光绪八年召京陛见，光绪九年四月病免，光绪十三年病死。据说，刘长佑为人忠厚、朴实，但不太灵敏。他自道光十四年中秀才，先后在岳

---

[1]《能静居日记》，同治六年七月十九日。

麓书院读书十年，却始终不能考中举人，以拔贡生参加朝考亦落榜，最后还是靠军功博得官职。

刘坤一、江忠义、李明惠为刘长佑的主要幕僚和部将。三人曾为刘长佑管营务，后皆出而带兵，独领一军。咸丰八年刘长佑行军途经建昌，曾国藩出迎之，"因遍阅军中将士，称刘营有三贤"[1]，即指此三人。《湘军志平议》亦称："曾文正知长佑沉毅有容，其营务处江忠义骁果善战，机警有智略；李明惠神气闲定，屡当大敌未受一伤，终当依以办贼。"[2]胡林翼闻知后，曾致函刘长佑表示祝贺，多方罗致而不可得。刘坤一为刘长佑族叔，而年龄稍幼。咸丰初从军，追随刘长佑多年，曾先后转战于江西、广西等地，积功至记名按察使。咸丰十年四月刘长佑授广西巡抚，刘坤一接统其军。咸丰十一年九月迁广东按察使，同治元年闰八月迁广西布政使，同治四年五月迁江西巡抚。同治十三年十二月署两江总督，光绪元年八月改两广总督，光绪五年十一月调两江总督，光绪七年七月召京。光绪十六年十月授两江总督，光绪二十年七月兼署江宁将军，十月召京陛见，十二月授钦差大臣。光绪二十一年十一月回任两江总督，光绪二十八年九月出缺。刘坤一长期担任两江总督，渐成左右朝政的有力疆吏之一。曾以君臣名分已定、中外之口难防为词，复电清廷，反对废黜光绪帝，一时声震朝野，世界注目。光绪二十六年八国联军进攻中国期间，他曾与两广总督李鸿章、湖广总督张之洞、山东巡抚袁世凯联合，搞东南互保，在战争中宣告中立。实际上，他在左宗棠死后，已成为湘军的主要代表人物。与李鸿章一湘一淮，一南一北，构成曾国藩集团的首脑与主干。江、刘两家能够自成一派，与此很有关系。

江忠义为江忠源族弟。咸丰二年在长沙从军，先后转战于湘、鄂、赣等地。咸丰三年十二月江忠源死于庐州，江忠义分领其军。咸丰五年随江南提督和春攻打庐州，擢候补知县。咸丰七年春率千人赴援江西，隶于刘长佑，晋候补知府。咸丰八年归籍。咸丰九年奉檄再出，先后转战于湘西及湘、鄂、川交

---

① 《湘军人物年谱》（一），第339页。
② 郭振墉：《湘军志平议》，岳麓书社1983年合刊本，第238页。

界地区。同治元年率军援黔，署贵州提督。同治二年转援江西，再援安徽，旋发病死。李明惠曾任分统，官至湖南永州镇总兵。

席宝田曾与刘长佑同在岳麓书院读书。咸丰六年从军，随刘长佑援江西。咸丰九年始独领一军千人，称精毅营。同治二年春从江忠义带兵援江西，江忠义死后接统其军，先后转战赣、浙、皖省。同治三年九月在江西石门一带俘幼天王及洪仁玕等，次年，因功授记名按察使。同治六年奉湘抚命率军援贵州，镇压苗民与号军起义。同治十一年黔事平，赏骑都尉世职。官至贵州按察使。光绪十五年六月卒，年六十二岁。曾国藩称其"似是近日各统领中出色之才"[1]，但"渠军系楚勇流派，有江岷樵、刘印渠之风，于湘、霆之外，另有家数。"[2]

江忠濬、江忠济、江忠淑为江忠源弟，江忠信、江忠泊为江忠源族弟。曾国藩称："渠兄弟四人，三子从军，一子奉母。"[3]江忠濬初未从军，在籍奉母。咸丰三年冬江忠源被困庐州，他与刘长佑带兵赴援，遂留于安徽转战多年。同治元年五月以记名道署安徽布政使。同治二年正月奉派赴川购米，九月授四川布政使。同治六年十月调广西布政使，同治八年五月召京，休致。江忠济道光三十年曾参加镇压李沅发起义。自咸丰二年起从江忠源转战湘、鄂、赣各地，因功擢候补知府。江忠济是楚勇的主要台柱，但性贪财，终以此生变。据徐珂称，"楚军号能战，当时有'北胜南江'之目，然实恃其弟忠济。迨往援江西，助守南昌，赣省馈犒军银二万两，忠济尽取之，不以给士。军大噪，欲杀忠济。忠源谕说百端乃已，遂斥忠济归，不使再领军。忠济去而楚军弱矣。"[4]江忠源死后，江忠济复出领军，咸丰六年四月战死于湖北通城，部众三千，死亡几尽。江忠信年十六从军，随江忠源转战于广西、湖南、湖北、江西等地。咸丰三年冬从江忠义、刘长佑赴援庐州，随江忠义等转战于安徽各地。咸丰六年战死于桐城。江忠淑、江忠泊亦曾多次外出带兵，唯其事迹不详。

---

① 《曾文正公书札》，第23卷，第2页。

② 《曾文正公书札》，第21卷，第41—42页。

③ 中国社会科学院近代史研究所编：《曾国藩未刊往来信稿》，岳麓书社1986年版，第6页。

④ 《清稗类钞》，第2册，第741页。

　　以上有关曾国藩集团各个派系的叙述，只是个大概的轮廓。这不仅由于很大一部分人，其中包括一些较为著名的人物，如萧启江、刘岳昭等难以归属；且因这种划分在很大程度上具有相对性。例如，号称曾国藩嫡系的吉字营，实际上真属嫡系者只有曾国荃一人，其分统、营官并不听命于曾国藩。而属于左湘军的老湘营和属于胡湘军的李氏兄弟，则倒是另一番情景。王鑫虽与曾国藩闹翻，投到骆秉章、左宗棠门下，但而后的几代统领，如张运兰、刘松山等都能接受曾国藩的指挥。而李续宾虽随罗泽南去了湖北，仍念念不忘曾国藩的旧恩，对之颇有情义。咸丰七年冬曾国藩在籍守制，李续宾以九江克后的战略方向决疑不下，致函曾国藩称："或剿皖省，或援豫章，先生不出，咏公不来，续宾何敢独行前往？""愿先生有以教之。盖蒙先生挈我出山，仍当恳带我归里。"[①]咸丰八年曾国藩再出领兵，途经李续宾营地附近，他不仅下船与曾亲切长谈，还特从所部抽出素质较好的朱品隆、唐义训两营随行，充任曾国藩的亲兵。究其原因，则应溯源于湘军初创之时。曾国藩最初集练过的三营湘勇，邹寿章营裁撤，罗泽南、王鑫两营则分别成为胡湘军和左湘军的源头。而种种情况表明，凡此千名湘勇，其后无论地位如何、归于何处，皆感念旧情，听从曾国藩的指挥。所谓得国藩一纸千里赴急者，主要就是指这些人。而吉字营初立之时既与曾国藩无关，而后又无选募、训练等事，故始终隔着曾国荃一层。营制既有"一军之权全付统领、大帅不为遥制"[②]之说，曾国藩也就不能越级指挥了。

　　此外，还有几个特殊人物，如骆秉章、多隆阿、阎敬铭等处于似是而非与似非而是之间，虽寄于该集团之内，却不能不加以说明。骆秉章乾隆五十八年生于广东花县，道光十二年进士，选庶吉士，散馆授编修。历任都察御史、鸿胪少卿、奉天府丞、侍讲学士等职，道光二十八年外放湖北按察使。道光二十九年闰四月迁贵州布政使，七月调云南布政使，道光三十年三月迁湖南巡抚。因对过境钦差大臣赛尚阿招待不周被劾，咸丰二年五月召京，十二月署湖北巡

---

① 江世荣编注：《曾国藩未刊信稿》，中华书局1959年版，第305、306页。
②《曾文正公奏稿》，第28卷，第18页。

抚，咸丰三年三月再任湖南巡抚。咸丰十年八月奉命赴川督办军务，咸丰十一年七月授四川总督，督办军务如故。同治三年六月赏一等轻车都尉，同治六年五月授协办大学士，数月后病死。骆秉章年龄较大，入仕较早，系洪秀全的同乡，而与曾、胡、左并无乡情乡谊。只因多年担任湖南巡抚，且正值该集团创业之时，遂与之结下不解之缘。他在该集团的发展过程中，的确起了很大作用。若没有他的合作，曾国藩很难在湖南立足。也正是由于他的容忍和大度，左宗棠方能稳操一省大权，很快将湖南搞成该集团的根本之地，从而为其事业的成功打下坚实的基础。不过，他也是因人成事。若非曾国藩集团的支持，他也同当时的一般巡抚一样，不会有什么作为，甚至难以存活。所谓"湖南不可一日无宗棠"①，"骆秉章之功皆其功也"②，绝非虚语。即如川督任内俘杀石达开一事，也多借重刘蓉之力。然而，他同该集团的关系，好像只是工作上的联系，并无太多的私谊。这不仅因为曾、胡不放左宗棠赴川，而让骆秉章前往办理军务，还因他离湘之时所带兵勇，数不足万，尤无著名大将统带，不得不续调名不见经传的刘岳昭而倚为长城。据说，他濒行之际，曾求胡林翼增拨千人，以满万人之数，辄遭到拒绝。若将此事同曾、胡、左、罗（泽南）、李（续宾）之间拨兵遣将的事例加以对照，便知骆秉章地位虽高、作用虽大，但却不是该集团的核心成员。只不过是这个集团的朋友，可以说是同这个集团合作最好的清朝地方大吏。而与其首脑及主要骨干人物之间，并无太深的个人交情。他对曾国藩集团的支持和帮助，不过出于对清王朝和地主阶级的忠诚，同曾、胡、左等间或追求该集团的自身发展，是不尽相同的。

多隆阿改由胡林翼节制奉有明旨，且感胡推毂命将之恩，他的合作亦仅限于胡林翼个人。故随着胡的去世，他与曾国藩集团的联系也就结束了。他不仅对曾国荃有恶感，与鲍超、李续宜的关系也不好。据说，他临死之前，正在陕南一带办理军务的陕西巡抚刘蓉曾专门前往探视。多隆阿闻之侧身向内，不予理睬。可见，他虽靠该集团起家，而内心的怨恨还是很深的。据王闿运说，多

---

① 《左宗棠年谱》，第70—71页。咸丰十年三月。
② 《庸盒笔记》第1卷，第10页。

隆阿一向轻视文臣，也不识汉字，同以文人带兵为特征的湘军格格不入，或许另有情由。惟其毕竟曾是胡林翼的得力大将，尤在安庆决战中起过关键作用，且在其死后，部将石清吉、陶茂林、雷再绾等曾与该集团长期合作，出过大力。故在讲到胡湘军时不能不提到他，而对其特殊情况也不能不加以说明。

阎敬铭亦是胡林翼的得力助手，其地位、作用以及同胡林翼的密切关系前已提及。他两年之间由户部主事升至湖北按察使，又二年署山东巡抚（尚在丁忧），不能不说是靠该集团起家的。然他同这个集团之间，似乎又有些隔阂。这不仅因为同治五年他曾因曾国藩的参劾而失去鲁抚一席，以致十数年坚卧不起，而更因其早在同治二三年间即上疏清廷，提出取代湘、淮军之策。他在奏折中说："前者僧格林沁奏称不宜专用南勇，启轻视朝廷之渐。老成谋国，瞻言万里。自古名将北人为多，臣北人也，耻不知兵。""北人之智勇兼备者，推多隆阿。请饬多隆阿募北方将士，教之战阵，择其忠勇者补授提、镇、参、游，俾绿营均成劲旅，何必更募勇丁？"①只是时过不久多隆阿即死于陕西周至，僧格林沁亦于次年死于山东，使其计划落了空。不过，从中可以看出，他既以北人自居，显然也就并未同湘、淮籍为主的曾国藩集团融为一体。而此奏亦无疑等于向清廷剖露心迹。此后他曾一度深得那拉氏的信任，以军机大臣、大学士掌户部，也许与此有关。但无论如何，作为胡林翼的心腹、曾国藩集团的重要成员，是不应站在僧格林沁的立场上，来谋划取代湘、淮军之策的。

---

① 《清史稿》，第41册，第12384页。

第四章

制胜有术

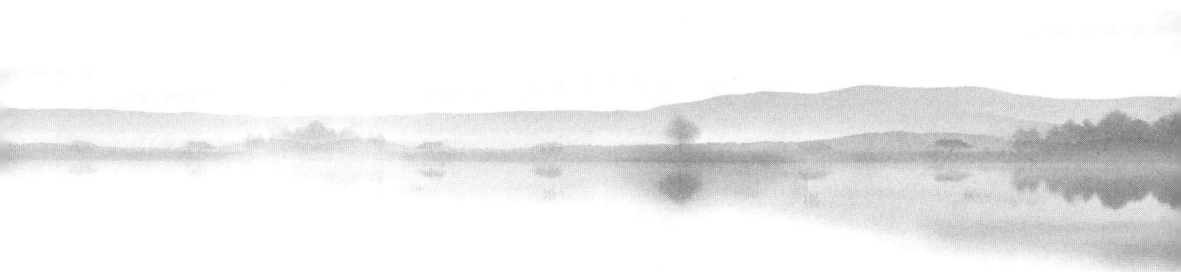

▼

　　湘、淮军何以胜？太平军何以败？这是多年来的一个老问题，答案也各式各样。而最常见的说法，则是"没有无产阶级的领导"。这个答案应该说是正确的，但嫌其过于笼统，缺乏具体分析。从客观上讲，以私有制为基础的封建经济，是当时最基本的生产方式，资本主义生产方式则刚刚出现。而农民既不是先进的资本主义生产方式的代表，也不是原有的封建生产方式的代表，他们的平均主义只能是一种不可实现的空想。所以，农民起义军虽可建立一个短暂的农民政权，但它一不能消灭封建经济关系，二不能创建君主专制以外的政治体制，三不能摆脱以等级制为核心的儒家思想的影响，也就像孙悟空的筋斗云翻不出如来佛的手心一样，只能在两种命运中进行抉择：或者迅速彻底地实现政权的封建化，将自己变成代表地主阶级利益的新兴政治集团，或者在政权封建化的过程中遭到失败，被镇压下去。这是所有单纯农民战争的客观发展规律，太平天国当然亦不能例外。这里根本不存在想不想当地主、想不想当皇帝的问题。中国历代单纯农民战争取得成功的榜样只有两个，一个是刘邦，一个是朱元璋。现在的问题是，为什么洪秀全连刘邦、朱元璋那样的前途也没有争取到呢？既有客观方面的原因，也有主观方面的原因。从客观上讲，社会与革命性质发生了变化，战争中遇到新的敌人，问题变得更为错综复杂，其解决难度也较前增大，致使单纯农民军队的领袖已在它面前无能为力。从主观上讲，太平天国成也宗教，败也宗教。虽则借此将自己推到单纯农民战争的巅峰，但却亦因此阻隔了张良、刘基式封建儒生的加入，从而迟滞了政权封建化的进程，致使农民自身的短见、狭隘、分散等弱点无法克服，即使没有外国干预，迟早也会失败。例如，曾、胡诸人忍辱负重，竭力搞好内部、外部的各种关系，由分散走向统一，事业不断发展，势力不断壮大；而太平天国则由团结而内讧，由集中而分散，由强盛走向衰弱。即仅此而言，优劣自明，胜负已分，何论其他？不过，本章不拟泛论双方的成败得失，仅从战争的角度，探讨曾国藩集团最终取胜的自身原因，其他问题留待后议。也就是说，主要追寻的是，在当时封建地主阶级诸多派系中，曾国藩集团何以能够及时、妥当地解决战中遇到的种种决定胜负的关键问题，从而异军突起，后来居上，终成战争主力并赢得胜利的。

早在咸丰元年，曾国藩就指出，要把太平天国等反清起义镇压下去，清王朝面临着国用不足、兵伍不精、人才不振三大难题。这些问题如不解决，清政府就不可能完成自己的历史使命。他围绕这一问题，曾接连呈上《应诏陈言疏》《议汰兵疏》等奏折，其主旨就是通过自上而下的改革来解决这些问题。他在给好友胡大任的信中说："国藩尝私虑以为天下有三大患：一曰人才，二曰财用，三曰兵力。人才之不振，曾于去岁具疏略陈大指，财用、兵力二者，昨又具疏言之。兹录一通，敬尘清览，未审足下以为有补万一否。如以为可行，则他日仍当渎请也。"[1]其后因此路不通，只好另寻他途，但一切努力都围绕着这一中心进行。最后所以能够战胜太平军、捻军等反清起义，亦因这些问题得到较好的解决。所以，本章考察曾国藩集团在这场战争中的制胜之术，就围绕着这三个问题进行。

第一节　军事可恃

如何看待八旗、绿营等武装力量，曾国藩集团的首脑人物在认识上并不完全一致，大约曾、左较为接近，尤以曾国藩对这一问题发现最早、思之最熟、决心最大、动手最快。他之所以成为湘军的缔造者和整个集团的领袖，是毫不奇怪的。所以，对该集团军事问题的考察，也就只能从曾国藩开始了。

绿营之腐败不可用，早在嘉庆初年镇压川楚白莲教起义时，即已初步显现出来，迫至太平天国革命爆发之后，就更加暴露无遗。咸丰二年底，曾国藩根据正在前线同太平军作战的江忠源提供的情况，总结二年来的战争说："自军兴以来二年有余，时日不为不久，糜饷不为不多，调集大兵不为不众。而往往见贼逃溃，未闻有与之鏖战一场者；往往从后尾追，未闻有与之拦头一战者；其所用兵器皆以大炮、鸟枪远远轰击，未闻有短兵相接、以枪钯与之交锋

---

[1]《曾文正公书札》，第1卷，第30—31页。

者。"大约此时曾国藩已初步下定撇开绿营、另建新军的决心，只是未奉明谕，措辞较为谨慎，只要求在"省城立一大团"，目标亦仅限于剿捕土匪、防守省城。理由是"省城兵力单薄"，"本省行伍空虚"，邻省"无可抽调"。其于绿营的弊端，则仅及"未经练习，无胆无艺"，虽有"今欲改弦更张"之说，亦仅归之于"总以练兵为要务"①。而在私人通信中则顾虑较少，意见谈得也较为明确。他在回复宝庆知府魁联的信中说："就现在之额兵，练之而化为有用，诚为善策。然习气太盛，安能更铸其面目而荡涤其肠胃？恐岳王复生，半年可以教成其武艺；孔子复生，三年不能变革其恶习。故鄙见窃谓，现在之兵不可练之而为劲卒，新募之勇却可练之使补额兵。"②而在给彭洋中、曾毓芳的信中则称："居今之世，用今之兵，虽诸葛复起，未必能灭此贼也。鄙意必须万众一心，诸将一气，而后改弦更张，或有成功之一日。"③永顺兵事件则促成了曾国藩的最后决心，对其除旧图新之举，无疑起了很大的推动作用。这件事不仅将绿营弊端暴露得淋漓尽致，且其危害之烈，更使曾国藩颇具切肤之痛。真可谓刻骨铭心，终生难忘。他在功成名就之后曾对人说："起兵亦有激而成。初得旨为团练大臣，借居抚署，欲诛梗令数卒，全军鼓噪入署，几为所戕。因是发愤募勇万人，浸以成军。"就是说，这一经历使曾国藩更加痛切地感到，只有练成自己的军队，才有成功之望。否则，不仅不能战胜太平军，还可能死于绿营兵丁之手。

关于绿营的弊端，曾国藩曾多次论及。他在《议汰兵疏》中尖锐地指出："天下之大患盖有两端：一曰国用不足，一曰兵伍不精。兵伍之情状各省不一。漳、泉悍卒以千百械斗为常，黔、蜀冗兵以勾结盗贼为业，其他吸食鸦片，聚开赌场，各省皆然。大抵无事则游手恣睢，有事则雇无赖之人代充，见贼则望风奔溃，贼去则杀民以邀功。章奏屡陈，诏旨屡饬，不能稍变锢习。"④还说："国家养绿营兵五十余万，二百年来所费何可胜计。今大难之起，无一

① 《曾文正公奏稿》，第1卷，第56页。
② 《曾文正公书札》，第2卷，第10页。
③ 《曾文正公书札》，第3卷，第1页。
④ 《曾文正公奏稿》，第1卷，第25页。

兵足供一割之用，实以官气太重，心窍太多，漓朴散淳，真气荡然。"①他在给江忠源的信中则说："国藩每念今日之兵，极可伤恨者在'败不相救'四字。彼营出队，此营张目而旁观，哆口而微笑。见其胜则深妒之，恐其得赏银，恐其获保奏；见其败则袖手不顾，虽全军覆没亦无一人出而援手，拯救于生死呼吸之顷者。"②又说："今日兵事最堪痛哭者，莫大于'败不相救'四字。""虽此军大败奔北，流血成渊，彼军袖手而旁观，哆口而微笑。"③他还在给毓科的书信中说："咸丰四年湖南抚署有众兵拥闹之案，六年冬间江西抚署拥闹两次，皆弟目所亲见，实属不成事体。至金陵兵之拥入向帅帐内抢劫银物，安徽兵驱迫福中丞殴打毕方伯，则视江西、湖南为尤甚，堪为发指。"④有些事虽在咸丰四年之后，但军营风气由来已久，却是一贯的。

凡此种种，可归纳为四个方面：第一不敬官长，不听指挥，欺压文官尤甚；第二纪律败坏，严重扰民害民；第三勇于私斗，怯于公战，敌来争先逃溃，敌去杀民报功；第四胜则争功，败不相救。而造成这种状况的原因，曾国藩认为也有四点：第一军营体制不嘉，调遣成法不善；第二事权不专，管辖不力，临阵指挥难以自如；第三饷章制订不当，坐饷太低，行饷太高；第四文法太繁，差役太多，官气太重。行饷太高，则军需银两过巨，临事难遽筹措。如有不足，则士卒索饷哗闹，拒不出征。不仅贻误军机，且易弄坏军营风气。其拥闹官衙，殴辱地方官吏，多与索饷有关。坐饷太低，则士卒平日不能自养，不得不经常离营外出，从事小商小贩或手工制作，以微薄之利贴补家用。久而久之则不仅荒废军事训练，且易养成市井游惰狡猾习气。礼仪太繁，差使过多，奔走衙门太勤，则易沾染胥役习气。曾国藩在分析绿营与勇营的不同时说："兵则编籍入伍，伺应差使，讲求仪节，既有一种在官人役气象。及其出征，则行军须用官车，扎营须用民夫，油滑偷惰，积习使然。"⑤这样，平日缺

① 《曾文正公书札》，第12卷，第4页。
② 《曾文正公书札》，第2卷，第33页。
③ 《曾文正公书札》，第4卷，第22页。
④ 《曾文正公书札》，第12卷，第15页。
⑤ 《曾文正公奏稿》，第28卷，第18页。

乏训练，无胆无艺；加以官气太重，油滑偷惰以及吸毒赌博等种种恶习，就不能不军队素质下降，战斗力日趋低下。更为重要的是，绿营平日分驻汛地，临事仓促征调集中，"东抽一百，西拨五十，或此兵而管以彼弁，或楚弁而辖以黔镇"①；以致"卒与卒不习，将与将不和"②，临阵自难同心协力，进退一致。这样，此急彼缓、争先待后，以及消极避战、观望不前之事也就在所难免，久而久之必成"胜则争功，败不相救"之局。既然"危急之际无人救应，谁肯向前独履危地，出万死之域以博他人之一微笑？是以相率为巧。近营则避匿不出，临阵则狂奔不止，以期于终身不见贼面而后快。"③

基于这一分析，曾国藩认为，"今欲埽除而更张之，非营营互相救应不可；欲营营互相救应，非得万众一心不可。"④"而以今日营伍之习气与今日调遣之成法，虽圣者不能使之一心一气。"⑤正是从这一思想出发，逐步形成他纠集死党的决心和对未来新军思想政治面貌的设想："鄙意欲练乡勇万人，概求吾党质直而晓军事之君子将之，以忠义之气为主，而辅以训练之勤"，冀其"呼吸相顾，痛痒相关，赴火同行，蹈汤同往，胜则举杯酒以让功，败则出死力以相救。贼有誓不相弃之死党，吾官兵亦有誓不相弃之死党，庶可血战一二次，渐新吾民之耳目，而夺逆贼之魂魄。"⑥曾国藩从这一目的出发，针对绿营的种种弊端，进行了军营制度上的一系列改革，逐步形成湘军的建军思想与原则。

一、加强各级军官的机动专断之权。"一营之权全付营官，统领不为遥制；一军之权全付统领，大帅不为遥制。"这是行之多年、成效颇著之后，曾国藩对湘军军制这一首要原则所作的概括。至于非此不可的原因，曾、左二人都曾做过解释。曾国藩称："事权宜专。""近年江楚良将，为统领时即能大展其才，纵横如意，皆由事权归一之故。"⑦又说："营哨官之权过轻，则不得各

---

① 《曾文正公书札》，第4卷，第22页。
②③⑥《曾文正公书札》，第2卷，第35页。
④ 《曾文正公书札》，第2卷，第34页。
⑤ 《曾文正公书札》，第2卷，第31页。
⑦ 《曾文正公奏稿》，第28卷，第18页。

行其志。危险之际，爱而从之者或有一二，畏而从之者则无其事也。此中消息，应默察之而默挽之。总揽则不无偏蔽，分寄则多所维系。"①左宗棠则称："军事以号令为重，令进则进，令止则止。统领以之钤束营官，营官以之钤束哨官、什长，哨官、什长以之钤束兵勇，违者得以军法治之。所谓军法者，明其与寻常法律不同耳。自统领以至营、哨，节节相制，然后驱之出入生死之地而不摇。"②

二、适当提高口粮标准。曾国藩革绿营行粮、坐粮之弊，取勇营粮饷之中，制定湘军口粮标准，总体水平约每月人均白银六两，普通士兵四两左右。这在当时还是相当优厚的，足可调动广大农民与士绅的积极性。故王闿运说："将五百人则岁入三千，统万人岁入六万金尤廉将也。"③湘军将领"人人足于财，十万以上赀殆百数"。于是，"将士愈饶乐，争求从军"④。

三、实行层层选募制度。曾国藩规定，湘军的募建与扩编，由大帅挑选统领，由统领挑选营官，营官挑选哨官，哨官挑选什长，什长挑选士兵。他认为，"口粮虽出自公款，而勇丁感营官挑选之恩，皆若受其私惠。平日既有恩谊相孚，临阵自能患难相顾。"⑤

四、任士绅为将，募山民为勇。曾国藩"痛恨军营习气"，认为"武弁自守备以上，无一人不丧尽天良。故决计不用营兵，不用镇将"⑥。于是，在创建湘军时，他决心赤地新立，别开生面，不滥收一弁，不掺杂一卒。军官主要以士绅、生童充任，士兵则招募健壮、朴实的山乡农民，不仅拒收入营稍久之卒，亦不要差役、书办及市井游民。胡林翼也有同感。他在给鲍超的信中说："勇丁以山乡为上，近城市者最难用，性多巧滑也。百技艺皆可为勇，农夫猎户尤妙，惟书办、差役单不可为勇，亦断不可招入营中。"⑦

---

① 蔡锷：《曾胡治兵语录》，民国二十六年铅印线装本，第24页。

②《左文襄公奏稿》，第39卷，第2页。

③《湘军志》，岳麓合刊本，第163页。

④《湘军志》，岳麓合刊本，第166页。

⑤《曾文正公奏稿》，第28卷，第18—19页。

⑥《曾文正公书札》，第4卷，第31页。

⑦《胡文忠公遗集》，第59卷，第14页。

　　五、加强训练。其目的有二：一为提高军队的战斗力，一为加强纪律，挽回人心，改变政治上的被动局面。训练的内容有二：一侧重于军事方面，旨在提高技艺；一侧重于政治方面，以加强军内纪律与群众纪律，以及以礼治军、如何处世做人等。曾国藩称："新募之勇全在立营时认真训练。训有二，出打仗之法，训做人之道。训打仗则专尚严明，须令临阵之际，兵勇畏主将之法令，甚于畏贼之炮子；训做人之道，则全要肫诚。如父母教子，有殷殷望其成立之意，庶人易于感动。练有二，练队伍，练技艺。练技艺则欲一人足御数人，练队伍则欲百人如一人。"①关于加强群众纪律的必要性，曾国藩解释道："练勇之举亦非有他，只以官兵在乡无骚扰。而去岁潮勇有奸淫掳掠之事，民间倡为谣言，反谓兵勇不如贼匪安静。国藩痛恨斯言，恐人心一去不可挽回，誓欲练成一旅，秋毫无犯，以挽民心而塞民口。"为此，他经常进行队前讲话，"每逢三、八操演，集诸勇而教之，反复开说至千百语，但令其无扰百姓。"为取得最佳效果，"每次与诸弁勇讲话，至一时数刻之久，虽不敢云说法点顽石之头，亦曾欲苦口滴杜鹃之血。""盖欲感动一二，冀其不扰百姓，以雪兵勇不如贼匪之耻，而稍变武弁漫无纪律之态。"②

　　为了加强军队的思想约束力，曾国藩等人还创造了一套以礼治军的办法。曾国藩认为，"带勇之法，用恩莫如仁，用威莫如礼。"他所说的"仁"，即"欲立立人，欲达达人"，也就是"待弁勇如待子弟，常有望其成立、望其发达之心"。如此，"则知恩矣"。③还说："将领之管兵勇，如父母之管子弟。父兄严者，其子弟严肃，其家必兴；溺爱者，其子弟骄纵，其家必败。"④他所说的"礼"，即"无众寡，无小大，无敢慢，泰而不骄也。""正其衣冠，尊其瞻视，俨然人望而畏之"；"持之以敬，临之以庄，无形无声之际，常有凛然难犯之象"。如此，"则人知威矣"。总之，带勇之人若能"以仁存心，以礼存心"⑤，

---

① 《曾文正公批牍》，第2卷，第45页。

② 《曾文正公书札》，第2卷，第42页。

③ 《曾文正公手书日记 》，咸丰九年六月初四日。

④ 《曾文正公批牍》，第2卷，第9页。

⑤ 《曾文正公手书日记 》，咸丰九年六月初四日。

便可令弁勇不加恩而知恩，不加威而知威，于"无形无声"之中，获"辨等明威"①之效，生师递父子之情。后来曾国藩在回顾自己的带兵经历时说："臣昔于诸将来谒，无不立时接见，谆谆训诲，上劝忠勤以报国，下戒骚扰以保民，别后则寄书告诫，颇有师弟督课之象。其于银米子药搬运远近，亦必计算时日，妥为代谋，从不诳以虚语。各将士谅其苦衷，颇有家人父子之情。此臣昔日之微长也。"②其实，湘军中不仅曾国藩以礼治军，罗泽南、王鑫亦以此为长。罗泽南带勇，多以自己的弟子为属官，故湘军将领多罗、王旧部，亦多为罗泽南的弟子，包括王鑫在内。在具体做法上，老湘营查禁颇多，较曾国藩尤有过之。据徐珂称："壮武在军，每阅三五日集众讲《圣谕广训》及性理诸书。暇日，令其习射作字。"③还有人说，老湘营严禁结盟拜会、吸食鸦片，连各营风行的聚众赌博并禁之，营中有闲只准读书。"所部壮丁习刀矛火器之暇，以《孝经》《四书》转相传诵。每营门夜扃，书声琅琅出壕外，不知者以为村塾也。"④故有人说："湘军自讲学起，修道为教。"⑤曾国藩也说："吾湖南近日风气蒸蒸日上，凡在行间，人人讲求将略、讲求品行，并讲求学术。"⑥

他们的这套做法，实际上就是把血亲伦理观念同尊卑等级制度融合起来，将军法、军规与家法、家规融为一体，用父子、兄弟、师生、朋友等亲友关系，掩饰、调剂上下尊卑关系，以减少内部冲突与摩擦，增强向心聚合力，使弁勇乐于尊敬长官、服从长官，自觉维护长官，为长官卖命。他们能够做到这一点，固与湖南的理学传统分不开，亦属治军理论与实践上的一大创举，实开近代军中思想政治工作之先河。1924年蒋介石任黄埔军校校长时，曾在蔡锷《曾胡治兵语录》的基础上，补充曾、胡有关军中思想政治工作的言论，编为《增补曾胡治兵语录》出版发行，在校师生人手一册。其主旨亦不外"以礼治

---

① 《曾文正公全集》，首卷，63页。

② 《曾文正公奏稿》，第25卷，第14页。

③ 《清稗类钞》，第2册，第742页。

④ 小横香室主人：《清朝野史大观》，中华书局民国四年版，第164页。

⑤ 《异辞录》，第1卷，第23页。

⑥ 《曾文正公家书》，咸丰十年六月二十七日。

军"四字，从而构成蒋介石效法曾、胡的一个重要方面。

经过曾国藩的这番改革，湘军军营风气大变，纪律有所改善，技艺有所提高，更为重要的则是达到了结成死党的目的。王闿运称："从湘军之制，则上下相维，将卒亲睦，各护其长。其将死，其军散，其将存，其军完，岂所谓以利为义者耶？"①左宗棠也说："人之胆气亦必临事始见。""只要临时有一点畏王法、顾主将之心，则可不溃矣。""即如塔三兄之抚标，寻常除漫骂之外无一长。此次湘潭之捷，因主将偶尔不见，即相与痛哭寻觅，入群贼中若无人者。亦可想其心之固结矣。"②还说："天下无可恃之兵勇，而有可恃之将。"其实，这种现象并不表明将有可恃，而是军制可恃。弁勇冒死寻将，并非出于理念与感情，而是实际利益的驱使，即"所谓以利为义"的军制所致。这一点，不仅为湘军自身的历史所证明，且移之他省他军，屡试不爽，如淮军、直隶练军可为例证。然从此兵为将有，权归私门，开军阀政治之滥觞，"冒死之将，汩廉捐耻，日趋于乱"③，亦成为不以人的主观意志为转移的客观规律。

曾国藩集团除军制可靠外，战略战术也是比较恰当的，基本上达到了以己之长攻敌之短的目的。

就战略而言，可大致归纳为两个方面，一为"借一方之良锄一方之莠"④，一为力争上游。所谓"借一方之良锄一方之莠"，就是依靠当地士绅，镇压当地民众的反清活动。这既是曾国藩集团的军事战略，也是他们的政治战略，一切活动都在这一思想的指导下进行。例如，咸丰初年曾国藩、胡林翼办团练杀人，"剿"捻期间，曾国藩派人查圩，以及创建湘军、续建淮军等，都是这一战略思想的具体实施。而咸丰四、五年间三江两湖地区地方官绅的所谓四省联防、五省联防，则是这一战略思想的进一步发展。总之，就是将自己的整个战略建立在依靠自身力量的基础上，而不是建立在依靠清政府或外省支援

---

① 《湘军志》，岳麓合刊本，第163页。

② 左宗棠：《左文襄公全集·书牍》（以下简称《左文襄公书牍》），萃文堂刻刷局光绪十六年刊，第2卷，第20页。

③ 《湘军志》，岳麓合刊本，第75页。

④ 《曾文正公书札》，第2卷，第5页。

的基础上。结果，除得到少数外省协款、厘金及清政府拨款外，曾国藩集团即基本上依靠三江两湖的人力物力，成功地镇压了太平军、捻军等反清起义，使清王朝危而复安。所谓力争上游，就是在沿江各省的作战中，尤重上游地区的争夺，实施自上而下的进攻，终收高屋建瓴之效。在这个问题上，曾、胡、左都是一致的，而见机最早、行之最力的是罗泽南。当武汉失守、南昌坐困，曾、胡两人皆受制于太平军时，罗泽南毅然带湘军主力赴鄂，把扭转战局的关键放在力克武汉、重振湖北上，从而为该集团的最后胜利奠定了基础[①]。不过，本节不打算泛论战略问题，亦并非这个问题不重要，而因在这个问题上双方相差不远，不能说明曾国藩集团攻取战胜的原因。例如，太平军两次发动西征，石达开江西得手即反攻湖北，都可说明太平天国方面在军事上力争上游的思想与实践。其发动贫苦农民起义反清，每到一地即大量吸收当地农民参加太平军，亦可谓以一方之民众制一方之劣绅，与曾国藩集团针锋相对。其运用这一战略的自觉性无论达到什么程度，但其基本原理是一样的，即将争取胜利的根本建立在依靠自身力量的基础上。故本节的重点放在战术方面。

曾国藩集团的战术思想多种多样，如戒攻坚、戒浪战、戒分兵以及重人轻器、重军轻地、重士气轻成败等，但最根本的一条，还是以静制动、反客为主。这一战术思想对敌我双方都具有针对性。它使湘、淮军得以扬长避短，变被动为主动，而使太平军、捻军弃长用短，陷于被动。在这一问题上，曾国藩集团基本是一致的，且多年来屡有灵验。湘、淮军攻取战胜，最终能将太平军、捻军镇压下去，从战术思想上讲，这是最主要的一条。至于西北用兵，敌情、地势、社会环境皆有不同，战略战术亦相应变化，则另当别论。不过，在具体战役、战斗中如何运用这一战术思想，却有各种各样的表现形式，且经历了一个较长时间的发展过程，大致可分为自固、围城、围城打援、防河四个阶段。

一、自固。湘军初起，常常受到太平军的袭击。于是，曾国藩就采取了三条措施，早起、修壕墙、站墙子。由于太平军往往在黎明时分发动突然袭击，

---

① 详见第三章第一节。

湘军起得晚，每每吃亏，曾麟书去信批评此事。曾国藩遂改变军营作息时间，每天黎明前开饭完毕，遇有袭击也就主动多了。为了自固，他又下令军中，每日扎营之后，必须立即挖修壕墙，高深皆有定制，不得马虎。同时，他还令每天黎明之前，各队派三成人站墙子，即站在墙内守卫，尤似后来的班哨、排哨之类。这样，其余三分之二的兵力仍可以逸待劳，即使遭到袭击，有壕墙可守，三分之一的兵力足可支撑一段时间，得以动员全军组织有效抵抗。从此，湘军也就立于不败之地了。为此，曾国藩将之写入《陆军得胜歌》，视为立军之根本。只是这样一来，每天要为此事花去很多时间，致使湘军行军如蜗牛爬行，行程不过三十里，以便有时间筑垒自固。王闿运曾列出湘军的作息表，称"步行率八刻十五里，寒日短而行易，暑日长其行难，以昼四十六刻率之，行十六刻而三十里，其十六刻以筑营垒，余十二刻而后昏暮，则神暇形壮，可以待敌。"①据说，咸丰九年李鸿章奉师命赴吉字营习练军事，见军中天天都是这一套，很不以为然，事后对人说："吾以为湘军有异术也，今而知其术无他，唯闻寇至而站墙子耳。"②殊不知，其师为此曾花费几多心思，有过多少烦恼。

二、围城。湘军在习于挖壕筑墙以自固营地之后，自咸丰六年起，又渐渐开始把它变成进攻敌人的武器。由于太平军能攻善守，给湘军攻城带来极大困难。面对急切难下的坚城，强攻则多伤精锐，缓攻则师老城下，遂使湘军陷于两难之地。于是，他们便采取断绝接济、待其自毙的办法。为了阻断太平军的对外联系，他们就在城外开挖壕墙，实行长期围困之策，以使城中久而断粮，不攻自破。这个办法先在瑞州、武汉使用，继于九江、吉安仿行，皆取得良好效果，太平军这几座坚固设防的城池，都是用这种办法攻陷的。咸丰九年冬，曾国藩曾在给胡林翼的信中谈及湘军历年长壕围城之功，称"前此武昌之围、九江之围、瑞州之围、吉安之围，其要在长壕，其妙在水师"③。这就是说，自咸丰六年以来，长壕在湘军手中，不仅是自固之干盾，也同时成为攻敌之利器。

---

① 《湘军志》，岳麓合刊本，第160页。
② 《异辞录》，第1卷，第23页。
③ 《曾文正公书札》，第9卷，第32页。

三、围城打援。论及清代咸同年间的兵法战策，太平军的得意之笔是围魏救赵之计，湘军的精彩之处则是围城打援之策，双方曾在安庆之役中同时使用，遂成为近代军事史上最为生动壮烈的一幕。此时，长壕的作用不仅在于围困守城的太平军，还同时用来阻挡强大援兵的冲击。故将壕墙修成双层，内困守军，外阻援兵。湘军则居于内外壕墙之间，以逸待劳，以壕代兵，从而达到反客为主、以守为攻的目的。这样，长壕就不仅成为围城阻援、待敌自毙的主要手段，也为集中优势兵力攻歼对方的援兵创造条件。其时，曾、胡联手，志在寻太平军进行战略决战，不仅要夺取安庆、庐州地区以打开进攻天京的大门，更要力求歼灭太平军主力陈玉成部，从而解决战争的胜负问题。为此，他们将安庆地区的湘军兵力一分为三，以曾国荃一支弱军围城，以多隆阿、李续宜两支强军打援，实际上是将整个战役的重点放在打援上。胡林翼在给多隆阿的信中说："今天下之大局，不以得城为喜，而以破援贼为功。盖发逆自粤西起事以来，每以坚城坚垒牵缀我兵，而转于无兵及兵弱之处狡焉思逞。故贼日见其多，兵日见其少；贼处乎有余，而我转处于不足。善乎！李左车戒韩信之言，曰'顿兵城下，情见势绌'，实为古今不易之论。"故"用军之道，全军旅为上策，得土地次之；杀贼为上策，破援贼为大功，得城池次之。"①但在战争的实际发展过程中，多隆阿驻防桐城挂车地区不能移动，李续宜自青草塥赴援亦须时日，致使曾国荃部曾两次较长时间暴露在陈玉成强大援军的打击之下，尤其李续宜、鲍超两军离开安庆地区之后，太平军为救安庆，曾不惜一切代价，接连猛攻数日，若非双层壕墙之力，吉字营的覆灭是难以避免的。曾、胡在安庆之役中的兵力部署，实际上是效法孙膑以下驷对上驷之计，曾国藩非常担心胞弟的命运，始终把战役的重点放在安庆城下，视双层壕墙是否会被陈玉成攻破为整个战役的关键。他在给曾国荃的信中说，"此次安庆之得失，关系吾家之气运，即关系天下之安危。"②而整个战役之成败，又以陈玉成大军"回扑安庆时官军之能守不能守，以定乾坤之能转不能转。安庆之壕墙能守，则武

---

① 《胡文忠公遗集》，第77卷，第16页。
② 《曾文正公家书》，咸丰十一年三月二十四日。

汉虽失必复为希庵所克，是乾坤有转机也。安庆之壕墙不能守，则武汉虽无恙，贼之气焰复振，是乾坤无转机也。"①曾国藩所以背信弃义，出尔反尔，将原定援鄂的鲍超霆营留在宿松，也是恐曾国荃壕墙不守，以备救援，实际上是将鲍军当成了他的战役总预备队。在湘军各部中，曾国荃本属后起之弱军，无论个人能力还是所部整体素质，都居于下乘。其所以能够连下安庆、天京两座坚大名城的关键，就是依仗了这双层壕墙之力。否则，早为陈玉成、李秀成所破，覆军丧命，谈何大功！陈玉成安庆之役中的最大失误，就是低估了双层壕墙的作用，始终将破解安庆之围的重点放在安庆方面，轻易改变了二次西征计划。没想到曾国荃借助壕墙之力可以由弱变强，而陈玉成则阻于壕墙由强变弱，最后落得个人地两失的结局。再如，曾国荃孤军冒进，直扎天京城下，最后能阻挡李秀成大军的攻击，由危转安，由败变胜，也主要依靠双层壕墙的作用。否则，是根本不可能的。总之，在与太平军的较量中，湘军取胜的原因不只一条，而双层壕墙则在其中居于重要地位，甚至可以提到战略上来认识。故曾国藩将自己一生的军事生涯和制胜原因，归结为"结硬寨，打呆战"②六字，实际上都是以静制动、反客为主的战术思想的具体化，也是他在军事上的得意之笔。

四、防河。河防之策系刘铭传所献，为曾国藩、李鸿章先后采纳，终成平捻之大功。而曾国藩所以能够接受此策，则亦经历了一个相当长的摸索过程。鉴于太平军最后以守城而败的教训，捻军一改太平军攻守兼备的战术，完全放弃防守，在主力部队改步为马的基础上，实行有根据地的大规模流动作战。与以往流寇主义不同的是，虽机动范围很大，但往复回旋，总不远离蒙、亳根据地。这样，就使曾国藩以往的一套成功做法，无所施其技，只好重新探索制胜之方。开始，曾国藩实行重点设防之策，分别于临淮、周口、徐州、彰德、济宁等处驻兵，结果无济于事，捻军往来如故。随之改为马队追击，亦因速度不及，追不上捻军，没有取得什么效果。最后，只得接受刘铭传的建议，实行防

①《曾文正公家书》，咸丰十一年三月二十二日。
②《曾文正公奏稿》，第25卷，第13页。

河之策。实际上是将过去的防点改为防线，其指导思想还是以静制动、反客为主的老一套。他在刘铭传的禀帖上批道："办捻之法，马队既不得力，防河亦属善策，但须以坚忍持之。"[1]于是，曾国藩便令湘、淮军分段防守贾鲁河、沙河，并令河南抚标兵挖壕修墙，防守沙河至开封一段旱地。结果，捻军在开封附近突围东走，导致清政府中途易帅，曾国藩灰溜溜地离开"剿"捻战场。李鸿章接手指挥"剿"捻战争后亦不顺利，曾数次受到清政府的责备，在刘铭传"以去留相争"之下，只得仍步老师的后尘，将防河作为办捻根本之策。他先防运河，后防胶莱河，防守东岸失败，就改防西岸，力图限其马蹄，将捻军困在运河以西或胶东地区。最后终因东捻军在胶莱河、六塘河的突围中伤亡殆尽，使"以静制动、反客为主"的战术思想再奏奇功，将东捻军镇压下去。西捻军最后失败，亦因为徒骇等河所困，失去大范围的机动能力，不得不弃长就短。归根到底还是防河之策起了作用。

总之，曾国藩集团战胜太平军、捻军的招数甚多，但最主要的还是"以静制动、反客为主"一条。其意义主要表现在两个方面：一是其他战术都是次要的、辅助性的，或必须在其基础上方可实行；一是此战术为湘、淮军所独有，出于种种原因，太平军是不可能采用的。

多年来，曾国藩集团虽有军制可恃、长壕之计，但在陆军、陆战方面，对太平军并没有什么优势，而军力上真正称得上优势之处，是在水师方面。战争虽主要在陆地上进行，但其战场多为沿江、沿湖地带，不仅陆军的兵运、饷运、通讯联络要依仗水师，即如长壕围困之术所以能够得逞，也多借重水师之力。故咸丰九年曾国藩谈及历年成功之由，既归之于长壕，也归之于水师，称"前此武汉之围、九江之围、瑞州之围、吉安之围，其要在长壕，其妙在水师。"[2]

湘军水师是曾国藩奉清廷之命筹建的，源于郭嵩焘的建议和江忠源的奏请。由于清朝本无长江水师，驻守沿江各地的水师分属于各省，故作战不得

① 《曾文正公全集·批牍》（以下简称《曾文正公批牍》），湖南传忠书局版，第3卷，第65页。
② 《曾文正公书札》，第9卷，第32页。

力。自太平军在洞庭湖吸收大批船户、水手参军，建立水营之后，很快控制沿江水面，往来自如。其所以能够顺水直下定都天京，又在西征中迅速攻占沿江重镇，直抵湘潭，与此很有关系。杨秀清为老船翁一言所动，决定定都天京，放弃直取北京之初议，也可能与此有关，归根到底是因为不愿轻弃水上优势。早在咸丰三年，清朝方面就有人看出了这一问题。有个名叫黄经的御史上奏清廷，请饬湖南、湖北、四川造船练兵，从水上攻击太平军。清廷接受这一建议，令两湖、四川照黄经所奏办理，但地方督抚畏难退缩，搁置不行。及至郭嵩焘随湘军赴援南昌，见太平军已据有水上之利，"驰突长江，惟所侵踞，官兵无一船应之"，遂建议江忠源赶快建立水师，"非急治水师不足以应敌"。江忠源"大激赏"之，"即属嵩焘具疏稿上之"，"请湖南、湖北、四川任造船，广东任购炮"[①]，兴建上下统一的长江水师。清廷于当年八月再次令两湖、四川造船，并令广东购买洋炮五百尊，交湖广、四川兴建水师之用。命令传到湖南，曾国藩经与骆秉章协商并向清廷奏准，以筹建水师自任。他截用广东解往江南大营的协饷银二万两，分别在衡阳、湘潭设立船厂，日夜兴工赶制，并在咸丰四年一月船炮齐备，水师编练成功。

湘军水师的利器是炮船。开始，曾国藩依照绿营水师惯例，主要造拖罟、长龙、快蟹等大船，小船很少。后接受黄勉的建议，添造舢板一百五十只，另用钓钩船改造而成一百二十只，并将大小火炮五百七十门，其中包括洋炮二百五十门，安装在战船上，使之成为水上利器。由于舢板船体轻薄，经受不住火炮后坐力的猛烈震撞，燃放时辄至船裂炮沉，太平军屡试屡败，无法解决这个技术难题，故军中没有炮船船队。其集结民船而建立起来的水营，亦只能运兵运粮，不能用来作战。曾国藩屡经演试，终以数层厚木板加固船体之法，有效抵制住火炮的后坐力，从而解决了这个技术难题，将湘军水师建成当时国内最优良的水上劲旅。曾国藩就是依靠这支水师，配合沿岸陆师，从湘潭、岳州一直打到九江城下，不仅尽夺水上之利，且使太平军失去武汉这一长江上游的军事重镇。石达开看出了其中的诀窍，故从两个方面做出努力：一是设计破坏敌

---

① 《玉池老人自叙》，第5页。

人的水师，一是仿照湘军水师重建太平军水营。前者取得成功，使湘军水师直至咸丰七年才完全恢复元气，陆军惨遭打击，丧失武汉及湖南、江西的大部分府县。然重建太平军水营的努力却遭到失败。据《湘军志》载，咸丰四年湘军围攻九江期间，太平军习见湘军"水战法，亦并力于水战，多造小艇，依大舟以出"，曾为太平军火烧停泊九江江面的湘军大船，击毁湘军外江水师立下大功。此后，太平军炮船日增，并于咸丰六年四月"移屯沙口"。沙口紧靠长江北岸，距汉口甚近，遂对湘军水师构成威胁。此时外江水师已初有恢复，便决心拔去这个眼中钉。王闿运称："杨载福念寇舟来则依岸，而其上下皆乘风，船炮制法同官军，与我共长江，恒避战，终不可胜，宜深入袭烧之。则募军士尤勇者，驾千石大船，实硝黄、芦萩①，施火线，约曰：'待贼近而发，发则登舢板以自救，且急归。'应募者三百人。其夜，载福设酒，具五俎之食飨三百人，躬自行酒，勉之曰：'成功归者人犒百金，有官者超两级，白丁补六品实职，无负我。'既出，人相语曰：'观此往必死也。'有悔者或潜去，或又自奋曰：'壮士死一言耳。'棹帆遂行，逼寇舟南岸嘴屯。火发，皆自跃登舢板。或迟，伤火及堕水者，死哨官一，伤勇丁四十，皆鼓棹还，载福亲迎劳颁赏。自是寇舟能战者二百余皆烬，火药冲寇空中，堕江水及岸相积。而前军游击乃直至黄州，寇不复上。旬日，巡哨船掠巴河、蕲州，扬兵九江城下。寇震骇，援绝，武昌、汉阳坐困矣。"②总之，太平军仿建炮船船队的努力失败，万里长江又成为湘军水师的一统天下。

基于这一原因，太平军后期虽经陈玉成、李秀成等人的努力，军势再振且一度在陆路上取得优势，但因千里长江一直控制在湘军手里，使其处于极为不利的战略地位，成为作战失利的重要原因。湘军水师的战略作用归结起来大约有如下几条。一、配合陆师攻占战略要地。例如，安庆战役期间配合陆师攻占枞阳。枞阳是安庆、庐州间的交通咽喉，也是安庆被围后同外界联系的唯一孔道，可以说是当时安庆的一线命脉。有它，湘军就不能置安庆于死地，围困再

---

① 原文有误，据线装本更正之。《辞源》称："萩，草名。蒿类。茎高丈余，叶似艾而多歧。又名牛尾蒿。"此处当泛指草本秸秆。或以为"荻"字之误，非也。

② 《湘军志》，合刊本，第76、78页。

久也奈何不得。再如，天京附近的九洑洲，是天京被围后通向下游的唯一出路，运兵、运粮赖此一线，两岸往来也借此作为跳板。而这两个军事要地，都是在陆军配合下，主要由水师攻陷的，致使两城陷于绝境，成为太平军最后失败的关键之一。二、直接配合陆师作战。原由太平军控制的武汉至天京的一系列沿岸重镇，均以水路为命脉，都是被湘军陆师在水师的配合下先后攻破的。太平军因失去制水权，故很难夺回，夺到手也很难保持。正是依据这一点，曾国藩才不怕武汉暂时失守，而始终将战略重点放在安庆方面。此外，湘军所以能够完成对武汉、九江、安庆、天京等城的合围，亦全仗水师配合，否则，是根本不可能的。其中沿江一段封锁任务，就是完全由水师承担的。水师不仅控制水面，据守要地，还直接参与作战。例如，在安庆城外弃垒而走的刘玱琳等太平军骨干，本已突围成功，若非水师在马踏石河中用炮船拦截，鲍超、成大吉等攻垒部队是无论如何也追赶不及的。再如，在李秀成援救天京的关键时刻，当与曾国荃争夺饷道眼看就要得手时，却因水师火炮的猛烈轰击而导致功亏一篑。三、阻断长江两岸的联系。例如，当太平军发动二次西征时，陈李两部隔于长江两岸，无法直接联系，行动上难以协调一致，也是导致失败的原因之一。再如，李秀成援救天京攻扑壕墙失败后，又奉命"扫北"，两次渡江都受到湘军水师的攻击，损失兵力几十万人，使其再也无力组织对天京的援救行动。四、利用水道运兵运饷。由于湘军控制了长江水面，故能在战争中南北飞渡，征调自如，处于主动地位。围攻安庆后期，曾国藩敢于将大营安置在东流附近的江面上，围攻天京期间，曾国荃敢于将粮台安置在雨花台附近江面的泊船上，都是因其具有水上优势。曾国荃屡以双层壕墙的呆招得手，亦因湘军控制着长江水面，可以保障饷道通畅，否则，也是根本不可能的。正是因为这一点，近代史学界大多认为，曾国藩集团靠湘淮军起家，尤靠水师炮船起家。他们不仅靠它打赢了这场战争，还由此形成了以船炮救国的最初信心。

此外，湘军马队与军事装备也优于太平军。据说，陈玉成同多隆阿作战屡次失利，皆由于太平军骑术不及满蒙旗人。双方交战时，他们或用套马竿捉拿太平军英勇善战、冲锋在前之士，或以骑兵自后远远列队兜围，致令太平军士气受挫，最后失利。

曾国藩集团对武器的改进亦非常重视。在水师方面，曾国藩坚持非洋炮不用，船炮不齐不出，东征之初即拥有大小火炮570门，是太平军所远远不能相比的。其陆师火器也不断增强，屡改营制大都与此有关。咸丰四年，曾国藩等人将每营360人改为500人，其中所增140人之中，除长夫120人外，还含有抬炮每门增4人，计16人，以便于发挥其火力。咸丰十年，左宗棠统军之后，将军中抬炮改为劈山炮，从而大大加强了陆师的攻击力量。曾国藩称劈山炮为陆军第一利器，亦效法左宗棠，将军中原有抬炮换为劈山炮，并再度修改营制。李鸿章对使用洋枪洋炮更为积极。淮军初如湘军，抵沪后很快用洋枪洋炮装备起来，且训练亦改用洋操，成为中国最早的一支准近代化军队。曾国荃步其后尘，亦托李鸿章从上海为他购买洋枪，但数量不多。曾国藩开始表示反对，主要是心疼钱，说刀矛很便宜，一支可用多年，照样打胜仗。而买一支洋枪要花好多银子，打几下就不能用了，不划算。老九不听他的，后来也就听之任之了。太平军也有不少洋枪。据说，仅李秀成的亲兵卫队就有两千支洋枪，多是徐少蘧等人从上海给他买来的。但子弹很少，购买困难，不能发挥应有的作用。湘淮军则洋枪洋炮之外又有洋枪队大炮助威，故在装备上大大优于太平军，这也是其最后取胜的重要原因，但不是主要的。仅就军事而言，它较之以上三条，也属于次要原因。

第二节　筹饷有方

　　湘、淮军能够战胜太平军、捻军的另一原因，是具有后勤供应保障。一有可靠的饷源，二有完善的粮饷供应系统，三有通畅的饷道。自古双方交争，守方、主军利在持久，攻方、客军利在速战，久屯坚城之下，历为兵家大忌。曾国藩集团所以甘犯此忌，敢行以静制动、反客为主之策，就是因其后勤保障优于太平军。太平军厉行粮饷自筹之制，始终没有建立全军统一的粮饷供应系统。故各军行军之先必须筹足粮饷，进入阵地后就再也得不到粮饷补充，一旦粮饷耗尽，不管战况如何，都必须迅速撤离。故无论守军、援军，都难以同敌人长久相持。湘军就利用这一特点，屡行持久围困之策，每每得手。由于湘军系得胜之师，又经数代文人的大肆吹捧，以致造成假象，好像真有多高的素质。其实，太平军能攻善守，优于湘军，这是曾国藩、罗泽南等人都不得不承认的，而论其不怕困难、坚忍不拔的意志，则更远非湘军所能相比。如太平军坚守的九江、安庆、天京等危城，乏粮已久的情况下仍能顽强战斗，坚定不摇，士气不衰。相比之下，湘军就差得很远，一旦粮道中断，甚或供应不足，就军心动摇，士气低落，纪律松懈。例如同治三年春，围攻天京的吉字等营因粮饷短缺，有时要靠食粥度日，于是就出现军心动摇、士气低落、纪律松弛的景象。不少士兵外出抢劫，大批自城内放出的妇女被扣留军中，萧庆衍部还发生闹饷事件。曾氏兄弟则曲意抚慰，不敢绳之以法。曾国荃沮丧地说："食米将尽，采办无地，更一月不破城，必成瓦解之势。"当时在雨花台大营参谋军事的赵烈望亦认为："但能长有粥食，犹可无事；若再过月余，并粥俱无，则虽兄弟子侄，亦不能责其忍死奉法。"[1]再如咸丰十一年春，途经皖南的太平军西征部队继上年夺取宁国、徽州之后，又攻占景德镇，使湘军一万之众饷道中断，信息不通，困于皖南深山之中。曾国藩深知"局势危急，恐难支持，然犹意力攻徽州或可得手，既是一条生路。"不料军心动摇，士气低落，竟至不堪一击。他在家书中说："初五日进攻，强中、湘前等营在西门挫败一次。"十二日再次攻城，各营皆畏惧不前。"以八千余众之实在队伍，不能遵札直攻东门，列队竟日，不一交锋。""是夜二更，贼匪偷营劫村，强中、湘前等营大溃。凡去二十二营，其挫败者八营"，"与咸丰四年十二月十二日夜贼偷湖口水营情形相仿。"还说："目下值局势万紧之势，四面梗塞，接济已断，如此一挫，军心尤大震动。""伤亡虽不满百人，而士气日减，贼氛大长，目下不可言战，但能勉守。""所盼望者，左军能破景德镇、乐平之贼，鲍军能从湖口迅速来援，事或略有转机，否则，不堪设想矣。"[2]曾国藩心情沉痛，情绪懊丧，迫于无奈只得再次写下遗嘱，教儿子一心读书，长大后不要做官，更不要带兵。

---

① 《能静居日记》，同治三年二月二十三日、二十五日。

② 《曾国藩全集》，第19册，第661、663页。

景德镇是二月三十日失守的，至曾国藩写下遗嘱之日尚不及半月，就已经弄到这步田地，若非左宗棠很快夺回景德镇，恐怕山内湘军难以支撑一个月。由此可见，"饷道中断"四字对湘军意味着什么。其所以能够最后取胜，并非因其素质精良、英勇善战，而在其后勤保障优于太平军。而太平军失败的主要原因也不在这些方面，而在饷运方面。从这个角度看，曾国藩称筹饷官绅"论功不在前敌猛将之后"①，亦并非夸大之词。

曾国藩集团所用武装力量，主要是勇营。勇营非常备武装，其粮饷皆无常款可以指拨，无论中央或地方都必须为它另筹款项。由于清政府国库空虚，江南大营粮饷且主要由江、浙筹办，哪里还有力量为勇营发饷？故湘、淮军与这一时期的其他勇营武装，如临淮军、皖军、豫军、滇军等的粮饷，主要靠自己筹办，中央指拨与外省协助的粮饷很少。鉴于明末因加饷而亡的教训，清政府曾做出"永不加赋"的许诺，故不敢公然以增加田赋的办法解决这项额外开支。曾国藩等人也深知向农民摊派粮饷之弊，害怕由此激化矛盾，引火烧身，故而坚决舍弃这一最为简捷的方式，另寻筹饷途径。尤其曾国藩，他身为团练大臣，举办团练是其本分，由乡绅向农民派款筹饷是合法方式，但其坚决限制甚或禁止这样做。为此，他不惜将团练二字谬加区别，只办练勇，不办乡团。对之严加限制，甚而取缔一般乡团，无适当人选，不许办理。他们根据儒家重农轻商、强本抑末的一贯思想，坚持病农之钱不可取的原则，将筹款途径限于农民之外，也就只有向绅、商开刀了。虽然这些经济负担最终仍要落到农民身上，但却避开了直接冲突，从而达到既能弄到钱又不激化社会矛盾的双重目的。

关于当时可供搜求军饷的财源，据薛福成讲，"以地丁、漕政、盐政、关税、厘金为大宗。地丁有正额、耗羡、租粮三款，而租粮之中有旗租、地租、屯租等名目，各行省事例不同。漕政有漕粮、漕折、漕项三款。漕项者按粮额征银，以备运粮经费者也。漕折者由征粮之原额，改为折色者也。盐政有课、羡、厘三款。关税有洋税、常税两款。厘金有百货、洋药两款。洋药厘、税未

---

① 《曾文正公奏稿》，第 17 卷，第 82 页。

并征之前，所收厘金盖仅抵货厘之十一云。"①应该稍作说明的是，所谓洋药者，就是鸦片毒品也。其所征厘金已抵百货厘金的十分之一，可见当时毒害之烈。不过总的来看，曾国藩集团的饷源，除劝捐一项外，大致未出以上范围。

关于曾国藩集团的筹饷活动，据郭嵩焘称，他们开辟地丁、漕政、盐政、关税等正项之外的饷源，以劝捐、饷盐、厘金筹饷，皆创意于郭。《玉池老人自叙》称："曾文正公始出，提用经费，支绌百端，因议劝捐。曾文正公意难之。乃商之益阳周寿山、宁乡廖子城，皆允诺，自请一行。甫及一月，捐得十余万金，文正公大喜。黄南坡任铸炮，私设厘局常德。嵩焘以为此筹饷之大端，言之骆文忠公，开办通省厘捐。自长江梗塞，淮盐不至，因请借行粤盐，为粤督所持。又请淮盐假道浙江、江西，为浙抚所持。会嵩焘赴援江西，途遇贩盐者，经历贼卡，节节收税，出示所存清单曰：'此即厘捐章程也。'急寓书湖南，开办盐厘，乃稍添设各卡、局。曾文正公办理军务，终赖此三项以济军食，而湖南亦恃此以为富强之基，支柱东南数省。"②

就丁、漕、盐、关、厘五大饷源而言，厘金是主要的。而厘金之中，又以盐厘为大宗。加之丁、漕两项须用以支付地方行政费用，关税收入有限，故可供筹办军饷者，主要是盐、厘两项。而在此五项之外，尤其在厘金开办之前，他们主要靠办理劝捐与饷盐扩充军饷。由于江忠源带兵虽久但很少独立筹饷，而刘长佑、王鑫等一大批将领，又长期由湖南巡抚供饷，故本节有关曾国藩集团筹饷活动的叙述，以骆秉章取代江忠源之位，左宗棠带兵前的筹饷活动，亦包含其中。兹分项简述如下。

一、劝捐、饷盐，这是曾国藩出任江督前的主要筹饷手段。

曾国藩创办湘军，最初向湖南藩库领饷，自咸丰三年八月开始在衡州自设粮台、自筹粮饷。最初他以劝捐的方式筹饷，在湖南衡州设劝捐总局，随后又在其他府县设立分局，还派人赴江西、四川进行劝捐活动。筹办人员主要是夏廷樾、郭嵩焘、周开锡、万启琛等人。咸丰四年正月曾国藩委托江西在籍侍郎

---

① 《庸盦海外文编》，第4卷，第12—13页。
② 《玉池老人自叙》，第4页。

黄赞汤，在樟树镇设劝捐局。当年闰七月东征入湖北境内，复委湖北在籍主事胡大任，在新堤设局劝捐。八月湘军攻占武汉，新堤劝捐分局移汉口，改名汉口分局，仍由胡大任主持。咸丰五年五月太平军再克武汉，又将劝捐分局迁回新堤，直到咸丰六年十月仍在那里进行劝捐活动。

出于种种原因，以劝捐方式筹饷，虽曾费尽唇舌，但却成效不大。因小户人家无钱，故劝捐对象主要是大户，即当地的豪绅之家。而这些人家大多爱财如命，又与地方官员相勾结，故往往抗拒不捐，形成僵局。曾国藩气愤不过，于是实施勒捐政策，用强制手段逼迫他们捐款。咸丰三年秋冬，他在骆秉章的信中称："捐输一事，竟亦非勒不行，侍①已决计行勒之。"又说："安福蒋家捐项究得若干，侍欲勒捐；常家顷有札与庄令，又须勒捐；安化陶家，另行咨达冰案。"②结果，得款不多，敛怨甚众，还因向陶家勒捐一事得罪左宗棠，并进而影响到同骆秉章的关系。据称，自咸丰三年八月至咸丰四年底，衡州劝捐总局仅得银一万九千多两，远不能同樟树镇设劝捐局相比。黄赞汤不足二年之中，筹银八十万两，先后解送曾国藩军营，使之感激不尽。

咸丰八年，曾国藩再出领军，劝捐虽不再是主要筹饷形式，但却并未放弃这一敛财手段。同治三年春，曾国藩曾令江宁藩司万启琛与苏藩刘郇膏分别在泰州与上海开捐，要求上海捐银六十万两以济军饷。同年秋又令苏藩刘郇膏与沪道丁汝昌在上海捐银八十万两，以充遣散部分湘勇之资。这种筹款方式一直沿用到何年尚不清楚，只是同治七年春曾国藩曾令署理皖抚、安徽布政使吴坤修立即停止在京师地区的劝捐活动，可见直到此时仍有人用这种方式筹款。此外，曾国藩为了解决军中欠饷问题，还令李元度、曾国荃、李续宾、张运兰等部以增广本府、县学额的方式，先后报捐白银二十多万两。这种以长官命令层层下压，令官兵报捐势在难得的欠饷，实际上也是一种勒捐。

不过，当时采用此种方式筹饷者相当普遍，江西、湖南都曾这样做过。《左宗棠年谱》咸丰五年条称，"是时，湖南军饷所出，一恃各属捐输。"③即如

---

① 曾自称，说明他翰林出身，是皇帝身边的学生，即侍生，简称侍。

② 《曾国藩未刊往来函稿》，第14、52页。

③ 《左宗棠年谱》，第47页。

曾国藩集团之内，以劝捐筹饷也不只曾国藩一人。据载，罗泽南、李续宾亦曾劝捐筹饷。咸丰五年七月，罗泽南攻占义宁后，曾派人向江西求饷，"三使请之皆徒手返"，气得当众大骂赣抚陈启迈。李续宾遂建议罗泽南，仿效捐局减成实收之法，照部例劝捐筹饷，事后再由胡林翼换取正式部照。罗泽南委李续宾具体办理。结果，士绅报捐踊跃，"未逾月，而报捐九品外委、监生者共入五千余金。"①此外，左宗棠独立领军后，也曾以劝捐的方式筹饷。早在咸丰十一年十二月，左宗棠奉旨督办浙江军务，既未入浙境亦未任浙抚之时，他就上奏清廷，要求吏部颁发各种执照一千张，分别在湖南、江西劝捐筹饷，并请由两省巡抚代为办理，先垫支饷银，以应协浙饷冲销。同治元年，左宗棠委派已革浙江按察使段光清赴沪向浙籍绅士劝捐，计得认捐银二十万两，先后解回洋银六万九千元，库平银六万两。这年九月还为捐库平银一万两的江苏苏松太道吴煦请奖，奉旨交部从优议叙。这年七月，左宗棠又奏请在王有龄已得部颁空白执照三千四百张之外再发五千张（含米捐），奉旨允准。不久，因办理卓有成效，又奏准颁发部照五千张，计成一万张之数。同治元年十一月至二年六月，左宗棠还委派杨叔怿等在浙江上虞设局劝捐，共报捐洋银十五万九千余元，钱三万二千余串，先后收交洋银十二万七千余元，钱二万六千余串。直到同治三年五月他还奏请按七折实收办捐，并申领部颁空白执照五千张，与米捐同时进行。李鸿章为解决裁撤各军的欠饷问题，也曾以发放饷票与派捐增广学额的方式向所部勒捐。因饷票不能兑换现银，只能报捐；而增广学额则按数向下分派以抵销欠饷，故皆属勒捐性质。据王尔敏称，以饷票勒捐成效不大，由于弁勇拒收、捐生观望，半年之中仅发饷票五十万两，而收捐不及半数。至于增广学额活动，同治三年以来则先后搞过四起，共抵销欠饷一百四十六万多两。计铭、树两军报效三十一万多两，增广安徽乡试永久性学额文武各一名，合肥一次性学额文武各三名；勋军报效十六万余两，增广四川成都、华阳两县永久性学额文武各二名；盛军报效二十八万两，增广安徽乡试一次性学额文武各三名，合肥县一次性学额文武各二名；同治七至九年各军先后报效七十万多

---

① 《湘军人物年谱》（一），第126页。

两，增广安徽乡试一次性学额文武各四名，增广江苏乡试一次性学额文武各三名。

除上述勒捐方式外，还有一种所谓亩捐，亦当属此类。由于各省大吏将劝捐款项指派府、县，府、县为完成任务，又图方便省事，往往将应交份额摊入地亩，强行征收，以致引起乡绅民众的不满。此法曾在江西通行颇久，直到同治元年正月始经藩司禀请，由曾国藩下令停止，惟不清楚其他省份的具体情况与终始时间。就一般常理而言，江西的现象不会是孤立的。

此外，劝捐筹饷不只直接捐银，还有一种捐米的形式，名曰米捐，就是以米折银按部例办捐。据胡林翼讲，湖北、河南、江西都曾办过米捐，左宗棠、李榕也都这样做过，李榕还因此丢了官。现将胡林翼、左宗棠、李鸿章办理米捐的情况简述如下。

胡林翼在湖北办米捐，自咸丰七年开始，其具体办法是捐米一石，准折银三两四钱，按部例核减二至四成折价实收。咸丰十年八月，因各省同办米捐者降价竞争，鄂省军饷支绌，胡林翼曾奏请照部价再减二成，捐米每石加耗作捐例银五两，以调动报捐者的积极性。其时为户部所奏驳，直到咸丰十一年九月始奉旨允行。其办理成效尚未详知，但无疑也是支撑湖北危局的重要饷源之一。同治元年七月，左宗棠奏请援照湖北米捐减成章程，在浙江开办米捐济饷，并要求在王有龄已得部颁空白执照三千四百张之外再发五千张，奉旨允准。不久，因办理卓有成效，又奏准颁发部照五千张，计成一万张之数。在此期间，左宗棠还曾向浙籍富豪勒捐赈灾，其突出事例是向兰溪县绅士毛象贤勒捐米六千石，向浙籍上海买办杨坊勒捐米五万石。毛象贤先捐洋银一万零三百余元，银一百三十九两。而杨坊则挟洋对抗，一再推延，最后又企图以银二万两抵销江、浙两省共计十五万石的米捐。左宗棠以其因奸致富、为富不仁，奏请将其押回浙江捐输赈米，并获清政府批准。在此期间，李鸿章也搞过米捐。早在左宗棠向杨坊勒捐浙江赈米五万石之前，李鸿章已向他勒捐京米十万石。故左宗棠在折中特别声明，要在杨坊交足江苏派捐的十万石京米之后，方将其押回浙江捐输赈米。向杨坊勒捐，不过是其中最为突出的一例，就常理而论，当不会只此一人。

所谓饷盐，即以盐课抵饷之意。曾国藩带湘军出省作战，理应由清政府发饷，而清政府则因国库空虚无力发饷。曾国藩欲运浙盐行销江西，亦理应向户部交纳盐课，但因需饷孔亟暂以盐课充饷，免于上交户部。所以，绕来绕去，不过是带兵将领以办盐谋利的方式自筹军饷。咸丰八年至同治三年，李昭寿曾长期在淮北盐场自行捆盐，为其四万之众筹饷，不知是否也是向曾国藩学来的，在他之前好像还没人这样做过。

江西向食淮盐，本为淮南盐场的引地。然自咸丰三年春太平天国建都天京后，江路中断，淮盐无法上运，江西遂改食川、粤、浙私盐，致使盐课无收，这一财源也随之流失。咸丰五年四月，曾国藩为挽回江西盐利，以筹集军饷，遂奏请借销浙引，在樟树镇设饷盐总局，由黄赞汤常住主持，负责承运、督销；万青黎驻守杭州，督办浙盐外运；另委万启琛、史致谔办理具体事务。同时，曾国藩还奏请借粤盐在湖南行销，因两广总督的反对而没有办成。不过，江西借销浙引之事很快办成，获利甚丰，仅万启琛经办之十余万引，即征得盐课银毫八十多万两，成为曾国藩与江西巡抚的重要财源。咸丰七年春，曾国藩回籍守制，该事由赣抚继续办理，直到同治二年整顿两淮盐政，恢复淮盐引地，江西方停运浙盐。

咸丰四至七年，曾国藩共报销军费三百多万两，大部分是用上述方式筹集的。

二、常规财政收入，包括地丁、漕粮、盐课、常关税。这都是地方常规收入，在太平天国革命时期，不论何人，一旦获得督抚之位，也就可以支配这些款项了。由于开放口岸后，在开放口岸设立洋关，故有洋关、常关（又名钞关）之分。洋关收入由洋人经管，属中央财政。故地方督抚只能支配常关关税，不能支配洋关关税，如有特别需要，须向清政府奏准。

曾国藩有权支配地方财政收入，是在咸丰十年出任两江总督之后。但其所辖三省皆有巡抚，把持本省常规收入，而天京又在太平军手中，江宁布政使属地与两淮引地尽失，故在数年之内他没有从上述款项中得到多大好处。直到同治二年湘军攻占九洑洲，打通长江航路，恢复两淮盐场的大部分引地后，才重新获得两淮盐政的财利。及至湘军攻占天京，原由江宁布政使所辖各府的丁、漕收入，自然也落到曾国藩手里。不过，若与两淮盐课相比，就显得有点微不足道了。

两淮盐政由江督专任，以及淮南盐场行纲盐之法，淮北盐场行票盐之法，都是道光中期陶澍任两江总督时确定下来的，一直沿用到咸丰三年春。同治二年，曾国藩整顿两淮盐政，主要就是恢复陶澍时的旧制，在扬州设两淮盐运使一名，协理淮南盐务；在海州设盐务通判一名，受江宁藩司兼辖，主管淮北盐场。同时，曾国藩还根据具体情况，制定并公布了《淮盐运行西岸章程》《淮盐运行皖岸章程》《淮盐运行楚岸章程》《淮北票盐章程》等新章，设立了一套相应的盐务机构，如泰州招商总局、南昌盐务督销局、汉口盐务督销局、大通招商局、淮北督销局及众多分支机构，分别办理招商、承运、抽厘、掣验、岸销、销售盐票等具体事务。湖南盐务由东征局兼理。其承办人员除历任两淮盐运使丁日昌、程桓生、忠廉等人外，还有李宗羲、杜文澜、张富年、刘履祥等分任要职。此外，为保障盐船行驶畅通，改变自由泰兴入江以来，河道浅窄、挽运艰难的情况，还在瓜洲附近之新河口地方，另建新栈。同治四年春瓜洲盐务总栈建成，大大方便了淮盐的外运，从而使江西、湖南、安徽三省引地很快恢复。这样，除湖北一省仍食川盐外，淮盐旧有引地也就基本恢复了。同治十一年正月曾国藩在临死之前，曾制订了一个分批恢复淮盐在湖北的引地的方案，上奏清廷，要求将湖北各府一分为二，先将武昌、汉阳、黄州、德安四府引地收回，严禁川盐销售；其余安陆、襄阳、郧阳、荆州、宜昌、荆门五府州仍销川盐，但准淮盐设店销售，以明淮、川主客之份。其下文如何不得而知。不过，即使如此，曾国藩也从两淮盐政中获得巨利。自同治二年至十一年春，九年之中得盐课厘税银二千多万两，近于他镇压太平军期间开销军费的总和，等于湘、淮各军"剿"捻军费的三分之二。

至于地丁、漕粮、关税三项，其大致情形各省类似，数量虽有不同，但一旦位至督抚，也就成为自己稳定的常规收入。不过，因其数有定额，不能随意加收，要想既不直接增加农民负担，又要增加财政收入，就只有剔除浮收陋规，不令经办人员中饱私囊。于是，曾国藩集团首先从湖南开始，先后在两湖三江地区实行丁漕征收制度的改革，剔除浮收陋规，取得明显成效，基本达到减轻农户负担、增加财政收入的双重目的。

多年来，清朝地方政府中一直流行着一个不成文法，即征收地丁钱粮之时，准许经手司员巧立名目、层层加码，向农户多收百分之二三十甚或更多的钱物，名之曰浮收，号称中饱、陋规，除其中很少一部分用于补偿正常损耗外，绝大部分落入地方官吏的私囊。当时官吏薪资不多，养廉银亦有限，生财之道全靠钱粮征收中的浮收与司法诉讼中的敲诈索贿。所谓三年清知府，十万雪花银，主要是从丁漕浮收中得来的。

这种因政治腐败而生出的毒瘤，久而久之，不合理变为合理，不合法变为合法，农户痛恨入骨，贤吏摇头叹息，人人视为陋规，但却无法将之除掉。左宗棠入佐湘幕之后，隐操一省大权，湘抚骆秉章对之言听计从，军事、饷事皆委之于他，遂二人联手，对各项制度进行大刀阔斧的改革，将往日丁漕征收中的种种陋规加以革除。

左宗棠在为骆秉章拟定的奏折中称："湖南钱漕致弊之原，不外官吏之浮收与银价之翔贵。州县廉俸无多，办公之需，全靠钱漕陋规稍资津贴，沿习既久，逐渐增加。地丁正银一两，民间有费至数两者；漕米一石，民间有费至数石者。款目太多，民间难以折算，州县亦难厘清，一听书吏科算征收，包征包解，不餍不止。从前银价每银一两易钱一千文，渐次增长至二千三四百文。农民以钱易银完纳，暗增一倍有余之数。（咸丰）五年收成稍稔，谷一石仅值钱四百文。农民以谷易钱，以钱易银，须粜谷五石始得银一两。有田亩可收租谷百石者，非粜谷二十石不能完纳钱粮"，致使"农末交困，群情汹汹"。据《骆秉章年谱》载："咸丰四五年间湖南谷价甚贱，每谷一石值钱五六百文；钱价亦贱，每钱一千换银五六分不等。楚南地丁（银）向来每两加五钱，漕米折色向来每石收银六两。（咸丰）五六两年谷价钱价贱，民间每年收租谷百石，须卖去谷三十余石方能完粮。佃户除纳租外，收得谷石不敷工本，以致纷纷退佃。"结果，农户抗交，钱粮难收，逋欠日积。如"湘潭是著名大缺，每年收钱粮四五万两。"而实际上，"咸丰四年只收四千余两，五年已交七月，未见完纳。"而当时战事正紧，须饷孔亟，有赖丁漕银两。骆秉章忧心如焚，遂"通饬有漕州县，裁汰漕规"，以济国事而纾民困。结果，农户欢迎而官吏反对。

于是，以巡抚、农户为一方，以司道府县官员为另一方，引发出一场改革与反改革的斗争。骆秉章在《自订年谱》简述了这场斗争的大致经过："未几，有湘潭县举人周焕南等赴藩司递呈，被押发回县。未几，赴院递呈。批司与粮道核议。十月，该举人周焕南等又赴院递呈，地丁自愿每两加四钱，漕米折色照部议章程每石纳银一两三钱，加纳银一两三钱助军需，又加银四钱作县费用。即批奖其好义急公，准其照自定章程完纳，限本年内将（咸丰）四、五（两）年钱漕埠数全完，不准蒂欠。"条件看似苛刻，实则农户负担大为减轻。按漕折部定每两征银六两计，减漕之后巡抚得银二两六钱，县吏得四钱，农户虽比部章多交一两七钱。仍有少交三两的实惠。结果，大吏收入有部定双倍之数，农户得减免三两之惠，唯司员中饱之数大减，由原来的四两数钱减至四钱。故消息传开，各府纷纷效尤，要求依例完纳。长沙、善化皆欲呈请照湘潭章程办理，但却遭到善化县令的反对。"一日掌灯时候，忽有善化绅民十余人到大堂递呈。巡捕询问其何以不按卯期，据云，善化县太爷派差拦阻，不准百姓赴院。初三日堂期，粮道谢煌当堂力争，谓即减少，百姓亦不能完纳；照湘潭章程即是加收，与部例不合，亦难出奏。语近不逊。"骆秉章反驳他说："减少尚不能完纳，增多独能完纳乎？若不揣度时势，仍照向来如此加收，恐本年钱粮分厘不能上库，湘省兵饷凭何支发？"骆秉章见其态度顽固，难以转变，为克服改革阻力，遂采用强硬手段，作出一系列人事变动。"是时，臬司是粮道兼署，遂札谢道专署臬司，另委徐道署粮道，又将善化谢令撤任。初五日堂期，谢道到署亦不传见。官场为之肃然"，再无人敢于阻挠此事。"嗣后，长沙、善化、宁乡、益阳、衡阳、衡山等县钱漕较重者，皆呈请照湘潭章程，均已批准。闻湘潭举人周焕南回县，足穿芒鞋，手执雨伞，遍历各乡，语同县人曰：'此次减钱粮，费尽抚台多少心，我等亦当拈出良心，不要令抚台作难。'到腊月中，该县已报收钱粮十万有零，批准减漕之州县，亦纷纷报解。"不久，就减漕一事，司道官员态度渐有转变，并得到清政府的批准。"文藩司对人云：'此举实有益于大局。'闻粮道衙门之漕规，实亦稍减。""嗣后亦将减漕情形入告，奉朱批：'览奏均悉。汝久任封疆，所陈皆历练有据之论，洵非以耳为目者比。'"①

至此，湖南的减漕工作取得各方满意的良好效果，对骆秉章、左宗棠来说，既得钱财，又得人心，复受到皇帝的好评，可谓政治、经济双丰收。骆秉章在奏报湖南"厘剔钱漕宿弊"的成效时称："自（咸丰）五年以来，湖南钱漕始稍有起色，而元二三四等年民间积欠，率皆踊跃输将。国课不至虚悬，军储不至束手，州县办公亦不至十分拮据，而农民则欢欣鼓舞，举数十百年积累一旦蠲之，稍获苏息矣。见在各属田价渐增，农安畎亩，无复盼盼之意，向之藉钱漕聚众，动辄闯署殴吏者，自厘定新章以来，绝无其事。"②虽不免有夸大之词，但从其后湖南兵精粮足的历史事实看，骆、左的减漕除弊之举是成功的，不仅本省获益甚大，且为他省提供了先例和成功经验。不过，从骆秉章的叙述看，好像全是他的功劳，不见左宗棠的作用，实则并非如此。谁都知道，自左入湘幕以来，凡事皆以左为主，骆秉章不过配合而已，此事岂能例外？否则，他哪有如此胆识与魄力！因为这是一个不争的事实，这里也就不再多加论述了。

湘军攻占武昌之后，胡林翼为了筹集军饷，减轻农户负担，也曾对湖北漕政进行过类似湖南的改革。据胡林翼奏称，湖北漕粮有北漕、南米之分，每年征额北漕正耗十五万石有奇，南米十三万七千石有奇。其具体办法，实行统征分解，北漕运京，南米解交荆州旗、绿各营。其主要弊端，首在浮收太重。征本色者，每石浮收六七斗或七八斗不等，多者加倍征收，最多竟有征至三石有零者。其征折色者，每石收钱或五六千、七八千文，或十二三千、十五六千文，最多竟有征至二十千文者，如监利县，为通省漕弊之最。此外还有官吏敲索、刁绅包征等弊，农户苦不堪言。自咸丰七年十月起，胡林翼针对这些弊端，对湖北漕粮征收制度进行了一系列改革。他一面上奏清廷，要求革除漕弊、削减漕米定额，一面令省内司道官员严树森等彻查各属实情，制定漕务新

---

① 《左宗棠年谱》，咸丰五年十二月条。岳麓书社1982年版，第48—50页。

　骆秉章：《骆文忠公奏稿》，第8卷，第12—17页。见《左文襄公全集》。

　徐翰编：《骆文忠公年谱》，光绪二十一年刊本，咸丰五年十二月条，上卷，第43—45页。

② 《骆文忠公奏稿》，第8卷，第15页。

章，在全省推行。新章规定，漕粮免征本色，一律按折色征收，每石折钱数额各属不尽相同，最少限四千文，最多限六千五百文。旗、绿各营兵米亦折银发放。同时规定，各州县衙门浮收一律革除，收余及节省银两归公，不得私吞。结果，行之甚有成效。至咸丰八年六月，北漕除明定缓征者外，均已全额完纳；南米向须迟延一二年始能征完者，本年已征至九成，为数十年所未有。同时，为民间省钱一百四十余万千文，为国帑实筹银四十二万余两，又节省提存费用银三十一万余两。大概除经办吏员外，也基本做到了皆大欢喜[①]。

除两湖之外，曾国藩集团还在江、浙、赣、皖四省搞过减漕活动。据称，天下漕粮之重，无过于环太湖五府一州，包括江苏之苏、松、太三府州与浙江之杭、嘉、湖三府。此弊由来已久，源于朱明而清代承之。另外，还有大、小户之分。大户身份高贵，享有免赋特权，或折色减免浮收，或连正供全免之。而府县又不肯减少收入，遂将应收之税和浮收加征全部"飞洒"到小户身上，为绅为民均难幸免。再加上府县官员因财政亏空引出的摊赔各款，也要向小户征收，这就使他们实际负担的钱粮，大大超过清政府规定的数额。曾国藩为借革除弊政以号召民心，欲仿两湖之法，在苏、松、太三府州减免浮收，改革漕政。此事经过两年的酝酿，直至同治二年五月始由李鸿章出奏，清廷欲一劳永逸，并常、镇、杭、嘉、湖五府一起令所司议之。"户部议苏、松、太三分减一，常、镇减十分之一，杭、嘉、湖如之，奉旨如议。"[②]此举甚得民心，当时苏、杭、宁三城未下，于湘淮军的胜利进军或许有些作用。至于说"江浙百姓欢声雷动，五百年民困一旦以更生"，则似有些夸大其词。因为李鸿章的减漕新章，直至镇压太平军的战争结束后始行实施。而战争压力一旦解除，清政府各级官员的腐败风气也随之恢复，要想取得有如两湖那样的成效，也就不可能了。例如，部章规定漕米一石折银一两三钱，新章折价定在每两四千文上下，"米贱之年以收三千八九百为率，米贵之年亦收至四千二百为止"[③]。而州县官不顾此规定，随意增价。赵烈文曾当着曾国藩的面指出："下游连年丰稔，米

① 《胡文忠公遗集》，第23集，第5—8页；第30卷，第8—16页。
② 《庸闲斋笔记》，第6卷，第17页。
③ 《曾文正公书札》，第31卷，第38页。

价贱至一千五六百文一石。而州县收折价至四千七百文之多，是三石输一也，民何以堪！"曾国藩解释说："减赋后大户如潘曾玮、冯桂芬等仍抗租不完，故州县亦不得不略与沾润，以资弥补耳。"①而在另一封书信中则说："苏省减漕一案，初次疏稿渗漏原多，比来斟酌减赋分数，苏、松、太三属似应于三分减一之外再减一成半成，使最重之则不过半倍于常州，再倍于镇江，孰于部议'不甚相悬'之义为近。"②这就是说，新章原本粗糙，实施成效更差，大户特权没有取消，折价限额也未能坚持。原来的弊端一项也没有彻底消除，仅减额三分之一而已。

如果说江苏减漕不尽如人意的话，那么江西减漕则更次一等。江西漕粮原本不重，浮收之弊也不太大。曾国藩减漕套用湖北做法，致使漕粮未减反增。据曾任江西藩司的张集馨讲："漕粮七十万，遵照部定每石折一两三钱，每年全漕可折九十一万两。"而曾国藩"欲仿湖北之例，一例减漕，通省俱以三两三钱征收"，按每两三千文折价，另准加收一千文以下。"不知湖北漕粮，每石征二十五千文不等，是以胡咏之核减三分归民，二分津贴院司衙门。江西除广信一府折银五两、六两不等，其余漕多之地或折二千四百文，或二千六七百文不等。"故张集馨认为，"今欲一律以三两三钱征收，是加赋非减漕也！"③而实施过程中，则州县加征更多。曾国藩在给刘坤一的信中说："江西将来再增折价，断不如抚、建增至二千文之多。""鄙意三千之外，增不过一千文，如再增多，恐激成巨案。"④结果，州县不满私欲，绅民消极抵制，致使咸丰十一年的减漕之举流产，此后搞得减漕也不满所望，始终没有取得湖南、湖北那样皆大欢喜的效果。不过，地方官员还是捞了一把，每石漕米折色可增加一千数百文的收入。曾国藩将其"八成批解充饷，以二成给经收之州县"⑤，使督抚与基层政权都得到好处，只是农户吃了亏。原本浮收不多的江西，经此一"减"，

---

① 《能静居日记》，同治六年八月二十一日。
② 《曾文正公书札》，第28卷，第45—46页。
③ 张集馨：《道咸宦海见闻录》，中华书局1981年版，305页。
④ 《曾文正公书札》，第32卷，第11页。
⑤ 《曾文正公批札》，第6卷，第37页。

漕粮浮收由每石一千文左右，增至二千文左右，凭空上浮一倍。难怪江西布政使张集馨会坚决反对此举，并因此被两江总督曾国藩免职。

与此同时，安徽、浙江也推出了减漕新章。曾国藩在给江西巡抚的信中说："目下江西之漕，每石征钱四千三百。安徽之漕仿照湖北参差之法，极多者征至六千五百，极少者亦征三千四百文。江西较之邻省独少"，要求每石漕米折价在三千文之外，再加收一千文①。这就是说，安徽减漕情况更糟，浮收上浮更多。至于浙江的减漕，主要仿照湖南的做法。左宗棠认为他与骆秉章在湖南制定的"丁漕减征章程"，"胜于胡帅在湖北之法"②。他在奏折中称，浙江杭、嘉、湖三府与江苏苏、松、常、镇、太五府州为全国漕米征额最重之区，而杭、嘉、湖三府则较常、镇尤重，浮收亦多。征收折色者每石初收六千文，此后逐渐增加，以二石之米方可完一石之漕。其征本色者每石浮收也已加至六七斗、八九斗不等。但因此三府尚未收复，无法办理减漕。而已经办理减漕之温州府，则"除正额仍照常征解外，其余浮收费共减去钱四万零五百余千，米三百余石。本年即照核减之数征收。"③

关于曾国藩集团扣留关税以充饷项的整体情况，并不太清楚，现仅知曾国藩、沈葆桢曾争夺过九江关税，曾国藩、李鸿章曾提用过沪海关关税。沪海关关税包括洋税、子口税、土货税等几部分，其中除子口税、土货税须返还地方一部分外，其余绝大部分款项要上交中央，是清政府的主要财源之一。咸丰十年江南大营垮台、苏南地区被太平军夺占后，江苏巡抚薛焕为保住上海危城，曾招募五万人，并奏准以上海关税抵拨苏省军饷。同治元年，李鸿章抵沪并署苏抚后，据王尔敏称，他除以捐厘充饷外，还动用关税购买洋枪军火、教练军队、支付洋枪队四千人月饷和镇江防军每月三万两协饷，以及上海中外会防局费用。同治六年四月，曾国藩又奏准提用江海关二成洋税，一成交江南制造局设造船厂造船，一成充淮军军饷。从此，这一成洋税成为淮军的固定饷源。

三、厘金。这是曾国藩集团的主要饷源。曾国藩镇压太平天国期间，报销

---

① 《曾文正公书札》，第31卷，第31页。

② 《曾文正公书札》，第28卷，第19页。

③ 《左文襄公奏稿》，第7卷，第42页。

军费二千万两有零，其中厘金一项，大约占一千六百万两。此后八年之中，盐政收入亦二千万两有余，而其中也主要是盐厘，大大超过盐课收入。胡林翼抚鄂之后，湖北号称全国第一富省，其敛财之法，主要是征收过境川盐与其他百货的厘金。故《胡林翼年谱》称："盐课、货税经纪有方，岁入恒数百万，天下莫强焉。"①至于后来居上的暴发户李鸿章，抵沪后很快用洋枪洋炮将淮军武装起来，靠的更是上海厘金。故其在一封奏折中称："臣查苏省自军兴以来，正赋蠲缓居多，全赖捐厘济饷，尚有可筹。"②

厘金制度是咸丰三年在清军江北大营帮办军务的刑部侍郎雷以诚创立的，据说，周腾虎与钱江都曾参与其事。厘金是由米捐发展而来的，取值百抽一之义。最初有行厘与座厘之分，以征收座厘为主，后来座厘渐少以至停止，变为主要向行商征收的厘税。厘金之害不仅在于加重商人负担，妨碍原始资本的积累，主要还在于厘金局卡多如牛毛，办事人员任意延宕、敲诈勒索，给商人造成的损失更重于厘金本身。雷以诚于咸丰三年九月派人在扬州附近之仙女庙、邵伯、宜陵、张网沟等地抽厘筹饷，咸丰四年三月始行上奏。清廷批准了这一做法，并令两江总督怡良、江苏巡抚许乃钊、南河河道兼署漕运总督杨以增在长江南北地方试行。这年十一月，胜保奏请将厘金制度推行全国，经户部议复，清政府同意在用兵各省试行抽厘筹饷，行与不行及具体事项，由该督抚定夺。结果，湖南率先响应，湖北继之，四川、安徽、福建等省随后效仿③，厘金制度风行全国，遂成清政府的重要财源，其数额渐渐超过地丁、漕折的收入。开始，仅就此作为一种临时性的敛财手段，声明厘金专为军务而设，以俟战争结束，即行停止征收。而后清政府赖此维持财政，战争结束仍继续征收厘金，直至20世纪30年代初，国民党政府才撤销厘金名目，同当时的各种苛捐杂派统一征收。虽然如此，总算做了一件好事，废除了这一祸国殃民的弊政。厘金制虽不是曾国藩集团所首创，然其倡行最早，成效最著，终赖此将太平

---

① 《湘军人物年谱》（一），第251页。

② 李鸿章：《李文忠公全书·奏稿》（以下简称《李文忠公奏稿》），光绪三十四年刊，第6卷，第27页。

③ 见罗玉东：《中国厘金史》，商务印书馆民国二十五年版。

军、捻军等反清起义镇压下去，使腐败卖国的清政府危而复安，其首脑与骨干人物也成为晚清史上的名人。故人们一提到厘金这一在中国行之八九十年的弊政，也就会想到曾、胡、左、李这些"中兴名臣"。

曾国藩抽厘筹饷是从咸丰六年开始的。曾国藩在江西办理饷盐，所征盐税应包括盐课与厘金两部分。故罗玉东的《中国厘金史》、戴逸的《中国近代史稿》都把它作为曾国藩与江西省征收厘金的起始。同时，他为了浙盐畅销，堵塞或减少邻省私盐的侵入，还在饶州、吴城、万安、新城设立厘卡（或称分局），向邻省入境私盐征收厘金。另外，咸丰六年正月，曾国藩还奏请在上海抽厘筹饷，由于清政府与江苏督抚的反对而没有办成①。

曾国藩大规模地征厘筹饷是出任两江总督之后。自咸丰十年至同治四年，他先后在江西、湖南、安徽、江苏、广东五省征收厘金，终成为曾国藩集团乃至当时全国揽利最广之人。一个地方官吏能够如此跨省筹饷，前后达五六年之久，在古今中外的历史上也是很少见的。

咸丰十年四月，曾国藩署理两江总督之时，安徽、江苏均在太平军手中，他可以筹饷的地区主要是江西。于是，他与江西巡抚将江西主要饷源地丁银、漕折银和厘金一分为二，共同享用，双方约定地丁银和漕折银之半归巡抚支配，充作全省行政费用；厘金和漕折银之半归曾国藩支配，充作军饷，江西有事由曾国藩派兵解决，本省不养大支兵勇。曾国藩接管江西厘金之后，将全省划分为两个征收区域，分由江西牙厘总局和赣州牙厘局承办。江西牙厘总局驻南昌，简称省局，辖南昌、南康、抚州、建昌、广信、饶州、九江七府局卡；赣州牙厘局驻赣州，简称赣局，辖袁州、瑞州、临江、吉安、南安、赣州六府及宁都直隶州局卡。省局由李桓主持，赣局由李瀚章主持，原有办厘机构与人员基本保留未动。同治元年，李瀚章调赴广东，曾国藩遂将赣州牙厘局降格，其袁、瑞、临三府划归省局，吉安府另设分局，使之仅辖南、赣、宁三府州，实际上成为省局下属的一个分局，同饶州、吴城、湖口、吉安、抚州诸分局处于同等地位。同时，曾国藩发现李桓以下办厘人员有渎职、贪污诸弊，遂对江

---

① 《曾国藩全集》，第2册，第632—634页。

西办厘机构大加整顿，革退李桓等一批人员，另委孙长绂等主持省局，还派一些湘籍人员加入各局卡办事，以改变厘金收入日减的情况。同治三年三月，经江西巡抚沈葆桢奏准，将江西厘金留归本省使用，以致在曾、沈之间引发出一场官司。双方各不相让，皆以去留相争。最后，清政府判定二人平分秋色，各得江西厘金之半。十月，曾国藩奏准停解江西半厘，仅留吴城、湖口、万安、新城四个盐务厘卡及饶州、景德镇厘金之半，仍归自己派员经收。

咸丰十年七月，曾国藩还在湖南省会长沙设立东征局征厘筹饷。其时，曾、胡联手由湖北、江西进攻安庆、天京，并称这次军事行动为东征。此局所抽厘金，即专为曾胡所部东征军供饷，故取是名。其办法是在湖南征收厘金的基础上再加半厘，因此曾受到不少人的反对。由于主办此事的郭崑焘、恽世临、黄冕等人，皆为曾国藩的好友，干得特别卖力。结果，不仅为其征得巨款，还将大量军用物资源源不断地运往前线，可说是有求必应，日夜赶办，成为他对太平军实施战略决战和战略进攻的有力后盾。该局成立较早，裁撤最晚，直到同治四年四月曾国藩北上"剿"捻临行之时，才坚决奏请撤销东征局名目，并得到清政府的批准。从此，这项厘金虽继续照数征收，但已改为湖南厘票，在曾国藩看来也就与己无关了。

曾国藩在安徽、江苏征收厘金，是在咸丰十年七月兼办皖南军务后陆续开始的。早在咸丰七年，督办皖南军务的张芾即在安徽芜湖设立皖南厘金局，并在徽州、宁国、池州设立分局，还在一些重要城镇，如婺源等处设立厘卡、分卡。咸丰十年秋，曾国藩进兵皖南、接办皖南军务后，将这些厘金局卡陆续接管。咸丰十一年九月，曾国藩又在安庆设安徽牙厘总局，并先后接管了湘军水师在长江沿岸设立的厘卡和李昭寿的皖北厘金机构。皖南厘金的征收对象主要是茶、木、山货，皖北及沿江厘金的征收对象主要是盐与百货。曾国藩在江苏征收厘金是在同治元年湘军水陆两师攻入江苏境内之后，先在沿江设卡征厘，同治三年秋又接管了设在扬州的江北厘金局。该局由绿营江北大营所设，大约就是中国厘金制度的开山鼻祖，所征厘金全部解送专为清军江北大营供饷的江北粮台。湘军攻陷天京后，大约在这年秋天，绿营江南、江北粮台裁撤，该局也由曾国藩接管，并委驻扎扬州的两淮盐运使兼理。江西、广东厘金停解后，曾国藩仍抓住安徽与江苏厘金不放。同治四年，安徽布政使英翰移文曾国藩，要求将全省厘金收归本省征收。曾国藩不许，只答应将皖南半厘解送皖军，以应饷需之急。

曾国藩在广东征收厘金是同治元年七月开始的。这年三月，御史朱潮奏请统筹东南大局，提出由曾国藩主军事，四川、广东等省负责供饷，清廷令各省督抚议复。曾国藩乘机奏请派钦差大臣赴粤征厘筹饷，当即得到清政府的批准，并钦命曾国藩的同年、都察院副都御史晏端书专办粤厘。五月，曾国藩又奏准指派李瀚章、丁日昌等赴广东随同办理。由于广东受战争影响较轻，绅商反对较力，抽厘筹饷之事曾三起三落，但却终未办成。今见肥水外流，官绅商民，上下一心，共同阻挠此事。而派往广东的钦差大臣及当地督抚，因于乏饷一事无切肤之痛，亦遇事退避、动摇不定，致令广东厘金一波三折，开征数月，所得无几。曾国藩大为恼火，认为空负隔省抽厘的恶名，而无解困救急的实惠，与其如此，不如弃而不取。于是，穷极生愤，连上弹章，将其恩人、好友、同年劳崇光、黄赞汤、晏端书一一驱逐，代以曾国藩集团的骨干成员毛鸿宾、郭嵩焘出任广东督抚，直至粤厘日有起色，方才罢手。同时，曾国藩将丁日昌等湘、赣士绅撤回，除李瀚章就任广东官员继续掌管粤厘征收事宜外，还专门调派好友胡大任赴粤，以监视广东厘金的征收情况。通过这件事，不仅可以看出清政府对曾国藩的支持，也可以看出曾国藩的为人。起初，广东厘金全部解送浙、皖粮台，同治二年改为三成留粤，七成解皖。同治三年六月又改为七成留粤，三成解皖。这年十月，经曾国藩坚决奏请，广东厘金全部停解，以洗广揽利权之名。及湖南东征局厘金停解之后，曾国藩虽仍在苏、皖、赣征收盐课、厘金致富，但认为那是他理所当然的敛财之地，也就心安理得了。

胡林翼抽厘筹饷是从咸丰五年开始的。这年正月，当胡林翼由九江返回湖北之时，就有在籍主事胡大任、王家璧等人在武昌、新堤、沙市、簰洲、施南等处设局劝捐、试办厘金，总计收钱四万余串。咸丰六年二月，又令荆宜施道道员庄受祺、荆州同知郑兰分别在宜昌、沙市设立盐厘局，征收盐课、厘金筹饷，并以胡大任、王家璧与周乐分别助理他们二人，办理此事。这年十一月，湘军攻陷武昌，胡林翼遂在省城设立湖北牙厘总局，并以李荫芬总办全省厘务，厉云官、蒋照总司出纳，将劝捐、征厘活动推广全省，以筹军饷。此时，淮盐不能运出，其原有引地湖南、湖北、江西、安徽多改吃川盐，千船百舸，沿江而下，昔日两淮盐利，多为湖北所得。其每年所筹饷银三百多万两，其中很大一部分属于从宜昌、沙市抽取的盐厘、盐课。湖北曾一度兵强马壮，富甲天下，若无此财源也是不可能的。同治二年后，曾国藩大力整顿两淮盐政，湖北的厘金收入虽大为减少，但仍能牢固地保持着一部分盐利。因川盐质纯色白，成本低廉，且鄂民吃惯了川盐，淮盐无力与之抗衡。更为重要的是，湖北督抚赖此财源活命，不肯轻弃，曾国藩隔省办盐，亦属鞭长莫及。所以，专掌两淮盐政的曾国藩，虽然可以逐步夺回他在湖南、江西、安徽的盐利，但却无法恢复淮盐在湖北的引地。他临死前所订对湖北引地分区分期逐步夺回的计划，虽得清政府批准，恐怕也难以实现。

左宗棠抽厘筹饷是从同治元年开始的。其在湘抚幕中的办厘活动，拟归入骆秉章项下，此处不再述及。同治元年四月，曾国藩将江西之景德镇、乐平、河口三卡划归左宗棠派人经收。左宗棠委周开锡办理此事，接手数月，收入大增，且越来越旺。其中河口一卡，三数月间增至原来的三倍，由每月收银五千两骤增至一万五千两，从而引发曾国藩对江西厘务的大力整顿。不过为时不长，同治二年曾国藩即将此三卡收回，自己派员经收。这是因为左宗棠这时已经有了新的饷源。大约同治元年左宗棠借卡征厘不久，即委已革按察使段光清总小浙江捐输，并兼理上海盐茶丝捐事。这里的所谓盐茶丝捐当与厘金类似，或厘捐兼有。同治二年正月，中英、中法洋枪队，即所谓绿头勇、花头勇攻占绍兴，控制浙东地区，左宗棠遂在绍兴设立盐茶支局，抽收厘税筹饷。并委派试用道叶熊才经理其事。同时，还委派周开锡赴温州督办官盐厘税事务，征收厘税筹饷。

至于用兵西北的粮饷筹办，据《续湘军志》的作者朱德裳称："宗棠受命西征，自同治七年至光绪六年，先后十有三年，总计支出之数，约逾一万万二千万有奇。"其中"借外债者三百万，借内债者三百五十万，拨部款者二百万。"①而老湘营军饷则由金陵粮台协济。除此之外，概由左宗棠自筹。其数目之大，可能相当或超过镇压太平军、捻军期间湘淮各军所报军费的总和。

李鸿章抽厘筹饷，是在他同治元年春率淮军抵沪并署理江苏巡抚之后开始的。李鸿章的办厘机构是江苏牙厘总局与松沪厘金局，简称苏局、沪局，分别由陈庆长、薛书常主持，大约都是在同治元年抵上海不久设立的。据李鸿章称，初时每月可得银二十多万两②现知其名目主要有茶捐、船捐、豆饼捐、房市捐、银钱业捐、洋药厘税等。同治四年五月，苏籍京官殷兆镛、王宪乘曾国藩——奏准停解广东、江西、湖南厘金之机，曾上奏攻击李鸿章沪苏厘捐之弊，希望一举结束这一弊政。不料恰逢僧格林沁在山东毙命，捻军声势大振，京津岌岌，清政府正赖淮军救护，遂下诏严责殷王挟私要誉，使李鸿章保住了这一饷源。同治六年五月，李鸿章迁湖广总督后，不仅继续保有沪苏厘捐以充军饷，且同时接管湖北厘金得到新的饷源。及至同治七年"剿"捻战争结束，裁撤一部分淮勇后，李鸿章仍保有沪苏厘金，以充淮军饷源。其经理人员除薛、陈二人外，还有王大经、郭柏荫、王凯泰、蒯德模、蒯德标、何慎修、陈其元。

湖南厘金在曾国藩集团中是开征最早的，在全国也是较早的，仅次于江北大营与胜保。据《中国厘金史》的作者罗玉东称，早在咸丰五年四月，骆秉章、左宗棠即开始在湖南设局征收厘金筹饷。倘按郭嵩焘的说法，湖南厘金开征的时间还要早些，似乎在咸丰三四年间。而若按骆秉章《年谱》，则是在咸丰六年。这年四月，"湖南照部议在郴、宜设局抽收盐厘、货厘"。开办之初，两广总督叶名琛曾派员阻挠未果，此事遂成。"嗣后，岳州、澧、安、省城暨各府皆设局。每年共得厘金或八九十万至一百一二十万不等，湖南兵饷始觉稍舒。"③查《左宗棠年谱》亦同此说，当属确实，而郭、罗二说则仅供参考。湖南厘金的办理，主要由郭昆焘主持，无论骆秉章抚湘时期，还是后继者翟诰、毛鸿宾、恽世临、李瀚章时期，直到刘昆抚湘都始终如此。其中唯一的例外是

① 《续湘军志》，岳麓合刊本，第279页。
② 《淮军志》，第261页，注释6。
③ 徐翰：《骆文忠公年谱》，光绪二十一年刊，上卷，第48页。

咸丰八年夏秋间的数月。因此间郭昆焘被曾国藩拉到江西办理营务，不在长沙。另有重要人物则是黄冕，他也很少离开湖南。湖南厘局与东征局、西征局虽牌子不同，办事人员却是一套班子，为首的就是郭、黄二人。湖南是曾国藩集团的第一个基地，湘军四出赴援，遍及东南数省，广西、云、贵，凡由湘抚派遣，皆由湖南供饷，而厘金则是其最大饷源。照郭嵩焘的话说，"湖南亦恃此为富强之基，支柱东南数省。"①

曾国藩集团主管后勤供应的机构叫粮台，其中转粮台又叫转运局，故统以台、局称之。粮台不仅管钱粮，也负责军械、服装、军帐的供应，在物资短缺时还组织采购、制造，故军工厂、局及其附设的翻译、科研、出版、教育机构，皆归这一系统。洋务派设立最早的军事工厂安庆内军械所，可能就是由原来设置于曾国藩大营的内军械所演化而来的。此外，粮台还管办理军费报销。通常情况下，一旦战事告一段落，粮台人员便着手整理账目，为这一时期自己所经办的钱粮事项办理报销。于是，粮台也就改为报销局，仍由原来的粮台提调或另委所在省份的布政使主持其事。所以，粮台与报销局实际上是一套班子，两块牌子，只是时间先后与所行使的职能有所不同。

关于粮台的种类与内部机构，前后有很大不同，实际上也有一个发展变化过程。最初，粮台设有文案、军械、火器、侦察、发审、采编及内、外银钱八所，有"条综众务"②之责，实际上就是曾国藩的整个湘军大营，其中包含了他的秘书处、政治部、参谋部、后勤部、军法处等一切办事机构。其后粮台与大营分开，在一定范围内独立行动，内部也仅设钱粮所、军械所等办理军需供应的机构。然随着战争形势的发展和后勤供应线的拉长，粮台的名目越来越多，职能也有所不同。不过，这里讲的主要是曾国藩的做法，胡、左、李等人有何不同及细节上的变化，则不得其详。

设立粮台主持军队的后勤供应，并非曾国藩集团的发明创造，而是沿用清朝已有的做法，只是随着时间的推移和形势的变化，性质有所不同。以往国家

---

① 《玉池老人自叙》，第4页。
② 《曾国藩年谱》，咸丰四年二月初二日。

有事，命将出征，皇帝总要另委大臣主持粮台。他们二者关系是平行的，地位平等，互不统属，共同对朝廷负责。这种粮台虽服务于战争，但不仅不受统兵将帅的管辖，还要代表朝廷从粮饷供应上制约统兵将帅的行动。而咸同以来清政府兵将无能，国库空虚，主要依靠地方勇营同太平军作战。这种以湘淮军为代表的勇营武装，自募自练，粮饷自筹，名为官军，实属私门。因其经办人员皆是地方督抚或统兵将帅的属员和幕友，只对统帅负责，遂使粮台失去独立性，不仅起不到制约作用，反如猛虎之翼，成为他们拥兵自是的经济基础。至于整个集团的粮台设置，拟大致以时间为序，分别将曾、胡、左、李的情况简述如下。

曾国藩自咸丰三年八月移驻衡州后始设立粮台。起初未委提调，由自己亲自主持，仅有两名会计人员为其管理收支账目。咸丰四年东征之初，开始委任粮台提调以主持其事，并有后路粮台与行营粮台之分。后路粮台留驻长沙，行营粮台随曾国藩大营行动。军至湖北、江西之后，又曾先后在岳州、汉口设立转运粮台，南昌设立后路粮台。咸丰六年冬，南昌后路粮台撤销，一切粮饷物资皆由江西藩库供应。为方便起见，他们又派员设置钱粮支应所，专司其事。咸丰八年，曾国藩再出领军，不仅恢复了长沙后路粮台和随大营行动的行营粮台，还分别在湖北汉口与江西湖口设转运粮台。其后，随着战争形势的发展和军需供应线的延长，粮台的设置也越来越多。围攻安庆期间，曾在江西省城南昌设后路粮台，安徽祁门设山内粮台，东流江面设外江粮台，安庆城外军营设钱粮支应所。攻占安庆后，东流粮台移驻安庆，成为曾国藩所属各军的总粮台。原设安庆城外的钱粮支应所，仍随曾国荃的吉字等营行动，专为此军供应粮饷，曾先后驻扎无为等地。及至曾国荃率军围攻天京，在雨花台设立大营，钱粮支应所则移至船上，停泊于大营附近的江面上。湘军攻陷天京后，安庆粮台改为报销局，办理咸丰四年秋至同治三年夏的全部军费报销账目。原设天京城外的钱粮支应所则改为金陵粮台，总司曾国藩所属各军的粮饷供应。同治四年春，曾国藩率军北上"剿"捻，金陵粮台改为北征粮台，总司从事"剿"捻的湘淮各军的粮饷供应，月饷标准及发放时间也统为一律。同治七年"剿"捻战争结束，各地粮台纷纷裁撤，北征粮台改为军需局，负责当地驻军的粮饷供应，兼为远征西北的老湘营筹运粮饷。此时除与西北战事有关的灵宝等粮台外，原在战争期间设立的粮台都已先后裁撤了。为曾国藩经办粮饷、报销的人员主要有李瀚章、甘晋、李宗羲、李兴锐、张韶南、厉云官、胡大任、隋藏珠、王延长、孙长绂、洪汝奎等人。

胡林翼于咸丰五年三月署理鄂抚后设立粮台，委任湖北荆宜施道道员庄受祺为总办。咸丰九年又奏调户部主事阎敬铭来鄂，总司粮台，直至胡林翼去世。

左宗棠于同治元年进军浙江时开始设立粮台，由周开锡主持，初驻玉山，后随军行动，历经浙江、广东等地。同治六年奉旨远征西北，遂在武昌设立陕甘后路总粮台，以道员王加敏专司其事。抵陕后，复在西安设西征粮台，以袁保恒为总办，下设军需、军装各局，收入支出，各有专责。陕事平，移兵甘肃，饷道愈遥远，遂按行程设局，转运军需物资。迨及挥师出关，用兵新疆，设局而不设台，以道员沈应奎、知府陈瑞芝等督率委员办理，转道八千里，军需无误。

李鸿章自同治元年率淮军抵沪至同治七年"剿"捻战争结束，粮台设置情况可分为前后两个时期。镇压太平军时期，曾先后设立行营粮台、前敌支应粮台和后路粮台，分别由徐文达、凌焕等人负责。"剿"捻期间，参与作战的湘淮各军粮台合并，统一供应。前期曾国藩统军作战，李鸿章司粮运；后期李鸿章统军，曾国藩司粮运。他们在江宁设后路粮台，称金陵粮台，由洪汝奎负责；在徐州设前敌粮台，称徐州粮台，先后由李鸿裔、吴世雄负责；在江苏清江浦、邵伯与河南灵宝设转运粮台，分别由钱鼎铭、杨觐宸、薛苏常负责。此外，他们还根据战争的需要分别在台儿庄、江宁、张秋、东昌等地设钱粮支应所。

为了便于粮饷供应，除设置上述粮台、转运局、支应所之外，他们还向各军派遣粮饷委员，作为粮台的代表，负责该军的粮饷分配。例如，林源恩就曾担当过这种角色。此外，湘淮两军的供饷办法也略有不同。在粮饷不足或一时供应不及的情况下，湘军往往采取拖欠的办法，直至裁撤或假归时才一总结算，由行营粮台发放票证，向长沙后路粮台领取，除报捐增广学额若干外，欠饷基本还清。而淮军则采取减成发放的办法，如每年十二个月，只发八九个月的饷。因发饷又称关饷，故有每年几关之说。曾国藩说淮军每年九关，即每年只发九个月的饷。而《异辞录》则称，"淮军自始至终每年皆发饷七关半"，即每年只发七个半月的饷，直至假归、遣散之时亦未还清，"遂积成巨款。李文忠直隶总督任内，银钱所专司其事，历王文勤、荣文忠两公。洎文忠复任，犹有五百余万两。文忠逝世，项城用以扩充新军至六镇之多。"[①]还有人说，直至光绪末年仍余留巨款，半成为交通银行的启动资金。

第三节　知人善用

要夺取战争的胜利，不仅要有一批能征惯战的将才，攻必克，战必胜；还要有一批擅长文案、营务的人员，保障指挥系统的畅通、有效；一批擅长筹办粮饷的人员，保障后勤供应的充足、及时；更需要一批长于吏治、善理民政的人员，尽快恢复控制区内的社会与生产秩序，以保障粮饷有地方可筹。所以，在社会制度、方针路线确定之后，是否拥有与能否恰当使用足够质量与数量的人才，就成为战争成败的关键。正是由于曾国藩集团极为重视并恰当处理了人才问题，方使他们雄心化为伟业，能够由小到大、由弱变强，在清政府与外国侵略者的支持下，成功地镇压了太平军与捻军起义，也就是说，曾国藩集团所以能够在战争中取胜，不仅因其军事可恃、筹饷有方，还因为他们在人才问题上有一整套较为完善的理论与政策，并在实践中取得较好的成效。

曾国藩集团，尤其曾、胡等人对人才极为重视，并对此作过大量论述。他们认为大至世之兴衰治乱，小至军事之成败、粮饷之盈亏、吏治之修否，皆以是否得人为转移。曾国藩从唯心主义的英雄主义史观出发，早在京宦时期就认为，社会风气的厚薄全由一二人之倡导而成。"此一二人之心向义，则众人与之赴义；一二人之心向利，则众人与之赴利。众人所趋，势之所归，虽有大

---

① 《异辞录》，第1卷，第39、40页。

力，莫之敢逆。"①又说："世多疑明代诛锄缙绅而怪后来气节之盛，以为养士实厚使然。余谓气节者亦一二贤臣倡之，渐乃成为风气，不尽关国家养士之薄厚也。"②从军以来，面对"内忧外患"的严峻形势，更把扭转时局的希望寄托在少数人才身上。称"粤、捻内扰，英、俄外伺，非得忍辱负重之器数十人，恐难挽回时局也。"③又说："吾辈所慎之又慎者，只在用人二字上，此外竟无可着力之处。"④胡林翼则称："近时大局艰难，只求一二有心之士力济时艰。济之之法，壮者杀贼，廉者谋饷耳。"⑤又说："为政之要，千条万缕，而大纲必在得人。"⑥譬如，"天下事固患贫且弱，楚祸尤甚。而所以贫弱之故，则正气不申，伪士得志也。"而破解之法，"求才是先务。理财亦须先求才也。"⑦又如，"天下以盗贼为患。而乱天下者不在盗贼，而在人才不出、居人上者不知求才耳。酂侯治汉、文若佐许、武乡治蜀、景略图秦，其得力全在得人。盖无一时一事不以人才为念，得人者昌，失人者亡。以卫灵而不丧国，以武氏而能治天下，其效可睹矣。"⑧故"救天下之急证，莫如选将；治天下之真病，莫如察吏。兵事如治标，吏事如治本。"⑨他们有时甚至认为，人与法二者相较，人比法更重要。曾国藩与左宗棠皆以为，"用法不如用人"⑩。曾国藩并进而解释说："吏治有常者也，可先立法而后求人；兵事无常者也，当先求人而后立法。"⑪他还在给胡林翼的另一封信中说："默观天下大局，万难挽回。侍与公之力所能勉者，引用一班正人、培养几个好官以为种子，即咸丰四年寄公缄中'种火'之说也。""若能引出一班正人，倡成一时风气，则侍与公借以报国者

---

① 《曾文正公文集》，第2卷，第2页。

② 《曾文正公文集》，第2卷，第70页。

③ 《曾文正公书札》，第7卷，第36页。

④ 《曾文正公书札》，第9卷，第22页。

⑤ 《胡文忠公遗集》，第59卷，第18页。

⑥ 阎敬铭编：《胡文忠公遗集》，同治七年醉六堂重刊本，第10卷，第13页。

⑦ 《胡文忠公遗集》，第59卷，第4页。

⑧ 《胡文忠公遗集》，第59卷，第30页。

⑨ 《胡文忠公遗集》，第59卷，第16页。

⑩ 《曾文正公书札》，第19卷，第10页。

⑪ 《曾文正公书札》，第7卷，第37页。

也。^①"总之,他们将人才问题看成了决定成败的关键。

同时,他们还就人才问题对于军事、筹饷、吏治方面的关键作用,分别做过专门论述,留有大量言论。在军事上,曾、胡、左都认为,将领是决定战争成败的主要因素。曾国藩认为,战争之成败在人而不在器,军队之强弱在气而不在形。"凡军气之盛衰,全视主将之强弱"^②,"大抵艰难百折不辞劳瘁者,将领之壮志也"^③,故"军事兴衰全系乎一二人之志气"^④。咸丰六年初,他在一封奏折中称:"行军之道,择将为先,得一将则全军振兴,失一将则士气消阻。甲寅秋冬之间,臣军所以长驱千里、势如破竹者,以陆路有塔齐布、罗泽南,水路有杨载福、彭玉麟诸人。军中士卒皆以塔、罗、杨、彭为法,沿江村市亦知有塔、罗、杨、彭之称,故能旌旗生色,席卷无前。不幸塔齐布中道殂谢,而罗泽南、杨载福、彭玉麟三人者又分往湖北、临江,不克遽聚一处",致使"臣久困一隅,兵单将寡,寸心焦灼,愧悚难名"^⑤。总之,将自己数年间军事上兴衰成败的主因,尽归之于数名将领的得失。胡林翼也认为:"兵事以人才为根本,人才以志气为根本;兵可挫而气不可挫,气可偶挫而志不可挫。"^⑥故"纲领之要,成败之数"不系乎"法",而系乎"人"。"得人者昌,失人者亡。"他还举例说:"设五百人之营,无一二谋略之士、英达之才,必不成军;千人之营无六七谋略英达之士,亦不成军。"总而言之,"兵事不外'奇正'二字,而将才不外'智勇'二字","而其要以得人为主"^⑦。左宗棠也认为:"天下无可恃之兵勇,而有可恃之将。"^⑧实际上,都是在强调将领对军队的决定性作用。

至于人才对吏治、理财的作用,他们也有类似的论述。胡林翼在论及湖北

---

① 《曾文正公书札》,第18卷,第34、37页。

② 《曾文正公奏稿》,第28卷,第15页。

③ 《曾文正公奏稿》,第28卷,第14页。

④ 《曾文正公书札》,第25卷,第39页。

⑤ 《曾文正公奏稿》,第7卷,第3页。

⑥ 《曾胡治兵语录》,第10页。

⑦ 《胡文忠公遗集》,第59卷,第25页。

⑧ 《左文襄公书牍》,第2卷,第20页。

的治理时说:"治理之要,贤才为本。苟不知求贤,即劳心焦思亦属废事。"①又在论及整顿吏治的"利弊之原"时说:"劾贪非难,而求才为难。前者劾去,后者踬事,巧避名目,其弊有不可胜言者矣。"②至于人才对筹饷的重要性,胡林翼则说:"理财之道,仍以得才为先。""得一正士,可抵十万金。"③曾国藩也称:"湖北军务迭兴,兵事饷事唯在得人。"④而他对吏治与人才的关系,则有更多的论述。他说:"国家之强,以得人为强。"⑤"除刑于以外无政化,除用贤以外无经济。"⑥"至于用人一节,实为万事根本。"⑦"鄙人阅历世变,但觉除得人之外,无一事可恃。"⑧又说:"凡国之强,必须多得好臣工;家之强,必须多出贤子弟。"⑨曾国藩认为,"大氐吏治与军务相表里"⑩,而兵事首在选将,吏治以择吏为先。"军兴太久,地方糜烂。鄙意一面治军剿贼,一面择吏安民,二者断不可偏废。"⑪又说:"行政之要首在得人。"⑫"一省风气全系于督抚、司道及首府数人,此外官绅皆随风气为转移。"⑬而"吏治之兴废全系乎州县之贤否"⑭。胡林翼也有同感。他在给邢高魁的信中说:"弟意公之吏才乃可,治行第一,可开鄂之风气,可使在位以为矜式。"⑮又在给周乐的信中说:"安得此等人布之郡守,何忧天下不治!"⑯

---

① 《胡文忠公遗集》,第60卷,第18页。
② 《胡文忠公遗集》,第14卷,第5页。
③ 《胡文忠公遗集》,第59卷,第4页。
④ 《曾文正公奏稿》,第11卷,第28页。
⑤ 《曾文正公书札》,第6卷,第35页。
⑥ 《曾文正公手书日记》,道光二十二年十一月十六日。
⑦ 《曾文正公书札》,第28卷,第39页。
⑧ 《曾文正公书札》,第14卷,第6页。
⑨ 《曾文正公家书》,同治五年九月十二日。
⑩ 《曾文正公书札》,第22卷,第22页。
⑪ 《曾文正公书札》,第12卷,第11页。
⑫ 《曾文正公奏稿》,第18卷,第42页。
⑬ 《曾文正公手书日记》,咸丰十一年十一月十三日。
⑭ 《曾文正公奏稿》,第18卷,第42页。
⑮ 《胡文忠公遗集》,第60卷,第7页。
⑯ 《胡文忠公遗集》,第59卷,第18页。

　　关于衡才标准，曾、胡都曾做过专门论述，总的来讲，不过德、才二字。曾国藩在一篇笔记中称："司马温公曰：'才德全尽谓之圣人，才德兼亡谓之愚人，德胜才谓之君子，才胜德谓之小人。'余谓德与才不可偏重。譬之于水，德在润下，才即其载物、灌田之用。譬之于木，德在曲直，才即其舟楫、栋梁之用。德若水之源，才即其波澜；德若木之根，才即其枝叶。德而无才以辅之，则近于愚人；才而无德以主之，则近于小人。世人多不甘以愚人自居，故自命每愿为有才者；世人多不欲与小人为缘，故观人每好取有德者。"又说："二者既不可兼，与其无德而近于小人，毋宁无才而近于愚人。自修之方，观人之术，皆以此为衡可矣。"还说："吾生平短于才。爱我者或谬以德器相许，实则虽曾任艰钜，自问仅一愚人。幸不以私智诡谲凿其愚，尚可告后昆耳。"[①]曾国藩曾将当时的天下大事，分为兵事、饷事、文事、吏事四类，对于承办不同职事的人员，在德、才方面又提出一些不同的具体要求。

　　由于当时的中心工作是战争，一切服从于战争，一切服务于战争。所以在人才的选用上，首先选拔的就是将才，最难得的也是将才。曾国藩说："文士游从，往往不乏，唯将才殊难其选。"[②]胡林翼说："天下人最多，将才最少。"[③]左宗棠亦称："选将之难，古今同慨。"[④]至于选拔将才的具体标准，咸丰四年初创湘军时，曾国藩曾提出四条："第一要才堪治民，第二要不怕死，第三要不亟急名利，第四要耐受辛苦。"并进而解释说："治民之才不外公、勤、明三字。不公不明则诸勇必不悦服，不勤则营务细钜皆废弛不治，故第一要务在此。不怕死则临阵当先，士卒乃可效命，故次之。为名利而出者，保举稍迟则怨，不如意则怨，与同辈争薪水，与士卒争毫厘，故又次之。身体羸弱者过劳则病，精神乏短者久用则散，故又次之。"最后，他还强调说："四者似过于求备，而苟缺其一则万不可以带勇。"因"带勇须智深勇沈之士，文经武纬之才。"不过，最重要的还是看其是否具有"忠义血性"。"大抵有忠义血

①《曾文正公杂著》，第4卷，第31页。
②《曾文正公书札》，第8卷，第25页。
③《胡文忠公遗集》，第59卷，第23页。
④《左文襄公书牍》，第6卷，第40页。

性，则四者相从以俱至；无忠义血性，则貌似四者终不可恃。"①不过，这是最初立下的标准，其后随着战争形势的发展和实践经验的积累，说法又有所变化。时而强调德，时而强调才，但最重要的还是智勇胆识四字。例如，咸丰六年在给曾国荃的信中说："凡将才有四大端。一曰知人善任，二曰善觇敌情，三曰临阵胆识（恃有胆，迪、厚有胆有识），四曰营务整齐。"②而咸丰八年则说："余前言弟之职，以能战为第一义，爱民第二，联络各营将士、各省官绅为第三。今此天暑困人，弟体素弱，如不能兼顾，则将联络一层稍为放松，即第二层亦可不必认真。惟能战一层，则刻不可懈。"③同治元年又再次强调："大约选将以打仗坚忍为第一义，而说话宜有条理、利心不可太浓两者亦第二义也。"④又说，"军旅之事必有毫无瞻顾之心，而后有一往无前之气"，若"于祸福成败多涉计较，则危急之时难期坚定"⑤。有时又强调将领的智略和道德。同年，在给总理衙门的一封信中说："大抵拣选将才，必求智略深远之人，又须号令严明、能耐劳苦，三者兼全，乃为上选。今欲派与洋将会剿之将，亦必择三者兼全之人。环观江楚诸军，武臣唯多将军、文臣唯左中丞堪胜斯任。李中丞、杨军门与左相近，而耐苦少逊；鲍军门与多相近，而智略不如。"⑥同治五年在给李鸿裔的信中则说"统领营官须得好，真心实肠是第一义，算路程之远近、算粮仗之缺乏、算彼己之强弱，是第二义"⑦。这些变化可能与收函对象的不同有关。然从曾国藩选用将领的实践看，能战始终是第一条。他手下最得意的湘军悍将，如前期的塔齐布，后期的鲍超，其治民之才、战略战术都谈不上，鲍超更是贪财好利、军纪败坏，但却因其悍勇敢战而备受青睐。周凤山带兵军容整齐，纪律严明，惟临阵胆气不壮，终因其一再覆军而被淘汰。胡林翼于艰难竭蹶之中得罗泽南一军，对罗敬若天神，对李续宾赞不

① 《曾文正公书札》，第3卷，第2—3页。

② 《曾文正公家书》，咸丰七年十月二十七日。

③ 《曾文正公家书》，咸丰八年五月初六日

④ 《曾文正公家书》，同治元年六月二十三日

⑤ 《曾文正公奏稿》，第16卷，第68页。

⑥ 《曾文正公书札》，第18卷，第2—3页

⑦ 《曾文正公书札》，第25卷，第25页。

绝口，然仍能冷静地品评诸将。在选将标准上，他虽看重一个勇字，将能战与否放在首位，但也没有忽视其他方面。并能在实践中总结经验教训，不断提高认识。例如，咸丰六年他在给周乐的信中说，湖北诸将"除迪庵最深固不摇外"，余如"何绍彩之胆力，亦一时无两，然尚不能如迪庵也。张荣贵勇而少学问，丁篁村勇而廉正无条理，周芝房正而严厉、阅历太浅，李景湖才情纪律过人而临阵未能冲锋，义渠细密而胆气稍逊、部伍最整，邹叔明朴质而见识游移不果决，又有鲍超者英鸷无匹而天姿太钝。"又说："弟所用之将，在北岸则超群绝伦。在弟视之，可战也，未尽可恃也。又如水师，勇敢有余，然须用得其法，矢以小心，乃可不败。其本领亦在能胜不能败之列。"还说："此皆弟一二年精思而得之，无一字虚浮者也。"[①]李续宾三河覆军之后，胡林翼则又开始强调将才的谋略方面。称"兵不在多而在精，将不在勇而在谋。此次之败，其过仍不在兵寡也"[②]。又说："为将亦须稍具智略，审时审机是为上策。此番长城顿失，坚贞安重之将亦且无人，何况智士哉！"[③]还说："行军之道智略居首，勇力次之；保国之道全军为上，审时审势审机为上，得土地次之。"[④]"谚云：'兵贵精不贵多，将在谋不在勇。'"[⑤]所以，智勇兼备，方为将才之上选。胡林翼在给李云麟的信中说："大抵兵事不外奇正二字，而将才不外智勇二字。有正无奇遇险而覆，有奇无正势亟即沮；智多勇少实力难言，勇多智少大事难成。"[⑥]左宗棠也深知智勇兼备的重要性，并以此慨叹选将之难："勇锐者不悉机宜，明练者多甘退懦，求其指挥若定、一往无前者，盖戛戛乎难之。"[⑦]

至于文吏的衡才标准，曾国藩则将之概括为"有操守而无官气、多条理而少大言"四条。称："取人之式，以有操守而无官气、多条理而少大言为要；

① 《胡文忠公遗集》，第59卷，第7页。
② 《胡文忠公遗集》，第59卷，第21页。
③④ 《胡文忠公遗集》，第59卷，第23页。
⑤ 《胡文忠公遗集》，第60卷，第19—20页。
⑥ 《胡文忠公遗集》，第59卷，第25页。
⑦ 《左文襄公书牍》，第6卷，第40页。

办事之法，以五到为要。"并进而解释说："五到者身到、心到、眼到、手到、口到也。身到者如做吏则亲验命案、亲巡乡里，治军则亲巡营垒、亲探贼地是也。心到者凡事苦心剖晰，大条理、小条理、始条理、终条理，理其绪而分之，又比其类而合之也。眼到者著意看人，认真看公牍也。手到者于人之长短、事之关键，随笔写记以备遗忘也。口到者使人之事既有公文，又苦心叮嘱也。"①又说："大抵人才约有两种，一种官气较多，一种乡气较多。官气多者好讲资格，好问样子，办事无惊世骇俗之象，语言无此防彼碍之弊。其失也，奄奄无气。凡遇一事，但凭书办家人之口说出，凭文书写出，不能身到、口到、眼到，尤不能苦下身段，去事上体察一番。乡气多者好逞才能，好出新样，行事则知己不知人，语言则顾前不顾后。其失也，一事未成，物议先腾。"还说："两者之失，厥咎维均。人非大贤，亦断难出此两失之外。吾欲以'劳苦忍辱'四字教人，故且戒官气而姑用乡气之人，必取遇事体察，身到、心到、眼到、口到者。赵广汉好用新进少年，刘晏好用士人理财，窃愿师之。"②这样，曾国藩就将他取人之式的四条和办事之法的五到合而为一，制定出自己的选才标准，并根据以往经验与现有条件，尽量多用新取进士为州县官，主要用士人筹饷。因为在他看来，新进士官气较少，士人操守较好。对于一般文吏的取才标准，胡林翼谈得不多。咸丰八年曾在一封信中说："罗淡村、庄惠生均极一时之选，其廉正勤明他人莫及。"③又说："许金堂颇淳朴不苟且，亦无虚浮名士之派。"④"少固笃实不欺，赏阶亦然。"⑤他对这些人的赞许，都是在强调德的方面，没有涉及才。有的地方，他又非常强调德的主导作用，与曾国藩德本才用之说颇有相似。如咸丰九、十年间在给阎敬铭、严树森的复信中说："人到靠得住便可用，无才亦可用；人到靠不住便不可用，有才尤可用。此天下古今之大局也。"⑥还说："大抵圣贤不可必得，必以志气节操

① 《曾文正公批牍》，第2卷，第14—15页。
② 《曾文正公书札》，第12卷，第23页。
③ 《胡文忠公遗集》，第59卷，第19页。
④ 《胡文忠公遗集》，第59卷，第8页。
⑤⑥ 《胡林翼未刊往来书稿》，第54页。

为主。尝论孔孟之训，注意狂狷。狂是气，狷是节。有气节则本根已植，长短高下均无不宜也。"[1]

关于求才之道，曾、胡都曾有过专门论述。曾国藩说："求人之道，须如白圭之治生，如鹰隼之击物，不得不休；如蚨之有母，雉之有媒，以类相求，以气相引，庶几得一而可得其余。"[2]胡林翼则称："国之求才，如鱼之求水，鸟之求木，人之求气，口腹之求食。无水无木无气无食则一日不安，日即于亡，得水得木得气得食则生。此理至明，人自不察耳。"[3]曾国藩认为："世人聪明才力不甚相悬，此暗则彼明，此长则彼短，在用人者审量其宜而已。山不能为大匠别生奇木，天亦不能为贤主更出异人。"[4]又说："上等贤哲当以天缘遇之，中等人才可以人力求之。"[5]"在上者提倡之则有，漠视之则无。"[6]胡林翼也说："天下无不可造之才。"[7]

为了网罗人才，曾、胡二人都曾做过大量的工作。曾国藩自出山以来，尤其在担任两江总督之后，每到一地即布告远近，深入寻访，延揽当地人才。东征之始，发布檄文，内有一段关于求才的文字称："倘有血性男子，号召义旅助我征剿者，本部堂引为心腹，酌给口粮；倘有抱道君子，痛天主教之横行中原，赫然奋怒以卫吾道者，本部堂礼之幕府，待以宾师。"[8]北上"剿"捻，广布告示，其"寻访英贤"条则称："淮徐一路，自古多英杰之士，山左中州亦为伟人所萃。""本部堂久历行间，求贤若渴，如有救时之策、出众之技，均准来营自行呈明，察酌录用。""如有荐举贤才者，除赏银外，酌予保奖。"[9]抵任直隶总督之后，虽知"此间士风稍陋"，仍于专拟《劝学篇示直隶士子》一

---

[1]《胡文忠公遗集》，第60卷，第19页。

[2]《曾文正公书札》，第12卷，第23页。

[3]《胡文忠公遗集》，第60卷，第18—19页。

[4]《能静居日记》，同治六年八月二十一日。

[5]《曾文正公书札》，第18卷，第43页。

[6]《能静居日记》，同治八年七月十八日。

[7] 薛福成：《庸盦全集·文编》（以下简称《庸盦文编》），第4卷，第7页。

[8]《曾文正公文集》，第3卷，第2页。

[9]《曾文正公杂著》，第3卷，第38页。

文，广为传布，借以"扶持名教"的同时，大力延访当地人才，酌分德、才、学三科，"令州县举报送省。其佳者以时接见，殷勤奖诱，庶冀渐挽薄俗，一宏雅道"①。至于平时同人谈话、通信，更是殷切探问其间有否可称之才，一旦发现，即千方百计地调到自己身边。他幕府中的不少人物，都是用这种方式罗致的。曾国藩直至暮年仍保持这种习惯。江苏巡抚何璟曾在其死后奏称，曾国藩回任江督后，"自谓稍即怠安，负疚滋重。公余无客不见，见必博访周咨，殷勤训励。于僚属之贤否，事理之源委，无不默识于心，人皆服其耄年进德之勤。其勉力在此，其致病亦在此"②。

胡林翼"尤汲汲以讲拔人才为事。属吏一技之长，一行之善，随登荐牍，手书褒美，以宠异之。士有志节才名，潜伏不仕，千里招致，务尽其用。又密荐忠亮宏济之才十有六人"，其后"多任封疆与开藩者"，如阎敬铭、严树森、罗遵殿、刘其衔等。胡林翼尝言："国之需才犹鱼之需水，乌之需林，人之需气，草木之需土，得之则生，不得则额死。"又说："才者无求于天下，天下当自求之。"故其"所特荐十余人中，不尽相识也"。胡林翼为延揽人才，特于省城武昌"立宝善堂"，"以延贤俊之至者，察其才德，随宜任使。"③咸丰八年，他曾令心腹幕僚严树森"编列条目，征求事实，饬司、道、府各举所知。其有奇才异能必须度外汲引者，另作一格，均以公牍举荐。"胡林翼以此为"治鄂大事"④，一抓到底，卓有成效。咸丰九年，曾国藩途经黄州，在胡林翼处所见"《同官录》数册，胪列州县佐杂履历，注载详明，评骘精当，知为严树森手笔"，就是此时搞出来的。胡林翼手下一批咸丰九年奏调来鄂的人才，大约也是在这次大规模搜才行动中了解到的。

他们还认为："人才随取才者之分量而生，亦视用人者之轻重而至。"⑤因而，他们努力加强自身修养，宽于待人，严于律己，日日如临渊履薄，以求得真才实学之士。曾国藩在给朋友的信中称："弟于四月之杪承乏两江，本不足

---

① 《曾文正公书札》，第32卷，第25页。
② 《曾文正公全集》，首卷，第42—43页。
③ 《胡文忠公遗集》，首卷，《胡文忠公行状》，第14、15页。
④⑤ 《胡文忠公遗集》，第59卷，第31页。

以有为。又值精力疲惫之后，大局溃坏之秋，深恐贵越诒知己羞。所刻刻自惕者，不敢恶规谏之言，不敢怀偷安之念，不敢妒忌贤能，不敢排斥异己，庶几借此微诚，少补迂拙。"①同时，严戒任用私人，认为"阘冗者虽至亲密友不宜久留，恐贤者不愿共事一方也"②。又在一篇批牍中称："本部堂治事有年，左右信任之人湘乡同县者极少。刘抚部院相从三年，仅保过教官一次。近岁则幕僚近习并无湘乡人员。岂戚族乡党中无一可用之才？亦不欲示人以私狭也。"③

胡林翼亦一扫昔日纨绔习气，"刻自砥砺，益务绳检其身，较其尺寸毫厘。而待人一秉大公，推诚相与，无粉饰周旋"。"与人言虚中翕受。言或未当，莞尔置之；苟有可行，必研究其利害而竭尽其底蕴；即有抵牾，亦无芥蒂。事有不顺，愤怒作气，左右以一二语解之，即时消释，和颜下气，委己以从。与所常共事诸公，历六七年之久，披肝沥胆，无几微间隔。而遇事咨商，必务发摅胸臆而后已。其自视歉然常若有不足者"。"尝谓人曰：'吾于当世贤者，可谓倾心以事矣，而人终乐从曾公。其至诚出于天性，感人深故也。'"又说："世有伯乐，而人后有千里马。顾吾才智不足有为，贤者终不我应耳！"④

曾胡等人求才若渴，上当受骗的事也就在所难免。然终不堕好贤之志。据传，有人赴曾国藩湘军大营投效，且对曾国藩说，受欺不受欺，要看什么人，"若中堂之至诚盛德，人自不忍欺"。曾国藩闻言大喜，"姑令督造炮船。未几，忽挟千金遁去。"曾国藩自知受骗，反复自语"人不忍欺"⑤四字。有人欲追捕之，曾国藩止之不许，渴求人才如故，心中仍不免留下一片阴影。一日，他对赵烈文说："求才的非易事，其中区奥太多。"赵烈文说："在诚耳！上以诚求，下以诚应，苟视国事如家事，人才不患不兴。区奥多，不过易上当耳！

<hr />

① 《曾文正公书札》，第11卷，第40页。

② 《曾文正公家书》，咸丰八年四月初九日。

③ 《曾文正公批牍》，第6卷，第56页。

④ 《胡文忠公遗集》，首卷，第15页。

⑤ 《清朝野史大观》，第7卷，第140、141页。

自古名君贤相，用人庶不上当？庸何伤？"曾国藩"首肯至再"①，更加坚定其求贤之志。他在与安徽巡抚李续宜论及求才问题时说："冷淡之雅怀本不宜改。惟他处如火如汤，恐贤士皆去皖而适彼耳。"②"诸公之热虽不能真得贤士，而尚可罗网中才。皖省则并中才而无之，亦吾二人之耻也！""程子告司马温公云：'相公宁百受人欺，不可使好贤之心自此而隳。'乞阁下味此二语，庶几悬格渐低，取士渐广。"③百受人欺而不隳好贤之心，恐怕也应算作曾国藩集团在用人问题上的一个信条。

在选才、求才问题上，曾胡等人不仅理论完备，且在实践中积累起丰富的经验。他们认为，在衡才标准的掌握上，不宜苛求。曾国藩称："阅世已久，每见仁厚正大者，即苦无才识气力"④，而"勇于事情者，皆有大欲存焉"⑤。故"衡人但求一长可取，不可因微瑕而弃有用之才。苟于峣峣者过事苛求，则庸庸者反得幸全"⑥。又说："窃疑古人论将，神明变幻不可方物，几于百长并集一短难容，恐亦史册追崇之辞，初非当日预定之品。要以衡才不拘一格，论事不求苛细，无因寸朽而弃连抱，无施数罟以失巨鳞。"⑦当赵烈文问及"王船山议论戛戛独造，破自古悠谬之谈，使得位乘时，其有康济之效"时，曾国藩断然指出："殆不然。船山之说，信为宏深精至而嫌偏苛，使处用事，天下岂尚有可用之人？""世人聪明才力不甚相悬，此暗则彼明，此长则彼短，在用人者审量其宜而已。山不能为大匠别生奇木，天亦不能为贤主更出异人。"赵烈文听罢，抢上去人声赞扬道："大哉！宰相之言！"⑧应该说，曾国藩的话是很有见地的，赵烈文之言亦并非谀词。不过，这也并不是说，他们在用人问题上来者不拒，毫无顾忌。他们一致认为，有几种品德太差的人决不可用。曾国藩

---

① 《能静居日记》，同治六年七月十八日。

② 《曾文正公书札》，第18卷，第38页。

③ 《曾文正公书札》，第18卷，第43页。

④ 《曾文正公书札》，第23卷，第21页。

⑤ 《能静居日记》，同治六年九月初四日。

⑥ 《曾文正公书札》，第23卷，第22页。

⑦ 《曾文正公书札》，第8卷，第34页。

⑧ 《能静居日记》，同治六年八月二十八日。

认为，"凡官气重、心窍多者在所必斥。"①胡林翼称："软熟者不可用，谄谀者不可用，胸无实际、大言欺人者不可用。"②左宗棠认为，"人才唯好利、没干两种不可用"。曾国藩则进而补充说："好利中尚有偏裨之才，唯没干者决当屏斥。"③就是说，好利有才者尚可小用，贪污公款者决不可用。

总的来说，从用人实践上看，曾、胡、左等人都力求德与才的统一，使用德才兼备之人，单就个人而言，则又各有偏重。大约胡偏于才，曾偏于德，左则有时有些感情用事。例如严树森，经胡林翼一手提拔，至于高位，是其属僚中最受赏识和出力最大的人物，但在曾国藩眼里却庸不足称，他与赵烈文的一段对话就足可说明这一点。《能静居日记》同治六年九月初四日载，师"又言：'严本猥琐之才，经胡咏芝赏识后，俨然自托于清流。在豫抚任内，痛保朝中阔人，如倭艮峰等，古人明扬仄陋或不如此。'余闻之大噱，因问：'此折据方宗诚自言其所作，信乎？'师曰：'方宗诚见识止此而已，斯言殆信。'余又问：'阎丹初（敬铭）视严何如？'师曰：'阎之器品较严树森端方固矣，如前辞齐抚。齐抚极可为之官，严即断不能也。凡一督抚官去之若遗者，皆有过人处。'"而曾国藩本人则与之相反，长期以来一直被人认为有重德轻才的倾向。而在王鑫的问题上，则不仅重德轻才之偏，更不免夹杂个人意气，故颇受人指责，自己也大遗后悔。这件事几乎众口一词，唯其本人不肯承认。例如，同治元年，其胞弟曾国荃就曾直言不讳地批评他，"用人往往德有余而才不足"。曾国藩虽然口头上承认"诚不免有此弊，以后当留心惩改"，但曾国荃一指出具体人员，"疑"其所重用的李昭庆、穆其琛"为无用之才"，他便矢口否认，称弟"所见差矣"④。迨及暮年，他终于认识到自己用人方面的弊端。同治十年，他在一篇日记中写道："虽有良药，苟不当于病，不逮下品；虽有贤才，苟不适于用，不逮庸流。""当战争之世，苟无益于胜负之数，虽盛德亦无

---

① 《曾文正公书札》，第12卷，第4页。

② 《曾胡治兵语录》，第6页。

③ 《曾文正公书札》，第19卷，第2—3页。没干（没幹）大约是干没（乾没）之意，即侵吞公家或他人财物。

④ 《曾文正公家书》，同治元年十一月二十三日。

所用之。余生平好用忠实者流，今老矣，始知药之多不当于病。"①

然而，尽管曾国藩有知人之明，可谓侪辈中之佼佼者，但亦难免有用人失误之处，除上述王鑫的例子外，还有一个李楚材。据曾国藩的好友欧阳兆熊称，降将李楚材身怀绝技，"试之皆验"，虽经其推荐，曾国藩仍弃而不用。"渠欲求荐至浙营，予谓'不须作函，但云由曾营过，弃而不用，故此投效，必当收录。'恪靖果即令统四营，颇立战功"②。类似的事例可能还有些。不过但若像左宗棠那样，直斥曾国藩"无知人之明"，凡曾国藩"所弃者无不重用"，甚至移咨"极诋"曾国藩"用人之谬，词意亢厉，令人难堪"③，亦不免有些言过其实。左宗棠信中是如何说的尚未查出，但仅从曾国藩的复函看，左的指责确实是很尖锐的。曾国藩在信中解释说，"来示谓鄙人喜综核而尚庸才，盖不尽然"，并举识拔程学启的例子以证之。称"今之碌碌隶敝部者，'庸'则有之，'尚'则未也。"④左宗棠因立营较晚，其所用将领多为曾胡选余之才，应该说是较为正常的情况。王鑫固属曾国藩排之以去，而助左宗棠成其大功的主要将领蒋益澧、刘典，又何尝不是胡林翼弃而不用之才？此二人皆系罗泽南的学生与旧部，由罗带往湖北，又都是在其死后，因与李续宾不和而被胡林翼撤差的。左在用人问题上不责胡而斥曾，似有意气夹杂其间。由此得出曾国藩"喜综核而尚庸才"的结论，则显然有些偏颇，胡林翼就对此持有相反的看法。他认为，"曾公素有知人鉴，所识拔多贤俊"，专用曾国藩赞许之人。他"常从问士大夫贤否，闻曾公有一言之奖，辄百方罗致，推毂唯恐不尽力。或畀以军寄，致大用。"⑤左宗棠为人争强好胜，不肯甘居人下，是显而易见的，亦不仅对曾国藩如此。其后借刘松山一事盛赞曾国藩的"知人之明"，也似乎有些借题发挥。大约三分出于真意，七分倒是为了同淮军争夺"剿"捻首功，同李鸿章闹意气。

---

① 《曾文正公杂》，第4卷，第34页。

② 《水窗春呓》，第6页。

③ 《水窗春呓》，第7页。

④ 《曾文正公书札》，第22卷，第1、2页。

⑤ 《庸盦文编》，第4卷，第6页。

其实，左宗棠用人亦未尝没有失误之处，吴士迈就是一个突出事例。吴士迈属于立志高亢而实无真正才能之人，曾经人荐之曾、胡，但皆未被录用。胡林翼在给阎敬铭的信中称，咸丰四年"知兵事不得脱身，向李次青苦求人才"。"次青举二人，一邢星槎，一吴退庵。退庵在岳州见，十日不发一言。弟运神力慧眼，决其必不可用（此言独夸，实有奇诀）"①。曾国藩在给李元度的复信中则说："阁下赞吴退庵之贤，证以胡宫保所称，似亦学问中人，非军旅中人也。俟相见再议。"②其时间应是咸丰十年秋，李元度初任徽宁池太道而尚未进驻徽州之时。此后不久，曾国藩即与李元度闹翻，吴士迈之事亦就此作罢。左宗棠却信用此人，委为分统，终因个人的无能而又迁怒他人，发生杀朱德树以泄愤之事，并由此引发了一场官司和全国舆论的大哗。最后虽因左宗棠的大力开脱而未受惩办，但也因此抑郁而死。不过，在王鑫的问题上，左宗棠则显得比曾国藩高明，相比之下，就显得曾国藩有些求全责备，不能容忍出色人才的短处。据说，曾国藩后来曾对此事追悔莫及。徐珂称："文正方困于江西，前后被重围，急召王赴援。王辞不往，以书报之曰：'吾不复为公所属。'文正叹曰：'有良将而不知用，吾之过也。'"③此外，在塔齐布的问题上，也表现出左宗棠的知人之明。咸丰四年，他在给胡林翼的信中称："此君一候补都司，弟于稠众中首识拔之（伊至今不知从何来也），荐之石帅、涤公。未及两年，赓两君保荐，伊又有三次战功，遂擢至提督。"④

在人才的培养上，曾、胡都认为科举制度误人子弟，不能培养出真才实学之士。曾国藩在家书中说："六弟今年入泮固佳，万一不入，则当尽弃前功，一志从事于先辈大家之文。年过二十不算少矣，若再扶墙摩壁，役役于考卷截搭小题之中，将来时过而业仍不精，必有悔恨于失计者。不可不早图也。余当时实见不到此，幸而早得科名，未受其害。向使至今还未入泮，则数十年从事

---

① 《胡林翼未刊往来函稿》，第8、9页。

② 《曾文正公书札》，第12卷，第22页。

③ 徐珂：《清稗类钞》，中华书局1981年版，第2册，第965页。

④ 《左文襄公书牍》，第2卷，第25页。石帅指时任湘抚的张亮基，字石卿。

于钓渡映带之间，仍然一无所得，岂不靦颜也哉？此中误人终身多矣！"①胡林翼也说："幼年精力半耗于八股及时俗应酬，是以学识太小，本领太低，力不如志，为可惜耳。"②这样，在他们从政从军，大量需要人才时，方觉人才缺乏，现有士人多不适于用。而要赢得这场战争的胜利，必须自己动手，大量招引与培养人才。

至于培养人才的途径，胡、左、江、李等人与曾国藩大体相似，通常是发现人才即将其调至自己身边，或任幕僚，或充属员，经过一个时期的观察和历练，或予以奏保，加以重用。曾国藩集团中隶属这四个系统而又位至三品以上大员者，其绝大多数是从这条路上走过来的。如阎敬铭、严树森、庄受祺、栗燿曾做过胡林翼的幕僚，杨昌濬、刘典、周开锡曾做过左宗棠的幕僚，丁日昌、周馥、徐文达、薛允升、刘郇膏、蒯德标、李元华、王凯泰、王大经皆曾充任李鸿章的幕僚，刘长佑曾任江忠源的幕僚，刘坤一、江忠义、李明惠又做过刘长佑的幕僚。至于由主帅身边的属员而升任高位的例子，则有严树森、刘齐衔、陶模等人。严树森原为湖北首府首县江夏县知县，刘齐衔原为汉阳府知府，陶模原为甘肃首府首县皋兰县知县。但胡、左、江、李等人培养人才的具体做法如何，尚不得其详。现仅将曾国藩培养人才的办法，略述如下。

曾国藩认为，天下大事约有兵事、饷事、吏事、文事四端，实则文武两途。其人才的培养也可分为武将、文臣两种办法。曾国藩力主以文士带兵，且战争年代须才甚巨，而文人又多不习战。故有来营投效者，首先注重的是选拔统兵之才。即界于两可之间者，亦不妨一试，李元度、李榕、邓辅纶、罗萱等人大约都属此类。湘军的一等大将，如塔齐布、罗泽南、王鑫、杨载福、彭玉麟、李续宾、李续宜、鲍超、多隆阿等，皆所谓"天缘遇之"，主要是从实战中锻炼出来，识拔、举荐以及最初在长沙的严格训练是有的，很难说得上培养。曾国藩真正下功夫培养过的人员，主要是李鸿章、曾国荃及前面提到的李元度、李榕、邓辅纶、罗萱等人，而对于一般将领的培养，亦可谓用心。其具

---

① 《曾文正公家书》，道光二十四年五月十二日。靦（tiǎn）同觍，靦颜同觍（tiǎn）颜。

② 《胡文忠公遗集》，第59卷，第8—9页。

体办法主要是通过书信、批札、言谈、身教等方式进行。同治五年十月，曾国藩离开军营之前，在总结自己统兵十余年来的长短得失时说："臣昔于诸将来谒，无不立时接见，谆谆训诲，上劝忠勤以报国，下戒骚扰以保民。别后则寄书告诫，颇有师弟督课之象。其于银、米、子药搬运远近，亦必计算时日，妥为代谋，从不诳以虚语。各将士谅臣苦衷，颇有家人父子之情。此臣昔日之微长也。"①现已面世的书札、批札、家书、日记之中，保存了大量这类文字，足证明曾国藩此言不虚。如在何应祺（时任职营务处，奉派赴太湖城外，助李榕代统吉字营）的禀帖上批道："据陈各条颇为切中机要。""目下本部万人，自宜亟定统带。该令既有所见，仰就现在诸营官中开折密保，当面呈递。"又说："该令返躬察己，长短自知。果不爱钱，又能推贤让能、忍气任怨、待人以诚、爱才如命，则良将良吏一身可兼，何业之不成哉！但期勉践斯言，持之以静，贞之以恒，实所厚望。"②在给李榕的信中还说："何镜海若能克勤小物四字上用功，应日有长进。望阁下虚己待之，方不隔膜。"③至于家书中对曾国荃的训诫、教诲，更是连篇累牍，不胜枚举。下面再举两个曾国藩对湘军以外的将领寄书批评、鼓励，望其成立的例子。一个是在淮军将领刘铭传禀帖上的批语，一个是在僧格林沁旧部陈国瑞禀帖上的批语。

同治五年，曾国藩"剿"捻一再受挫，刘铭传遂献防河之策，并自认其难。曾国藩在其禀帖上的批道："防守沙河之策，从前无以此议相告者，贵军门创建之，本部堂主持之。凡发一谋、举一事，必有风波折磨，必有浮议摇撼。从前水师之设，创议于江忠烈公，安庆之围创议于胡文忠公。其后本部办水师，一败于靖江，再败于湖口，将弁皆愿去水而就陆，坚忍维持而后再振。安庆未合围之际，祁门危急，黄、德糜烂，群议撤安庆之围援彼二处，坚忍力争而后有济。至金陵百里之城，孤军合围，群议恐蹈和、张之覆辙，即本部堂亦不以为然。厥后坚忍支撑，竟以地道成功。可见天下事果能坚忍不懈，总能有志竟成。办捻之法，马队既不得力，防河亦属善策，但须以坚忍持之。假如

① 《曾文正公奏稿》，第25卷，第13页。

② 《曾文正公批札》，第2卷，第11—12页。

③ 《曾文正公书札》，第9卷，第16页。

初次不能办成，或办成之后一处疏防，贼仍窜过沙河以北，开、归、陈、徐之民必其不能屏蔽，中外必讥其既不能战又不能守。无论何等风波、何等浮议，本部堂当一力承担，不与建议者相干！即有咎豫兵不应株守一隅者，亦当一力承担，不与豫抚院相干。此本部堂之贵乎坚忍也。游击虽劳而易见功效、易收名誉，防河虽劳而功不甚显、名亦稍减，统劲旅者不屑为之。且汛地太长，其中必有极难之处。贵军门当为其无名者、为其极难者。又况僚属之中未必人人谅其苦衷、识其远谋，难保不有一二违言。贵军门当勤勤恳恳，譬如自家私事一般，求人相助、央人竭力。久之，人人皆将鉴其诚而服其智。迨至防务办成，则又让他军接防而自带铭军游击，人必更钦其量也。此贵军门之贵乎坚忍也。若甫受磨折或闻浮言，即意沮而思变计，则掘井不及泉而止者，改掘数井亦不见泉矣。愿与贵军门共勉之。"①

在给陈国瑞的禀批中，于军情军务各项交代处理意见之后接着写道："前闰五月初间连接该镇二禀：一件言自嘉祥解围回至济宁，勇丁与刘军门部下械斗；一件言陈振邦招勇未到，不能迅速拔营。本部堂所以未遽批答者，因心中有千言万语欲与该镇说明，又恐该镇不好听逆耳之言，是以迟迟未发。兹该镇禀商饷银、军械等事，急欲立功报国而恐诸事掣肘，其志亦可悯可敬，特将本部堂平日所闻之言与玉成该镇之意，层层熟商而警告之。本部堂在安庆、金陵时，但闻人言该镇劣迹甚多，此次经过淮扬、清江、凤阳，处处留心察访，大约毁该镇者十之七，誉该镇者十之三。其毁者则谓该镇忘恩负义。黄镇开榜于该镇有收养之恩，袁帅欲拿该镇正法，黄镇夫妇极力营救，得保一命。该镇不以为德，反以为仇。又谓该镇性好私斗。在临淮与袁帅部将屡开明仗，在寿州与李世忠部下开明仗，杀死朱、杜二提督。旋在正阳关捆缚李显安，抢盐数万包。在汜水时，因与米船口角小争，特至湖西调队二千，与米商开明仗。知县叩头苦求，始肯罢兵。又谓该镇骚扰百姓，凌虐州县，往往苛派州县代办军装、号衣等件。在泗州殴辱知州，潘（藩）司张光第同在一处，躲避床下，旋即告病。在高邮勒索水脚，所部闹至内署抢掠，合署眷属跳墙逃避，知州叩头

① 《曾文正公批牍》，第3卷，第65—66页。

请罪乃息。又谓该镇吸食鸦片，喜怒无常，左右拂意，动辄处死，并有因一麻饼杀厨子之事。藐视各路将帅，信口讥评，每每梗令不听调度，动称'我将造反'。郭宝昌之告变，事非无因。本年四月曹南之败，与郭宝昌同一不救主帅，同罪异罚，凡此皆言该镇之劣迹者也。其誉者则谓该镇骁勇绝伦，清江白莲池、蒙城之役，皆能以少胜众，临阵决谋多中机宜。又谓该镇至性过人，闻人谈古来忠臣孝子，倾听不倦。常喜亲近名儒，讲诵《孟子》。又谓该镇素不好色，亦不甚贪财，常有出世修行、弃官为僧之志。凡此皆言该镇之长处者也。誉该镇者如漕督吴帅、河南苏藩司宝应、王编修凯泰、山阳丁封君宴、灵璧张编修锡嵘，皆不妄言之君子。毁该镇者其人尤多，亦皆不妄言之君子，今不复悉举其名。本部堂细察群言，怜该镇本有可为名将之质而为习俗所坏，若再不猛省，将来身败名裂而不自觉。今为该镇痛下针砭，告戒三事：一曰不扰民，二曰不私斗，三曰不梗令。凡设官所以养民，用兵所以卫民。官吏不爱民是民蠹也，兵将不爱民是民贼也。近日州县多与带兵官不睦，州县虽未必皆贤，然带兵者既欲爱民，不得不兼爱州县。若苛派州县供应柴草夫马，则州县摊派各乡村而百姓受害矣。百姓被兵勇欺压诉于州县，州县转诉于军营，若带兵者轻视州县而不为民申冤，则百姓又受害矣。本部堂统兵十年，深知爱民之道必先顾惜州县。就一家比之，皇上譬如父母，带兵大员譬如管事之子，百姓譬如幼孩，州县譬如乳抱幼孩之仆媪。若日日鞭挞仆媪，何以保幼孩，何以慰父母乎！闻该镇亦无仇视斯民之心，但素好苛派州县，州县转而派民。又好凌虐弁兵，弁兵转而虐民，焉得不怨声载道！自今以后当痛戒之。昔杨素百战百胜官至宰相，朱温百战百胜位至天子，然二人皆惨杀军士、残害百姓，千古骂之，如猪如犬。关帝、岳王争城夺地之功甚少，然二人皆忠主爱民，千古敬之，如天如神。愿该镇以此为法，以彼为戒，念念不忘百姓，必有鬼神佑助。此不扰民之说也。至于私相斗争，乃匹夫之小忿，岂有大将而屑为之？本部堂二年以前，即闻该镇有性好私斗之名。此名一出人人皆怀疑而预防之。闰五月十九日之事，铭字营先破长沟，已居圩内。该镇之队后入圩内，因抢夺洋枪口角争闹。铭营杀伤部卒甚多，刘军门喝之而不能止，固由仓促气愤所致，亦由该镇平日好斗之名有以召之耳。闻该镇好读《孟子》养气之章，须知孟子之养气，行有不慊则馁；曾子之大勇，自反不缩则惴。缩者直也，慊者足也，惴则不壮，馁则不强，盖必理直而后气壮，必理足而后自强。长沟起衅之时，其初则该镇理曲，其后则铭营太甚。该镇若再图私斗以泄此忿，则祸在一身而患在大局；若图立大功、成大名雪此耻，则弱在一时而强在千秋。昔韩信受胯下之辱，厥后功成身贵，召辱己者官之，是豪杰之举动也。郭汾阳之祖坟被人发掘，引咎自责而不追究，是名臣之度量也。该镇受软禁之辱，远不如胯下及掘坟之甚，宜效韩公郭公之所为，坦然置之，不特不报复铭营，且约束部下，以后永远不与他营私斗，能忍小愤乃成大勋。此戒私斗之说也。国家定制，以兵权付之封疆将帅，而提督概归其节制，相沿二百余年矣。封疆将帅虽未必皆贤，然文武咸敬而尊之，所以尊朝命也。该镇好攻人短讦批各路将帅，亦有伤于大体。当此寇乱未平，全仗统兵大员心存敬畏。上则畏君，下则畏民，中则畏尊长、畏清议，庶几世乱而纪纲不乱。今该镇虐使其下，气凌其上，一似此心毫无畏惮者，殆非载福之道。凡贫家之子，自恃其竭力养亲而不知敬畏，则孔子比之于犬马。乱世之臣，自恃其打仗立功不知敬畏，则陷于大戾而不知。嗣后该镇奉檄征调，务须恪恭听命。凡添募勇丁、支应粮饷，均须禀命而行，不可擅自专主，渐渐养成名将之气量，挽回旧日之恶名。此不梗令之说也。以上三者，该镇如能细心领会，则俟军务稍松前来禀见，本部堂于睹面时更当谆切言之，务令有益于该镇，有益于时局。玉成一名将，亦本部堂之一功也。若该镇不能细心领会，亦有数事当勒令遵从者：第一条，八千勇数必须大裁，极多不准过三千人。免致杂收游勇，饥溃生变。第二条，该军与淮勇及英、康等军，一年之内不准同札一处。第三条，该镇官衔宜去'钦差'字样，各省协饷均归河南粮台转发，不准别立门户，独树一帜。仰该镇逐条禀复，以凭详晰具奏。至于所述毁誉之言，孰真孰伪亦仰该镇逐条禀复。其毁言之伪者尽可剖辨，真者亦可承认。大丈夫光明磊落，何所容其遮掩！其誉言之真者守之而加勉，伪者辞之而不居，保天生谋勇兼优之本质，改后来傲虐自是之恶习。于该镇有厚望焉！"[①]

[①]《曾文正公批牍》，第3卷，第23—28页。

这两段批语，一个是望强者更强、优者更优，一个是望品行顽劣的悍将向好的方面转变，内容虽有不同，但都表现出曾国藩培育将领、望其成才的苦心。陈国瑞出身游民，少年时代投入太平军，被清军将领黄开榜所俘，收为义子，渐称悍勇。后属吴棠，转隶僧格林沁。同治四年，僧格林沁在曹州覆军丧命，陈国瑞带伤逃脱，所部伤亡严重，战斗力大为降低。曾国藩挂帅北征，奉命整顿僧王残部，陈国瑞也在审查之列，是曹州败后唯一未受惩处的将领。唯其骄纵恶习难改，又在长沟向淮军刘铭传部挑衅。不料，盐枭出身的刘铭传也是一位桀骜难驯的人物，不仅将其一战生俘，极尽冻饿凌辱，还将其数千亲兵全数杀光。对于这样一个怙恶不悛的家伙，曾国藩并没有简单地予以惩罚，而是进行了一番调查研究。他除得自传闻外，还从被俘捻军了解到陈国瑞悍勇善战的情况。他在给李昭庆的信中说："又据称，（捻军）所以怯陈国瑞者，以其夜间极善劫营，又打仗耐久，不肯收队。湘淮各军枪炮远胜于陈，但不肯恋战，收队太快云云。"①所以，当陈国瑞向曾国藩告状时，他决心死马当作活马医，苦口婆心，作一长批，冀收"玉成名将"之功。最后虽然失败，但也由此可窥曾国藩育将之一斑。

在曾国藩心目中，从总体素质上看，淮军将领不如湘军将领，尤不见塔、罗、彭、杨之才，连李续宜那样的人物也见不到。即使最受其欣赏的程学启、刘秉璋、刘铭传等人，也未感到有什么特别出色。不过，曾国藩认为，将领出色者少，只要有志气就可以培养成才。而上述数人，皆属有志之人。所以，曾国藩对淮军将领，尤其在刘铭传身上，还是花费不少苦心。在曾国藩的《批牍》中，有不少是对刘铭传禀帖的批语，几乎篇篇充满鞭策、鼓励之意，语重心长，寄望殷切。刘铭传桀骜不驯，与陈国瑞有相似之处，只是程度稍减。经过曾国藩的一番调理，情形大有改观，终成淮军第一勇将，"剿"捻第一功臣。

不过，在带兵将领的培养上，曾国藩虽然花费很大心血，取得很大成功，但在有的人身上却遭到失败，或没有完全成功。他在李元度身上费心最多，寄望最切，失败也最惨，可谓最不成功的事例。他在李孟群、李榕、罗萱等身上

---

① 《曾文正公书札》，第30卷，第41页。

也未能如其初愿。李孟群于咸丰四年奏调入营，为湘军元老之一，也是阵容强大的丁未同年中从军最早的人。迨及曾国藩长沙整军后再出作战，最初的一批湘军营官，就只余下塔、罗、彭、杨、李五人。他先带水师，后改陆师，终因不善带兵而覆军丧命。其战死时为安徽布政使署理巡抚。罗萱系曾国藩好友罗汝怀之子，其兄罗逢元亦在曾国荃属下充任军官。他曾长期在曾国藩身边做秘书，助其处理军务。后奉派办理营务，外出带兵，先后在建昌、抚州、瑞州等地作战，时出时入，终未成为著名大将。李榕是曾国藩道光二十三年充任四川乡试正考官时取中的学生，在他身上花费的功夫，似与李鸿章差不多。当时在他看来，二人的情况也旗鼓相当。只是后来李鸿章在上海发迹，而李榕带兵至多不过两江督标六营三千人，且战功平平。甚至很少有人知道，他也是曾经带兵作战的湘军将领。李元度与上述李、李、罗三人，皆属"带兵非其所长"之类，曾国藩虽则费尽心血，也没有将他们培养成出色将领，其后做出"一流人才乃机缘遇之，非人力所能强求"的论断，可能同这些经历有关。

然而，曾国藩在文员的培养上却获得很大成功，其效果大大超过武将。曾国藩根据自己的实践经验，赋予自己的幕府两种职能，一是治事，一是育人，使之不仅成为治事之所，也是培养人才的学校。曾国藩既是长官也是业师，众幕僚既是工作人员又是生童。曾国藩在给朋友的信中描述其幕府说："此间尚无军中积习，略似私塾约束，期共纳于规范耳。"①他在给丁日昌的信中则说得更为具体："局中各员譬犹弟子，阁下及藩司譬犹塾师，勖之以学，教之以身，诚之以言，试之以文，考之以事，诱掖如父兄，董督如严师。数者缺一不可，乃不虚设此局。"②这既是对江南制造局的要求，也是建立幕府的一项宗旨。为了让更多的人了解此意，他还据此拟就对联，贴在总督衙门的府县官厅上："虽贤哲难免过差，愿诸君谠论忠言，常攻吾短；凡堂属略同师弟，使寮友行修名立，方尽我心。"③

---

① 《曾文正公书札》，第9卷，第26页。

② 《曾文正公书札》，第33卷，第6页。

③ 《曾国藩全集》，第14册，第105页。同治三年十月初十日《曾文正公手书日记》所载对联最后四字为"乃尽我心"，文字稍有不同。

　　曾国藩按照这种精神要求自己，也按照这种精神要求幕僚。他根据自己的阅历所得，将当时切于实用的知识学问概括为四项内容，令每个幕僚自选一项进行习练，并将之著为条令，人人必须遵守。他在《劝诫委员四条》之三《勤学问以广才》中说："今世万事纷纭，要之不外四端，曰军事、曰吏事、曰饷事、曰文事而已。凡来此者，于此四端之中，各宜精习一事。习军事则讲究战攻、防守、地势、贼情等件，习吏事则讲究抚字、催科、听讼、劝农等件，习饷事则讲究丁漕、厘捐、开源、节流等件，习文事则讲究奏疏、条教、公牍、书函等件。讲究之法则不外学问二字。学于古则多看书籍，学于今则多觅榜样，问于当局则知其甘苦，问于旁观则知其效验。勤习不已，才自广而不觉矣。"他在《劝诫绅士四条》之四《扩才识以待用》中又说："天下无现成之人才，亦无生知之卓识，大抵皆由勉强磨练而出耳。《淮南子》曰'功可强成，名可强立'，董子曰'勉强学问则闻见博，勉强行道则德日起'，《中庸》所谓'人一己百，人十己千'，即勉强工夫也。今士人皆思见用于世而乏用世之具。诚能考信于载籍，问途于已经，苦思以求其通，躬行以试其效，勉之又勉。则识可渐进，才亦见充，才识足以济世，何患世莫己知哉！"最后，曾国藩总结道："圣贤之格言甚多，难以备述；朝廷之律例甚密，亦难周知。只此浅近之语，科条在此，黜陟亦在此。原我同人共勉焉。"[①]若将以上内容结合起来便可看出，曾国藩的这几条规定，既有各位幕僚应当习练的具体内容和方法，也有对其必要性的说明，既是劝诫，也是命令，既有引导，也有鞭策。真是字斟句酌，费尽苦心。

　　曾国藩培养人才的方法约有三条：课读、历练、言传身教。曾国藩将天下要务分为兵事、吏事、饷事、文事四项，要求所有部属僚友按其专业方向读书学习，而对自己身边的人员抓得尤紧，要求尤严，既有布置，也有检查。在环境较为安定、条件允许的条件下，如曾国藩湘军大营进驻安庆之后，曾国藩曾对身边人员进行定期考试，每月两次，亲自出题，亲阅试卷，以定殿最而别优劣。在曾国藩与赵烈文的日记中，皆有这类记载。同治元年五月初八日《曾文

---

① 《曾文正公杂著》，第3卷，第10—11页、第12—13页。

正公手书日记》载："夜，接课卷二十余篇。盖初六日余出策题一首，拟告示一道，令忠义局及各员应课，至是始交卷也。粗阅一过。"赵烈文同治元年五月二十二日、二十三日的《能静居日记》则详细载有按题应试的情况。二十二日载："揆帅合试幕僚，每月二期，今当第二试，应教撰《对策》一首。"二十三日载："应教撰议一首……《多将军会攻金陵或援陕西议》。"其后则全文录有卷稿，可见师生双方做得都很认真。曾国藩通过这种办法，既可督促幕僚读书学习，也可了解他们各自的功力和才能。与此同时，曾国藩还利用茶余饭后的闲暇，结合自己的阅历与读书心得谈古论今，内容切合实际，形式生动活泼，使幕僚潜移默化，增长学问，扩大眼界。薛福成和李鸿章都做过此类记载或谈论。薛福成《李傅相入曾文正公幕府》称："傅相入居幕中，文正每日黎明，必召幕僚会食。而江南北风气与湖南不同，日食稍晏，傅相欲遂不往。一日以头痛辞。顷之，差弁络绎而来。顷之，巡捕又来，曰：'必待幕僚到齐乃食。'傅相披衣踉跄而往。文正终食无言，食毕舍箸正色谓傅相曰：'少荃既入我幕，我有言相告，此处所尚唯一诚字而已。'遂无他言而散。"①李鸿章则事后亦对人说："在营中时，我老师总要等我辈大家同时吃饭，饭罢后即围坐谈论，证经论史，娓娓不倦，都是于学问经济有益实用的话。吃一顿饭胜过上一回课。他老人家最爱讲笑话，讲得大家肚子都笑疼了，个个东歪西倒的。他自家偏一些不笑，以五个指头作把，只管捋须，穆然端坐。"②

对于不在身边的文员，则主要采取个别谈话或信函、批示的形式，结合实际工作进行教育。在曾国藩的《书札》《批牍》之中至今保留着不少文字，于其如何做事、如何做人总是谆谆嘱咐，既有鼓励、鞭策，也有告诫。例如，李榕在太湖城外带兵期间，李瀚章在江西主持赣州厘金局期间，范泰亨、蒋嘉棫整顿厘务期间，以及程桓生主持江西盐务督销局期间，曾国藩都连连写信，有禀必批，有函必答，循循善诱，不厌其烦。曾国藩顾虑李榕难与武弁搞好关系，致函告诫说："人之生也直，与武员相交接尤贵乎直。文员之心多曲、多

---

① 《庸盦笔记》，第1卷，第9页。
② 吴永：《庚子西狩丛谈》，道德书局线装本，第130—131页。

歪、多不坦白，往往与武员不相水乳。必尽去歪曲私衷，事事推心置腹，使武人、粗人坦然无疑。"①可说寥寥数语，切中要害。又如，有卡员禀报同事数人于工作之余一起读书论古者，曾国藩喜出望外，在批语中大加鼓励道："该员在卡照常办事，又得陈守、李生读书论古，学问日新，至以为慰。兰生幽径，不以无人而不芳，本无待于外；而德无久孤之理，玉无终閟之辉，亦会有赏音也。"②字里行间流露着望"僚友行修名立"的殷切心情。至于通过个别交谈启发、培养人才，曾国藩《手书日记》中亦不乏其例。如咸丰十一年十一月初八日载："张廉卿来，与之论古文之法，全在气字上用功夫。"又如同治元年五月二十七日载："日内因人才缺乏，印、委各务往往悬缺待人，思所以造就之法，拟每日接见州县佐杂三人，与之坐谈而教诲之。"其后则连日记载接见桂中行等人的情形。

不过，尽管曾国藩考试甚勤，但却坚决反对借考试参革官员的做法。在他所管辖的三江地区，江西和江苏都曾这样做，苏藩丁日昌主张尤力。于是，他便致函制止此事称："考试各官，近年唯江西最为认真，参革甚多，国藩颇不以为然。自唐宋以来考士属之礼部，考官属之吏部，《文献通考》中亦分立两门。前明及国初选官皆考一判，今虽不考判，亦尚进月官卷。是考官乃六部之权，非外省所得为政也。鄙人在皖每日接见三员，但令书履历数行，观其字迹而已。阁下本有综合之名，属员畏者较多，爱者较少，于考字尤不相宜。以后接见僚属，请专教以善言，不必考以文理，略有师生殷勤气象，使属员乐于亲近。则阁下无孤立无与之叹，而德量益宏矣。"又说："考官将遍，有赏无罚，与江西昔年之动辄甄别休致者迥不相同。如此则陶成之意多，操切之意少，有才者乐于见长，无文者亦不至望而生畏。虽常考亦自无妨。"还说："此间拟停期满甄别之考，因其事太无根据，非欲博宽大之名也"③这就是说，根据实际工作的需要，曾国藩将考试绅士、委员的办法进一步推广于一般官员之中，用以取代过去令人望而生畏的期满甄别考试制度，变惩罚为主为奖励为主，以利

---

① 《曾文正公书札》，第11卷，第15页。

② 《曾文正公批牍》，第3卷，第70—71页。

③ 《曾文正公书札》，第31卷，第13、16页。

于人才的成长。

总之，曾国藩在聚集和培养人才方面呕心沥血，不遗余力，正像他自己讲的那样，求才之道约有三端："曰访察、曰教化、曰督责。探访如鸷鸟、猛兽之求食，如商贾之求财；访之既得，又须辨其贤否，察其真伪。教者，诲人以善而导之以其所不能也；化者，率之以躬而使其相从于不自知也；督责者，商鞅立木之法，孙子斩美人之意，所谓千金在前猛虎在后也。"①曾国藩这样说的，也是这样做的。也正因为这一点，曾国藩幕府对士人具有很大的吸引力。正像有人评论的那样："公任兼圻，虽于幕府外设书局、忠义采访局以安置士人之贤者，而给俸仅足赡其家，但能随人之才以成就之，故归之者如流水。"②曾国藩集团人才济济，是毫不奇怪的，而其中很大一部分人，包括李鸿章、薛福成等在内的二、三代人物，多与曾国藩的教育、培养分不开。

在用人方面，曾、胡诸人不仅有一套理论，也积累起不少经验教训。他们求才也好，培养人才也好，归根到底还是为了用。这是毫无疑问的。但用人却不限于解决具体问题，如带兵、筹饷、整饬吏治、办理文案，还包括更深一层的目的，如历练人才、考查人才，消弭隐患，釜底抽薪等。也这就是说，目前只是小用，将来有可能就是大用。其具体办法，就是把有用之才放在激烈复杂的斗争中进行锻炼。曾国藩认为："求才必试以艰危，用人当责以实效。湖北军务迭兴，兵事饷事唯在办理得人。"③由于湖北用人得当，不仅扭转了危局，也在实践中培养出大批人才。这里讲的是胡林翼的成功经验。而实际上，曾国藩又未尝不如此。例如，一些书生投营之初，只有同太平军战斗到底的"一片血诚"，并无从军从政的实际才能，经过一段幕府生活，增长了办事才干，积累了实践经验，曾国藩就把他们派向四方，授以官职，甚至像方宗诚那样的书呆子，也堪任掖县之长。这里的"用"就可分为两个层次，或具有两种含义：一是担任幕职或带有临时派遣性的委员，一是充任国家官员。

至于消弭隐患之说，则主要出至胡林翼之口，而有此用意者恐不只他一

①《曾文正公手书日记》，咸丰十年六月二十九日。

②姚永朴：《素园丛稿·见闻偶笔》，商务印书馆，第4页，《曾文正公逸事》。

③《曾文正公奏稿》，第11卷，第28页。

人。此说主要针对那些隐于民间的豪杰之士。他们政治上对清政府不满，生活上没有保障，为了谋求个人的生存与发展，于悲观失望之中，具有投靠太平军与报效清政府两种可能性。早在咸丰二年为官贵州之时，胡林翼就看到了这一点，认为是一个亟待解决的政治问题。他在给贵州学政翁同书的信中说："林翼所患者不仅在粤贼，而在内匪。内匪之可虑者不在此时，而在异日。""黎平虽偏小，未尝无千夫之长，百夫之杰，抚而用之即为我用，而必不为贼用。古来成事败事之人，必在尘埃草野中。用之则为臣仆，弃之则为盗贼，其间操纵，间不容发。"①又在给贵州布政使吕佺孙的信中说："富郑公言：'凶险之徒，读书应试无路，心常怏怏，因此遂生权谋，密相结煽。此辈散在民间，实能始祸，要在得人而縻之。'苏子瞻云：'穷其党而去之，不如因其才而用之。'明邱濬亦言：'纷纷扰扰之徒一无定志，所虑者粗知文义、识古今者，在平时宜有以收拾之。'观诸公之所论，虽未必尽切今日之务，而要之驾驭人才即以销弥隐患。先为布置，得所生养，授以羁勒，范我驰驱，内蠹不生，外侮自息。故用士用民，实今日之先务。"②将这些有可能投身革命的民间头面人物拉到清政府一方，不仅壮大了反革命队伍，消除了他们自身的隐患，也给太平天国革命来了个釜底抽薪，使之难以在当地发展。这个办法可谓高明之至。不过，当时想到这一点的不只胡林翼，曾国藩就不仅这样想，也这样做。有人评论说，曾国藩创建湘军，既是锻造镇压太平军的利器，也是对太平军釜底抽薪。很大一批湘军弁兵，若不应募投效湘军，很可能参加太平军。跟他们类似的一批人，早在咸丰二年太平军途经湖南时，就参加了太平军，使太平军的力量壮大了好几倍。迨及曾国藩创建湘军之后，太平军就再也难以在湖南立足。其两次进入湖南均以失败告终，军事上的失误固难忽视，而缺乏当地民众的参加和支持，也不能不是一个重要原因。不过，这毕竟只是他们使用人才的一个侧面，并不是主要的。他们在用人方面的主要业绩，是荐举和保奏了大批人才，将之推向各自岗位，为赢得这场战争，发挥了巨大作用。

---

① 《胡文忠公遗集》，第54卷，第26页。
② 《胡文忠公遗集》，第54卷，第18页。

　　曾国藩、胡林翼诸人奏保人才的目的大致有二，一是重奖人才，一是整顿吏治的需要。胡林翼认为"举人不能不破格"[①]，曾国藩也有"宏奖以育才之说"[②]。曾国藩在给李瀚章的信中说："大抵人才约有两种。高明者好顾体面，耻居人后，奖之以忠则勉而为忠，许之以廉则勉而为廉。若是者则当以吾前信之法行之，即薪水稍优，夸许稍过，冀有一二人才出乎其间，不妨略示假借。卑琐者本无远志，但计锱铢，驭之以严则生惮，防之稍宽则日肆。若是者则当以来示之法行之，俾得循循于规矩之中。"又说："以官阶论，州县以上类多自爱，佐杂以下类多算细。以厘务论，大卡、总局必求自爱之士，宜用卑信之说；小卡、分局不乏算细之员，宜用来信之说。"[③]不过，这只是驾驭一般人员、日常使用的奖励办法，而对于其中的骨干分子、出色人才和立功人员则远远不够，需要给以更大的奖励以鼓舞士气。而鉴于当时财政拮据，筹饷困难，也不可能给予他们过多的物质奖励。这样，要调动他们的积极性，也就主要靠奏保官阶一法。当时的国家官员队伍，有实官与虚衔之分，而实官又有实缺、候补、候选之别。其服饰、名誉相同，但所受实惠有别。实缺官员有职有权有薪，系实际上的政府官员，候补、候选官员则仅有任官资格，欲得实缺，还得等待机会。由于战争年代大仗小仗不断，立功受奖人员太多，所以，其中除极少数人可得实缺外，绝大多数只能在无望的等待中了此一生。而得虚衔者则仅有一副顶戴，连任官资格没有。

　　然官员缺额有限，尤其战争初期，不仅奏保实缺极难，即奏保候补、候选官员也大受限制，人数不能太多，也就使此种奖励方式的实际效用大打折扣。曾国藩为了提高当时这种近乎唯一的奖励方式的实际效用，增加受奖人数而又不被清政府所驳回，于是就根据清朝官员年终考查政绩优异者军机处予以记名，遇有空缺可优先晋升的办法，创立了记名官员的名目，从而使奏保官员的名额大大增加，士气为之大振，收到意想不到的效果。曾国藩在一封奏折中说："军营保举记名道府，实在微臣创始。臣于咸丰四年请保罗泽南、李续

① 《曾胡治兵语录》，第24页。
② 《曾文正公手书日记》，同治十年十一月十四日。
③ 《曾文正公书札》，第13卷，第2—3页。

宾、彭玉麟三员，始照京察记名章程开用此例。缘三臣才能卓越，又建非常之功，是以破格请奖。记名后不过数月，均蒙文宗皇帝简放实缺。厥后各处仿照此例，武而提、镇，文而藩、臬，均保记名简放。"①

其初，曾国藩在奏保属员的问题上做得还是比较谨慎的，打过胜仗之后，奏保的人员并不多。故其难以达到宏奖人才的目的，来营投效者也并不踊跃。早在曾国藩统军"东征"之先，其好友刘蓉就曾针对人才匮乏的现象提出批评。他在给曾国藩的信中说："今天下英杰瑰伟之人，远在千里之外者未能遽及矣，近者如郭伯琛、左季高、邹叔绩、吴南屏之伦，固当罗之幕府以广忠益。比闻邮牍招延间及一二，顾未有起而应者。窃怪老兄光明俊伟之识，豁达渊深之量，盖非时彦所及。而豪杰之士或反不乐为之用，虽夙昔有相知之雅者，亦或思引避而无景附之情，可不一思其故乎？求之不竭其诚，遇之不优其礼，用之不尽其才，三者古今失士之大端也。"随之，刘蓉劝其改弦更张，尽弃学者积习，并警告说："不然，则师未举而势已孤，军未成而情先涣，孤子一身将谁与共功名，济艰险？"②这一意见，未被曾国藩采纳，其人才匮乏的问题也未能根本解决。迨其咸丰八年再出领兵，曾国藩才一变前志，改弦更张。他在给曾国荃的家书中说："余昔在军营，不妄保举，不乱花钱，是以人心不附，至今以为诟病。近时揣摩风会，一变前志。"又说："仙屏在营，弟须优保之，借此以汲引人才。余未能超保次青，使之沉沦下位，至今以为大愧大恨之事。"③不过，曾国藩在奏保名额上仍不甚放手，对人才的吸引力也远不如胡林翼。咸丰十一年，赵烈文再入幕府后，针对这一情况上书曾国藩说："泰山之高，以其不弃粪壤；沧海之大，以其不拒浊流。""苟非贤杰以天下为己任，流俗之情大抵求利耳。使诚无求，将销声匿迹于南山之南，北山之北，又肯来为吾用邪！是以明君给人之欲，不失其意；责人之力，不求其情。故人人自以为得君，顶踵思效，合众人之私以成一人之公，所以能收效也。夫与人共患难之际，而务慎密于登进，殆自孤之道也。"故"自古英霸之略，汲汲不遑，唯有

①《曾文正公奏稿》，第29卷，第68页。
② 刘蓉：《养晦堂文集》，思贤讲舍，光绪三年刊，第5卷，第27页。
③《曾文正公家书》，咸丰八年五月十六日。

求贤自助而已。""阁下奋其智勇，矫世违俗，恳诚拳拳，千里之外将共兴起。尤望敦尚儒者骨干之士，以佐不及，宽以纳才，严以责效，是实安危之大端，治乱之所存也。"①这些话入情入理，切中要害，不能不使曾国藩为之动心，用人策略为之一变。不过，他的汇保之案愈做愈大，荐举愈来愈滥，主要还是受了胡林翼的影响，效而仿之，遂成弊政。同治五年，他在一封奏折中说："臣向办保案极为矜慎。咸丰四年克复武汉，仅保三百余人。五、六两年保奏三案，合计仅数百人。"②其受奖人数仅占百分之三。而咸丰六年胡林翼攻占武汉，一次即奏保三千余人，受奖人数竟至百分之二三十，几近曾国藩的十倍。故曾国藩在家书中说："保举太滥，官、胡创之，余亦因之，习焉不察，不复自知其非。"③不过，无论首创属谁，曾、胡皆难辞其咎，而此风愈演愈烈，更是不争的事实。据说，"是时军中保案，动辄万余，武职奖札，多弃弗取，贱视可知。文职中以两司候补者，从不获简。"④还有人说，其时"军功所保记名提督，部册所载近八千人，总兵则近二万人，副将以下汗牛充栋矣。故提镇大员欲得实缺，非督抚密保不可。"⑤虽则如此，但它在鼓舞士气方面毕竟具有无可替代的作用。故直到同治五年，于吏部推出新章，明令禁止记名司员直补实缺之后，曾国藩仍坚决奏请保留"军功记名一途"。奏称："滥竽冒进之弊诚所不免，而迈众之才，异常之劳，亦未尝不出于其中。现在陕甘、云贵兵事未已，沿海、沿江时局亦多隐患，仍属需才孔亟之时。部议新章保藩臬者一律先补道员，在各员不至遽而觖望。但求圣慈存记，每年简放实缺数人，俾知军功记名一途尚有得缺之日。则群彦争奋于功名之会，而军营愈以见鼓舞之神。"还说："部章之除授有定，所以慎重名器；圣主之特简无定，所以驱策群才。二者互相为用，于振厉人才之道，更为详备。"⑥

① 太平天国历史博物馆编：《太平天国史料丛编简辑》，中华书局1962年版，第3册，第197、198页。
②《曾国藩全集》，第9册，第5349页。
③《曾文正公家书》，同治二年正月元旦。
④《异辞录》，第1卷，第53页。
⑤《清朝野史大观》，第8卷，第39页。
⑥《曾文正公奏稿》，第29卷，第68—69页。

战争期间，地方督抚或统兵将帅所办军营保案，有汇保与密保两种方式。汇保是汇总奏保的简称。汇保之案办理较易，受奖面较大，但仅能保任府县基层官员，或候补、候选、记名、即用之类一般任职资格，其后一类奏保实际上很难兑现。上述愈保愈滥终成晚清一大弊政之事，即指此而言。故其在很大程度上带有欺骗性，而武职尤其如此。为了鼓励军中末弁和广大兵勇为他们卖命，视"国家神器"为儿戏，明知兑现无望仍随意奏保，致使候补提镇大员连个千总、把总也补不上，当年曾被尊为圣品的奖札几成废纸，仅能换得一醉。而要得任实缺，则非另案密保不可。而实缺有限，故非心腹亲信之人，难有如此待遇。例如东征局保案。为奖其筹饷之功，曾国藩一下子拉出一个几百人的名单，相关人员几乎人人有份。而对恽世临、黄勉等首要人物，则以夹片另行密保，使之皆得实缺，有的甚至由岳常澧道一步升到湖南布政使。

此外，还有一种叫特保的奏保方式，与上述两种的侧重点有所不同，其主要功能不在酬劳，而在荐举人才。如欲将出色人才破格使用，越级超擢，通常采用这种奏保方式。如咸丰十年战争形势与全国政局发生很大变动，双方激烈争夺的地区，如江西、安徽、江苏、浙江、福建等省督抚，多不懂军事，军政各务办理难以得力。清政府令曾国藩择贤举荐数人，以备简用。曾国藩遂将沈葆桢、李续宜、李鸿章、左宗棠等人陆续推出，荐其才可大用或堪寄封圻。清政府便采用曾国藩的建议，将他们分别任命为江西、安徽、江苏、浙江巡抚。其中李鸿章、沈葆桢由道员直升巡抚，左宗棠由四品京堂候补跃升浙江巡抚。他们三人和其后经别人另案奏保的由盐运使晋升广东巡抚的郭嵩焘，尤其由候补知府晋升陕西布政使的刘蓉，皆属破格任用。故曾国藩在给郭嵩焘的信中说："霞仙一飞翀天，较李、彭诸公尤为破格。"[1]因而，不管为了达到什么目的，整顿吏治抑或宏奖人才，战争局势的迅速改观抑或个人飞黄腾达，大概任何一种奏保方式都不能与之相比。

为了整顿吏治和宏奖人才的需要，除院司大员外，对州县官员也往往采取破格奏保的方式。首先这样做的是胡林翼。咸丰六年，湘军攻陷武昌、控制全

---

① 《曾文正公书札》，第17卷，第13页。

省之后，急需恢复新占地区的地方政权机构与社会秩序，需要大批堪任州县官员的人才。鉴于悬缺过多而又人才匮乏，符合任职条件者尤为罕见的现实情况，胡林翼上奏清廷，要求不拘文法，破格用人。他在奏折中说："贼扰之地，官缺久悬，观望不前，所在皆是"，"州县尚悬缺待人。可否敕下部臣，暂勿拘臣文法资格"，"容臣次第清理，分别委署。如果试验有效，才具出众，即行奏请试署，以期实济而利民生"①。清政府答应了这一要求，胡林翼的试验获得成功，湖北经济很快得到恢复，其这一做法也成为破格用人的先例。咸丰十一年安庆之役后，曾国藩面对广大新占地区，也遇到胡林翼类似的难题。于是，他依例而行，一请再请，也取得成功②。

总之，在使用人才的问题上，不拘文法、破格用人的思想与做法，既符合客观实际的需要，也具有吸引人才的巨大作用。此项发明权当属胡林翼，而清政府与曾国藩又将之发扬光大，其对当时战争成败的影响是不可轻视的。若非如此，湖北、安徽的经济恐难以很快恢复，战争也难以持久。太平天国革命失败的主要原因，恐怕就在这一点上。

为了克服种种障碍，达到既宏奖人才，又能解决地方吏治整顿中的难题，曾、胡等人还在具体操作上动了不少脑筋，采取各种手法，诸如直接奏保、委托奏保、交互奏保等，将自己的亲朋好友恽世临、毛鸿宾、刘蓉、郭嵩焘等陆续推上高位，而一些较为难办的地区的吏治，也得以迅速解决③。

曾、胡诸人虽然在汇保问题上失之于滥，但在密保问题上却慎之又慎，于密保人员的考核评语，也做得极为认真。按照清政府的有关规定，部院大臣对每年考核中密保晋升的人员，必须对其政绩、才能单独出具切实考语。而对军营密保人员，也依例提出这样的要求。同治五年，曾国藩在一封奏折中说："臣向办军营汇保之案，稍失之宽。至于密保人员则慎之又慎，不敢妄加一语。上年奏片中，称'祝垲在豫士心归附，气韵沉雄，才具深稳，能济时

---

① 《胡文忠公遗集》，第14卷，第5—6页。
② 详见拙著《曾国藩幕府研究》，四川人民出版社1994年版，第145—148页。
③ 详见《曾国藩幕府研究》，第160—161页。

艰'，虽不敢信为定评，要可考验于数年数十年之后。"①足见其对密保一事的自信和一般状况。

然而，尽管曾国藩深具知人之明，精于奏保之道，终因事态复杂、人情不一，而在实际操作过程中仍不免会遇到一些难题。他一生中积有不少经验教训，也有不少感慨与悲叹。当为荐举人才之事受到曾国荃的责难时，他复函解释说："近世保人也有多少为难之处。有保人而旁人不以为然，反累斯人者；有保之而本人不以为德，反成仇隙者。余阅世已深，即荐贤亦多顾忌，非昔厚而今薄也。"②曾国藩此说并非无因，试举一二例证以说明之。因得保受累的典型事例是周腾虎。周腾虎的情形与黄勉类似，资历相当深，入幕也比较早，只因才宏德薄、名声不佳，一上荐牍即被连章弹劾，最后竟因此暴卒于由沪返皖的途中，使曾国藩痛悔不已。他在同治元年八月初三日的《日记》写道："接少荃上海信，知周弢甫在沪沦逝。老年一膺荐牍，遽被参劾，抑郁潦倒以死。悠悠毁誉，竟足杀人，良可怜伤。"从此，接受教训，决不再奏保类似之人。如在金安清的问题上，力排众议坚持只用其策，不用其人，并在信中向其九弟曾国荃解释说："眉生见憎于中外，断非无因而致。筠仙甫欲调之赴粤，小宋即函告广东京官，以致广人之在籍在京者物议沸腾。今若多采其言，率用其人，则弹章严旨立时交至，无益于我，反损于渠。余拟自买米外，不复录用。"③至于受保之人不以为德，反而结怨的例子，也有不少。刘蓉是曾国藩结识最早的好友，也是入幕最早的幕僚，且仅是个秀才，入仕的希望非常渺茫，曾国藩很想在这个问题上帮他一把。然而他却一再拒绝曾国藩的保荐。《清人逸事》称，"湘乡刘抚部蓉，与同县曾文正为布衣昆季之交。两家集中举理学、经济互相箴勖之书牍、文诗，蚤隐然以第一流自待。兵事起，抚部久客文正幕中，每削荐章，文正欲列其名，辄持不可。"且谓转相汲引"非友道之正。士各有志，奚必以此相强？文正深然之，由是终身未尝论荐。"④

①《曾文正公奏稿》，第25卷，第67页。
②《曾文正公家书》，同治二年八月初二日。
③《曾文正公家书》，同治三年正月十七日。
④《清朝野史大观》，第7卷，第125页。

不过，这仅是自讨没趣而已，远不如奏保左宗棠所引起的风波，更令曾国藩后怕。咸丰四年岳州之役后，曾国藩基个人情谊，办理保案时欲将左宗棠挂名荐章，保为同知、知府之类。不料，消息传出，只因事先未曾征得本人同意，激动了左师爷的火气，几乎惹出一场大祸。左宗棠在给刘蓉的信中说："鄙人二十年来所尝留心，自信必可称职者，唯知县一官。""此上唯督抚握一省大权，殊可展布。此又非一蹴所可得者。以蓝顶尊武侯而夺其纶巾，以花翎尊武侯而褫其羽扇，既不当武侯之意，而令此武侯为世讪笑，进退均无所可，非积怨深仇断不至是。"还说："幸此议中辍，可以不提"，"若真以蓝顶加于纶巾之上者，吾当披发入山，誓不复出矣。"①最后，还是曾国藩向其赔礼道歉，此事才算了结。

从此，曾国藩接受教训，保人之前先探明本人的态度，免致莽撞出错。不料，又由此引起一些人的反感。李联琇在给友人的信中说："孰料旋遭寇乱，几丧身家，不得已流徙沙溆，进退维谷，遂以文字自娱，杜门避世，渐至朝不谋夕。忽蒙曾文正公延讲钟山，糈脯粗足，逸于在官，乃有终焉之志。而文正屡劝之出，兼欲保荐，见辄问其愿仕与否，愿则保之。弟窃病其多此一问。夫不谋而保者，公义也，谋之而保者，私恩也。仆虽不才，忝官三品，安能于垂朽之年，复托恩门、拜举主哉！是以固拒之。人遂谓弟甘心石隐。"②真是人各有志，难以悬揣。大概曾国藩至死也没有弄明白其中的奥妙。此亦可见，曾国藩所谓保人难的慨叹，并非故弄玄虚。

曾国藩保人失误的典型事例是李元度③。不过，其致误之原并非知人不明，用人不慎，而是为情所误，即所谓"虽曰爱之，其实害之"④。早在徽州溃败四年之前，曾国藩已发现李元度并非统军之才。他在给李鸿章的信中说："从前次青之于平江勇，一味宽纵，识者知其无能为。至丙辰三月烧辰州勇二

---

① 《左文襄公书牍》，第2卷，第27、28页。
② 李联琇：《好云楼二集》，彬彬堂咸丰十一年刊，第13卷，的14页。
③ 《曾国藩幕府研究》，第179—180页。
④ 《曾文正公书札》，第21卷，第20页。

百余人，次青不究，又庇护之，鄙人则深恨之矣。"①曾国藩虽如此想，但却对之不仅不追究，不撤差，反而屡委重任，使之官越做越大，兵越带越多，终成独当一面的大员。委任之初，道途议论纷纷，连张集馨都认为李军必败，曾国藩岂能毫无觉察？即如委守徽州一事。曾国藩接办徽州军务之初，曾派朱品隆先行侦察，回营报称非有二万人不能守城。李元度自奋以三千人可保徽州无虞，曾国藩竟轻信其大言欺人之谈，实出常理之外。故当李元度弃军逃命，曾国藩必欲参劾之时，"军中有联额诮之者，联曰'士不忘丧其元，公胡为改其度'，额曰'道旁苦李'。"②其讽刺李元度之意自无可疑，但恐怕主要还是针对曾国藩的。

不过，平心而论，这应该算作一个例外。总体而言，曾、胡的人才理论与实践是成功的。其终成大业，获"中兴名臣"之誉，与此有很大关系。

---

① 《曾文正公书札》，第 19 卷，第 26 页。
② 《清稗类钞》，第 4 册，第 1592 页。

第五章

坐断东南

▼

　　在镇压太平军、捻军的过程中，由于曾国藩集团兵勇自募、粮饷自筹，且实行兵为将有、家兵家将的军事体制，故在事实上处于一种半独立状态，虽与朝秦暮楚的苗沛霖有明显区别，但也不同于八旗、绿营诸将帅。曾国藩就认为，他们自练兵、自筹饷，与岳飞的岳家军极为相似。所以，他们有时候称湘军为"义军""义旅"，将自己募练湘军、举兵东征称之为"起义"，以有别于八旗、绿营等"经制"之兵。其《讨粤匪檄》虽然气壮如牛，但却始终不敢稍违这种身份，只能立足于维护地方利益，至高至大不过是维护孔孟之道和封建制度，绝不能像大将军出征那样，动称奉天子之命征讨四方云云。然而，他们也不同于祁寯藻、彭蕴章之类的汉人地主阶级旧贵族。因为他们手中有实力，来自地主阶级中下层，既非可有可无的政治装饰品，也不是满洲贵族驯化已久的奴才。所以，从本质上看，曾国藩集团与清政府之间属于两个相互依存的政治军事实体，既有共同利害也有矛盾冲突。首先，谁也离不开谁。清政府离开曾国藩集团就无以自存，曾国藩集团离开清政府则难以发展，而当他们面对太平军、捻军的巨大军事压力时尤为如此。这是因为他们谁都没有力量单独战胜太平军，只有联合起来才有可能取得胜利。于是，他们在共同的敌人面前结为君臣之盟，其条件是曾国藩集团必须尊重和维护清廷的皇权，而清廷则必须承认他们的合法性，授予种种军政大权，使他们在战争中获得巨大的实际利益。然而，他们在权力分配上又存在着一种此消彼长的关系，不仅包含着满汉之间的矛盾，也存在着中央与地方的矛盾。而这些矛盾若处理不当，冲突不能及时化解，尤其在一些关键时刻或重大问题上，就必然会危及他们的这种同盟关系。所以，在长达十八年的镇压太平军、捻军的战争中，他们双方虽然屡有争斗，但始终掌握着一个分寸，即对方能够接受和容忍的最低限度。尤其在湘军攻克天京前后的同治三、四两年，他们所以能够两次度过最深刻的政治危机，在内战一触即发的关键时刻得以化解于无形，主要就是由于他们双方都做到了这一点。这种君臣之盟自古有之，而历史经验表明，得胜前结盟固难，而得胜后持盟不败则更难。然清政府与曾国藩集团却居然做到了这一点，在中国政治史上实属罕见，大有认真探讨的必要。第一章主要讲了清政府一方，而这一章则主要侧重于曾国藩集团方面，着重考查其对清政府的政治对策。如果用一句话来概括的话，那就是恪守臣道，积极进取。

第一节　恪守臣道

从君臣关系的角度看，曾国藩集团同清政府之间曾发生过几次矛盾，对清政府的态度与对策亦相应做过几次较为明显的调整，兹仅以曾国藩为例简述如下。

第一次是咸丰元年，曾国藩在刘蓉、罗泽南等人的推动下，上疏批评咸丰皇帝。咸丰帝没有读完，就"怒捽其折于地，立见召军机大臣，欲罪之"[①]，若非祁寯藻、季芝昌等人苦苦为他求情，很可能陷于不测之罪。曾国藩了解这一情况后，心里非常紧张，不仅对此次谏争之举上奏自责，称"才本疏庸，识尤浅陋，无朱云之廉正徒学其狂，乏汲黯之忠诚但师其憨"[②]，且从此改弦更张，行事更为谨慎，再不敢对皇帝本人和朝廷的根本决策说长道短。这不仅因为其后地位发生变化，为臣之道也随之不同，而且也与这次来之不易的教训不无关系。犯颜直谏虽自古有之，不失为臣之道，但为国为家不可不看实情，照搬照套。所以，他宁可放弃自上而下推动改革的尝试，另辟镇压太平天国革命的蹊径，再也不敢冒风险，贪图便捷。因为皇上既然不许，臣下就不该强而为之，这在曾国藩看来也是为臣之道，且从此恪守不渝，无稍改变。

第二次是咸丰四年，咸丰帝得到湘军攻占武昌的奏报，一时忘乎所以，命曾国藩署理湖北巡抚。不料，某军机大臣一言触痛了他畏惧汉人的心病，从此惕然警惧，收回成命，再不肯将地方督抚大权授予这位湘军统帅，使之数年之

---

① 《中兴将帅别传》，第4页。
② 《曾文正公奏稿》，第1卷，第39页。

间坐困长江中段，客军虚悬，受尽屈辱。恰在此时，某大臣之言传入曾国藩耳中，更使他忧谗畏讥，伤心备至，担心自己也会像东汉时期的太尉杨震那样，含冤而死。他面对江西岌岌可危的军事形势，忧悴已甚，喟然长叹，对身边的好友刘蓉说："当世如某公辈，学识才具君所知也，然身名俱泰，居然一代名臣。吾以在籍侍郎愤思为国家扫除凶丑，而所至龃龉，百不遂志。今计日且死矣，君他日志墓，如不为我一鸣此冤，泉下不瞑目也。"①其对清政府不公不明的愤懑，可谓溢于言表。这样，咸丰元年至八年之间，尤其四、五、六、七几年，他的这种不满情绪就不可能不在日记中有所发泄。所以，当摹写石印本《曾文正公手书日记》出版之时，其他年份或间有删节，而上述时期则全行删除，以致在数十年日日相连的日记中，造成十几年的空档。《清稗类钞》称："湘乡曾氏藏有《求阙斋日记》真迹，装以册页，得数十巨册，皆文正所手书。宣统纪元携至上海，将赴石印。中颇有讥刺朝政、抑扬人物处。或见之喜曰：'此信史也。'意欲摘录，以卷帙浩繁而罢。及印本出，重览一过，则讥刺朝政、抑扬人物之处，皆删除净尽矣。"②

第三次是咸丰七年，曾国藩基于上述情绪，先是闻讣上奏而不待谕旨，径直弃军奔丧回籍；继而假满不回江西军营，竟伸手向清廷要江西巡抚之权，否则宁可在籍守制。不论曾国藩是何居心，此举皆有违臣道，有违友道，与其理学家的身份颇不相符，引起不少人的不满。其时，左宗棠正在湖南巡抚骆秉章幕中，对其大发议论，"肆口诋毁"，引起社会舆论的共鸣，"一时哗然和之"。曾国藩心亏理短，有口难辩，遂"得不寐之疾"③。他在给郭嵩焘的信中亦称："以兴举太大，号召过多，公事私事不乏未竟之绪，生者死者犹多愧负之言。用是触绪生感不能自克，亦由心血积亏不能养肝，本末均失其宜，遂成怔忡之象。"④于是，在朋友的启发诱导下，曾国藩对自己数年间的言行，进行了全面、深刻的反省，从此幡然悔悟，改弦更张，于处事处人，尤其对清廷的态

---

① 《养晦堂诗集》，第2卷，第28页。
② 《清稗类钞》，第8册，第3760页。
③ 《水窗春呓》，第17页。
④ 《八贤手札》，第1—2页。

度与对策，进行了一番全面调整。例如某宰相云云，关键不在其怎样说，而在清朝皇帝如何听，说到底也不过是个揣摩上意、投其所好的问题。既然不能改变这种客观政治环境，而要成就大业，一展宏志，也就只有改变自己昔日的做法，更何况自己也确有错处。他在家信中说："余生平在家在外，行事尚不十分悖谬，唯说些利害话，至今悔恨何及。"①又在给郭嵩焘的信中说："国藩昔在湖南、江西，几于通国不能相容，（咸丰）六、七年间浩然不欲复问世事。然造端过大，本以不顾生死自命，宁当更问毁誉？以拙进而以巧退，以忠义劝人而以苟且自全，即魂魄犹有余羞。"②当然，其伸手向皇帝要权的做法，更属荒唐，绝非一代名儒所应有之举，即使纯然公心亦不当如此。所以，曾国藩自此之后，恪守臣道，不违友道，其事业能够获得成功，尤其在功高震主之下仍能身名俱泰，与这次大彻大悟、改弦易辙有很大关系。

不过，曾国藩只是改变了对清政府的态度，并非改变了自己对清政府的根本看法。清政府腐败依旧，满汉藩篱依然，只是曾国藩再不像以前那样痛心疾首，必欲一改其貌而后快了。这从他处世态度的变化就可以知其一斑。此前对人总是持有一种"众人皆醉我独醒"的心态。其承办团练之初，越俎代庖，遭人反感，最后被赶出长沙，与此有很大关系。其做事亦必欲其成，必欲其速，其靖港之败与此不无关系。而再出领兵之后，处人则日趋圆滑，对事则不求速成，似乎有点听天由命的意味。他在给朋友的信中说："千羊之裘非一腋可成，大厦之倾非一木可支。今人心日非，吏治日坏，军兴十年而内外臣工惕厉悔祸者殆不多见，纵有大力匡持尚恐澜狂莫挽，况弟之碌碌乎！"③又说："往岁志在讨贼，尚百无一成，近岁意存趋时，岂足更图千里！"④还说："国藩昔年锐意讨贼，思虑颇专。而事机未顺，援助过少，拂乱之余，百务俱废，接人应事，恒多怠慢，公牍私书，或未酬答。坐是与时乖舛，动多龃龉。此次再赴军中，消除事求可、功求成之宿见，虚与委蛇，绝去町畦。无不复之缄咨，无

①《曾文正公家书》，咸丰八年十二月十六日。
②《曾文正公书札》，第24卷，第26页。
③《曾文正公书札》，第9卷，第45页。
④《曾文正公书札》，第8卷，第27页。

不批之禀牍，小物克勤，酬应少周，藉以稍息浮言。"①他在家书中则称："余此次再出已满十月，而寸心之沉毅愤发、志在平贼，尚不如前次之坚，至于应酬周到、有信必复，公牍必于本日办毕，则远胜于前。"②又说："兄自问近年得力，唯有一悔字诀。兄昔年自负本领甚大，可屈可伸，可行可藏，又每见得人家不是。自从丁巳、戊午大悔大悟之后，乃知自己全无本领，凡事都见得人家有几分是处。故自戊午至今九载，与四十岁以前迥不相同。大约以能立能达为体，以不怨不尤为用。立者，发奋自强，站得住也。达者，办事圆融，行得通也。吾九年以来，痛戒无恒之弊，看书写字从未间断，选将练兵亦当留心。此皆自强能立功夫。奏疏公牍再三斟酌，无一过当之语、自夸之词。此皆圆融能达功夫。至于怨天本有所不敢，尤人则常不能免，亦皆随时强制而克去之。"③

曾国藩的做法，甚至引起朋友们另一方面的忧虑和批评。郭嵩焘说："曾司马再出，颇务委曲周全。龙翰臣方伯寓书少鹤，言司马再至江西，人人惬望，而渠独以为忧。忧其毁方瓦合，而任事之气不如前此之坚也。"又说："方伯此语极有见地，时人知此义者鲜矣。"④胡林翼也有类似的看法和忧虑，并曾一再致函向他提出批评。曾国藩在给毛寄云的信中则说："今年春夏，胡润帅两次诒书，责弟嫉恶不严，渐趋圆熟之风，无复刚方之气。今者见阁下侃侃正言，毫无顾忌，使弟弥惭对润帅于地下矣。"⑤

他对世人尚且态度谦谨，而对清朝皇帝就会更恭顺，一扫昔日狂态了，且愈是后来功高震主、名满天下之时，个人不无屈抑之际，更愈是如此。虽然郭、胡诸人对此变化曾一时不无忧虑，但从实践上看，无论对其本人还是整个集团，可谓失之者甚微，而得之者甚大。

第四次是咸丰十年，因英法联军逼近北京，清政府从各地调兵"勤王"，

①《曾文正公书札》，第8卷，第41页。
②《曾文正公家书》，咸丰九年四月二十三日。
③《曾文正公家书》，同治六年正月初二日。
④《郭嵩焘日记》，第1册，咸丰八年十月十九日。
⑤《曾文正公书札》，第17卷，第17页。

命曾国藩饬派鲍超率二三千壮勇"兼程前进，尅期赴京，交胜保调遣"①。曾、胡二人既不愿因鲍超北上而影响安庆之役，更不愿将此猛将交到胜保手中。然"勤王"事关大节，不可讨价还价，遂致曾、胡二人一时陷入困境，集团内部也众说纷纭，莫衷一是。曾国荃恐撤安庆之围，坚决反对北上"勤王"，大约于举例论证之际，涉及清廷高层决策与内部皇位之争，致犯武臣干政之大忌，引起曾国藩的极端惊惧，遂行严加训斥，逼令缄口。态度之决绝，口气之严厉，在历年家书中可谓空前绝后。可惜未能见到曾国荃的原信。然从曾国藩的回信中，仍能看出他当时的焦急心情和对清政府的政策，其与清政府缔结君臣之盟的政治动机，更是显而易见。所谓忠义云云，都是说给别人听的，决不会成为他们的行事准则和动力。

曾国藩在咸丰十年九月初十日的复信中称："初九夜所接弟信，满纸骄矜之气，且多悖谬之语。天下之事变多矣，义理亦深矣；人情难知，天道亦难测。而吾弟为此一手遮天之辞、狂妄无稽之语，不知果何所本！恭亲王之贤，吾亦屡见之而熟闻之。然其举止轻浮，聪明太露，多谋多改，若驻京太久，圣驾远离，恐日久亦难尽惬人心。僧王所带蒙古诸部，在天津、通州各仗，盖已挟全力与逆夷死战，岂尚留其有余，而不肯尽力耶！皇上又岂禁制之而故令其不尽力耶？力已尽而不胜，皇上与僧邸皆浩叹而莫可如何。而弟屡次信来，皆言宜重用僧邸，不知弟接何处消息，谓僧邸见疏见轻，敝处并未闻此耗也。"又说："分兵北援以应诏，此乃臣子应尽之分。吾辈所以忝窃虚名，为众所附者，全凭'忠义'二字。不忘君谓之忠，不失信于友谓之义。今銮舆播迁，而臣子付之不闻不问，可谓忠乎？万一京城或有疏失，热河本无银米，从驾之兵难保其不哗溃。根本倘拔，则南服如江西、两湖三省，又岂能支持不败？庶民岂肯完粮，商旅岂肯抽厘，州县将士岂肯听号令？与其不入援而同归于尽，先后不过数月之间，孰若入援而以正纲常、以笃忠义？纵使百无一成，而死后不自悔于九泉，不诒讥于百世。弟谓切不可听书生议论，兄所见即书生迂腐之见也。"还说："弟只管安庆战守事宜，外间之事不可放言高论，毫无忌惮。孔子

① 《曾文正公奏稿》，第12卷，第30页。

曰:'多闻阙疑,慎言其余。'弟之闻本不多,而疑则全不阙,言则尤不慎。捕风捉影,扣槃扪烛,遂欲硬断天下之事。天下事果如是之易了乎?""嗣后弟若再有荒唐之信如初五者,兄即不复信耳!"①

归纳起来,曾国藩在信中谈了四层意思:一是戒骄戒妄,不可对自己不懂、不晓之事硬下断语;二是不可妄议朝政,触犯武臣之大忌;三是不可轻弃忠义的旗帜,否则无以号令天下;四是不可轻弃君臣之盟,否则必致孤立而失败。因曾国藩集团与清政府之间,虽有满汉矛盾和权力之争,但从根本上讲利害一致、命运相连,倘若清政府垮台,他们也势必陷于孤立,难以独存。然曾国藩所以对之声色俱厉,不仅为了陈明利害,让他懂得同满洲贵族缔结君臣之盟和高举"忠义"大旗的必要性,更重要的是要他知道维持这种同盟的必要条件。那就是,作为一个武臣,一定要恪守臣道,不可干涉朝政,既不能做,也不能说,强迫他这个不学无术、狂妄自大的胞弟闭起嘴巴,以免坏了自己的大事。因为他并不担心清政府垮台,也不打算北援。其根据是,在写此信之前,曾国藩已在李鸿章的启发下,断定英法联军必于强迫清政府订立城下之盟后而撤兵,并与李续宜商定以拖延之策逃避北援之计。况且,就他们对清政府的那些议论而言,曾国荃的话可能比曾国藩更接近实际,曾国藩也未必就没有听到这些议论,只是他不想让曾国荃议论此事而已。

总之,北援问题就像一块试金石。不仅暴露了曾国藩集团内战积极、外战消极的政治嘴脸,也揭示出他们同清政府之间君臣关系的实质。他们同满洲皇室之间,并非亲如家人,而是地主阶级内部、满汉之间基于共同利害而缔结的军事政治同盟。只是这种同盟不同于《三国演义》中的孙刘之盟,而是一个汉人地方军政集团同满洲皇室之间的同盟。其名分是君臣上下的关系,中央与地方的关系;其共同利益是镇压太平军、捻军等反清起义,维护封建制度。这个汉族地主阶级军政集团的相对独立性,如果在一般情况下还不明显的话,那么一遇到外国入侵问题,就会立刻凸显出来。当时接奉北援谕旨的其他督抚,无不闻命而动,甚至有的并未奉有明旨,听到消息也连夜赴京"勤王",只有

---

① 《曾国藩全集》,第19册,第581—582页。

曾、胡二人按兵观望，等候清政府同英法联军签约。其时，清政府也未必看不出他们的异心，然事后竟不置一词。其情形与八国联军入侵时李鸿章、张之洞、刘坤一、袁世凯的做法颇为相似，仿佛是四十年后"东南互保"的一次预演。因为他们是一个相对独立的军政实力集团，其形成、发展主要依靠自身的力量，不共戴天的敌人只有农民起义军。他们为了自身的利益，既可以同清政府结盟，也可以同外国侵略者结盟。清政府也只是利用他们手中的实力，无时无刻不把他们看作自己的异己力量不想收回落入他们手中的实权，只是苦于没有条件而已。否则，就不会发生袁世凯被迫回籍养病的事。所以，对他们的要求与对待自己的心腹、亲信也有所不同。只是由于历史进程的不同，很多问题不如后来暴露得那么充分。

曾国藩的这封信确实重要。事态的严重加上曾国荃的一纸荒唐家书，逼得曾国藩不得不说出一些平时不肯说的话，从而使人们发现了不少平时难以发现的问题。大约正是由于这个缘故，曾氏后人一直将之深藏不露，使以往的出版物均无此信，直至近年才由岳麓书社公之于众。

第五次是咸丰十一年，那拉氏、奕䜣发动宫廷政变，推翻赞襄制度，捕杀肃顺等赞襄大臣，使曾国藩等虚惊一场。曾国藩曾在《日记》中几次谈及此事。咸丰十一年十一月十四日载："接奉廷寄四件"，"中有谕旨一道，饬余兼办浙江军务。""又抄示奏片一件，不知何人所奏。中有云，载垣等明正典刑，人心欣悦云云。骇悉赞襄政务怡亲王等俱已正法，不知是何日事，又不知犯何罪戾，罹此大戮也！"又载："少荃来，道京城政本之地，不知近有他变否，为之悚仄忧皇。"还说："余近浪得虚名，亦不知其所以然便获美誉。古之得虚名而值时艰者，往往不克保其终，思此不胜大惧。将具奏折，辞谢大权，不敢节制四省，恐蹈覆悚负乘之咎也。"十七日载："是日，雨竟日不止，天不甚寒冷，而气象愁惨。""少荃来，与之劇谈。因本日见阎丹初与李申夫书有云，赞襄王大臣八人中，载垣、端华、肃顺并拿问，余五人逐出枢垣。服皇太后之英断，为自古帝王所仅见，相与钦悚久之。"二十二日载："张仲远寄周弢甫一信，余拆阅。内言载垣、端华、肃顺等三人，肃顺斩决，载垣、端华赐自尽，穆荫发军台，景寿、杜翰、匡源、焦祐瀛革职，另用桂良、周祖培、宝鋆、曹毓英为军机大臣，始知前日廷寄中所抄折片中语之始末矣。因与幕中诸人㤭论时事。"

《曾文正公手书日记》系摹写石印出版，并非如《湘乡曾氏文献》那样原稿影印，故其内容曾被人多处篡改。除前引《清稗类钞》外，薛福成也曾谈及此事。其《上曾侯相书》编后按语称："求阙斋乙丑五月日记云：'故友薛晓帆之子福成递条陈约万余言，阅毕，嘉赏无已。'余在幕府，尝见文正手稿。近阅湖南刊本，归入'品藻'一类，而讹为伯兄抚屏之名，想由校者之误。恐后世考据家或生疑义，故并及之。"①查《求阙斋日记类钞》与《曾文正公手书日记》，果如所言②。不过，此尚属校刊无意之误，或可查有实据，而事涉辛酉政变的记载是否经人篡改，那就无从得知了。

仅从现有记载看，曾国藩对这次政变的情况知之甚迟，且主要是从私人通信中得知的。当其初闻新元年号由祺祥改为同治，尤其赞襄王大臣八人皆被逮捕治罪之际，心中大为震惊，知京中出了大事，但却不明究竟。故数日间坐卧不安，天天与李鸿章密谈，甚至不惜私拆别人的信件来探求京中情报。当他知道政变的最后结局之后，方才放下心来，开始与身边的幕友公开谈论此事。然而，有件事虽然令他感到庆幸，但却万万不可提起。那就是他没有听从王闿运的劝告，同肃顺联手反对那拉氏垂帘听政。据王闿运之子王代功称："文宗显皇帝晏驾热河，怡、郑诸王以宗姻受顾命立皇太子，改元祺祥，请太后同省章奏。府君与曾书，言宜亲贤并用以辅幼主。恭亲王宜当国，曾宜自请入觐，申明祖制，庶母后不得临朝，则朝委裘而天下治。曾素谨慎，自以功名太盛，恐蹈权臣干政之嫌，得书不报。厥后朝局纷更，遂致变乱，府君每太息痛恨于其言之不用也。"③是否因为曾国藩不赞成王闿运的政治主张，故而得书不报呢？不是。他曾对胜保关于近支亲王辅政的奏请大加赞扬，显然是同意"恭亲王宜当国"一条的。咸丰十一年十一月二十五日《手书日记》载："阅胜克斋奏请

①《庸盦文外编》，第3卷，第28页。

②《曾文正公全集·日记》，下卷，第41页；《曾文正公手书日记》，同治四年润五月初六日。

③ 王代功：《湘绮府君年谱》，咸丰十一年条。湘绮楼癸亥秋七月刊，第19页；台北文海出版社影印本，沈云龙主编《近代中国史料丛刊》第60辑，总第596册，第39页。

皇太后垂帘听政,请于近支王中派人辅政,皆识时之至言。"皇太后垂帘听政之议扰攘已久,且此时已成定局,顺之者昌,逆之者亡,是无须表示的。唯近支亲王辅政一事系刚刚提出的,更何况曾国藩一向瞧不起胜保,说明他早就同意王闿运"恭亲王宜当国"的主张。但是,他却不会像胜保那样,甘犯武臣之忌而为人火中取栗,最后竟被那拉氏砍了脑袋。不过,曾国藩"恐蹈权臣干政之嫌"亦非一般性格上的"谨慎",而是基于历史教训和现实情况,为保全身家性命而思之已熟的根本之道。多年来,他一直认为权臣不祥,"古来窃利权者每遘奇祸"[1],"处大权大位而兼享大名,自古曾有几人能善其末路者?"[2]尤其咸丰七、八年间大彻大悟之后,一改昔日的傲气,态度愈益谦虚,行事愈益谨慎,言辞之间尚严持武臣干政之戒,怎肯自请带兵进京,横断皇太后垂帘听政之路?再者,不接交京中权贵亦是曾国藩出任两江总督以来的行事原则,严树森曾因保奏倭仁等人受到无情地讥讽,他怎么会与如日中天的肃顺联手?据说,肃顺被诛后,"籍其家,搜出私信一箱,内唯曾文正无一字,太后叹息,褒为第一正人。"[3]

不过,曾国藩不与肃顺交往,更不与之联手反对垂帘听政,或许还有另一方面的原因。那就是对肃顺执政以来的做法持有异议。咸丰九年,他在给胡林翼的信中说:"近来科场事株连太广,夷事办理太柔,均不甚惬人意,常思一陈鄙愚。而回顾在外数年百无一成,言之滋愧,宁默默也。"[4]从后来的情形看,曾国藩的思想主张与奕䜣更为接近,故辛酉政变只是使他虚惊一场,远没有同治四年那拉氏罢免奕䜣时所给他带来的震动那么强烈。

第六次是同治三年正月,正当天京战事紧张、粮饷匮乏之际,江西巡抚沈葆桢事前不经协商,即奏请扣留原本解送雨花台大营的江西厘金归本省使用,

---

[1]《曾文正公奏稿》,第20卷,第51页。

[2]《曾文正公家书》,同治二年正月初七日。

[3] 龙盛运:《湘军史稿》,四川人民出版社1990年版,第282页。

[4]《曾文正公书札》,第7卷,第45页。曾国藩这时的身份是墨绖出征的前兵部侍郎,原则上属于京官,与咸丰十年担任两江总督后所守臣道截然不同,对朝廷的用人行政是可以上奏建言的。他没有这样做则完全出于自身的原因,与朝廷体制无关。

使曾国藩骤然失去月入数万两的饷源。更为严重的是，户部不仅批准了这一奏请，还竟于复奏之中列出数笔并不存在的外省协饷，使曾国藩背上广揽利权、贪得无厌的黑锅，逼得他不得不起而愤争。他不仅必须与沈葆桢争江西厘金，还必须向户部讨回清白。结果，户部虽不再提协饷之事，但仍将江西厘金之半划归沈葆桢，使曾国藩既失钱财又丢面子。最后虽以调拨轮船退款的办法解决了乏饷问题，但却使曾国藩从中感到清廷在明显地疏远自己，不由惕然警惧。

自同治元年身兼五钦差之职、六大臣之权，统兵十万、敛财六省以来，曾国藩深惧负权臣之嫌，受清廷疑忌，最后落个兔死狗烹的下场。他在家书中对老九说："至阿兄忝窃高位又窃虚名，时时有颠坠之虞。吾通阅古今人物，似此名位权势能保善终者极少，深恐吾全盛之时不克庇荫弟等，吾颠坠之际或致连累弟等。唯于无事之时，常以危言苦语互相劝诫，庶几免于大戾。"[1]为保身名俱泰，曾国藩除在态度上更为谦谨，恳请亲朋好友、部下僚属时时批评监督自己外，还在政治上采取了几项措施，诸如两次奏请清廷派亲信大臣赴天京城外监军，奏请天京攻克前不要再给曾家封赏，以及封疆大吏不得分掌朝廷用人大权等，直到清廷对他极表信任，无所疑忌，方使他暂时放下心来。不料，自同治二年湘军攻克太平军九洑洲要塞，尤其苏州、杭州相继攻克之后，清廷对曾国藩的态度却发生了变化。而清政府在处理曾、沈厘金之争中右沈抑曾，尤其户部虚列每月十五万五千两白银的外省协饷，无疑是向他发出的一个信号，使他感到形势紧迫，不得不急切寻求自全之策。他在给亲友的信中说："两接户部复奏之疏，皆疑弟之广揽利权，词意颇相煎迫。"[2]而"近来体察物情，大抵以鄙人用事太久，兵权过重，利权过广，远者震惊，近者疑忌。"又说："长江三千里几无一船不张鄙人旗帜，外间疑敝处兵权过重，利权过大。盖谓四省厘金络绎输送，各处兵将一呼百诺，其相疑良非无因。"[3]当然，曾国藩最害怕的还是清廷对他的疑忌。而在这种情况下，要想自保身家，也只有割舍一部分权利。故此他一再向亲朋好友表明心迹："揆之消息盈虚之常，即合藏热收

---

[1]《曾文正公家书》，同治元年六月二十日。

[2]《曾文正公书札》，第23卷，第43页。

[3]《曾文正公书札》，第23卷，第42页。

声，引嫌谢事"[1]，"避贤者路。非爱惜微名，而求自全也"[2]。又说："自古柄兵之臣，广揽利权，无不获祸谪者。侍忝附儒林，时临冰渊，而使人广揽利权疑我，实觉无地自容。"[3]还说："自古握兵柄而兼窃利权者，无不凶于而国、害于而家，弟虽至愚岂不知远权避谤之道？惟舍弟引退之志更急于鄙人，此中先后之序，尚须妥商。"[4]从中可以看出，曾国藩不愧一代儒将，深明以退求进、明哲保身之道，早在湘军攻陷天京之前，就已经做好了功成身退、割权自保的思想准备。不过，此所谓"舍弟引退之志更急于鄙人"则属谎言。后来事实证明，曾国荃根本没有功成身退的想法，且对被逼退隐一事极为不满。而曾国藩这样讲，不过是为将来的具体安排预设伏笔。就是说，曾氏兄弟太过招摇，其功成身退、割权自保是必然的，只是究竟怎么退尚须根据具体情况而定。而从各方面的情况看，则曾国荃先退的可能性更大些。所以，曾国藩要故意如此谬说，未雨绸缪。有了这一伏笔，将来也就可以左右逢源了。

第七次是同治三年六月，湘军攻陷天京之初厘以严厉的态度和口吻警告曾国荃等人不可骤胜而骄，并追查天京窖金与幼天王下落，使曾氏兄弟同清政府的关系骤然紧张起来，颇有剑拔弩张之势。由于湘军破城后竞相烧杀淫掠，炸开的豁口无人把守，方使幼天王等千余人得以脱身而去。李秀成刚被送至雨花台大营，曾国荃就企图将之杀害，理由是"恐有献俘等事，将益朝廷骄也"[5]，可谓狂妄之极。故清政府此举可谓切中要害，且已在军事上有所准备。当曾氏兄弟同太平军作最后的苦战时，清政府已在天京四周布有重兵，官文、富明阿、僧格林沁无不虎视眈眈地盯着他们的脊背。而在天京大发横财的曾国荃及其部下弁勇，则唯恐清廷真的要他们吐出吞到肚里的财货，内心极为恐惧和愤恨，决心不惜一切以维护自己拿性命换来的既得利益。据萧一山称，曾国荃及其部下将领曾集体劝进，欲仿陈桥故事，拥立曾国藩为帝。无论此事

---

① 《曾文正公书札》，第23卷，第39页。
② 《曾文正公书札》，第24卷，第7页。
③ 《曾国藩未刊信稿》，第214页。
④ 《曾文正公书札》，第23卷，第43页。
⑤ 《能静居日记》，同治三年六月二十日。

确实与否，这种可能性当时确实是存在的。

此时的曾国藩，其内心深处未尝没有部下诸将同样的感受。一年后，他在给曾国荃的信中说："去年三、四月间，吾兄弟正当万分艰窘，户部尤将江西厘金拨去，金陵围师几将决裂。"而攻陷天京后，"部中新例甚多，余处如金陵续保之案，皖南肃清之案，全行议驳，其余小事动遭驳诘。而言路于任事有功之臣，责备尤苛，措辞严厉，令人寒心。"①满汉之间本来就界线分明。清政府既然如此对待功臣，起兵造反并非没有理由；夺回汉家江山亦未尝不大快人心。更何况，论及个人能力与资历，尤远非那拉氏、奕䜣所能相比。然曾国藩想得要比这深远得多，头脑也不像曾国荃那么简单。他心里非常清楚，清政府并非真的要追查天京窖金和幼天王下落，不过虚张声势，加大政治压力，逼迫曾国藩就范：或则匆忙起兵，或则杀羽自保，二者必居其一，且须迅速做出抉择，以免其势坐大，形成南北对峙之局。因曾国藩虽在镇压太平天国的战争中羽翼丰满，足可拥兵自立，但若与清廷争帝位，则须经几年的准备方有取胜的把握。故对清廷来说，长痛不如短痛，迟发不如速发，万不可让他积威养望，从容准备。在这种情况下，曾国藩只好选择杀羽自保之路。所谓杀羽，就是主动裁撤兵勇和停解外省厘金；所谓自保，就是保全身家名位和部属亲朋的既得利益，包括曾国荃及其部下在天京抢夺的金银财宝。于是，曾国藩在攻陷天京后主要为此做了两件事：一是裁撤或调离金陵地区的五万湘军，停解广东、江西厘金；一是采用软拖硬抗的办法，抵制清政府对天京窖金和幼天王下落的追查。他的具体做法是，对天京窖金下落来个死不认账，明明被曾国荃的部下抢去，却硬说天京并无窖金，连自己也觉得奇怪。可说是瞪着眼睛说瞎话。而对幼天王的下落，则是随机应变，不择手段，必得保全曾国荃及其部下，以求大家相安无事。他先以幼天王自焚上报，继称其死于乱军之中，及至证据确凿、无法抵赖之时，则对上奏揭发此事的左宗棠反唇相讥：天京破城之际不过逸出一千多人，就要如此反复追查、定要严惩失职将领，若如杭州那样，太平军大开九门，逃出十万八万，那时又当如何？结果，清廷也只好不了了之，甚至连

①《曾文正公家书》，同治四年十二月二十五日。

左、沈二人将幼天王解送京师的奏请也予以驳回，免致曾国藩过于难堪。

曾国藩与清廷所以这样做，是因为世间有一个胜利者无罪的原则，对功臣只可赏不可罚。当时，曾国荃及其部下已在天京发了横财，各个箱满筐溢，一心只想保住自己的这份财产，再不想为别的事打仗。然他们也曾为此付出了很大代价，受尽煎熬而不肯散去，就是为了最后能进城大抢一通。如果清廷或曾国藩威逼太紧，定治其罪，令他们吐出吞到肚里的宝物，他们必然铤而走险，起兵叛乱。所以，曾国藩对清廷严惩走脱幼天王失职将领的谕旨，坚决顶着不办，以安曾国荃等人之心。而清廷这样做，本来就是别有用心，意在逼曾国藩裁军辞饷，一旦曾国藩真的这样做了，追查之事也就达到了预期的目的，最妙之法也就莫过于不了了之了。

至于曾国藩为什么没有挥戈北上，代清自为，则大约有两个方面的原因，或则本来就无此野心，或因料无胜算而知难而退。曾国藩一生愁苦，时萌退志，常有生不如死之叹，或许真的没有称帝之心亦未可知。早在攻陷天京之前，他就曾在答复同年好友的信中表示："年来忝窃高位，饱聆誉言，虽同年至亲如寄云、筠仙辈，亦但有赞美而无针砭，大有独夫之象，可为悚惶。惟自知之明尚未尽泯，不敢因幸获之战功，倘来之虚名，遂自忘其鄙陋。此差可为故人告者。然辖境太广，统军太多，责任太重，才力太绌，正不知以何日颠蹶，以何日取戾。万一金陵克复，拟即引退避贤者路，非爱惜微名而求自全也，实自度精神不复堪此繁剧也。"[1]联系祁门被困时曾遗嘱曾纪泽，要他长大后不可为官更不可带兵，只可一心做学问云云，或许曾国藩的人生乐趣，属文治学更多于从军从政，真的素无称帝之心。倘若并非如此，当时不仅存在着曾国藩起兵造反的客观可能性，而且他也确实具有这样的主观意图，那么终未成为事实的原因，则只能是政治上尚乏准备，军事上尤无胜算，以曾国藩之明智不肯干此蠢事，远不如继续做清王朝的忠臣孝子更为有利[2]。有人说曾国藩不愿称帝是因为忠君思想的制约，似乎他满有把握做成皇帝却偏偏不肯做，令不

---

[1]《曾文正公书札》，第24卷，第7页。

[2] 参见拙著《曾国藩传》之《大功不赏》一节。

少人为之扼腕叹息。这不过是笔记小说的惯用手法，装饰文采而已，实则经不住认真推敲。因为作者仅提到有人拥戴和曾国藩拒绝两事，并没有对当时全国的政治军事局势，尤其湘淮军集团的实际状况做出分析，其拒绝的原因绝不限于一条。且支配人们是否采取行动的最后关键并非道德规范，而是对根本利害的权衡。倘若曾国藩在方方面面真的具有取清自为的胜算，所谓忠君云云就绝不会成为他的思想政治障碍。因为按照儒家思想的逻辑，成者为王，败者为寇，君臣伦理并不妨碍改朝换代。试想自古开国明君取得天下，哪个离开暴力弑君和阴谋篡逆两途？然一旦权位到手，儒家的忠君道德就由对篡弑者的谴责，变为对新帝的诚心拥戴。曾国藩熟读经史，岂不知这番道理？

在这次战略退却中，曾国藩所遇到的另一棘手问题是曾国荃的出处。曾国荃不学无术，急功贪财，饕餮之名满天下。其每克一城必纵兵大掠，而大发横财之后则必回籍购置田产，起盖大屋。其为人复张扬跋扈，不知禁忌，早在攻陷天京前即已恶名远扬，故清政府对他疑忌尤甚。同治二年三月，曾国荃已由江苏布政使升任浙江巡抚，因正率军围攻天京而未赴任。按照清朝制度，他是可以单独奏报军情的。然清政府却不准这样做，遇事只能由远在安庆的曾国藩转奏，不消说与左宗棠、李鸿章相比，甚至连个按察使衔兵备道都不如。同治三年四月，清廷曾明谕曾国藩，"金陵围师，即责成曾国荃一手经理"，"如果攻克，准其先由曾国荃、彭玉麟、杨岳斌会衔驰奏"[1]。曾国藩闻之大喜，急派赵烈文驰赴雨花台大营，专司奏捷折稿。不料，攻陷天京的当天，同治三年六月十六日，按照曾国藩事先的安排，他与杨载福、彭玉麟联衔八百里驰奏报捷，随即受到清廷的严厉指责，抓住"大势粗定，遽回老营"一事横加罪名，"倘曾国荃骤胜而骄，令垂成之功或有中变，致稽时日，必唯曾国荃是问"[2]。实际上不仅不承认他的捷报，而且节外生枝，故意吹求，以实施政治上的抑制和打击。曾国藩看透了清廷意欲将其排而去之的用心，遂于七月二十日奏请裁撤曾国荃所统兵勇之半的同时，提出是否准其本人回籍养病的问题，

---

① 《清穆宗实录》，第99卷，第172页。

② 《曾国藩全集》，第7册，第4214、4215页。

进行试探。称曾国荃"意欲奏请回籍，一面调理病驱，一面亲率遣撤之勇部勒南归"。而曾国藩本人尚未应允，"嘱以苟可支持，不必遽请开缺，姑在金陵安心调理，代臣料理善后事宜"①。谁知清廷比曾国藩还急，尚未接到这一奏请，就对曾国荃当头又施棒喝，下旨追查天京金银的下落，令曾国藩"查明报部备拨"。并对之郑重警告道："曾国藩以儒臣从戎，历年最久，战功最多，自能慎终如始，永保勋名。惟所部诸将，自曾国荃以下，均应由该大臣随时申儆，勿使骤胜而骄，孰可长承恩眷。"②其后清政府虽在谕旨中假意挽留，将曾国藩奏折中的话重复一遍，但却绝口不提赴任本官之事，反而肯定曾国荃奏请开缺回籍的想法"合于出处之道。"③曾国藩见事势难以挽回，更加坚定了自己原来的想法，遂于八月二十七日专折代曾国荃奏请开缺回籍养病，九月初四日即得到清政府的批准。其动作之快实出意外。不想，这下可惹恼了曾国荃。他本来就藐视清廷，心怀不满，加以缺乏涵养之性，遂于大庭广众之中将自己的愤懑之情公开发泄出来，致使曾国藩狼狈万状，无地自容。三年后，他对自己的心腹幕僚赵烈文说："三年秋，吾进此城行署之日，舍弟甫解浙抚任，不平见于辞色。时会者盈庭，吾直无地置面目。"④原来这一次再次地陈请开缺回籍，都是曾国藩耍的政治把戏，曾国荃从无此意，都是阿兄背着他干的。不学无术的曾国荃既不懂兔死狗烹的道理，也不懂为臣之道，更不能理解胞兄的这番苦心。所以，曾国藩欲行退却之策以保身家名位，对这位不知进退的胞弟，非瞒天过海造成既成事实，然后迫其就范不可。"舍弟"的表现虽令曾国藩当众出丑，但他毕竟达到了自己的目的，解决了一个政治上的大难题，圆满完成了这次极为关键的退却。为了消解曾国荃内心的不平之气，待其四十一岁生日那天，曾国藩不仅专门指派能说会道的赵烈文前往劝慰，还亲自特写七绝十二首为他祝寿。据说，当曾国荃读至"刮骨箭瘢天鉴否，可怜叔子独贤劳"一句

---

① 《曾文正公奏稿》，第21卷，第8页。
② 《曾国藩全集》，第7册，第4276—4277页。
③ 《曾文正公奏稿》，第21卷，第27页。
④ 《能静居日记》，同治六年九月初四日。

时，竟然放声大哭，以泄胸中抑郁之气①。

第八次是同治四年三月，那拉氏罢免恭亲王奕䜣的一切职事，妄加罪名，欲陷不测，引起曾国藩等人的极大恐慌，疑为清政府卸磨杀驴的信号。曾国藩在三月二十八日的《日记》中写道："是日早间阅京报，见三月八日革恭亲王差事谕旨，有'目无君上，诸多挟制，暗使离间，不可细问'等语，读之寒心惴栗之至，竟日忡忡，如不自克。"于是，他苦思数日，便开始向心腹将领吹风试探，酝酿对策。四月三日，他以巡察为名，相约驻扎裕溪口的水师将领彭玉麟赴下关一见，二人在一只小船中密谈良久，"言及国事与渠家事，歔欷久之"②。那么，他们究竟谈何国事呢？数日后，彭玉麟在给朋友的一封信中说："议政王为九江蔡寿祺以莫须有污蔑，致出军机，中外骇闻。伏思今上当极，两宫垂帘，实赖贤王公忠体国，上下一心，华夷钦服，始有今日中兴气象。何物蔡寿祺，丧心狂吠，以珰人之授意，竟敢害于忠良。倭公不侃侃而言，亦竟阿于取好。议政其周召，若辈其管蔡乎？天下有心人能不愤恨欲死！不才欲以首领进词，而爵相极力劝阻，须俟城内动静，再作道理。兄不学无术，不平欲鸣，抑恨菫吐，其如愤火中烧何！"还说："小人道长，国家堪忧，残喘余生安得即赋归去，遁迹山林，不阅世事耶？"③原来，令曾、彭二人言之感伤、"歔欷久之"的"国事"，就是西太后罢黜恭亲王一事。看来他们共同的意见是，此事关系重大，决不可坐视不理。惟所不同的是，彭玉麟欲马上动手，领衔上疏谏争。而曾国藩则要静观时变，必须从京中了解到更进一步的详情，弄清事情的原委，才能决定行止，不能仅根据一纸京报就采取行动。这件事说明，清政府追查天京窖金与幼天王下落，遭受打击的仅是曾国荃一伙。曾国藩集团的其他派系可能不闻不问，有的甚至会幸灾乐祸，煽风点火。这是因为他们太不得人心了。他们的所作所为，不仅使之在整个统治阶级中成为众矢之的，也在曾国藩集团中陷于孤立。倘若清政府欲行兔死狗烹之策，将湘淮将领一网打尽，他们就会由四分五裂走向一致，联合起来抗满自保。根据当时的

---

① 《清代通史》，第3册，第280页。

② 《曾文正公手书日记》，同治四年四月初三日。

③ 《能静居日记》，第1册，第19页。

形势，很可能形成南北对峙的局面，或如萧一山说的那样，挥戈北上，拥曾为帝，亦未可知。联系那拉氏死后，因摄政王载沣排斥袁世凯，拆散满洲皇室与汉大臣的联盟，从而导致清王朝迅速灭亡的事实，这种可能性并不是不存在的。只是后来那拉氏见风转舵，重新恢复了奕䜣"议政王"之外的其他主要职事，才避免了这种结局，曾国藩集团也仅只虚惊一场。

第九次是同治五年冬，因"剿"捻战争一时失利，清政府中途易帅，使曾国藩大丢脸面，陷入进退维谷的困境。曾国藩自"剿"捻以来，屡受清廷的指责，防守沙河之策失败之后，更是接连不断，愈演愈烈。迨至同治五年冬，即已受到"寄谕责备者七次，御史参劾者五次"①，使他感到再也干不下去了，只好自请革去钦差大臣之职和一等侯爵之位，以让贤者之路。然而，使他为难的是，天下之大竟无一个适当的安身之处。当时，曾国藩听到各种建议，有的劝其回籍省墓，有的劝其住京养病，有的请其回任江督，他以为皆不妥当。首先，回任江督行不通。因他辞职的理由是有病，"不能用心阅文，不能见客多说。既不堪为星使，又岂可为江督？"所以，既辞钦差就不能不连江督也一并辞去。其次，"乞归林泉亦非易易"，"若地方大吏小有隔阂，则步步皆成荆棘"。再次，"住京养病尤易招怨丛谤"。最后，曾国藩"反复筹思，仍以散员留营为中下之策，此外皆下下也"②。他在给鲍超的信中也以此招为得计："仆自去岁以来，寄谕责备者七次，御史参劾者五次，从无不平之意形诸言色。即因病陈请开缺，亦不敢求回籍，又不敢求进京，但求留营效力耳。"③然实际上，此策则更加行不通。因为这样一来，不仅使后来者觉得碍手碍脚，倍生反感，且极易启人疑谤。正像有人说的那样，你留营中效力，谁人可以指挥？岂不是一舟双舵、一马双驭？同时，"维系军心之言与平日惧为权臣之意自相矛盾"，且有"挟军心以自重之嫌"④。这前面一条可能导致李鸿章的坚决反对，他令其兄李瀚章劝曾国藩回任江督，即已显露此意。而后面一条更是曾国藩避之唯恐不及的罪名，是万万不可轻试的。当时也有人劝他直言极谏，陈明利

①③《曾文正公书札》，第31卷，第3页。
②《曾文正公家书》，同治五年十一月初七日。
④《曾文正公书札》，第30卷，第44、45页。

害，以改变清政府的做法。他出于同一原因，不敢这样做。他在给尹耕云的复信中解释说："窃观古来臣道，凡臣工皆可匡扶主德，直言极谏，唯将帅不可直言极谏，以其近于鬻拳也。凡臣工皆可弹击权奸，除恶君侧，唯将帅不可除恶君侧，以其近于王敦也。凡臣工皆可一意孤行，不恤人言，唯将帅不可不恤人言，以其近于诸葛恪也。握兵权者犯此三忌，类皆害于尔国，凶于尔家。故弟自庚申忝缩兵符以来，夙夜祇惧，最畏人言，迥非昔年直情径行之态。"又说："近有朱、卢、穆等交章弹劾，其未奉发阅者又复不知凡几，尤觉梦魂悚惕，惧罹不测之咎。盖公论之是非，朝廷之赏罚例随人言为转移，虽方寸不尽为所挠，然亦未敢忽视也。"①就是说，可怕的不是御史而是为其撑腰的清廷，他们是根据朝廷的眼色行事的。朝廷发阅弹章，不过是放只氢气球，意在逼曾国藩交权退避，若竟倔强不服，必有更加厉害的后招，直至达到目的为止。曾国藩身为人臣，欲保名位，无论内心感受如何，都必须拿出对之忠诚驯服的样子，人君可畏，人言亦可畏。正像他在给李鸿章的信中所说的那样，"去冬以来，忧谗畏讥尤甚于昔"②，"从此不居极要之任，或可保全末路耳"③。最后，曾国藩迫于情势，不得不返回两江总督之任。因李鸿章"剿"捻急需两江之饷，若易他人为江督，则未必能够保障前线各军的饷运。既然李鸿章一再以此为请，他也就很难拒绝了。然而，这对曾国藩来说却是一件含羞忍辱之事，不仅令其数年之间心情不畅，且遗终生之悔。同治九年三任江督时复函友人称："'剿'捻无功即当退处深山，六年春重回江南、七年冬莅任畿辅，皆系画蛇添足。"④不过，这只能说明其内心的懊丧，事实上却无法真正这样去做。此可谓人在官场，身不由己。他坚信命运之说，大概这也是根据之一吧。

　　第十次是同治九年，曾国藩将天津教案办成典型的屈辱外交，使自己成为过街之鼠，众矢之的。清政府再次中途易帅，让他灰溜溜地再返江督之任。其实，曾国藩的办案方针与清政府是大致相同的，其种种举措亦无不得到清政府

① 《曾文正公书札》，第26卷，第2—3页。

② 《曾文正公书札》，第26卷，第6页。

③ 《曾文正公书札》，第26卷，第4页。

④ 《曾文正公书札》，第33卷，第9页。

的批准，不过隐瞒了法国天主教堂的一些罪行，没有如实上报而已。故舆论的冲击不仅针对曾国藩，也是针对清政府的。然专制时代有一条非成文法，国家最高决策一旦出现重大失误，只能指责经办大臣，不能指责皇帝。如南宋的秦桧，晚清的穆彰阿，多年来一直受到万人唾骂，对其本人固属罪有应得，但同时也是代皇帝受过。只是这一过程发生较迟，都是在老皇帝去世、新皇帝登基之后，朝廷大张其过，舆论骤起攻击，形成人人喊打的局面。而曾国藩则是现世现报，一转眼间功臣贤相就成了过街之鼠。社会舆论变幻如此之速，其重要原因之一就是清政府有意落井下石，乘机打击曾国藩，以便将他赶出畿辅要地。当全国舆论在醇亲王的带动下，群起攻击曾国藩的时候，那拉氏不仅公开宣称曾国藩"文武全才，惜不能办教案"①，将刚到陕西的李鸿章调赴天津进行复查，还把曾国藩匆匆调回江南，以李鸿章取而代之。实际上是将天津教案办理失误的全部罪责都推到他一人身上。其实，李鸿章最后仍以曾国藩的奏报结案，并无实质性的改变。原定死刑20名改为16名，也不是李鸿章争来的，而是俄国被杀四名只要赔钱，不要中国人抵命。正是清政府的这种做法，使全国舆论受到进一步的鼓舞，对曾国藩的攻击愈演愈烈，一发而不可收。对于这层原因，曾国藩当时就看得很清楚，只是不敢明言。他在给诸弟的家信中说："余两次在京不善应酬，为群公所白眼，加以天津教案物议沸腾，以后大事小事部中皆有意吹求，微言讽刺。陈由立遣发黑龙江，过通州时其妻京控，亦言余讯办不公，及欠渠薪水四千两不发等语。以是余心绪忧悒。"②显然，这些人不过是看清政府的眼色行事。他们从清政府对天津教案和曾国藩的处理中得到一个信息，知道曾国藩已经失宠，故会大着胆子这样做。曾国藩"心绪忧悒"的原因，也不只这些麻烦本身，而主要还是造成这些麻烦的深层原因，同清政府的关系愈来愈疏远了，自己的政治处境会越来越困难。

醇亲王奕譞与叶赫那拉皇太后所以对曾国藩采取这种态度，也可能与曾国藩拒绝他们的有意拉拢有关。曾国藩调任直隶总督后，醇亲王奕譞曾一再向其

①《曾胡谈荟》，《国闻周报》第6卷，第38页。
②《曾文正公家书》，同治十年八月初十日。

致意，但都遭到了他的拒绝。同治八年春，奕譞托曾国藩的好友朱学勤转致一信，对曾大加赞扬。曾国藩没有复信，仅在给朱学勤的信中解释说："醇邸慎所许可，乃独垂青于鄙人，感惭无已。敝处函牍稀少，未便于醇邸忽改常度。"①同治九年春，奕譞又托曾国藩的另一好友黄倬转寄诗文，以求应和。曾国藩亦没有回信，仅在给黄倬的信中解释说："醇邸于敝处折节下交，拳拳挚爱，极为心感。兹承转寄见赠之作，诗笔既工，用意尤厚。惟奖许过当，非所敢承。理宜奉笺致谢，缘弟处向来书札稀少，朝端贵近诸公多不通问，未便于醇邸特致私爱，致启他嫌。素不工诗，亦未能遽成和章。稍暇当勉成一首奉呈，以答盛意，聊申谢悃。晤时尚望先为代达鄙意，至荷，至荷。"②醇亲王的用意是很明显的。他是恭亲王之弟，同治帝之叔，那拉氏的妹夫。长期以来，他与那拉氏紧密勾结，欲与奕䜣一争高下，至于不惜主动拉拢湘淮军帅，以加强自己的地位。不过，曾国藩不与奕譞交往，不仅避交结权贵之嫌，更为避内外交通之嫌。历代王朝皆严禁亲王与外藩之间私下交通，以杜绝王位之争。咸丰二年，一批大臣曾因与定郡王载铨私下来往和为其《息肩图》题咏，为御史袁甲三所弹劾，受到轻重不同的处分。其私下来往之恒春、书元交部严加议处，载龄、许诵恒交部议处。其题图之潘世恩、卓秉恬、祁寯藻、柏葰、周祖培、麟魁、吴钟骏、黄赞汤、锡龄、文庆、慧成、富呢雅杭阿、潘曾莹、潘曾绶、叶名沣等交部分别议处。并再次申明禁例，殷殷告诫：诸王与在廷臣工，不得往来交结，叠奉圣训，垂诚周详。前岁冬间，朕复特降谕旨申儆，自应敬谨遵守③。何况，这些人皆属文臣，手中并无多大军政实权，其权势地位根本无法与今日的曾国藩相比。故对曾国藩而言，前者可能关乎个人名声，而后者则可能招致灭族之祸。事实上即使没有那么严重，亦远非大臣所宜。曾国藩对此惕然警惧，远嫌避祸，亦属恪守臣道之举。然而，这样一来却深深地得罪了醇亲王，或则衔恨于心，或则疑为恭党，遂乘天津教案之机对之攻击不遗余力，必欲去之而后快。不料，曾国藩固不知趣，李鸿章亦未满所望，复转而拉

---

① 《曾文正公书札》，第32卷，第17页。

② 《曾文正公书札》，第32卷，第40页。

③ 《清实录·文宗实录》，第66卷，第877页。

拢左宗棠。据说，左宗棠入值军机处，主要出于奕䜣的推动，意在取代恭亲王。只是左宗棠更不知趣，最后只好作罢。或者，如此等等，皆出于那拉氏的授意，亦未可知。

历史事实表明，天津教案后再返江南，标志着曾国藩同清政府的关系进入了一个新阶段。湘军攻陷天京后，清政府深怕他真的要做皇帝，既忌其手握大权又忌其功高震主。待其停解外省厘金、大量裁撤金陵湘军后，手中失去挥戈北上的实力，也就不再对清廷构成威胁。然其威望尚存，仍有功高震主之嫌。其后"剿"捻无功，中途下台，已是威名大损，今不如昔。迨至三莅江督之任已是威信扫地，则完全失去对清廷的威胁，即使重握攻克天京前的兵饷实力，也不可能取清自为了。与此同时，清政府在曾国藩心目中的分量亦是越来越轻，中兴幻想一步步破灭，悲观情绪愈来愈重，从而构成其心情不畅的另一原因。

曾国藩系道光朝旧臣，因穆彰阿的荐赏而平步青云，十余年间跻身卿贰，成为清代罕见之事。然自从军以来屡遭疑忌，长期不得其位，心情甚感压抑，恨不得找个地方"痛哭而一倾吐也"[1]。自咸丰十年出任江督，尤其那拉氏、奕䜣政变上台之后，曾国藩一度兴高采烈，以为中兴有望，对国家前途充满信心。然其心腹幕僚赵烈文不同意这种看法，遂引发二人间的多次辩论。同治六年夏，一次闲谈中曾对赵说，京中来人云："都门气象甚恶。明火执仗之案时出，而市肆乞丐成群，甚至妇女亦裸身无裤。民穷财尽，恐有异变，奈何？"赵说："天下治安一统久矣，势必驯至分剖。然主威素重，风气未开，若非抽心一烂，则土崩瓦解之局不成。以烈度之，异日之祸必先根本颠仆，而后方州无主，人自为政，殆不出五十年矣。"曾"蹙额良久"说："然则当南迁乎？"赵说："恐遂陆沉，未必能效晋、宋也。"曾说："本朝君德正，或不至此。"赵说："君德正矣！而国势之隆，食报已不为不厚。国初创业太易，诛戮太重，所以有天下者太巧。天道难知，善恶不相掩，后君之德泽未足恃也。"曾说："吾日夜望死，忧见宗祐之陨，君辈得毋以为戏论？"赵说："如师身分，虽善

---

[1] 《曾文正公书札》，第3卷，第3页。

谴，何至以此为戏！"①此后，二人又争辩数次，对形势的看法基本一致，而分歧的焦点则集中在清政府的评价上，即它究竟是否有能力扭转这一江河日下的形势。一日，赵说："在上海见恭邸小像，盖一轻俊少年耳，非尊彝重器，不足以镇百僚。"曾说："然貌非厚重，聪明过人。"赵说："聪明信有之，亦小智耳。""至己为何人，所居何地，应如何立志，似乎全未理会。""身当姬旦之地，无卓然自立之心，位尊势极而虑不出庭户，恐不能无覆觫之虞，非浅智薄慧、涂饰耳目之技所能幸免也。"曾国藩则以"本朝君德甚厚"、那拉氏"乾纲独断"应之，且举"勤政""免征""免报销"及处理官文数事以为证，称"数者皆非亡国举动，足下以为如何？"赵烈文对之逐条批驳，并进而指出："三代以后论强弱不论仁暴，论形势不论德泽。即如诸葛辅蜀，宫、府甚治而卒不能复已绝之炎刘；金哀在汴，求治颇切而终不能抗方张之强鞑。人之所见不能甚远，既未可以一言而决其必昌，亦不得以一事而许其不覆。"又说："夫以君德卜国祚之穷长，允矣。而中兴气象，第一贵政地有人。奄奄不改，欲以措施一二之偶当默运天心，未必其然也。"②曾国藩当时虽无言以对，但心中仍未服气。时隔两月，复因总理衙门"殷殷下问"而"喜动颜色"，并大发感慨道："此折所关甚大。枋国者能如此，中兴其有望乎？"又说："国运长短不系强弱，唯在上者有立国之道，则虽困不亡。如金主亮南牧，宋社岌岌。虞允文之战，小胜不足言，顾孝宗忠厚恺悌，其道足以保身保家。天即使金人内变，海陵被弑，以全赵氏之宗祐。金祚未可遽陨，又生世宗以休息之。其妙如此，圣人所以动称天命也。"③这就是说，直到此时曾国藩仍心存侥幸，祈盼清王朝能偏安一隅，不至"陆沉"，总以为尚不存在"抽心一烂"的问题。

然而，当其重游京师，亲睹清政府的帝后王公及当轴政要之后，连这最后一点信心也没有了。同治八年夏，应调赶赴直隶的赵烈文刚到保定，曾国藩就立刻向他吐露心声，从而为他们多次争论的问题做出最后结论。他说："两宫（指慈安、慈禧两太后）才地平常，见面无一要语；皇上冲默，亦无从测之；

---

① 《能静居日记》，同治六年六月二十日。
② 《能静居日记》，同治六年七月初九日。
③ 《能静居日记》，同治六年九月二十三日。

时局尽在军机恭邸（指奕䜣）、文（指文祥）、宝（指宝鋆）数人，权过人主。恭邸极聪明而晃荡不能立足；文柏川（即文祥）正派而规模狭隘，亦不知求人自辅；宝佩衡（即宝鋆）则不满人口。朝中有特立之操者尚推倭艮峰（即倭仁），然才薄识短。余更碌碌，甚可忧耳。"①就是说，在清政府整个决策层中，根本没有出类拔萃之才，足可力挽狂澜，救清政府于当亡之时而不亡，完颜、赵氏在强敌威逼下苟延一隅的历史，再也无法重演了。

不过，曾国藩于极度失望之中，仍对清政府抱有感激之情，盖同宋朝相比，清政府毕竟对他宽大得多。在其攻陷天京之后，虽功高震主，颇有取清自为的条件，清政府亦仅只剥夺其足可"图谋不规"的资本，即手中握有的兵权、利权及个人威信，一旦以实际行动表明自己恪守臣道、并无称帝之心，则不仅保住了其身家性命，也保住了自己的名誉地位，即作为一个功臣所应当得到的一切。就是说，清王朝虽疑忌功臣，但与宋朝相比要轻得多，对功臣的处理也宽大得多。故曾国藩等湘淮将帅的命运，要比岳飞等人幸运得多，遂使曾国藩对此感激不尽。他曾对人说："南宋罢诸将兵柄，奉行祖制也。""韩、岳等军制，自成军、自求饷，仿佛与今同"②，然最后结局却大相径庭。又说："宋世鉴于陈桥之变，于将帅得人心者猜忌特甚。北宋如王恭武、狄武襄均为正人所纠劾，不获大用。南宋秦氏亦以军心归附，急谋解张、韩、刘、岳之兵柄。""我朝宽大诚明，度越前古，国藩与左、李辈动辄募勇数万，保获提镇以千百计，朝廷毫无猜疑。仆辈亦不知有嫌可避，坦然如鱼之忘于江湖，如足适而忘履，腰适而忘带。"③这些话虽是同治六年说的，亦难免美化之意，但大致与实际情况吻合，清政府基本上还算"宽大诚明"。他虽然曾在咸丰五、六年间和攻陷天京前夕，颇为能否保全末路而心怀疑惧，同治四年亦曾怀疑那拉氏会屠戮功臣，但毕竟身名俱泰，没有发生东汉夕阳亭④、南宋风波亭之事。这说明曾国藩与那拉氏双方都接受了历史教训，在一定条件下相互妥协、相互克

---

① 《能静居日记》，同治八年五月二十八日。
② 《能静居日记》，同治六年六月二十三日。
③ 《曾文正公书札》，第30卷，第44—45页。
④ 指东汉功臣杨震被害事。

制，从而避免了历史悲剧的重演。倘若其中一方超越界限，不知自律，则很可能破坏君臣之盟，导致同归于尽的结局。所谓"君使臣以礼，臣事君以忠"，并非凭空设想的道德规范，而是历史经验的总结。更何况此亦并非耸人听闻或凭空假设，只要重温清末民初的历史，就可明白其中的道理。正是由于那拉氏死后，摄政王载沣以新政为名罢免袁世凯，从而拆散了满洲贵族同汉族军政官僚集团的联盟，尤其破坏了双方政治上的相互信任，方导致袁世凯再度上台之后，在完全有力量攻占武昌的情况下按兵不动，利用革命党人逼清帝退位，又在打败革命党后洪宪称帝，虽几经周折、费时数载，亦同取清自为相差无几。对于这一历史现象，仅用个人品行、有否政治野心来解释显然是很不够的。因为决定人们一切行动的最终驱动力不是道德，而是利害。对袁世凯来说，这是他所能看到的对之最为有利的唯一选择。他不是岳飞，不可能仍对一个不可信赖的清王朝徒效愚忠；他不是革命党，也不可能忠于共和制度。即就个人品德而论，假如袁世凯真的时怀退志、根本不计较个人的出处，他就会毫不犹豫地将辛亥革命扼杀于血泊之中，难道这就一定会得到比今天更好的历史评价吗？他既然视权位如性命，也就不会听任自己手中的大权落到革命党手中，二者必居其一，难道还有其他可能吗？只是多年以来，研究辛亥革命的学者多注重于革命经验的总结，痛恨袁世凯的背信弃义，很少有人从清政府得失利害的角度总结这一经验教训，更不会将它与曾国藩的功成身泰联系起来，故很少引起人们的注意。

以上十条虽主要是讲曾国藩如何处理同清政府的关系，但对整个曾国藩集团来说亦颇具典型和代表意义，至于其他成员的态度与对策，则将于第二节中述及。

第二节　坐断东南

作为汉人地主阶级新贵的曾国藩集团，通过一场战争固然为满洲贵族保住皇位，仍须对之俯首称臣，但却乘机取得半数以上的省级地方实权，隐掌半壁山河，从而成为晚清史上最大的地方实力派。

清政府为了取得战争的胜利，将太平天国革命尽快地镇压下去，十余年间不得不忍痛割爱，把很大一部分地方大权交给领兵作战的湘淮军将帅，使这些原本无权无位、身份平常的书生，一跃而成为清政府的一、二品大员。不过，清政府在大量放权的同时，心里还想着另外一件事，那就是力防他们将来尾大不掉，危及其自身的地位。为此，清政府拟定种种防范措施，对于不同的省份、官缺及受权人员，采取不同的办法。例如，总督一职，两江、直隶、闽浙、云贵等其他缺位皆可授予曾国藩集团的成员，唯湖广总督一席却长期握在自己手中，不肯授予他们中的任何人。又如巡抚一职，清政府在很长一个时期，可以授予江忠源、胡林翼，却偏偏不肯授予曾国藩。署理鄂抚，旋予旋夺；自请赣抚则宁可让其回籍闲居，也不肯一遂其愿。至于曾国荃的命运尚不及乃兄。补授浙江巡抚，攻陷天京前不许单独奏事，攻陷天京时不许单独报捷，攻陷天京后则既不许赴任也不许奏事，唯恐江浙财富之域落到曾家手中，逼得曾国藩不得不强奸弟意，代请辞职。授予湖北巡抚，却让他处处受制于总督，连朝廷发来的寄谕也要到督署领阅。这样，曾国藩集团同清政府之间，尤其曾氏兄弟同清政府之间，在地方权力的授予上就不可能不发生一些矛盾，投钩诱钓和巧取强夺之事自不可避免。然曾国藩集团经过十几年坚持不懈的努力，通过各种各样的方式，终于将很大一批省份的大权，尤其东南半壁江山，牢牢控制在自己手中。兹大致以地域为序，就曾国藩集团取得地方大权的过程简述如下。鉴于这一时期例行督抚专政，地方大权操于督抚手中，故此陈述以督抚的任免为主线，司道提镇基本略而不计。

曾国藩集团对地方大权的争取首先从两湖开始，他们同清政府之间，围绕权力之争的种种恩恩怨怨，也首先从这里开始。而湖南是曾、胡、左、江的故乡，其筹饷、募勇亦首先从这里开始，他们要在这里生存、发展，就不能没有地方政府的支持。所以，他们同地方政府的分合向背问题，从湘军萌发之时即已存在，而王鑫状告湘乡知县之事则开其滥觞。其时双方势如水火，各不相让，根本不可能联合起来共同对付农民的反抗活动，更谈不上镇压组织严密的反清起义军。其后事态的转机始于朱孙诒调任湘乡知县，一改前任所为，大肆笼络当地士绅，不仅依意另立钱粮征收新章，还令其头面人物各得其所：聘王鑫为幕僚、举罗泽南为孝廉、拔刘蓉为文童，遂使湘乡率先成为官绅一家、联手制民的典范。从此，湘乡知县虽一换再换，但无不唯士绅之命是听，致使该邑不仅成为曾国藩集团所控制的第一个地方政权，而且成为他们最初接管地方政权的一种模式。故湘乡之举既是曾国藩集团逐步夺取地方政权的前奏，也是这一行动正式开始前的一次演示，对他们来说，无论其实践上与理论上，都有着重要意义。否则，他们的历史将重新改写。

当太平军围攻省城长沙的时候，整个湖南也如湘乡县一样，很快形成官绅一家、联手对付农民起义军的政治格局。由于新任湖南巡抚张亮基熟悉曾、胡、左等人，且一向与之关系良好，充分信任和依靠湖南士绅，遂采纳胡林翼的建议，礼聘左宗棠入幕主持军政大计，对之言听计从，实际情形同后来骆秉章抚湘时极为相似，巡抚居其名，师爷行其实。从长沙守城到镇压忠义堂起义，以至征调各县练勇赴省交由曾国藩集训，从而成为创立湘军之始，无不出自左宗棠的手笔。曾国藩出山之初诸事办理顺利，也是这个原因。其后，他与湖南地方官员之间矛盾重重，屡生波澜，则是由于张亮基调离湖南，左宗棠随之而去的缘故。迨及左宗棠重入湘幕，曾国藩在湖南的处境亦随之大为改善。这是因为曾国藩集团通过这种间接的方式，再度掌握了湖南的大权。咸丰皇帝所以对左宗棠之事大为震惊，且不听骆秉章的辩解，想必通过樊燮一案，复联想到左宗棠屡调不出的往事，从而弄清湖南大权旁落的真相，视为劣幕操纵的典型，决心依照祖制，严加整治。其后所以放弃追查并转而重用左宗棠，则因迫于战争形势而不得不从权处置，只求良好结果，不问具体过程。就是说，咸丰皇帝实际上认可了这件事，不管由谁掌权，由谁来办，只要能把太平军镇压下去就行。"老亮"左宗棠离开骆秉章幕府之际，又推荐"小亮"刘蓉以自代，使曾国藩集团继续隐操湖南一省大权，与左宗棠时期没有什么不同。直到咸丰十年骆秉章调赴四川，毛鸿宾出任湖南巡抚，曾国藩集团才告别了这种暗中操纵的历史，名正言顺地掌握了湖南的大权。

同湖南相比，湖北的情形则既有类似又有不同。相似之处在于也同样经历了一个由隐蔽掌权到公开掌权的过程，不同的是双方的角色不同，持续的时间不同，而权力之争则更为曲折隐蔽，牵扯面也更大、更深。这不仅缘于督抚同城之故，还因它的政治地位和地理位置比湖南更为重要。咸丰二年底，曾国藩出山不久，张亮基调署湖广总督，他不仅同胡林翼关系密切、引左宗棠为心腹，而且处处同情与支持曾国藩，故在实际上成为他们的后台。咸丰三年，张亮基调抚山东，吴文镕接任湖广总督。吴文镕同曾国藩有师生之谊，对胡林翼甚为器重，亦无形中成为他们的靠山。只是好景不长，上任半年即败死黄州，使他们空喜欢一场。咸丰四年，曾国藩带兵攻占武昌，咸丰帝一时高兴，令其署理湖北巡抚。然却很快反悔，收回成命，任命一向同曾国藩作对的陶恩培为湖北巡抚。咸丰五年，陶恩培战死，胡林翼受命署理鄂抚。因胡林翼手中无兵，名气不大，又得文庆的暗中支持，故清政府尚无疑惧之心，肯将湖北巡抚之位授予他。但由于湖北位居长江上游，军事上具有特殊的战略地位，故不肯将一省之权交给汉员巡抚，特命原荆州将军官文任湖广总督，主持全省军政大计，使胡林翼纵有翀天之能也难以施展。又因官文系满洲贵族、咸丰皇帝的亲信，地位难以动摇。故胡林翼不得不听从别人的劝告，对之曲意奉迎、倾心结交，令其诚心感佩，言听计从，从而达到独操一省大权的目的。薛福成曾专门著文谈论此事。其时，官文驻长江北岸，主上游军政，胡林翼驻南岸，主下游军政，"督抚相隔远，往往以征兵调饷互有违言。僚吏意向，显分彼此，抵牾益甚。"加之双方办事作风大相径庭，"文恭（指官文）于钜细事不甚究心，多假手幕友家丁"，"诸所措注，文忠（指胡林翼）尤不谓然。"咸丰六年底，湘军再次攻占武昌后，胡林翼"位望日益隆，文恭亦欲倚以为重。比由荆州移驻武昌，三往拜而文忠谢不见也。或为文恭说文忠曰：'公不欲削平巨寇耶？天下未有督抚不和而能办大事者。且总督为人易良坦中，从善如流。公若善与之交，必能左右之，是公不翅兼为总督也。合督抚之权以办贼，谁能御我？'文忠亟往见文恭，推诚相结纳，谢不敏焉。"胡林翼为了取得官文的好感，甚至不惜讨好其小妾，请其母将之收为义女。于是，两家往来益密，馈问无虚日，二人之交亦益固。左宗棠以幕僚隐操一省大权，而胡林翼则以交欢官文的办法兼有总督之权，故其情形颇为相似。所不同的是，胡林翼不仅以此独掌一省大权，且通过官文影响清政府的决策，借以实现曾国藩集团的政治意图。例如，先后两次分别奏留奉旨入川的曾国藩、左宗棠共图安徽，保奏刘蓉超升陕西巡抚等，都是由官文出面，按照胡林翼的意图向清廷奏准的。正像薛福成说的那样，"朝廷以文恭督湖广数年，内靖寇氛，外援邻省，成功甚伟，累晋大学士，授为钦差大臣，宠眷隆洽。文恭心感文忠之力，而文忠亦益得发舒。凡东南各省疆吏将帅之贤否进退与一切布置，每有所见必进密疏，或与文恭会衔入告。文忠所引嫌不能言者，亦竟劝文恭独言之，讦谟所定，志行计从。"故"人谓文忠有旋乾转坤之功，不仅泽在湖北也"①。徐宗亮的说法略有不同，而其某些细节则较为详尽。其《归庐谈往录》称："当武汉初复，文忠由湖湘，文恭由襄汉，分为两岸。麾下文武各有所主，议论颇不相下，两公遂成水火之势。文忠一日具疏参文恭十二事，先遣人示意请改，文恭闭不纳。时宝庆守魁联荫庭被议随营，周旋两府间甚洽，因诣文恭言曰：'今天下大事专倚湘人，公若能委心以任，功必成、名必显。公为大帅，湘人之功皆公之功，何不交欢胡公，而为一二左右所蔽乎？某请往说胡公，使下公。'旋又过文忠言曰：'官公忠实无他肠，友谊极重。公若与结好，凡事听公，决无后虑。若必劾去易能者，未必悉唯公所为，公其思之。'两公甚然其言，前隙遂释。魁又促文恭先过文忠布心腹，于是结为兄弟，家人往来如骨肉焉。"②薛福成曾任曾国藩、李鸿章幕僚，徐宗亮曾任胡林翼幕僚，他们的记载还是较为可信的。而魁联曾任湖南宝庆知府，同湘军将帅关系密切，塔齐布、普承尧所先后统带的宝勇，就是由他募练的。后又得官文赏识，由湖南按察使被劾降为候补知府后，复应聘赴湖北为其管理营务。故能取得官、胡双方的信赖，担当起为他们疏通关系的重任。

然而，官文只是出于个人私谊信任胡林翼一人，对曾国藩集团的其他成员并无好感，遂致咸丰八、九两年连出大故，李续宾在安徽三河全军覆没，左宗棠因樊燮案几陷大狱，皆官文一手造成，使官、胡关系出现新的危机。《湘军志》称，当驰救庐州的李续宾自感兵单复又"名重耻退"之际，乃"发书湖北

① 《庸盦文编》，第4卷，第22—23页。
② 徐宗亮：《归庐谈往录》，光绪十二年刊，第1卷，第1页。

请益师。"其时，"续宾弟续宜将四千人屯黄冈，唐训方将三千人道英山援淮北，未行。林翼已持丧还葬，官文得书笑曰：'李九所向无前，今军威已振，何攻之不克，岂少我哉？'遍示司道，皆以续宾用兵如神，无所用援。续宾虽请援，亦不肯留军示怯懦，则进三河"①，遂致败死。而《藤花馆掌故笔记》则说，李续宾驰救庐州之时，"胡文忠亦守制，居益阳故里，鄂中军务由官文恭主持。文恭颇不嫌于忠武（指李续宾）"。李续宾闻太平天国陈、李大军将至，"飞檄告急于鄂，文恭以疲卒予之，曰'迪庵善用兵，能化弱为强也。'忠武家人闻皖事急，与文正议，欲驰书令退军。未发，而三河全军覆没之耗至"②。胡林翼对之痛心疾首，引为己罪，通报全省司道官员，称吾"与迪庵共事最久，弃之以归，致全军殁于异域"③，而对负有直接责任的官文，岂不更为憎恶？遂使双方关系再度产生裂痕。更为严重的是，这件事过去不久，又发生奏劾左宗棠一事，必欲置之死地而后快。联系到官文的其他劣迹，终令胡林翼痛恨难忍，意欲再举弹章，劾之以去，后听从阎敬铭的劝告而罢。薛福成称，左宗棠"既被严劾，文忠悒不言"。"文恭有门丁颇为奸利，奔竞无耻者多缘以求进。文忠所素欲参劾者，文恭或荐之得居要地。府中用财无訾省，不足则提用军饷，耗费十余万金。文忠积不能平，独居深念，若重有忧者。当是时，今协揆朝邑阎公以户部员外郎总理粮台，兼运帷幄筹，往谒文忠，请间言事。文忠屏人，以督府事告之曰：'方今筹饷如此艰难，而彼用如泥沙；进贤退不肖大臣之职也，而彼动辄乖谬。今若不据实纠参，恐误封疆事，为朝廷忧，吾子以为奚若？'阎公对曰：'误矣。夫本朝二百年中，不轻以汉人专司兵柄。今者督抚及统兵大臣满汉并用，而焯有声绩者常在汉人，固由气运转移，亦圣明大公无私，划刮畦畛，不稍岐视之效也。然湖北居天下之冲，为劲兵良将所萃，朝廷岂肯不以亲信大臣临之？夫督抚相劾，无论未必能胜，就使获胜，能保后来者必胜前人耶？而公能复劾之耶？且使继之者或励清操、勤庶务，而不明远略，未必不颛已自是。彼官至督抚，亦欲自行其意，岂必尽能让

---

① 《湘军志》，合刊本，第37页。

② 吴酉云：《藤花馆掌故笔记·李忠武轶事》，《小说月报》，第8卷，第11号。

③ 《胡文忠公遗集》，第59卷，第23页。

人？若是则掣肘滋甚，讵若今用事者胸无成见，依人而行？况以使相而握兵符，又隶旗籍，为朝廷所倚仗，每有大事，可借其言以得所请。今彼于军事饷事之大者，皆唯公言是听，其失衹在私费奢豪耳。然诚于天下事有济，即岁捐十数万金以供给之，未为失计。至其位置一二私人，可容者容之，不可容则以事劾去之。彼意气素平，必无迕也。此等共事之人，正求之不可必得者，公乃欲去之何耶？'胡公击案大喜曰：'吾子真经济才也！微子言，吾几误矣。'由是益与文恭交欢无间言，文恭亦敬服之终身。"①虽然如此，清政府仍对胡林翼多方限制，使之大受压抑。同治五年八月，曾国藩致函新任鄂抚曾国荃说："胡润帅奉朱批不准专衔奏军事，其呕气百倍于弟今日也。"②

胡林翼死后，官文再也不会像昔日对待胡林翼那样对待后来者。据说，胡林翼刚刚去世，官文就派人将巡抚衙门的全部文书档案取走，从此独掌全省军政大权，再无抚院主政之事。同治元年，曾国藩在一封奏折中说："官文休休有容，遐迩共知。然昔日之待胡林翼，事无大小，推贤让能，多由抚署主政。今之待严树森，资有浅深，军政吏治多由督署主政。"③这样，胡林翼后的继任者，虽有几位属于曾国藩集团的骨干人物，但他们所能掌握的实际权力，也就很有限了。胡林翼病重期间曾奏准以李续宜署理鄂抚，临终之际又奏荐李续宜自代。据说，官文亦有此请，故一时尚可相安无事。然次年即发生变动，清廷令李续宜移抚安徽，湖北巡抚由原胡林翼心腹幕僚、时任河南巡抚的严树森调补。官文大概不喜欢此人。严树森赴任不久即遭弹劾，虽经曾国藩多方辩解当时没有落职，官文也勉强接受下来，但为时不到两年即被劾降调以去。其后鄂抚人选频繁改动，直到同治四年底皆不是湘淮人物，也无人足以同官文抗衡。

同治五年正月，曾国荃由晋抚调任鄂抚，一到武昌就与官文展开了权力之争。据说，任命曾国荃为湖北巡抚的谕旨甫下，因湖北布政使唐际盛"虑沅来鄂不利于己，遂代官拟一折，请沅公不接巡抚印，径出境任军事。官不可。唐计既沮，退即写折底寄归湘中，传之于众，妄言官已密奏，冀尼沅行。沅得之

---

① 《庸盦文编》，第4卷，第23—25页。

② 《曾文正公家书》，同治五年八月二十四夜。

③ 《曾文正公奏稿》，第16卷，第69页。

大怒"，"即莅鄂，不肯接印者旬日"①。后经人劝解，"沅意稍释"，官文复"奏放沅为帮办"①。且军机处廷寄谕旨不直达抚署，每由官文转交。曾国荃不能忍受这种屈辱，遂于离开省城而未至"剿"捻战场之际，不听曾国藩的劝阻，上奏弹劾官文。

曾国荃采取行动之前，曾向曾国藩透露此意，曾国藩复信劝阻，令其"缓图"。其两次提到的"顺斋排行"之说，不知出于何典，而联系末尾"胡润帅奉朱批不准专衔奏军事，其呕气百倍于弟今日也，幸稍耐焉"一段，似指参劾官文一事。岳麓书社为该信所作的提要亦称"参劾一事缓图"，可见该书编者也持有这种看法。曾国藩阻挠此事的理由有三，一怕受到报复，二怕遭人议论，三怕牵连自己。他说："顺斋排行一节，亦请暂置缓图。此等事幸而获胜，而众人眈眈环视，必欲寻隙一泄其忿。彼不能报复，而众人若皆思代彼报复者。吾阅世最久，见此甚明。"并举自己与毛鸿宾参劾他人的教训说："陈、黄非无可参之罪，余与毛之位望积累，尚不足以参之，火候未到，所谓燕有可伐之罪，齐非伐燕之人也。以弟而陈顺斋排行，亦是火候未到，代渠思报复者必群起矣。苟公事不十分掣肘，何必下此辣手？"又说："吾兄弟位高功高，名望亦高，中外指目为第一家。楼高易倒，树高易折。吾与弟时时有可危之机，专讲宽平谦巽，庶几高而不危。弟谋为此举，则人指为恃武功、恃圣眷、恃门第，而巍巍招风之象见矣，请缓图之。"还说："星冈公教人常言：'晓得下塘，须要晓得上岸。'又云：'怕临老打脚棍。'兄衰年多病，位高名重，深虑打扫脚棍，蹈陆、叶、何、黄之覆辙。"故"自金陵告克后，常思退休藏拙"，奈屡生变故，迄难遂愿。"弟若直陈顺斋排行，则人皆疑兄弟熟商而行，百喙无以自解，而兄愈不能轻轻引退矣。望弟平平和和作一二年，送阿兄上岸后，再行轰轰烈烈做去"②。

事实证明，曾国藩是有远见的，他的告诫事后果然应验了，曾国荃亦颇有悔意。不过，通过这场争斗，曾国荃个人虽然没有捞到什么好处，但却为李鸿

---

① 《能静居日记》，同治六年四月二十七日。
② 《曾国藩全集》，第20册，第1280、1281、1282页。

章兄弟谋得湖广总督的职位，从而为曾国藩集团夺得湖北的军政大权，使清政府长期不肯放手的这一战略要地，终于落到他们的掌握之中。故曾国藩虽感清政府对整个事件的处理有失公允，但总还算得到一些收获，称"顷阅邸钞，官相处分极轻，公道全泯，亦殊可惧。惟以少荃督楚，筱荃署之，韫斋先生抚湘，似均为安慰。"①然数年之后，当他看到清政府为此而采取的一系列报复行动，也不会不想到他们为此所付出的巨大代价，实际是以数省督抚之位，始换得湖广总督一席。

在三江地区，对两江总督及苏、皖、赣抚的职位，双方之间亦有过程度不同的争夺。江、浙两省是清王朝的富庶之区和主要财源，非亲信大臣不肯倚任。咸丰十年，清廷将两江总督一席授予曾国藩，亦属出于无奈，不过欲借湘军之力将太平天国革命镇压下去。故一旦目的达到，便开始打曾国藩的主意，不仅剪其羽翼，还要赶其出巢，一有机会就想将此要要之缺另委他人。同治四年曾国藩率军北上"剿"捻，江督一职由苏抚李鸿章署理，清政府即欲乘机将李鸿章调开，令其带兵赴豫西"剿"捻，而以漕运总督吴棠调署两江总督。其所遗江苏巡抚与漕运总督两缺，则分别由丁日昌、李宗羲署理，并令曾国藩同李鸿章、吴棠加紧函商，迅速复奏。表面看来，不过是一场官缺交易，实则清政府另有一番深意。在清王朝镇压太平军的战争中，吴棠曾长期驻扎安徽中部，因无漕可运而无所事事，虽拥有一支武装，但无功劳可言。其与曾国藩集团的关系，亦处之平淡，既无冲突也说不上亲密。据传，吴棠曾因一偶然机会，有恩于那拉氏。其时，那拉氏之父惠征死于安徽道任所，一路乘船北归，情景相当凄惨。吴棠怜其孤寡，多有帮助。那拉氏政变当权后，对之感恩图报，授以高官，引为心腹。此时则更进一步派上用场，既可厚报旧恩，又可借以夺回这一财富之区。然对曾国藩集团来说，则无异于釜底抽薪。因两江一失，饷源立断，湘淮两军转成客军虚悬之局，必然受制于人，昔日坐困江西的历史又会重演。曾国藩接到此旨，一眼就看透了清政府的用心，只是关系重大，不能不谨慎对待。他在家书中说："顷奉寄谕，欲以李少荃视师河、洛，

---

① 《曾文正公家书》，同治六年正月二十六日。

而吴仲仙署理两江，垂询当否，复奏颇难措辞。李不在两江，则余之饷无着也。"①这就是说，他虽心里反对此举，面上却不能明说，只能找一个冠冕堂皇的借口，把它搪塞过去。所以，曾国藩在复奏中根本不提两江总督与吴棠如何，而专在李鸿章等人身上做文章，不仅以无兵无饷为由，对李鸿章出征的必要性提出重重疑难，还从用人经验的角度断然否定了丁日昌与李宗羲的任职资格。其理由有二：一是资历太浅，提拔太快；二是易遭弹劾，殃及荐主。因当时上海涉外事件较多，故曾国藩特以难当外交重任立言。奏折称，"谕旨饬李鸿章视师河洛，该处现无可剿之贼，淮勇亦别无可调之师"。至"谕旨垂询以李宗羲暂署漕运总督、丁日昌署理江苏巡抚"一事，似亦不妥。"李宗羲由安徽知府，甫于去年保奏以道员留江补用，本年奏署运司，叠擢安徽臬司、江宁藩司。一岁三迁已为非常之遭际"，况"该员廉正有余，才略稍短，权领封圻未免嫌其太骤。丁日昌以江西知县因案革职，三年之内开复原官荐保府、道，擢任两淮运司，虽称熟悉夷务，而资格太浅，物望未孚。洋人变诈多端，非勋名素著之大臣，不足以戢其诡谋而慑其骄气。"而最后的结论是，"该员实难胜此重任。"又说："数年以来，皇上求才若渴，于疆臣保荐人员，往往破格超迁。外间因其不次之擢，疑为非常之才，责备之下加以吹求。于是，台谏弹劾生风，并归咎于原保之员。若使保升者循资渐进，少为回翔，多经磨炼，则该员不至见妒于同僚，而言路亦不至仇视疆吏，实于中外和衷之道大有裨益。"至于自己未能遵旨会商的理由，曾国藩则称："历观前史明训，军事之进退缓急、战守屯驻统帅主之，朝廷之上不宜遥制；庙堂之黜陟将帅、赏罚百僚，天子与左右大臣主之，阃外之臣不宜干预。朝廷而遥制兵事其患犹浅，阃外而干预内政其害实深，从古统兵重臣遥执国命，未有能善其终者。""今以要缺督抚令臣等往返函商，如臣愚见，密保尚且不敢，会商更觉非宜。因不俟李鸿章、吴棠商定，直抒管见，未审有当于万一否。"曾国藩此奏可谓天衣无缝，滴水不漏。既然李鸿章不应调赴豫西，李宗羲、丁日昌不应骤迁督抚，吴棠也就无法署理两江总督了。此事若与吴棠会商曾国藩必陷尴尬境地。大概清政府有意

①《曾文正公家书》，同治四年九月十六日。

利用这一情势，诱使曾国藩在客气、迁就中就范。哪知曾国藩竟对吴棠不予理睬，且理由讲得冠冕堂皇："宜防外重内轻之渐，兼杜植私树党之端。"①这样，清政府无话可说，只得另寻机会。

同治七年六月，西捻军失败，中原战事基本结束，清政府遂再谋夺回两江之策。事隔不足一月，清政府即下令将曾国藩调任直隶总督，其遗缺由升任不久的闽浙总督马新贻调补。马新贻与李鸿章、郭嵩焘等人是同年，同治元年曾奉旨暂统临淮军，既无出色才能也无著名战功。若与一般清朝官员相比，也许还算能干人才，倘与湘淮人物相比，则尚在三等之外，根本就没有资格与能力顶替曾国藩。他的较快提升，可能主要是清政府的平衡政策所致，因湘淮人物身任要职者太多，须有支流旁系掺杂其中。如今又将两江总督的重任放在他的肩上，这就不能不引起世人的惊疑。故在其任满二年即遭刺杀后，世间流言四起，几乎众口一词，多认为罪有应得，甚有"编造戏文讥讽马帅者"②。从此，两江总督成为曾国藩集团的专席，清政府再也无力夺回了。

如果说两江总督的权位略有争夺的话，而巡抚的情况则更为曲折。一般而言，江苏的情况还算稳定。自同治元年李鸿章接替薛焕以来，江苏巡抚的人选虽屡有更替，但十余年间大致未出湘淮集团及其盟友的范围。江西的情况亦与之相似。虽然咸丰五、六、七年曾国藩一再劾罢江西巡抚，却不能以统兵将帅兼任封圻，致客军虚悬，受制于人。但自咸丰八年再出，赣抚耆龄"严事国藩"③，毓科亦与之密切配合，以江西之所出供湘军粮饷，曾国藩集团实际上已控制了江西的大权。迨及咸丰十一年沈葆桢补授江西巡抚以后，十几年间更无外人插足此地，后继数任皆湘淮将领。然转观安徽则情形显然不同，真可谓一波三折、错综复杂，前面所说的曲折云云，亦主要指该省而言。虽早在咸丰三年江忠源即补授安徽巡抚，为曾国藩集团谋得第一个省级地方政权，曾国藩为之大受鼓舞，致有练兵万人概交岷樵之说。然时隔三月战死庐州，倏如昙花一现。而此后六七年间，则皖抚人选迄与曾国藩集团无缘。咸丰十年曾国藩带

① 《曾文正公奏稿》，第23卷，第17—18页。
② 《曾文正公手书日记》，同治十年三月初五日。
③ 《湘军志》，合刊本，第51页。

兵进入皖南，占有安徽的一席之地，但在该省所能掌握的权力，大约只有三分之一。因当时安徽巡抚驻皖北、漕运总督驻皖中，一时形成三分天下的格局。惟自咸丰十一年初曾国藩劾罢皖抚翁同书后，虽然清政府先后任命的安徽巡抚李续宜、彭玉麟始终没有赴任，但皖抚的实权却一时落入曾国藩集团手中。同治元年李续宜丁忧回籍，安徽巡抚一职暂由唐训方署理，同治二年四月实授。然在此期间，由于僧格林沁的插手，安徽的情况发生了很大变化。

咸丰十年十一月，僧格林沁奉命赴山东"剿"捻，次年又奉命督办山东、河南军务。这年春天胜保也奉命赴直隶、山东"剿"捻。这两股势力皆及于皖北，遂与湘军及曾国藩代管的李昭寿部屡次发生摩擦。僧格林沁是满蒙贵族的典型人物，虚妄自大，不悉时势，对湘淮勇营与曾国藩集团的新贵，极为仇视和藐视，攻击排斥不遗余力。他曾公开扬言，湘军最不能战，若论战斗力，皖军第一，豫军次之，湘军最差。而胜保更是狂妄无能之辈，但于排斥湘军却与僧格林沁有异曲同工之妙。于是二人联手，不断制造摩擦。他先是奏劾曾国藩等人的好友袁甲三，随后又排斥李续宜。曾国藩在给李续宜的信中称，"渠参劾袁帅，中伤甚深"，复"以遗大投艰自处，而以畏难取巧处君，已露排挤之意。其实不过挟苗以自重，谓他人皆不敢触手耳。"[1]胜保调赴陕西后，僧格林沁仍借苗沛霖排斥湘军，明谓"驭苗之道宜赦其罪而资其力"，而骨子里却是"亲苗党而疏楚师"。[2]于是，在他的暗中怂恿和煽动下，苗练不断向湘军挑衅，屡有湘勇被杀之事。曾国藩迫于无奈，只好将蒋凝学、毛有铭、萧庆衍三军陆续调离皖北，以避苗练，而实际上主要还是为了防止同僧格林沁发生冲突。及至苗沛霖公开叛乱，清政府下令讨苗之后，僧格林沁又唆使富明阿以调度乖方劾罢唐训方。不仅逃避自己的养痈遗患之咎，将责任推给别人，还从曾国藩集团手中夺去安徽一省的大权。曾国藩对此极为不平。他在家书中说："义渠交部议处，竟以皖藩降补，继芳之力甚大，而亦未甚公允。"[3]继芳之说

---

[1]《曾国藩未刊往来函稿》，第121、122页。

[2]《曾国藩未刊往来函稿》，第128页。

[3]《曾文正公家书》，同治二年十二月十八日。

出于何典尚不得知，但据曾国藩三封家书的内容，毫无疑问是指僧格林沁[1]。唐训方降职后，安徽巡抚一职由乔松年补授，乔松年调赴陕西后由英翰接任，英翰位迁两广总督则由裕录接任。曾国藩等人大概无论如何也不会想到，作为湘军决战决胜之地和淮军故乡的安徽，其巡抚一职竟有二十多年间与他们无缘。为什么竟会出现此等怪事呢？皆因苗沛霖和李昭寿的问题解决之后，安徽再没有什么大麻烦，清政府也就无须依赖湘淮军了。正如王闿运说的那样，"淮甸无事，无所用湘军矣"。[2]

浙江、福建的情况也同三江地区有某些相似。浙江巡抚王有龄原来只是个库大使，全靠何桂清大力提携，方得升居高位。据说，何桂清之父，是王有龄祖父的家奴，其任浙江巡抚期间，为报旧恩而力荐王有龄。加以王有龄颇善敛财，而战争期间军饷供应又是头等大事，故得频频升迁，遂至巡抚之位。然亦终因不懂军事，又不肯向曾国藩集团输财纳贡，遂成为他们观望政策的牺牲品。王有龄死后，左宗棠顺利地登上浙江巡抚的宝座。同治二年左宗棠升任闽浙总督之后，浙抚一职由曾国荃补授，因其不能赴任，暂由左宗棠兼署。同治三年曾国荃被迫辞职，转由马新贻接任，直到同治六年晋升闽浙总督。从此之后，继任此职者即为李瀚章、杨昌濬，十数年间再无外人插足。即使光绪三年杨昌濬因杨乃武案革职，浙抚大权也未落到圈子之外，继任者梅启照原本是曾国藩的幕僚。但福建的情况与此有很大不同。其闽浙总督一职，自咸丰四年至光绪二年的二十三年间，除左宗棠任职不足四年外，其余人选前后达八人之多，皆与曾国藩集团无干。而福建巡抚一职，则自咸丰四年至同治八年的十六年间，除罗遵殿任职不足半年外，曾国藩集团中无一人担任过是职。但自同治九年以来，何璟、王凯泰、丁日昌长期占据此席，与战争时期恰成鲜明对照。

两广的情况与福建有些类似。咸丰十年，刘长佑出任广西巡抚，同治元年升任两广总督，旋改直隶总督。自此失去桂抚一席，直到同治十年方有革职起用人员刘长佑、严树森连任该职。然失之东隅，收之桑榆。同治二年，曾国藩

---

[1]《曾文正公家书》，同治二年十二月十八日、十二月除日巳刻、同治三年正月初四日。
[2]《湘军志》，合刊本，第108页。

的好友晏端书、黄赞汤分别出任两广总督和巡抚，广东为他抽取粤厘筹饷，同治二年又以毛鸿宾、郭嵩焘取代晏、黄二人，以保障军饷的供应。但自湘军攻占天京后，清政府即开始更换广东的督抚人选。同治四年春，两广总督毛鸿宾降调，以满人瑞麟接任其职，终同治一朝，曾国藩集团与该缺无缘。惟自光绪元年起直至十九世纪末，二十六年间又成为湘淮人物的天下，从无外人插足。而广东巡抚的人选情况似乎又降一等。同治五年郭嵩焘降调，由湘将蒋益澧接替，次年蒋又降调，复由闽抚李福泰调补。从此之后直到光绪八年，十五年间再无一名湘淮人物担任是职。

由于直隶地处畿辅，故清政府对直隶总督的人选甚为看重，其地位仅次于两江总督。同治元年底刘长佑由两广总督调任直隶总督，次年春抵任，奉旨镇压直鲁一带盐枭与饥民起事。同治六年冬清政府无端将刘长佑革职，以官文代之。同治七年为收回江督一席，复将曾国藩调督直隶，同治九年又因办理津案不善将曾国藩赶回江南，以李鸿章接任是职。从此，直隶总督兼北洋大臣成为他们的专席。

由于种种原因，曾国藩集团在云贵地区掌管督抚之权较晚，直到同治七年方有刘岳昭晋升云贵总督，随后又由刘长佑接任是职，直到光绪九年病免。然云、贵两省的巡抚之任，则很少与他们有缘。虽然湘军曾长期在这里作战，但统兵将领位不过藩臬，自咸丰四年至同治十年，近二十年间仅刘岳昭一人担任过云南巡抚，时间不及三年。至于田兴恕、江忠义署理贵州巡抚，则时间更短。

因战事晚于东南，西北地区的情况与云贵有些相似。由于回民起义军日趋活跃，钦差大臣多隆阿死于周至，清政府遂于同治三年夏调杨载福任陕甘总督。同治五年又以杨载福作战不力，改调左宗棠移督陕甘。从此之后二十年间，陕甘总督一职亦成为湘军人物的专席。其时，甘肃、宁夏尚未建省，新疆自建省以来直到光绪末年，巡抚一职几乎全由湘淮人物担任。至于陕西巡抚，则由湘淮人物与其他人员间相任职。

综上所述可知，曾国藩集团可以牢固控制的主要是三江、两湖及浙江等省，其他省份则此长彼消、时进时退，大致与清政府平分秋色。

第六章

承前启后　继往开来

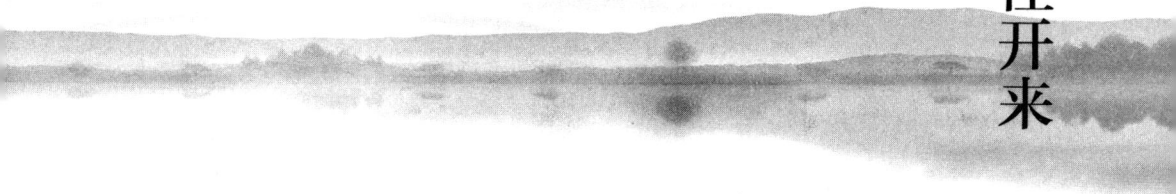

▼

曾国藩集团的崛起不仅极大地改变了晚清政局，且开民国初年军阀政治之先河。其中体西用、师夷制民的思想政治路线，更为其后的统治者所继承，遂成为中国地主买办阶级的政治楷模和精神支柱。他们在近代史上的作用与影响是不应低估的，直到今天仍然是学术上争议最大的一群历史人物。

第一节　中体西用　师夷制民

湘淮军政集团的首脑人物曾国藩、左宗棠、李鸿章等人，是中国传统文化造就出来的最后一代出色人物的典型代表，不仅集中国传统文化之大成，且带头引进外国科学技术，创办出中国第一批近代军事工业和第一支近代海军舰队。从某种意义上，可以说他们是中国传统文化与近代科技的政治代表。然而，他们集精华、糟粕于一身，勇于内战而怯于御侮，既有成功的经验，也有失败的教训，不能不成为一群至今争议不休的历史人物。而对他们的历史评价，也就不能不成为一个极为复杂的学术问题。

我们对这个复杂问题探讨，首先从传统文化说起。

曾国藩不仅是湘淮军政集团政治上、军事上以及组织上的代表，也是这个集团文化上的代表，而在传统文化的问题上尤为如此。所以，在论述这个集团与传统文化的关系时，也就不能不以曾国藩为主。可以说，在这个问题上，弄清了曾国藩，也就弄清了他们整个集团。

曾国藩对中国传统文化的各门各派，义理、考据、词章、经济乃至诸子百家，基本采取全盘继承的方针，主张兼取各家之长，融会贯通，付诸实践。

作为中国传统文化主体的儒家文化，经过二三千年的长期发展，在最后一个封建王朝——曾国藩所生活的清代，又再度辉煌，不仅鸿儒迭出，硕果累累，且品种大致齐全，历史上曾经出现过的各种流派，几乎无不具备。他们门户森严，自相标榜，无不党同伐异，申己而抑人。有的门派如汉宋两家，甚至结为深仇，代代相报，必欲将对方置之死地而后快，以至并非靠书本吃饭之人如左宗棠者，也不能不囿于门户，落此窠臼。此亦可见其流毒之深。然曾国藩虽早年讲习理学，具理学家之名，但学兼汉宋尤嗜词藻，经世济用最可称道，故于各种学术流派，并无门户之见。早在青年时代，他就在一封信中表达自己的志向说，"于汉宋二家构讼之端，皆不能左祖而附一哄，于诸儒崇道贬文之说，尤不能雷同而苟随"。而自己则"欲兼取二者之长，见道既深且博，为文复臻于无累"。①对于经世致用之学，曾国藩尤为重视。以往学者多视经济之学为做官术，不把它当成一门学问。故姚鼐、唐鉴谈论为学之道，仅及义理、考据、词章三门。而曾国藩则明确表示，为学之道"有义理之学，有词章之学，有经济之学，有考据之学"，"四者不可缺一"，②并从儒学创始人孔子那里找到根据，称"经济者在孔门为政事之科，前代典礼政书及当世掌故皆是也"。③

对儒学以外的诸子百家各学派，曾国藩亦主张兼师并用。他在日记中总结自己的体会道："周末诸子各有极至之诣"，"若游心能如老庄之虚静，治身能如墨翟之勤俭，齐民能如管商之严整，而又持以不自是之心，偏者裁之，缺者补之，则诸子皆可师也，不可弃也。"④有时，曾国藩甚至干脆把诸子学说称为孔子的言外之意，并将二者取长补短，结缡联姻，提出以诸子为体、儒学为用的主张。他说："圣人有所言有所不言。积善余庆其所言者也，万事由天不由人，其所不言者也；礼乐刑政、仁义忠信，其所言者也，虚无清静、无为自化，其所不言者也。吾人当以不言者为体，以所言者为用；以不言者存诸心，以所言者勉诸身；以庄子之道自怡，以荀子之道自克，其庶为闻道之君子

---

① 《曾文正公书札》，第1卷，第4、5页。
② 《求阙斋日记类钞》，卷上，第8页。
③ 《曾文正公杂著》，第4卷，第4页。
④ 《曾文正公手书日记》，咸丰十一年八月十六日。

乎?"①对于墨家后学,一向为文人所不齿的游侠刺客之流,曾国藩亦有所称道,认为他们在不少方面,诸如"轻财好义""忘己济物""轻死重节"等,皆合"圣道"。"昔人讥太史公好称任侠,以余观此数者,乃不悖于圣贤之道,然则豪侠之徒未可深贬。"②

不过,曾国藩并非平等地看待各学各派,而是各自有所轻重缓急。他认为,周末诸子"所以不及仲尼者,此有所偏至,则彼有所独缺。"③故治学当以儒学为主。而在义理、词章、经济、考据四科中,则又以"义理之学最大。义理明则躬行有要,经济有本。词章之学亦所以发挥义理者也"。④故欲治儒学必以"义理之学为先","取程朱所谓居敬、穷理、力行、成物云者,精研而实体之。然后求先儒所谓考据者,使吾之所见证诸古制而不谬。"然后求所谓词章者,使吾之所获达诸笔札而不差。"⑤总之,只有理学才是诸学的主宰,其他各学各科皆莫急于它、莫大于它、莫重于它,都只能起辅助作用,都是为它服务的。

对于传统文化,曾国藩不仅主张基本上全盘继承、择长而用,还主张有所创见、超越前人,具独到见解,成一家之言。在经济之学方面,早在咸丰年间曾国藩就提出,"天下之大事宜考究者凡十四宗,曰官制、曰财用、曰盐政、曰漕务、曰钱法、曰冠礼、曰婚礼、曰丧礼、曰祭礼、曰兵制、曰兵法、曰刑律、曰地舆、曰河渠"。而研究这些问题,"皆以本朝为主而历溯前代沿革之本末,衷之以仁义,归之于简易。前世所袭误者,可以自我更之;前世所未及者,可以自我创之。"又说:"功成以开疆安民为要,而亦须能树人、能立法。能是二者,虽不开疆不泽民,不害其为功也。"⑥就是说,他不仅要立功当世,还要垂范后人。在理学方面,他从程朱入手,经周敦颐、张载而溯至孔孟,称

① 《曾文正公手书日记》,咸丰九年十一月初四日。
② 《曾文正公杂著》,第4卷,第4页。
③ 《曾文正公手书日记》,咸丰九年八月十六日。
④ 《曾文正公家书》,道光二十三年正月十七日。
⑤ 《曾文正公杂著》,第4卷,第4—6页。
⑥ 《曾文正公手书日记》,咸丰九年八月十六日。

"许郑训诂之文或失则碎"，程朱"指示之语或失则隘"，为学"能深且博，而属文复不失古圣之谊者，孟氏而下唯周子之《通书》，张子之《正蒙》，醇厚正大，邈焉寡俦"[①]。故由此可知，曾国藩推崇，视孔孟周张为儒学正统，而许郑程朱不过是支流旁系。他的这种观点和立场，同其理学家的身份颇为不合，与其公开场合，如上述有关推崇"义理之学"的言论，亦有明显差异。或许这就是他"体"与"用"的不同吧。然也正因为这一点，他常常受到程朱信徒的指责和开革出门的处分，不承认他是理学家。在考据学方面，他由清代大儒溯至杜佑、马端临，认为"许郑考先王制作之源，杜马辨后世沿革之要，其于实事求是一也"[②]。故考据学的主要任务不仅在于文字训诂，而更重要的则是对历代典章制度的考订。这样，就把考据学与经济之学结合起来，实际上是对乾嘉学派的一个驳正。在词章之学方面，他从桐城派入手，经欧阳修、韩愈溯至司马迁、扬雄等人，力求以汉赋之气势，矫桐城派柔弱之弊，称"艺成以多作多写为要，亦须自辟门径，不依旁古人格式"[③]。表现出自成一家的意向。

曾国藩一生为学甚勤，不仅京宦时期严于律己，刻苦钻研，即于其后行军、作战、政务繁忙之中，亦未尝废学。他先治理学，继治汉学，对古文嗜好如瘾，探索最苦，而于经济之学耗费工力最多，其所取得的成就亦最大。

曾国藩在古文方面颇有造诣。无论在文论上或风格上曾国藩都继承了桐城派，而在某些方面则有所发展，似犹过之。在理论上，他坚持"文以载道的""理法"，尤重"气"的作用。认为"行气为文章第一要义"[④]，"气能挟理以行，而后虽言理而不厌"。又说，"文家之有气势，亦犹书家有黄山谷、赵雪松辈，凌空而行，不必尽合于理法，但求气之昌耳"[⑤]。故"古文之法，全在气字上下工夫"[⑥]。在文章的审美方面，他还把姚鼐提出的阳刚之美与阴柔之

---

① 《曾文正公杂著》，第4卷，第4页。

② 《曾文正公文集》，第3卷，第24页。

③ 《曾文正公手书日记》，咸丰九年八月十六日。

④ 《曾文正公家书·家训》，同治元年八月初四日。

⑤ 《曾文正公手书日记》，同治五年十月十四日。

⑥ 《曾文正公手书日记》，咸丰十一年十一月初八日。

美，分别归结为"雄直怪丽"与"茹远洁适"八字，并各作"十六字赞"加以解释。可以说是对桐城派文论的进一步丰富和发展。在文章的写作上，曾国藩颇得桐城派心传，而雄直之气则犹过之。例如他在东征太平军时所发布反革命檄文《讨粤匪檄》，气势磅礴，一气呵成，道理说得清清楚楚，政策讲得明明白白，仅用了不到一千字，没有一定的文学功底是根本不可能的。他所写的奏咨函札，也总是平实简练，情理交融；其悼念性文字则尤为生动感人，仅从文学的角度讲，其中确实有不少佳作。

曾国藩的文章由桐城派入手，经过多年的刻苦钻研与习练，逐渐形成自己的风格。它直接为现实政治服务，与经济之学相结合，最适于拟制奏、咨、函、札等公文，自己办理起来得心应手，也引起不少人的仿效。经过多年的选拔培养，在他的门下聚集起一大批熟悉政务的文学之士，其中尤以张裕钊、吴汝纶、黎庶昌、薛福成四大弟子最为突出，形成桐城文派的一个分支，人称湘乡派。曾国藩去世后，籍隶安徽桐城的吴汝纶成为这一门派的代表。然其文章的风格，却因无法继续像他的老师那样以气势奇崛取胜，而渐渐回归于桐城派的阴柔一路。这一新的分支也渐渐成为文坛上的陈迹。

后人对曾国藩的文章也给予相当高的评价。李慈铭称曾国藩全集为"近代之杰作"①。梁启超谓曾国藩即使没有什么"事业"，仅就文章而言亦可"文苑"立传②，青史留名。民国文人徐一士兄弟，对曾国藩的文章也很推崇，称"国藩文章诚有绝诣，不仅为有清一代之大文学家，亦千古有数之大文学家也"。他还把曾国藩与胡林翼、左宗棠加以比较，认为三人奏议各有所长，"均为有清大手笔"，但"若以文字学根底论"，则以曾国藩"为独优"③。其门人黎庶昌甚至认为，曾国藩一扫桐城派后学之窳弱流风，"扩姚氏而大之""使司马迁、班固、韩愈、欧阳修之文绝而复续"，"自欧阳氏以来一人而已"④。

然曾国藩却觉得，自己的文章还不如桐城派，尤其不如桐城派后人梅曾

① 《凌霄一士随笔》，《国闻周报》，第11卷，第32期。
② 《凌霄一士随笔》，《国闻周报》，第11卷，第17期。
③ 徐一士、徐凌霄：《曾胡谈荟》，《国闻周报》，第6卷，第33、40期。
④ 《拙尊园丛稿》，第2卷，第10页。

亮，相比之下还有不小的距离。他曾向人表示，年轻时见梅曾亮以古文名重京师，"心独不肯下之"，"今日复番视梅伯言之文，反觉有过人处，往日之见多客气耳"①。他还在一篇读书札记中表示，桐城张氏之"巨卿硕学"，宣城梅曾亮之"古文诗篇"，高邮王引之父子之文字训诂，"实集古今之大成"。"国藩于此三家者常低徊仰叹，以为不可及"②。至于造成这种差距的原因，曾国藩则归咎于自己的中途改行。他认为，自己年轻时曾立志以道德文章扬名天下，且已摸到门径，颇具自信。只是升迁太骤，政务繁琐，继而忙于战争，肩负重任，遂将学业搁置起来。直到其功成名就之后还一再向人表示："人生读书做事，皆仗胸襟。今自问于古诗人中，如渊明、香山、东坡、放翁诸人，亦不多让。而卒卒无暇，不能以笔墨陶写出之。"倘自己有暇读书，较之梅曾亮、何绍基"数子"，"或不多让"③。

不过，曾国藩的文章多含反动的政治内容，不似桐城派游记之类的艺术珍品，后人对它的评价，也就不能不受政治因素的影响。即使那些为艺术而艺术的文学家，也很少有人将他的文章归入文艺作品之中。他的文章多年来不为文坛所重，这恐怕也不能不是一个重要原因。

在理学方面，曾国藩虽无专门著述，但亦无愧于理学家的称号。他从世界观、人生观、处世为人、个人修养到政治立场、施政方略、治军原则、战略战术乃至用人方针，无不受到理学的影响。仅就道德修养而言，曾国藩自追随唐鉴、倭仁讲习理学以来，一直按照封建道德标准严格要求自己，对一切有违圣道的思想行为，无不痛加苛责，终生未曾稍懈。仅就抽象的道德而论，曾国藩对本阶级的忠诚，脚踏实地、自强不息的精神，以及坚忍不拔、勤俭廉洁、忍辱负重、鞠躬尽瘁的品质，在古今中外的历史人物中都是不多见的。因而，从"力践"的意义上看，他确实是一位理学家。至于有些晚清学者将他屏之于理学家之外，除政治因素外，主要出于狭隘的门户之见，是不足为据的。

曾国藩一生最大的成功之处在于经世致用，将中国传统文化中各门各派之

---

① 《能静居日记》，同治六年八月二十一日。
② 《曾文正公杂著》，第2卷，第2页。
③ 《能静居日记》，同治六年六月十五日、同治六年八月二十一日。

长吸收过来，用于实践之中，解决当时面临的各种社会矛盾和重大政治问题。例如，他运用刑名家"重法治乱世"的思想镇压湖南人民的反抗活动，运用岳家军、戚家军的治军经验创建湘军，运用古代军事理论制定湘军的战略战术，运用幕府的形式解决战争的指挥、后勤与人才问题，运用儒家"君使臣以礼，臣事君以忠"的政治规则和中庸思想来处理同清政府的矛盾，以"精诚所至，金石为开"的精神对待自己所面临的一切困难和问题，用"虚无清静、无为自化"的思想看待个人的权力消长和利害得失，以"顺天从命"的态度对待自己一生的成败祸福。总之，运用中国传统文化的几乎全部积累，成功地镇压了发展到农民战争顶峰的太平天国革命，并在统治阶级内部错综复杂的矛盾斗争中保住了自己的权位。曾国藩在近代史上之所以名声大噪，影响深远，并非出于他的道德文章，而主要在于他善于吸收各家之长，融会贯通，付诸实践，且取得显著成效。谓其集中国传统文化之大成主要在于此，而青年毛泽东之"独服曾文正"[1]亦主要在于此。

　　通过以上论述，虽然大体可以反映出曾国藩集团对中国传统文化的继承性，但有两个与此相关的问题仍需要进一步说明，一个是孔子思想的二元化问题，一个是思想文化对社会的反作用问题。孔子思想的核心是"仁"，其主要内容包括民本主义与等级观念两部分[2]。以今天的观点看来，应该说其民本主义较之等级观念含有更多的精华。只是随着时间的推移，尤其程朱理学成为儒学的主宰与核心之后，民本主义渐渐湮没，而等级观念则不断强化，以致五四时期张扬国粹的学衡派也产生了错觉，只强调三纲五常的合理性，而不提与近代民主思想更为接近的民本主义。不过，亦并非所有的人尽皆如此，例如太平天国的领袖洪秀全就注意到儒家思想的这一特点，并在发动革命时充分加以利用。以笔者浅见，儒家的民本主义思想，主要表现在有关君民关系、天人关系的论述和平均主义思想上。他们认为，"民为贵，社稷次之，君为轻。是故得

---

① 毛泽东：《致黎锦熙信》，1917 年 8 月 23 日。

② 见拙文《战国封建说质疑——从孔子思想与周初政治看西周社会性质》，《广西师范大学学报》，2001 年第 4 期。

乎丘民而为天子"①，得民心者得天下，失民心者失天下。君不爱民，失德于天下，人民有权利起而推翻他，并能得到上天的支持。因为"君者舟也，庶人者水也，水则载舟，水则覆舟。"②"皇天无亲，唯德是辅，民心无常，唯惠之怀"③。所以，汤放桀、武伐纣不为弑君，而是诛一残贼之人。还认为，"有国有家者，不患寡而患不均，不患贫而患不安。盖均无贫，和无寡，安无倾。夫如是，故远人不服，则修文德以来之。既来之，则安之"。否则，很可能引起内乱。"吾恐季氏之忧不在颛臾，而在萧墙之内也。"④而最理想的境界，则是"老吾老以及人之老，幼吾幼以及人之幼"⑤。然要真正实现这一理想，则只有到大同之世。因为那里，"大道之行也天下为公，选贤与能，讲信修睦。故人不独亲其亲，不独子其子。使老有所终，壮有所用，幼有所长，矜寡孤独废疾者皆有所养，男有分，女有归。货恶其弃于地也不必藏于己，力恶其不出于身也不必为己。是故谋闭而不兴，盗窃乱贼而不作"。⑥今天看来，这不过是人们对遥远的原始社会的回忆，然经过儒家的宣传，却成为中国多少代人的理想。而所有这一切，在太平天国的文件中都有所反映。洪秀全曾熟读四书五经，深受儒家思想的熏陶，走上革命道路后虽反孔批孔，亦不过推翻其在思想政治领域里的权威地位，而对其思想则采取古为今用的态度，尽量吸收对自己有利的内容，作为发动革命的思想武器。其对西方宗教的中国化，除坚持认为上帝自古在中国外，就是在它的教义中加进儒家思想的内容。太平天国革命思想的核心，就是农民的平等平均思想。其平等思想主要来自基督教的原始教义，而平均思想则主要来自儒家经典。开始，他们只是作为一种思想主张提出来，而后

---

① 《四书五经》，岳麓书社1991年合刊本，第133页。

② 荀卿：《荀子》，上海涵芬楼影印本，第20卷，第22页。类似的记载还见于《后汉书》、《孔子家语》、《艺文类聚》、陆贽《翰苑集》，内容大同小异。晋代的刘渊和唐代的魏徵也都转述过类似的话，见于《资治通鉴》、《通鉴纪事本末》的相关篇章。此语广为流传，最终演化为"水能载舟，亦能覆舟"，收入成语词典。惟不见于儒家经典。然无论孔子是否讲过这些话，既为儒家所承认，就可以作为儒家思想看待。

③ 《四书五经》，第265页。

④ 《四书五经》，第51页。

⑤ 《四书五经》，第66页。

⑥ 《四书五经》，第513页。

不久则将之变为其革命纲领《天朝田亩制度》，实际上是为自己的理想社会绘制出一幅蓝图。细审之，它与儒家的所谓大同社会，究竟有何不同？对于这个问题，南京大学的茅家琦教授早有专门论述①，这里就不再重复了。作者所要指出的是，洪秀全等太平天国革命志士，始终以"皇天无亲，唯德是辅"的思想作为自己另立新朝的理论根据，故能正义在手，成竹在胸。发动时期他们以解民倒悬为宗旨，进军途中他们以吊民伐罪为号召，形势危机之中坚决拒绝洋人的诱惑，失败被俘仍然理直气壮，保持革命的气节。如若不信，请看洪秀全起义前的诗歌文章，东西二王传檄天下的三篇檄文，陈玉成、洪仁玕等在临终前的《自述》。

由此可见，将太平军与湘淮军间的战争说成是农民打农民，或人权与神权之争是很不准确的，还不如说它是民本主义与等级观念之争，或儒家思想的精华与糟粕之争较为接近。因为儒家思想本来就是二元的和相互矛盾的。在封建社会中，相互对立的两派各持一端，都从儒学中找根据，也是常有的事。且比较而言，儒家思想中的民本主义应该说与近代民主潮流的接近点更多些，而等级观念则与之尖锐对立，将它们以此区分为精华与糟粕，应该说也是大致不会错的。例如，曾国藩在《讨粤匪檄》中，曾以天下为家和上尊下卑为据，对太平天国的土地公有主张和上下贵贱皆以兄弟相称的做法进行攻击，就表现出这种情况。因为曾国藩之说固属儒家思想，而太平天国"天下为公"的主张亦以经典为据。孔子曾对言偃曰："大道之行也与三代之英，丘未之逮也，而有志焉。"②随之即讲出有关"大同""小康"的一大段话。可见，他确实把"大道之行也天下为公"的"大同"社会当成了自己的最高理想。在这一点上，是与太平天国相一致的。此外，太平天国上下贵贱皆以兄弟相称，亦并不违背"圣道"，君不闻"四海之内皆兄弟也"③。此说载儒家经典，倡言者虽非孔子，当亦属大成殿中人，即使付诸实践也与"大道"相通，岂可视为贼赃罪证？曾国藩号为大儒，听信理学家仁天义地的胡诌，却不肯下功夫钻研儒家经典，实在

---

① 茅家琦：《基督教、儒家思想和洪秀全》，《晚清史论》，河南人民出版社，1989年出版。
② 《四书五经》，第513页。
③ 《四书五经》，第40页。

是一个大的失误。而有些学者，在传统文化潮涨气热之时，仅根据曾国藩的一些文字，将之推为维护传统文化的功臣，而斥太平天国为破坏传统文化的罪魁，并以所谓"无本者竭，有本者昌"①判为双方成败的关键。这就不仅有点荒唐，而且是非颠倒、本末倒置了。

试问，何为儒家思想之本，何为儒家思想之末？哪是它的精华，哪是它的糟粕？而判断其是非的标准又是什么？想来不过有两个标准，一个是儒家自身的标准，一个是当今时代的标准。以儒家自身而论，太平天国的主张合于"大道"，通向"大同"，属于儒家的最高理想，出于先师的论述，当然为根、为本。而曾国藩所要维护的不过是"大道既隐"的"小康"②之制，其所"本"亦不过是后儒理学褊狭之论，当然为枝、为末。如果说，曾国藩所卫的"道"仅指理学而言，还是可以的，若指儒家思想甚或传统文化，就很不准确了。因为传统文化不仅是儒家思想，而理学只是儒学的一部分。这不仅是说另外还有词章、经济、考据等门派，即其对儒家核心思想的继承，也是片面的。它将三纲五常强调到灭绝人性的地步，而几乎完全抛弃了民本主义思想，与先儒的思想是有很大不同的。这一点，于今天的社会似乎没有多大意义，而对曾国藩或今天以重续儒学道统自任的学者却有很大关系。因为他们是专业人员，理应弄清其中的曲折原委，采取实事求是的态度。

若以当今时代的标准，则以其是否接近或抗拒近代民主潮流，来区分儒家思想精华与糟粕，从而衡定民本主义与等级观念在儒家思想中的本末地位。儒家的民本主义虽不同于近代民主思想，但有一点是共同的，那就是，国家的最终主宰是人民，人民有权选择最高决策人。就是说，按照儒家的说法，在中国封建时代，人民虽然不能选择一个王朝的皇帝，但却可以选择一个王朝。虽然这种权利几百年才能行使一次，远不如近代欧美国家更换总统、议员那么便当，但毕竟有胜于无。此外，民本主义还包括使民以时、关心民瘼等内容。所以，自夏至清，中国历史就是一部王朝更替史。在中国历史上，曾出现过不少

---

① 《曾文正公文集》，第4卷，第22页。
② 《四书五经》，第513—514页。

明君贤相和廉明官吏及政治清明的时期，如文景之治、贞观之治、姚崇宋景之治、开元之治、康乾之治等，代表了封建社会和儒家思想光明的一面。而等级观念则要求绝对的服从，将整个社会限定在一个僵死的、一元化的枷锁里，广大民众只有少得可怜的一点权利，面对层层压迫没有足够的自卫能力，最多也不过盼望出现清官好皇帝。从而压抑甚至扼杀了个人与下级的积极性，阻碍商品经济的发展，与近代以来的民主自由精神相冲突，是滋生政治腐败的根源，代表了封建社会和儒家思想黑暗的一面。所以，如果儒家思想可以一分为二，区别为精华和糟粕的话，当然各自会有丰富的内容，但就其核心而论，就是民本主义和等级观念。如果儒家思想在失去独尊地位之后，还有作为一个学术派别继续生存的理由，也就是因为它具有民本主义思想。故以此看来，其民本主义较之等级观念更重要，而二者间的本末地位也是不应怀疑的。太平天国作为一场旧式农民战争，也是最后一次失败了的谋立新朝的革命，虽然达到它所能达到的最高限度，出现前所未有的诸多新因素，但从根本上说，并未冲出王朝更替和儒家思想的范围。然其高举民本主义的旗帜，向满洲贵族的皇权挑战，同曾国藩集团维护土地剥削与等级观念的做法形成鲜明对照。可以说虽败犹荣，不失英雄本色。所以，无论就反帝反封建的民主革命的潮流抑或儒家思想而言，肆意拔高曾国藩集团、贬低以至完全否定太平天国，都是不妥当的。在革命党年代，曾有不少史学权威，为了革命宣传的需要，将太平天国举上天，把曾国藩集团踹入地。而今天改革开放时代，又有不少学者，为了宣传四化的需要，反其道而行之，以纠偏为名而走向另一极端。其做法都是不可取的。因为他们都加入了太多的主观成分，违背了科学性，以至混淆了历史学与政治学的界限。而科学性是历史学的生命，失去它，也就会使历史学迷失本性，变为另外一个学科。所以，世上讲历史陈迹的书很多，但不一定都是史学著作。例如孔子的《春秋》及其三传，虽有"六经皆史"之说，但多年来谁也不把它当作史学著作。因为它是经，属于政治学，而中国的史学是由司马迁创立的，不是孔子。

当然，说太平天国与曾国藩集团分别代表着文化上的精华与糟粕，还有另外的根据。那就是，太平天国虽然失败了，但提出《天朝田亩制度》和《资政新篇》两个革命纲领，向外国侵略者和腐败、卖国的清政府进行了坚决的斗争，代表了近代中国民族民主革命的方向和进步潮流，不仅丰富革命人民的斗争经验，也为后来者做出了榜样。曾国藩集团则逆历史潮流而动，强行不可为之事，而为了达到自己的目的，不惜采取任何手段，以至在不少方面，不仅继承了中国传统文化的糟粕，也在中国近代史上开了最恶劣的先例。这里仅举出最著名的三条：一是以军法处理民事，二是以厘金筹军饷，三是以残忍手段杀俘杀降。

曾国藩出山不久，就在团练大臣公馆设立审案所，杀人不要证据，审案不经有司，废除一切司法程序，只凭各地团练头子的一言定人生死。重者就地正法，轻者立毙杖下，再轻者瘐死狱中。实际上，被送到审案所的人，很少有活着出来的。他还嫌湖南地方官员杀人不多、不快，竟然将送至首府首县的人提来杀掉。以致激怒省城官绅民众，纵容士兵哗变，将他赶出长沙。其"曾剃头"、"曾屠户"的徽号，就是这时候得的。其后"剿"捻期间，他又故伎重施，派员四出查圩、杀人，心狠手辣者奖，迟疑手慢者罚。有人起初杀人很少，后经曾国藩的威逼利诱，便胆大妄为，大杀特杀。其后凡杀人多者，皆受到奖励。他制造了无数冤假错案，却不准申诉、翻控，称所办之案皆以军法从事，翻不胜翻，有碍体制。胡林翼的做法也与曾国藩相似，他在贵州任知府时即办团练杀人，并因而受到赏识，有干练之名，升迁贵东道，奉调赴湖北，遂成为其一生飞黄腾达的最初基础。所以，他虽因此得到"胡屠户"的徽号，但却极感自豪和得意，常以"杀人如麻，挥金如土"课夸示于人。曾国藩之胞弟曾国荃亦曾以此语课夸示于人。其尤恶劣者，则是他们于战争结束后继续沿用"就地正法"之制，仍以军法办理民间案件。例如，沈葆桢光绪元至五年任两江总督，"残忍滥杀胜于军事时期"，有人说其"所杀戮者，平均每日得五十人"①。所以，有人说1927年蒋介石血腥清党，屠杀共产党员，"宁可错杀一千，不可放走一人"的方针，是从他们那里学来的，恐怕也不能说没有道理。

曾国藩集团为筹集军饷亦不择手段，所得白银达数千万两，方式虽多种多

---

① 周今觉：《夜读书室随笔》，《永安月刊》第103期。

样，但主要来自厘金，尤其盐厘，占七成左右。厘金之害不仅在于常税之外再多抽百分之几的捐税，而在于贻误商机，加以经办人员乘机敲诈勒索，使商人实际上所遭受的损失，超过厘金本身不知多少倍，从而严重阻碍了商品的流通和资本主义的发展。其盐厘所占比重甚大的主要原因，是由于当时战乱之下，百业萧条，人民生活困苦，但却不能不吃盐，尤其南方酸性水土地区。厘金虽不是由他们所创，但他们成效最著，影响最大，并因而得到很大发展，遍及各省，遂成为当时政府的一项主要财源，战争结束后仍被保留下来，直到二十世纪三十年代，才归入统税一体征收。所以，人们一提到这项弊政，就想到曾国藩集团。故有人斥责他们倡"就地正法之制"，兴"抽厘聚敛"之风，是祸国殃民的"罪魁戎首"①。

说起他们的杀俘杀降，则更令人发指，不仅人数众多，动辄逾万，且手段极为残忍。屠戮战俘与降卒，在湘淮军中相当普遍，曾国藩力主此策，罗泽南、曾国荃、李鸿章、左宗棠、刘锦棠都直接间接地干过此事。咸丰十一年，曾国荃将围攻安庆期间陆续投降的太平军降卒一万多人，全部杀死。同治二年，李鸿章将献城而降的苏州太平军兵将杀戮殆尽。同治十年，左宗棠杀金积堡已经出降的回军首从近百人。同治十二年，左宗棠又在肃州乘夜放火屠城，杀降回军民近七千人。原城中军民，除一千一百名汉民和九百余名回民老弱妇孺外，无一幸免。他们不仅将其中的有些人，如金积堡回军首领马化龙父子亲属十三人、肃州回军首领马文录及出城迎降父老九人，凌迟处死，还剖取活人心肝生祭战死将领。如左宗棠以马八条生祭刘松山，罗泽南以被俘太平军战士生祭彭三元、李杏春，都是这样干的。罗泽南甚至鼓励湘军弁兵，生吃太平军战俘的血肉心肝。曾国藩对罗泽南的做法，不仅不加以制止，还在奏折中大肆张扬炫耀，真不知天下有羞耻事。他对曾国荃、李鸿章的杀降一事，实际上也抱有支持与鼓励的态度。曾国荃杀俘之后，因畏于阴骘果报之说，致函曾国藩表示悔意。曾国藩对之严加批评，称圣人在世也会这样做，既已行之更无反悔之理。他初闻李鸿章收复苏州，曾为四万降卒的处置绕室彷徨，及闻杀降之

---

① 夏震武：《灵峰先生集》，浙江印刷公司版，第4卷，第57、42页。

后，才如释重负，寝食复安。其心其意，不言自明。

以上三事对曾国藩集团的整个杀人事业来说，虽属小菜一碟，但因其不是在战场上，不是面临着强大的敌对武装力量，使人愈感无此必要，且为近代法律所不许。而他们却偏要这么干，不以为耻，反以为荣。从这里，使人愈加看清封建地主阶级的野蛮性和残忍性，儒家文化，尤其理学阴暗和糟粕的一面。毋庸讳言，所有这一切，都是通过曾国藩集团的所作所为暴露出来的。当然，他们于战争之外的野蛮暴行还不止此，譬如他们在九江、安庆，特别在天京的烧、杀、淫、掠，都是旷古罕见的，都应归于此类。但点到即止，不再详谈了。

至于曾国藩集团同传统文化总体上的关系，除上述继承的一面，即体现文化对人的制约作用外，还通过他们的实践，体现出文化对政治、对社会的反作用，以及人对文化的反作用。这就是说，曾国藩集团在本质上是一群来自地主阶级中下层的书生，如果将他们的经历看作一种文化现象，人们就会从中发现两个有趣的问题。一方面他们表现为儒家学说，尤其程朱理学的忠实履践者，自立志、诚意开始，一步步走完了修身、齐家、治国、平天下的全过程。他们的事业借程朱理学之力获得成功，而他们的思想行为也受到儒家学说，尤其程朱理学的制约，既体现其精华的一面，又体现其糟粕的一面。所以，从学术的角度看，将其名之为理学经世派还是有道理的。一方面这个集团从无到有、从小到大的发展，也向人们演示了一个由精神到物质的辩证的转化过程。起初，直到太平天国革命爆发，曾国藩冒死上疏之时，他们除了书生的血诚之外，几乎一无所有。当他们发现清政府并不能保护其身家性命时，在死亡的威胁下，不得不一改旧习，穿起乡勇号服，借承办团练之机奋起自救。他们由思想而组织，由组织而军队，由军队而政权，不仅为清王朝撑起半壁江山，使其摇而不坠，危而复安，还使日暮途穷的传统文化回光返照。直到今天，仍有人将这段史实，作为论证儒家文化万古长青的根据。

常言道，书生造反，三年不成。曾国藩集团以书生治兵竟成如此大功，曾使不少人为之欢欣鼓舞，喜闻乐道，颂扬之声至今不绝。既颂扬其心目中的这些英雄，更颂扬程朱理学、儒家文化。曾国藩亦借题发挥，将他们成功的根本原因归之于理学。他在《湘乡昭忠祠记》中说："东南数省莫不有湘军之旌旗，中外皆叹异焉！""一县之人征伐遍于十八行省，近古未尝有也！""然而，前者覆亡，后者继往，蹈百死而不辞，困厄无所遇而不悔者何哉？岂皆迫于生事逐风尘而不返与？亦由前此死义数君子者为之倡，忠诚所感，气机鼓动，而不能自已也。"又说："君子之道，莫大乎以忠诚为天下倡。世之乱也，上下纵于亡等之欲，奸伪相吞，变诈相角。自图其安，而予人以至危；畏难避害，曾不肯捐丝粟之力以拯天下。得忠诚者起而矫之：克己而爱人，去伪而崇拙，躬履诸艰而不责人以同患，浩然捐生如远游之还乡而无所顾悸。由是，众人效其所为，亦皆以苟活为羞，以避事为耻。呜呼！吾乡数君子所以鼓舞群伦，历九州而勘大乱，非拙且诚者之效与？亦岂始事时所及料哉！"他在《罗忠节公神道碑铭》中则讲得更为具体，不仅将其一生的勋业归功于理学，且将其思想行为的某些出色表现，都与其从军前的学术观点、治学特点联系起来。他说，罗泽南"以诸生提兵破贼，屡建大勋，朝野钦仰，而不知其平生志事，裕于学者久矣。公之学，其大者以为天地万物本吾一体，量不周于六合，泽不被于匹夫，亏辱莫大焉。"又说，罗泽南教馆多年，授徒甚众，"讲论濂洛关闽之绪，瘅口焦思，大畅厥旨。""湘中书生多拯大难、立勋名，大率公弟子也。"还说，罗泽南"在军四载，论数省安危，皆视为一家骨肉之事，与其所注《西铭》之指相符。其临阵审固乃发，亦本主静、察几之说。而行军好相度山川脉络，又其讲求舆图之效。君子是以知公之功，所蓄积者夙也，非天幸也"。[1]

所谓"无本者竭，有本者昌"就是曾国藩在这篇铭文中提出的。不过，曾国藩是指自明代以来理学与心学之争、乾嘉以来的汉学与宋学之争。罗泽南的《小学韵语》《姚江学辨》就是崇尚程朱理学，贬抑汉学、心学，辨治学之本末正误的。曾国藩以"大江"喻程朱理学，以车辙"积潦"喻与之对立的其他学派，但并未涉及太平天国。其"洛闽之术，近世所捐，姚江事业，或迈前贤。公慎其趋，既辨其诡，仍立丰功，一雪斯耻。大本内植，伟绩外充，兹谓豪

---

① 《曾文正公文集》，第4卷，第18—19页，20—21页，第22页。

杰，百世可宗"①的铭文，即可说明这一点。

然数年之前，曾有新儒派学者，在一本以重树儒学道统为己任的杂志上，发表了一篇题为"无本者竭，有本者昌"②的文章，则又向前大大地推进一步，用以解释太平军与湘军之间战争胜败的根源，并借机鼓吹儒家文化，推出至今乃尔的结论。该文所论并非没有几分道理，只是推延过广，学风过劣，虽于孔学本源及太平天国、曾国藩集团三方皆不熟悉，而发泄之语却随处可见。故尽管立意高远，气壮如山，却谈不上什么说服力。人们比较曾国藩、李鸿章、袁世凯的文化品格，常兴儒学气运日下之叹。今观新儒学为文之道，且无须仿之司马迁、韩愈，即与桐城派、湘乡派相比，亦难免霄壤之叹。曾国藩曾言，文运与国运相通。大陆新儒学于祭旗开山之际，竟以这样的文章充号鼓，不能不令人为之气短。

曾国藩集团既是中国传统文化的卫道士，为什么又能成为引进西方科学技术的带头人呢？这主要出于两个方面的原因，一是中国传统文化的固有性质，一是这个集团的自身特点。

提到传统文化，人们立刻就会想到保守、封闭，等等。其实，这只是它的一个侧面，而就其自身来说，还有与之对立的另一侧面。我们通常所说的中国传统文化，实际上是指五四新文化运动以前中国数千年所创造的文化。它以理学为核心，儒学为主体，是一个完整的封建主义的思想文化体系。这个思想文化体系，是经过长期的发展和不断演变，在中国封建社会中逐步形成的，曾在中华民族的形成、发展过程中，发挥过伟大的推动作用，显示出极大的优越性。其历史功绩是不容抹煞的，其光辉、精华的一面也是不应忽略的。只是到了近代，随着封建制度的日益腐败以至终结，越来越暴露出它的弱点，再也不能适应历史发展的需要，其在意识形态领域中的领导地位，不可避免地为新的思想文化体系所取代。这是历史发展的必然规律，不可抗拒的时代潮流。尽管前进的道路是曲折的、漫长的，有时会出现某些反复，但这一总的历史趋势却

---

① 《曾文正公文集》，第4卷，第23页。

② 辛岩：《无本者竭 有本者昌》，《原道》，第1辑，中国社会科学出版社1994年10月出版。

是无法改变的，不以人们的主观意志为转移的。所以，要想在中华大地重新树立起它的独尊地位，接续儒家文化中断八十多年的道统，恐怕是不大可能的。即有偶尔成功，也是脆弱的和短命的。犹如昙花之一现，赖于黑夜而畏于光明，来也匆匆，去也匆匆。不过，新儒学派高张其帜的现实意义，亦并非表明他们真的具有光复旧业的信心，而不过为了固守小得可怜的一点阵地，硬硬地挺在那里，拒不承认五四运动后中国政治的巨大变化和马克思主义在中国思想文化领域的领导地位。

作为传统文化主体的儒家学说，发源于殷周之交，创立于春秋时代，于西汉中期取得独尊地位，曾在历史上几经兴衰，出现过几个不同的发展阶段。在其长期的发展过程中，不仅能够吸收其他学派的长处而不断强化和完善自己，而且能够吸取外来文化之长以救自身之短。理学就是吸收道家与佛教的一些思想及做法，经过不断发展而形成的。与孔学相比，其民本主义虽明显削弱了，但却强化了等级观念和哲学思想，不仅更加适应封建社会后期的政治经济要求，同时也提高了对各种宗教的抵抗能力。由此可见，儒家文化既有保守性也有进取性，既有封闭性，也有开放性。试想，如果它始终固步自封，一成不变，不能及时吸取新的营养和不断调整自身，以适应形势的变化和新的要求，它岂能屡衰屡兴，长期在意识形态领域保持领导地位，成为中国传统文化的主流？即使到了近代，儒家文化虽已老态龙钟，步履维艰，然面对西方资本主义思想文化体系这一千年未遇的对手，亦仍能提出自己的对策："师夷之长技以制夷"，即"中学为体，西学为用"，在保持自身文化体系不变的前提下，学习西方的某些长处，诸如船坚炮利之类，以与之对抗。

曾国藩集团之所以能够接受这一思想并付诸实践，则既有内因也有外因。从客观上说，自鸦片战争以来，由西方殖民主义者入侵而引起的民族危机日益加深，救亡图存成为中国各个阶级、阶层及政治集团所面临的最大的政治课题。太平天国革命及其两个施政纲领《天朝田亩制度》和《资政新篇》，就是农民阶级提出的救国方案。曾国藩集团虽然镇压了太平天国农民革命，但对这个问题却不能不作出回答，否则，在中国的政治舞台上将没有自己的立足之地。就主观而言，他们也具有这样的条件。因为他们不仅是一些具有真才实学的学者，而且是颇有政治远见的政治家；他们虽号称理学经世派，然赖以建功立业的却并非理学，而是经世济用之学，即当时的政治学。这样，他们既以天下为己任，封建社会"末世扶危救难之英雄"①自居，就不能不对这一当时社会所面临的头等政治问题加以认真研究，并提出自己的解决方案。实际上，这也不只是曾国藩集团，几乎所有从传统文化走向师夷长技的地主阶级思想家和政治家，包括林则徐、魏源、龚自珍以及张之洞、袁世凯等，都是经由经世济用之学这座桥梁来实现的。

再者，曾国藩集团在镇压太平天国的过程中，多借洋器之重、洋人之力，取得成效、尝到了甜头，从而增强了师夷之长的信心。曾国藩靠湘军起家，更以水师见长。他坚持非洋炮不用、船炮不齐不出，终于建成当时国内技术装备最好的炮船船队。而握有这一战争中的利器，是湘军最后取胜的重要原因之一。然湘军水师船小体轻，行驶缓慢，只适于内河作战，难以在海上巡行。所以，曾国藩早在咸丰末年，即对太平天国的战争稳操胜券之际，就开始筹划建立外海轮船水师，即近代海军的问题。其后兴办军事工业、引进外国科学技术、派遣赴美留学生等活动，基本上都是围绕着这一中心进行的。左宗棠和李鸿章则不仅在战争中靠洋枪队的火力支援取胜，苏州、常州的城墙都是戈登的大炮轰塌的，且其后兴办军事工业的最初人才、物力资源，例如分别并入江南制造局和迁址改建为金陵制造局的两个苏州炮局、主持福州船政局的日意格等人，也是从洋枪队和阿思本舰队那里弄来的。李鸿章一到上海就开始购置洋枪，用以装备淮军。洋枪队撤销，即其中的洋人撤走后，原来的全套人马，包括洋炮队都落入李鸿章手中，从而使淮军成为当时武器装备最好的部队。其后"剿"捻，它亦主要靠火力上的优势。安庆内军械所、金陵制造局、江南制造局等军工厂初期，也主要是生产枪炮弹，供应"剿"捻前线的湘淮军使用，与国防建设毫不相干。所以，他们从内战走向洋务运动这条路，是很自然的。

不过，曾国藩集团引进西方资本主义文化的目的，并不是为了打破儒家文化，而是为了巩固清朝的封建统治。在他们看来，以理学为核心、儒学为主体

---

① 《曾文正公手书日记》，咸丰十年六月二十七日。

的封建思想文化体系并没有什么不好，只是缺少西方以船坚炮利为特征的科学技术。所以，他们引进西方文化大致以此为限，决不会将西方的政治制度和思想体系，诸如共和制度与自由、平等、博爱等，也一起引进过来。而对近代中国来说，这正是不该缺少而又恰恰缺少的东西，导致中国落后于西方的根本所在。然而，曾国藩集团及其他洋务派人物却极力回避这一要害问题，选择了一条舍本逐末、避重就轻的道路，这就不能不最后归于失败。而追究其思想文化方面的根源，则不能不说是同他们对传统文化的错误认识有关，正可谓：不识庐山真面目，只缘身在此山中。

曾国藩集团的洋务事业分为外交与军工科技两部分，共同组成其解救民族危机的政治方案。面对起义农民与外国侵略者这两个敌人，曾国藩集团主张分清轻重缓急而采取不同对策。然而，他们却将阶级与集团的私利置于中华民族的根本的与长远的利益之上，视起义农民为头号敌人，外国侵略者为次要敌人；将剿灭农民起义当作至急至重的问题首先解决，将外国入侵的问题放在从轻从缓的位置上慢慢解决。所以，他们对农民起义坚决镇压，毫无妥协的余地；而对外国侵略者的进攻则步步妥协，忍辱退让。在内战期间，他们联合外国侵略者来镇压农民起义军，美其名曰"借夷助剿"。而内战结束后，他们面对外国武装侵略和战争威胁，作为非主流派的左宗棠等人，尚能坚决反击，并曾为中华民族立下大功；而以曾国藩、李鸿章为代表的主流派，则一贯主张妥协退让，从未进行过认真抵抗。及至八国联军进攻中国，他们竟公然向敌人投降，甚至不惜与中央政府公开分裂，美其名曰"东南互保"，连样子也不想装了。

在军、工、科技方面，则包括军事、工业和科学技术等内容。在军事方面，他们除继续以洋枪洋炮装备陆军外，还创建了中国第一代近代化的海军舰队，包括北洋舰队、南洋舰队、广东舰队和福建舰队。其中以北洋舰队规模最大、装备最好，李鸿章与有功焉。工业方面则包括军用与民用两部分。军事工业主要有曾国藩的安庆内军械所，李鸿章的金陵制造局，曾李合办的江南制造局，左宗棠的福州船政局、西安机器局、兰州机器局，刘坤一的广州火药局、金陵火药局，丁宝桢的山东机器局、四川机器局，刘秉璋的浙江机器局，刘铭传的台湾机器局。其中以江南制造局和福州船政局规模最大、设备最好。江南制造局除生产枪、炮、子弹、火药、机器、原钢外，还设有船厂，先后造出惠吉、操江、测海、威靖、海安、驭远、金瓯、保民等大小轮船十五艘，至1875年停止造船业务，专事修理。福州船政局则专事造船，自1866至1895的三十年间，先后制成万年清等大小轮船三十四艘。民用工业则包括工厂、矿山、铁路、航运等近代企业，较为著名的有李鸿章经办的轮船招商局、开平煤矿、开平铁路、上海机器织布局，沈葆桢的基隆煤矿，左宗棠的利国驿煤铁矿等。

就总体而言，对曾国藩集团和其他洋务派的思想与实践活动，应该一分为二，全盘肯定或全盘否定都是不客观的。大致说来，应该肯定的方面约有三点。首先，其师夷长技的思想是正确的。这一思想虽不是他们的发明创造，但却由他们首先将之付诸实践，由书斋推向社会，不仅起到扩大宣传、启发后人的作用，也为中国的近代化事业提供了最初的经验教训。从某种意义上说，中国鸦片战争以来的历史，就是"师夷长技"的历史，它的更迭、前进，不过是在广度和深度上的不断延伸。因而，其敢为人先的勇气是可敬的。同时，就其实践而言，虽然以失败而告终，但却为中国的工业化提供了最初的基础，培养出中国第一代近代科学家、技术人才和管理人员，从而成为中国工业化的起点，讲近代化，讲科技史都必须从这里说起。最后，也是最重要的一点，从客观上说，洋务运动虽不是中国资本主义的开始，但却由此引来了西方机器生产。而机器是近代资本主义的产物，巨大生产力的象征，同封建生产关系归根到底是不相容的。因而，机器生产的引进，无异于在盘根错节的封建生产关系中打进一个楔子，从而为资本主义的发展提供可乘之机。所以，中国资本主义紧随洋务运动之后而悄然兴起是不奇怪的，合乎社会发展规律的。

然而，这对洋务运动来说都是它的意外之物，都是次要的。对它来说，决定其命运的关键，还在于是否能够经受得住战争的考验，在抗击外来入侵的战争中建功立业，一展新式船炮的威力。也就是说，要在国人面前证明，他们在"师夷之长技"之后，能不能够折冲御侮，"制夷"之不断侵凌中国之势。李鸿章是曾国藩集团的后期首领、洋务运动的主干，北洋舰队则更是其船炮政策的象征。他们状况如何尤为世人所注目。但是，李鸿章在中日甲午战争中的表现却为洋务运动和曾国藩集团的最后命运，作出了历史性的总结。政治上的腐败和军事上的不抵抗主义，不仅断送了北洋舰队，且使中华民族陷入空前未有的严重危机。历史事实证明，他们救不了清王朝和封建地主阶级，也救不了中国。所以，历史不得不宣告他们的彻底失败，无情地将他们淘汰出局。这也是客观的、不以人的主观意志为转移的历史规律。这是因为，不管他们主观上是否具有反抗外国侵略的愿望，而客观上种种条件的制约，却使他们"师夷之长技"而不能"制夷"，只能制民。首先，他们逆历史潮流而动，为不可为之事，极力维护反动卖国的清政府和腐朽、落后的封建制度，与世界的发展大势和广大人民的民主要求是尖锐对立的。同时，他们的外交路线使之畏敌如虎，一改昔日赖以立足的"敢战第一"的治军方针，从而导致军心瓦解，战斗力丧失，不能发挥武器装备的效力。再者，他们的新兴的军事工业充满着旧式衙门腐败之风，产品质次价昂，管理落后、混乱，又有严重的对外依赖性。所以，他们的军事装备无论完全购自国外，还是自己加工拼凑，都不可能达到西方资本主义列强的水平，到头来也只能是个御外侮而不足、靖内乱而有余。因而，曾国藩、李鸿章等人虽然标榜求富求强，常年制炮造船，训练部队，甚至创建海军，都是让人看的，并不打算同外国开战，不管洋人如何无礼相加、违约进犯，天津教案和中法战争的结局就足以说明这一点。这就不能不令人感到愤怒和惊奇。

然而，曾国藩集团如何向世人解释他们的这种矛盾做法呢？则美其名曰"隐图自强"。意思是，对洋人的侵略要隐忍退让，示人以弱，甚至以德报怨，使其难以察觉。而暗地里则发奋图强，待其科学技术和武器装备赶上洋人，再与之一决雌雄，争回主权，报一箭之仇。这种思想最完整的表达，是曾国藩同治元年五月初七日同幕僚的一次谈话。其《手书日记》载："与幕府诸君畅谈，眉生言及〔夷〕务，余以为欲制〔夷〕人，不宜在关税之多寡、礼节之恭倨上着眼。即内地民人处处媚〔夷〕，艳〔夷〕而鄙华、借〔夷〕而压华，虽极可恨可恶，而远识者尚不宜在此等着眼。吾辈着眼之地，前乎此者洋人十年八月入京，不伤毁我宗庙社稷；目下在上海、宁波等处助我攻剿发匪。二者皆有德于我。我中国不宜忘其大者而怨其小者。欲求自强之道，总以修政事、求贤才为急务，以学做炸炮、学造轮舟等具为下手工夫。但使彼之长技我皆有之，顺则报德有其具，逆则报怨亦有其具。若在我者挟持无具，则曲固罪也，直亦罪也；怨之罪也，德之亦罪也。内地之民人人媚〔夷〕，吾固无能制之；人人仇〔夷〕，吾亦不能用之也。"可以说，这是洋务运动的总纲领，也是洋务派对自己相互矛盾的言行的最好解释。曾国藩把它概括为"隐图自强"。而有人根据曾纪泽在国外发表的言论，将它称之为"先睡后醒论"。这些话貌似有理，然往最好处说，也不过是一厢情愿。这里且不说清朝统治者腐败如故，看不出一点克勤克俭、励精图治的迹象，即如西方列强紧紧盯着中国，也不容许这"东亚病夫"日益强壮、手握利器，由一块供其享用的肥肉变成牙尖爪利的雄狮。所以，尽管李鸿章开放旅顺军港供洋人参观，表示中国建立海军完全是供人看的，仅仅满足于你有我也有，并不打算与外国打仗，但西方列强仍不放心、不买账，一定要怂恿日本出面一试。结果，立使洋务派多年的经营化为乌有，现出清王朝纸老虎的原形。

这里有两个想不通和不允许。一是洋人想不通和不允许。既然你们根本不打算同外国打仗，花那么多钱搞海军干什么？不允许他们摆架子、装样子。一是中国人民想不通和不允许。中国屡受外侮，危在旦夕，最严重的问题是如何挽救中华民族的危亡。既然你们解决不了这个问题，我们为什么还要供养你们？不允许他们尸位素餐、误国害民。于是，有志之士起而抗争，遂有戊戌变法、辛亥革命之举，披荆斩棘，另寻新径，探索中国的富强之路。

第二节　近代军阀的鼻祖

近代军阀政治作为一种制度，并非出于个人的好恶，它的产生固有一定的外部条件，但最主要的还是决定于它的内部因素，根源于它的军事体制和军营风气。而要弄清其来龙去脉，则必须从曾国藩军制改革和湘淮军的军营风气说起。

曾国藩改革军营体制，以募兵制取代世兵制，固然扫除了绿营风气，克服了"败不相救"的积弊，大大提高了湘军的战斗力；但同时却造成另一种军事体制和军营风气，使其兵为将有、权出私门，对内结成死党、对外力谋独立，由依附于八旗、绿营的官勇，变为地方督抚手中的家兵。综合起来，湘淮军大约有这样几个特点。

一、兵员自募，权归主将。鉴于唐末五代，各地藩镇拥兵自立、割据混战的教训，自宋以来，各代统治者皆采取种种措施加强中央集权，防止兵权落到带兵将领和地方督抚手里。曾被曾国藩弃之如敝屣的绿营调遣之法，就是这类措施之一。清朝绿营兵规定，将领平时各住其府，有事授以兵符，事过交符回府；士兵平时分驻各地，有事临时抽调，事过各回汛地。这样，士兵与将领之间、士兵与士兵之间别无私情，只有奉命应征的上下级关系和同事关系，他们也就难以相互勾结，结为死党以营私利。故兵为朝廷之兵，将为朝廷之将，共同对朝廷负责，不能形成谋求某一派系、地域或家族私利的武装集团，带兵将领不能据为私有，兵权也就保证掌握在中央政府手里。曾国藩创建湘军，采取层层招募的办法，并规定一军之权概交统领，大帅不为遥制；一营之权概交营官，统领不为遥制。这样，弁兵的进退弃取皆由长官决定，各级军官便成为大帅的私属，士兵亦成为军官的私兵，军队的实权也就不再为清朝中央政府所有，而逐步落到统兵将帅手中。于是，兵为将有，将为帅有，层层辖制，结为死党，遂使湘军成为一个完全掌握在私人手中的武装集团。

二、军饷自筹。饷需供应是兵权的标志，军队由谁发饷，兵权就归谁所有。以往清朝的各级武装力量，八旗、绿营乃至附属于他们的官勇皆由中央政府供饷，一切费用出自国库，兵权也无疑为国家所有。太平天国革命爆发后，清政府国库空虚，旗、绿各营的饷需尚难以供应，哪有财力为地方武装和各地团练发饷？所以，湘军虽号称"官军"，却从来吃不上国库供应的粮饷。最初几个月尚由湖南藩库供饷，然自曾国藩移驻衡州后，除少数款项由户部指拨和外省协济外，其所有饷需几乎全由筹集，事后逐年向清政府报销。清政府令其自行筹饷的最初动机，不过是为了临机解决军队供饷问题，减轻自己财政上的困难，不料供饷义务的推卸却导致军心的转移。当军队由国库供饷时，弁兵得到口粮和赏赐后，深感"皇恩""国恩"，心里想着如何报效"国家"和尽忠

"皇上"；而当弁兵的粮饷名为公费实则出自将帅的私恩时，他们感恩图报的对象，也就只能是湘军的统兵将帅和各级长官，而不是国家了。因而，湘军名为清王朝的官军，实际上却是统兵将帅的私产。

三、官职私相授受。湘军弁兵应募投军，无非为了升官、发财二事，而欲二者兼得，则莫如充任营官、统领，并进而谋得实缺。然而，一般弁兵若能为曾国藩卖命，得个候补官职或虚衔尚为不难，但若得到实际差任（如统领、分统、营官、哨官）或实缺（如占有军队固定编制的提督、总兵、副将、参将等实任官职），就全靠统兵将帅的私情，非心腹亲信不可了。因为湘军差任无须朝廷任命，完全由各级头目自行选拔；补授实缺虽必须由朝廷批准，但亦主要决定于大帅的密奏保举。所以，这些人得到差任或实缺后，对主子感恩图报，誓死效忠。这样，他们名义上是朝廷命官，实则完全是统兵将帅的私党，所谓"国家名器"也就成为统兵将帅网罗党羽、笼络人心的工具。湘淮将领自胡林翼、左宗棠、李鸿章起，官至督、抚者达几十人，无一不是由曾国藩一手扶植，不是由他亲手保奏，就是由他间接保奏。他们本来就是通过同乡、同年、师生、兄弟等私人关系集结在一起的，而官职私授则又进一步巩固和加强了这种私情私恩，遂逐步形成一个以曾国藩为首的谋求私利的军事政治集团。

四、各树一帜。由于曾国藩规定，各级军权概交主将，上级不为遥制，加之各军各营皆由以同乡、同学、师生、亲族等封建关系为组织纽带，遂使湘军内部派别林立，结帮拉伙，各军各营具有很大的相对独立性，而相互之间更是自相标榜，互不服气。这样，在湘军内部就形成一种各树一帜、力谋独立的风气，随着时间的推移和湘军势力的发展，逐渐形成曾湘军、胡湘军、左湘军、江刘湘军四个派系，加上从湘军脱胎而出的李鸿章淮军，共同成为曾国藩集团的五大派系（详见第三章第二节）。

五、只论奇事轻重，不论品秩尊卑。曾国藩为了鼓励弁兵为他卖命，除用高饷金招引外，还广赐翎顶、滥保虚衔，以至到了后期，湘军中不少营、哨官都已升为提、镇大员，至于副、参、游击就更是数不胜数了。但曾国藩保奏实缺和任命统领、分统、营官、哨官，却主要根据关系的亲疏和能力，资历与战功并不起多大作用。这样，久而久之就形成一个很大的反差：有人资历甚深、功劳甚大、官至提、镇、副、参，但实际任职仍为营、哨、士兵；有人参军未久、寸功未立、官秩从九品，却被任命为分统。这样就产生了一个问题，打起仗来究竟谁指挥谁、谁服从谁呢？于是，他们为了保证军事指挥的坚强有效，就在湘军中规定了一条原则：只论寄事轻重，不论品秩尊卑。意思是，不管积功擢至几品官秩，哪怕已保至一、二品提、镇大员，只要在军中仍处于营、哨之位，就必须绝对服从统领、分统的命令，即使他们只是从九品。最能说明这个问题的事例，是左宗棠对吴士迈杀朱德树一案的处理。朱德树在湘军中资历较深，被杀前已保至记名总兵、浙江处州镇实缺游击，官至二品，大约因为不是左宗棠的亲信而仅充任营官。吴士迈则因得到左宗棠的赏识而职任分统，但战功太少仅保至员外郎衔中书科中书，秩从七品。吴士迈心胸褊狭，不懂军事，曾多次指挥失误，深恐朱德树瞧不起自己；又以指挥不力、与朱德树意见分歧，对之怀恨在心，蓄谋报复。同治九年，左宗棠命吴士迈率马步七营赴沔阳一带增援李辉武，围歼回民起义军。朱德树所带马队营为七营之一。他为救援危在旦夕之间的李辉武，临机改变作战计划，未能按时到达吴士迈所指定的作战位置。结果，虽杀透重围救出李辉武，但回民起义军亦因而脱身东走，从而导致全军无功。吴士迈愤恨已极，认为朱德树轻蔑上司、故违将令，遂不顾众人的劝阻，立斩朱德树于军前，借以立威。第二年，朱德树的亲属向都察院控告吴士迈以七品官枉杀二品大员之罪，清廷令左宗棠查处。左宗棠复奏称，吴士迈杀朱德树一事，实乃"统领以违令杀营官，非中书杀总兵也"[1]。不过，朱德树违令当由吴士迈禀知左宗棠，由左宗棠上奏参劾，不应擅自杀死。因而，吴士迈仅有擅杀之过，并无枉杀之罪。其理由是："军事以号令为重，令进则进，令止则止，统领以之钤束营官，营官以之钤束哨官、什长，哨官、什长以之钤束兵勇，违者得以军法治之。""自统领以至营、哨，节节相制，然后驱之生死之地而不摇。军兴以来，制兵不足用，各省皆募勇丁杀贼。勇丁积功擢至提、镇、副、参、游者不可数记。"因而，"军营体制只论寄事轻重，不论品秩尊卑。有保至提、镇而仍当哨官、什长，保至副、参、游而仍充亲兵、

---

① 左宗棠：《左文襄公全集·奏稿》（以下简称《左文襄公奏稿》），第39卷，第2页。

散勇者；有在他军充当统领而在此军充当营官，有在他军充当营官而在此军充当统领者。时地既殊，势分即异。当统领者必节制营、哨，当营、哨必受节制于统领，固无他说也"①。这些话虽出自左宗棠之口，而这种大别于八旗、绿营的体制则出自曾国藩的首创，不过越到后来这个问题越突出罢了。这样一来，所谓"朝廷名器"就变成无足轻重的东西，还顶不上长官的一句话。久而久之，就在湘军弁兵中养成一种观念：什么朝廷，什么国家，什么官秩尊卑，统统都是没用的东西，可以不去理睬；只有长官的意志、长官的喜怒好恶，才是最重要、最应该特别留意的。

六、各尊其长。由于以上原因，便在湘军中养成一种风气，除非招募、选拔过自己的顶头上司，其他人无论官职大小、地位高低，皆拒不从命。所以，不仅湘军以外的人不能对其进行指挥，即使湘军内部亦须节节钤束、层层下令，谁都难以越级指挥下级部队。至于不同派系之间则更是如此。江家军非江姓兄弟不能管带，刘家军非刘姓人不能指挥，湘军各部则非曾国藩统辖不可，他人无法钤束。王闿运所说的"福兴（原西安将军，奉命增援江西）等征调置不詧省，得国藩一纸千里赴急"②，就是指的这种情况。不过，曾国藩可以指挥各个统领，却不能撇开统领直接指挥其所属分统、营官。如若有事，非通过各个统领不可。即使曾国荃的部队，只要曾国荃在营，曾国藩亦不能越级指挥其所属各军。此外，还有一个程学启改换号服的例子，亦很能说明这个问题。程学启原为太平军将领。投降湘军后被任命为开字营营官，归曾国荃管辖。同治元年奉命随李鸿章赴援上海，改隶李鸿章，不久便改为淮军。但开字营依然穿着昔日湘军的号服，与他部淮军很不协调。为统一着装，须改穿淮军号服。不料此事虽小，却牵掣甚大。大约李鸿章不敢直接提及此事，遂转托曾国藩致信程学启，要他改换淮军号服。岂知程学启拒不从命，复信声称"必待沅帅（即曾国荃）缄谕，乃敢改换"。曾国藩碰了钉子不气反喜，对程学启此举大加赞扬，说"亦足见其不背本矣"③。由此可见，湘军内部的上下级关系，完全

---

① 《左文襄公奏稿》，第39卷，第2—3页。

② 王闿运：《湘军志》，成都墨香书屋，第4卷，第11页。

③ 《曾文正公家书》，同治元年三月初八日。

是一种主人与奴才的关系，而且都是曾国藩的军制改革所一手造成的。至于他"剿"捻之时不能指挥淮军各将，以致作战失利，不得不中途改由李鸿章接任，亦可谓作茧自缚，自作自受。

七、各护其长。这种风气根源于各级军官自行选募所部弁勇的制度，是湘军一开始就存在的。左宗棠曾以赞赏的口吻描述塔齐布部下拼命救护其官长的情形说："即如塔三兄之抚标，寻常除漫骂之外无一长。此次湘潭之捷，因主将偶尔不见，即相与痛哭寻觅，入群贼中若无人者。亦可想其心之固结矣。"[1]这本是曾国藩军制改革的目标之一，所谓"誓不相弃之死党"是也。然而，却亦由此产生了另一弊病，但凡不是招募和选拔自己的军官担任指挥，打起仗来就弃之不顾，致使湘军将领皆不敢带领别人招募的部队打仗，一旦指挥易人，军队就必须重新改编，另行选募，否则不能作战。咸丰十年，萧翰庆奉命增援浙江，就是因为对原属别人的部队未加改组，以至士兵临阵逃溃，不顾主将，送掉了自家性命。事后，曾国藩时时将之引以为戒。他在给张芾的信中说："萧辅丞（翰庆字）遽尔殉难，深可悯惜。""韦营（指太平军降将韦俊所部）是其所统之部，训营（原由唐训方统带，唐赴湖北粮道任，改由何绍彩接统）非其所招，曩所以剖析于左右者，深知训营不顾萧守也。"[2]于是，在湘军中就产生了另一原则：一旦主将如统领、分统、营官、哨官等战死或革差、病退，所部即予以解散，由新指挥官前去挑募；或整军、整营重新改组，选中者改换门庭，投靠新主子，遗弃者遣送回籍。例如，吴国佐因与张运兰不和而被曾国藩借故斥革，其所部几营士兵就是这样处理的。又如，原为塔齐布旧部的朱洪章，就是这样几经辗转、数易其主才投到曾国荃麾下的。这样一来，湘军中各护其长的风气便得到进一步巩固和加强，临阵各护其长，唯恐头头死去部队改组，影响自己的前程，或被遣送回籍，失去升官发财的机会。也就是说，其保护官长的动机，不仅出于最初招募的私恩私情，还受到其后共同利害的制约。正像王闿运所说的那样："从湘军之制，则上下相维，将卒亲睦，各护其长。

---

① 《左文襄公书牍》，第2卷，第20页。
② 《曾文正公书札》，第11卷，第30页。

其将死，其军散，其将存，其军完。岂所谓以利为义者耶?"①就是说，他们所以这样做，名之为义，实则为利。而这两种因素相互促进、恶性循环的结果，则使整个湘军乃至每军、每营、每哨，实际上都成为以本部长官为核心的谋求私利的武装集团，对内结为死党，对外力谋独立，从全体弁兵到每个组成部分、各级作战单位，都变成私人武装、家兵家将，层层兵权都落入私人手中，再不像旗、绿营兵那样为清朝最高统治者所有了。王闿运所谓"冒死之将，汩廉捐耻，日趋于乱"②，就是指的这种情况。

八、私谊至上。维系湘军的纽带，除政治、军事、经济、思想等因素外，还有同乡、同学、同年、同事、师生、亲友、兄弟等封建关系。他们不仅在战场上，士兵与下级军官间靠这种关系达到相互救援的目的，而且在政治交往及调兵、筹饷等一切问题上，各统兵将帅之间都通行一种私谊至上的原则，而把上级的命令、同级的公文，乃至朝廷的谕旨，都视为次要的东西。所以，湘军统兵将帅之间每欲奏请一事，凡涉及他人者，必待函商妥当后乃能启奏。否则，不仅达不到目的，反而会把关系弄僵，使事情更难办。曾国藩对此解释说："盖楚军（即湘军）向来和衷之道，重在函商，不重在奏请也。"③左宗棠进攻浙江时深感兵力不足，欲奏调蒋益澧由广西赴援浙江。曾国藩让他先致函刘长佑商定后再行具折奏调（时蒋益澧正随同刘长佑在广西作战），并在信中解释道："芗泉（蒋益澧字）之能来与否，全视乎荫渠（刘长佑字）中丞之坚留与否。阁下与荫渠为道义金石之交，如能屡函商定，然后以一片奏定，乃为妥善。否则，谕旨俞允而荫公不许，仍属无益。去年奏调萧军几成嫌隙，可以鉴也。"④左宗棠依计而行，果然奏效，刘长佑很快将蒋益澧派往浙江，助成左宗棠收浙之大功。可见，在湘军将帅的心目中，堂堂朝命远不如他们圈内人员的一纸私函；且一旦有人违背这一原则，即有朝廷谕旨，亦仍拒不从命，甚至结下私仇，不通音问。

对于曾国藩的这一套搞法以及由此引起的军营风气的变化，当时并不是无

---

① ②《湘军志》，第15卷，第8页。

③《曾文正公书札》，第18卷，第45页。

④《曾文正公书札》，第13卷，第42页。

人察觉。反对曾国藩的人中，例如具有丰富历史知识的祁寯藻、彭蕴章等，就深恐湘军将来成"尾大不掉"之局，力图预为防范。清政府也不是没有看出问题。咸丰帝为"某相国"一言警醒，立刻收回成命，不让曾国藩署理湖北巡抚，甚至五六年间不肯将地方大权交给曾国藩，在相当大的程度上也是出于维护清朝体制的考虑。但随着战争形势的发展，清王朝赖以生存的所谓"经制之兵"相继瓦解，尤其咸丰十年清军江南大营再次被太平军击溃后，清政府四顾茫茫，无兵可调，无帅可派，只好把两江总督这一重要席位授予曾国藩，依靠湘军这支在一些人心目中不三不四的武装力量来支撑危局。这样，曾国藩集团也就成了清王朝的主要军事支柱和最大的地方实力派。从此以后，战争扩展到哪里，湘军的势力也就发展到哪里，数年之间，湖南、湖北、江西、安徽、江苏、浙江、广西、贵州、广东、陕西、甘肃等省，都成了湘淮军的地盘。倘若像嘉庆年间镇压白莲教起义时那样，战争一结束即迅速裁撤勇营，恢复旧日的军事体制，湘军这套军营制度或许不会产生这样重大和久远的历史影响。但事实上，俟战争快要结束时，各省绿营额兵大都已经土崩瓦解，或名存实亡，失去战斗力，湘淮军已经成为清政府的主要军事支柱，要将其彻底裁撤，根除湘军军制和由此而来的军营风气，已经根本不可能了。

与此同时，清政府还为恢复绿营额兵进行了一番努力。自湘军攻陷安庆、对太平军稳操胜券以来，不断有人奏请恢复绿营额兵。同治元年，江西巡抚沈葆桢奏请整顿江西绿营，其后未能按计划实施。同治二年，又有人要求恢复浙江绿营，左宗棠以暂行裁汰绿营额兵复奏。同治三年，先是安徽巡抚唐训方，转呈僧格林沁的咨文于两江总督曾国藩，要求恢复安徽绿营，接着湖北巡抚严树森又奏请停补江苏、浙江、安徽等省绿营额兵，清廷遂令各省督抚"妥议具奏"。两江总督曾国藩会同安徽巡抚上奏提出，安徽"原设绿营额兵散亡殆尽"，应"仿照浙江成案，溃卒不准收伍，间存零星孱弱之兵，即予一律裁撤，其营汛将弁缺出，并请暂缓叙补，统俟一二年后军事大定，或挑选勇丁，或招募乡民，次第简补，以实营伍而复旧制。"①这一年，山东巡抚阎敬铭还曾

---

① 《曾文正公奏稿》，第20卷，第17、18页。

奏请"饬多隆阿募北方将士，教之战阵，择其忠勇者补授提、镇、参、游，俾绿营均成劲旅"，以矫"专用南勇"之弊，兼杜"轻视朝廷之渐"①。不料，多隆阿该年死于陕西盩厔，僧格林沁次年死于山东菏泽，这一打算亦随之落空。与此同时，清政府还曾令直隶总督刘长佑挑练直隶绿营，组建六军，冀成劲旅。但由于兵、户两部的干预，改造很不彻底，致使腐败依旧，战斗力太差，在西捻军面前一触即溃，实验遭到失败。同治七年捻军彻底失败，清廷下令裁撤淮军，但很快发现，撤勇之后别无劲旅，不仅京畿空虚，整个清王朝亦将失去军事支柱，只好收回成命，令湘淮军驻扎各地，维持统治秩序。迨至同治八年曾国藩就任直隶总督重新练兵时，清廷只好同意其奏请，挑选绿营精壮，完全按照湘军营制，由湘军将领进行训练，彻底割断同原绿营的一切联系。虽兵源来自绿营，但军营体制与军营风气全变，故而改名练军，再不是原来的绿营额兵。此后，各省纷纷效仿，也有力复旧制或稍加变通者，但费时耗饷，办理卒少成效。"饷项虽加，习气未改，亲族相承，视同世业，每营人数较多，更易挟制滋事：身既懒弱，多操数刻，则有怨言；性又不驯，稍施鞭笞，则必哗噪。将弁不能约束，遑论教练？至于调派出征，则闻风推诿，其不能当大敌、御外侮固不待言，即土匪盐枭亦且不能剿捕。惟直隶练军皆系勇营规模，其中多有外省勇丁，故尚可用。此外各省积弊大率相同。"②总而言之，绿营制度虽然在历史上延续了很长时期，最后与勇营一起退出历史舞台，但清政府恢复其战前地位与作用的努力，却遭到了失败③。这样，清廷既然无法恢复战前旧有的武装力量和军营体制，也就不能不依靠湘淮军，既然依靠湘淮军，也就不能不承认勇营制度的地位和曾国藩对军营制度的改革。然而，这一改革不仅导致国家兵制和军营风气的极大改变，也使国家政治体制为之大变，由于中央集权的削弱和地方分权的增强，最终走向国家分裂和军阀混战的局面。

曾国藩在世时，不仅国家权力分配上内轻外重的形势已成定局，且分裂之象已露端倪。同治六年，当他正为军制改革的成功和集权一身的经验自鸣得意

① 《清史稿》，第41册，第12384页。
② 张之洞：《张文襄公奏稿》，铅印线装本，第32卷，第28—29页。
③ 参见罗尔纲《绿营兵志》，中华书局1984年版，第74—114页。

的时候，其心腹幕僚赵烈文就直截了当地指出这种做法的恶果："师（指曾国藩）事成矣，而风气则大辟蹊径。师历年辛苦，与贼战者不过十之三四，与世俗文法战者不啻十之五六。今师一胜而天下靡然从之，恐非数百年不能改此局面。"联系前面关于"异日之祸必先根本颠仆，而后方州无主，人自为政"和"剖分之象盖已滥觞"①的话，其意思是很清楚的。无非是说，导致将来国家分裂的祸根，是由曾国藩一手种下的。还有一次二人聊天，当曾国藩表示"吾尚有归志"时，赵烈文极为郑重地对他说："师进退大计，所关非浅。""师万事不理，卧而镇之，犹胜寻常万倍。言师之才德，皆近于谀，兹姑弗言。湘、淮诸军之各有门户，师所知也。杨厚庵统水师，名动江表，一改陆师而号令不行。迁地弗良，其效尚如此，况百万之众，贵则茅土，富则陶、猗，皆一人所提携。现虽散处，其中豪强节概之士不可偻指而数，一旦取而代之，其可得乎？三年冬师奉命离任督剿江、楚，旨甫下，而人间已有扼腕不平、愤愤欲起者；况师谢事而去，易以新督，自颈以下不与头接，是大乱之道也。两楚三江伏戎数千里，所惮一人耳。师今日去，明日必呼啸而起。师至时而欲悔，上负君父，下负黎庶，不已晚乎？师向奏言，谢事不敢望归田里，欲统万人任一路。师试想，师为统将，孰当驭之？且天下虽大，何处可容师迹。"曾国藩听后立即表示，"足下言切如此，能无动心"②？可见赵烈文讲的话是符合实情的。当时的有识之士除赵烈文外，王闿运也看出了这一问题。同治九年，他看过《五代史》后，借古鉴今，为之大惊，并在当天的日记中写道："观其将富兵横，矛戟森森，与今时无异，恐中原复有五季之势，为之枭兀。余去年过湘乡县城，如行芒刺中，知乱不久矣。"③

　　曾国藩死后，这种兵为将有、督抚专政的情况更为严重。后来有人描写江宁的情况说，金陵"光复后战兵虽裁撤，留防湘军常万数，江督一缺必于湘军宿将中选之，盖非如此不足安其心，且恐有他变。杨金龙（湖南人）提督江南十余年，虽跋扈而朝廷不敢动（时哥老会匪多湘人，杨为其魁，遇事专擅，历

---

① 《能静居日记》，同治六年六月二十三日。

② 《能静居日记》，同治六年九月初十日。

③ 王闿运：《湘绮楼日记》，同治九年正月十六日。

任督臣不能制），亦此故也。光绪甲午、庚子间，刘忠诚公（刘坤一，字岘庄）督两江前后殆十载，竟若一日公不死，无复有可以代之者。金陵遂俨然湘人汤沐邑矣"①。

迨及甲午战败，湘淮军一溃千里，北洋舰队全军覆没，清政府不得不编练新军以取代勇营，亦欲乘机从汉族将帅手中收回兵权。怎奈满洲亲贵积习难移，凡事不肯躬亲，更不肯放下身段学习自己不懂的东西。故虽有庆王、荣相凌驾于上，荫昌参与其间，但实际上只有袁世凯一人在小站积极、认真地练兵，遂使新建陆军一开始就牢牢控制在他的手里。

袁世凯同曾国藩集团，尤其李鸿章淮军系统有着千丝万缕的联系。其所谓外交、军事才能，更主要得自湘淮将帅的熏陶。这不仅因为，他在朝鲜编练的新军"一切从湘淮军制"②，新军最初的营制营规，多从湘淮军变通而来，其大小军官也多以淮军将领和北洋武备学堂毕业生充任，即如直隶扩练新军时兵、饷、人事大权集于一身的做法，亦源于当年曾国藩有关直隶练兵的奏章③。无怪乎御史王乃徵奏称，"今日国家兵赋之大政悉听一人"。"该督年甫四十，曾无勋绩足录"，"爪牙布于肘腋"，"腹心置于朝列"，"党援置于枢要"，"即使忠纯如曾国藩、胡林翼、左宗棠，臣亦以为不可，况该督之断断非其人也"。"满溢之戒，该督既不自知；逾分之嫌，朝廷独不加虑乎?!"④而正是由于这种军营体制上的继承性，从而造成北洋军的军营风气，与湘淮军一脉相承。其所谓"湘军演变而为淮军，淮军演变而为北洋军"⑤，正是反映了他们之间的这种历史渊源。有人甚至直指新军为淮军的变种。

更为幸运的是，经过抗击八国联军入侵的战争，清政府直接掌握的武卫军中的其他几支武装基本瓦解，唯有袁世凯的新军因拒不从命而保存下来。而清政府迫于内外形势的需要，不仅对之不加追究，反而将其所部新军一再扩充，

① 汤殿三：《国朝遗事纪闻》，民兴报馆版，第1册，第9页。
② 周家禄：《恺寿堂集》，第10卷，第14页。
③ 参见李宗一《袁世凯传》和朱东安《曾国藩传》的有关章节。
④ 杜春和等编：《北洋军阀史料选辑》（上），中国社会科学出版社1981年版，第41、42、43页。
⑤ 王德亮：《曾国藩之民族思想》，商务印书馆1946年版，第73页。

使之很快增至六七万人，从而成为当时国内实力最强的军政集团。袁世凯掌握了这支武力，实际上也就掌握了大清国柄和满洲贵族的命运，待他们发现形势危急力图挽救的时候，已经悔之晚矣。而李鸿章、刘坤一和张之洞的相继谢世，更使袁世凯成为统兵大帅一枝独秀，那拉氏往日对疆吏权臣的控驭之术失去灵验，这就进一步加深了满洲皇室的政治危机。迨及袁世凯借辛亥革命之机东山再起，满洲皇室孤悬其上，清王朝已经成了一个空壳子。

按照马克思主义有关国家与革命的基本原理，辛亥革命的首要任务是推翻清王朝，彻底粉碎其旧的国家机器，尤其袁世凯为首的北洋集团及其反动武装力量。然革命党却既无举兵北伐的饷银，也没有一举击败北洋军的军事实力，只得接受南北和谈的结局，仅将袁世凯的头衔由清王朝责任内阁的总理大臣换成中华民国的临时大总统，而作为清王朝主要支柱的北洋集团及其反动武装力量却完整地保存下来。其后袁世凯正是利用手中的这支武力，逼迫革命党步步退让，攫取全部大权，致使新生的共和国有名无实。例如，逼迫孙中山出让临时大总统，逼迫南京临时政府北迁，都是利用北洋将领的宣言、兵谏，甚至伪装兵变的办法实现的，否则，他的政治阴谋不可能步步得逞。当其反动面目完全暴露，革命派起而抗争，举行二次革命的时候，袁世凯又用这支武装力量，彻底将南方革命力量镇压下去，使辛亥革命最后以失败告终。

迨及袁世凯洪宪帝制彻底失败并随之死去之后，虽然保住中华民国的名义，从而为人民的革命活动提供了方便条件。但帝制的终结和辛亥革命的失败，却使北洋将领失去权威力量的制约，沦为赤裸裸的大小的军阀，并在实际上成为社会的最高主宰。他们仰仗帝国主义的支持和自己手中的武力，无法无天，为所欲为，割据混战，轮流坐庄，践踏国法，强奸民意，遂将民国初期的十余年间，弄成既无君权又无民权的黑暗时代。

附录一

主要成员简历

▼

按姓氏笔画排列。

二画　丁

丁日昌　字雨生，广东丰顺人。诸生。咸丰四年在籍办团练，解潮州围。五年授广东琼州府学训导，十二月授江西万安县令。十年八月署庐陵县令，十一年三月因县城失守革职。七月入曾国藩幕，在江西充任厘卡委员。同治元年五月调赴广东办理厘金。十月开复原官，以知县在江西补用。二年八月调回安庆行营，旋调赴上海，转入李鸿章幕，办上海炮局。三年五月署苏松太道道员，四年正月实授。五月充江南制造局总办，十月迁两淮盐运使，主办两淮盐务，兼理江北厘金总局。六年二月迁江苏布政使，十二月迁江苏巡抚。同治九年六月奉曾国藩奏调赴天津协办教案，闰十月丁母忧免职。光绪元年九月起复，出任福州船政大臣，十一月授福建巡抚，仍兼船政大臣。三年七月病假，四年四月病免。五年闰三月奉命办理南洋海防江防，加总督衔，兼充总理各国事务衙门大臣。光绪八年正月病死。

丁汝昌　字禹庭，又雨亭，安徽庐江人。初隶长江水师，后改陆师，从刘铭传"剿"捻，充营官，积功至参将。捻平，授记名总兵。光绪初留北洋差遣叙职。曾赴英国购买兵舰，游历法、德各国，归国后即综理长江水师营务。光绪九年授天津镇总兵，光绪十四年十一月授海军提督，统北洋舰队。不习海战，徒以皖人居高位，总兵又多籍闽、粤，致使舰队指挥不灵，纪律废弛，训练懈怠，士气低落，官兵多离船陆居。光绪二十年甲午，中日战事起。丁汝昌欲至济物浦先攻日舰，将启行，被总理衙门电报制止。后战局愈形恶化，同日军战于辽宁大东沟，丧五舰，击沉日舰一艘，尚不为大败。不意丁汝昌竟放弃旅顺，率舰远逃山东威海。被劾革职逮问，经李鸿章奏请戴罪立功。从此，北洋舰队士气尽丧，只言守，不言战。光绪二十一年日军追至，丁汝昌率舰队降，饮药自杀以终。

丁宝桢 字稚璜，贵州平远人。咸丰三年进士，选庶吉士，丁母忧回籍。遵义杨隆喜起义，斥家财募勇八百人捍乡里。服阕未回京，经贵州巡抚蒋蔚远奏留，特旨授翰林院编修，带勇镇压当地苗民与教军起义。所部乡勇增募至四千人，先后收复平越、独山诸城。咸丰十年简放湖南岳州知府，十一年调任长沙知府，十一月擢署陕西按察使。适值湖南巡抚毛鸿宾奉募勇援剿山东之旨，遂奏令丁宝桢带湘勇千人改赴山东。渐增募至二千六百人，转战于山东各地。同治二年正月改授山东按察使，三年八月迁山东布政使，带兵"剿"捻如故。四年春夏，奉山东巡抚阎敬铭令回布政使本任，所部改由王心安接统。因僧格林沁战死曹州，本省抚、藩、道、府多人被劾，曾国藩奉旨核查，复奏认为阎敬铭军事阅历太少，而证丁宝桢无罪。阎敬铭遂奏请休致，并举丁宝桢以自代。五年十一月署山东巡抚，六年二月实授。光绪二年九月迁四川总督，五年六月革职，赏四品顶戴署川督。七年四月授四川总督，十二年五月卒于任，赠太子太保，谥文诚。丁宝桢为官刚正廉明，实清代少有之名吏。山东任内曾折僧格林沁贵倨之气焰，抗辩李鸿章对王心安之诬陷，追捕安得海而奏斩之。川督任内更是肃贪惩奸、多有建树，无私无畏、百折不挠，政绩几称圆满。

丁寿昌 字乐山，安徽合肥人。文童。少为里塾师，咸丰三年集里中弟子团练自保。同治初率偏师入淮军，先从李鸿章战于苏南，后随潘鼎新战于浙西，从克嘉兴、湖州。同治六年从刘铭传"剿"捻，积功至布政使衔记名按察使。捻平，回籍养母。同治八年经曾国藩招致直隶帮统铭军。九年六月奉命率铭军四千驰赴天津，署天津道，旋实授。光绪四年署津海关道，六月迁直隶按察使。光绪六年卒于官。

三画　万卫

万启琛　字篯轩。咸丰四年入曾国藩幕，在江西办理劝捐、饷盐。咸丰五年七月授湖北粮道，仍留江西、浙江办理饷盐、团练等务。咸丰十一年八月经曾国藩奏调赴皖，委办安徽牙厘总局，兼办善后事宜。同治二年正月补授安徽按察使，三月迁江苏布政使，十二月改江宁布政使，仍留安徽办理厘金、善后诸务。同治三年三月奉派赴泰州设局劝捐筹饷，九月赴江宁布政使任，委办金陵粮台。同治四年八月免职。

卫荣光　河南人。咸丰二年进士，选庶吉士，散馆授编修。咸丰九年经胡林翼奏调来湖北军营，随多隆阿转战鄂、皖各地。咸丰十一年胡林翼死，回京供职。同治二年历迁至侍讲学士，放山东济东道，先后署山东盐运使、山东按察使，同治六年丁忧回籍。同治十二年起授江安粮道，署江苏按察使。光绪元年八月授安徽按察使，光绪二年四月迁浙江布政使，光绪四年二月迁湖南巡抚，三月忧免。光绪七年十一月起授江苏巡抚，光绪十四年十月调山西巡抚，光绪十五年十月病免，次年病死。

四画　方毛王韦邓

方大湜　湖南巴陵人。诸生。胡林翼幕僚，光绪六年五月由安襄郧荆道迁直隶按察使，光绪八年二月迁山西布政使，十一月受降级处分。

毛有铭　字竹丹，湖南湘乡人。士人。分统。原隶唐训方。咸丰十年春唐训方离营赴湖北粮道任，毛有铭代统所部，改隶李续宜。同治二年李续宜死，又改隶曾国荃。同治三年夏所部遣散。官至候补道员。

毛鸿宾　字寄云，山东历城人。曾国藩同年。道光十一年中山东乡试举人，十八年取进士，选庶吉士。二十年散馆授翰林院编修，二十七年改都察院江南道监察御史，二十九年二月升礼科给事中，八月转掌兵科给事中，寻丁母忧回籍。咸丰二年服阕，补掌礼科给事中。三年经户部尚书孙瑞珍保奏，奉旨回籍办理团练。五年因办团出力，以记名道简放湖北荆宜施道，六年调安襄郧荆道。十年五月迁安徽按察使，九月迁江苏布政使。十年二月署湖南巡抚，七月实授。同治二年五月迁两广总督，四年二月降一级调用。七年卒于籍。

王　鑫　字璞山，湖南湘乡人。生员。统领。官至道员。罗泽南弟子。湘军最初的三营官之一，曾为湘军的创建出过大力，故湘军将领多罗王旧部。咸丰四年因与曾国藩意见不合改投骆秉章、左宗棠门下，曾国藩长沙整军后再出，他没有随行，留防湖南。所部称老湘营，仍行初建时营制，军纪为湘军之最。咸丰六年罗泽南死于武昌城下，应李续宾之邀援湖北，转战崇阳、通城、通山、蒲圻一带。咸丰七年春奉旨援江西，连战皆捷，屡败太平军增援吉安的部队。七月，患热病死于乐安。年三十三岁。谥壮武。著有《练勇刍言》《阵法新编》《尺一偶存》。

王士珍　字聘卿，直隶正定人。北洋武备学堂毕业。光绪三十三年五月，以兵部侍郎衔军政司正使，署江北提督，旋实授。三十四年四月忧假，改署职。宣统二年三月病死。

王大经　字筱莲，浙江平湖人。举人。同治元年入李鸿章幕，总办江苏牙厘局、江苏忠义局。曾主张查禁《红楼梦》，被曾国藩引为笑谈。同治十二年五月由江苏江安粮道迁湖北按察使，光绪四年七月迁湖北布政使，九年正月病免。

王之春　字芍棠，湖南清泉人。彭玉麟幕僚。光绪十四年三月由广东粮道迁浙江按察使，四月改广东按察使。十六年十二月迁湖北布政使，二十三年十一月改四川布政使。二十五年八月迁山西巡抚、十月调安徽巡抚，二十七年十月解职。

王凯泰　字补帆，初名敦敏，江苏宝应人。道光三十年进士，选庶吉士，散馆授编修。咸丰十年丁母忧归，奉旨佐大理寺卿晏端书办理江北团练，积功加四品卿衔。同治二年入李鸿章幕，襄办营务处、江苏牙厘局。同治四年调浙江以道员补用，署浙江粮道。同治五年二月迁浙江按察使，六年七月迁广东布政使，九年七月迁福建巡抚。光绪元年十一月死于任，谥文勤。

王明山 字桂堂，湖南湘潭人。代统领。初隶杨载福，后调彭玉麟部充营官，积功擢游击。咸丰六年补乾州协都司，八年授浙江金华协副将，十年授安徽寿春镇总兵。十一年杨载福假归，王明山代统其军。同治元年二月擢福建陆路提督，二年十一月忧免。在军十余年，屡当大敌，曾先后参与攻克武汉、赤冈岭、安庆及围攻天京诸役。光绪中，清政府曾绘功臣相于紫光阁，王明山为其中之一。光绪十六年病死于原籍。

王德固 字子坚，河南鹿邑人。道光十八年进士，曾国藩同年。同治元年署江西赣州知府，护理赣南道，受曾国藩委派接管赣州牙厘局。擢补用道。同治六年三月授江西按察使，八年四月迁四川布政使。光绪元年四月休致。

王德榜 字朗青，湖南江华人。咸丰二年从军，隶湘抚。咸丰五年援江西，开始独领一军。同治元年援浙，三年九月援闽。积功至记名按察使。同治三年十月署福建布政使，四年二月实授。同治四年七月迁福建布政使，五年九月乞养归，六年九月丁父忧。同治十年八月经左宗棠奏调赴西北会督诸军，十一年总统甘南四百余营。在驻地大修水利，广开屯田，获沃田百余万亩。光绪六年奉命驰赴新疆。光绪十年中法战争爆发，奉命率帅防守广西镇南关外，与各路部队相互配合，大败法军，收复谅山等城。光绪十五年十月补贵州布政使，十九年三月卒于官。

邓万林 湖南长沙人。光绪二十六年二月由碣石镇总兵迁广东陆路提督，二十八年四月解职。

邓仁堃 字厚甫，湖南武冈人。道光五年拔贡，授即用知县，分发四川，历署梁山、江油、洪雅知县，补綦江知县，调富顺知县，丁忧归。纳资为知府，补江西南安知府，调署广信知府，署江西督粮道。咸丰三年助江忠源、江西巡抚张芾守南昌，立有大功。太平军撤走后即大修城墙，为坚固不破之计，费银十四万两有零。五年筹饷十万两请罗泽南攻克义宁城。六年三月由江西粮道迁江西按察使，七年正月因修城事被劾，降五级调用。同治五年病死。

韦志俊 又名韦俊、韦十二，广西桂平人。降将，太平天国北王韦昌辉胞弟，曾任右军主将。咸丰九年在安徽池州叛变，与湘军约期攻打芜湖。其部将黄文金等反戈一击将其打败，夺回池州。韦俊逃入水师彭玉麟部。彭玉麟依照曾国藩的指示，将其军大部遣散，仅留数营令其统带，充分统。他曾在争夺咽喉要地枞阳之战中，为湘军立下大功，使安庆失去唯一的对外通道，陷入绝境。又曾奉派随萧翰庆赴援杭州，中途与太平军遭遇，所部溃散，使萧翰庆白白送掉性命。后调属曾国荃部，随同攻打天京，天京陷后首批裁撤。据说，韦俊其后又重返降清之地，安徽韦氏即其后人。

五画　冯厉史叶左帅甘田

冯桂芬　字景亭，江苏吴县人。中国近代史上的著名思想家。道光二十年进士，选庶吉士，散馆授编修。因咸丰三年在籍举办团练，授右中允。咸丰十年逃至上海，联络江浙士绅成立上海中外会防局，借外国侵略势力守卫上海，并派钱鼎铭赴安庆向曾国藩求援，出高价雇用外国轮船将淮军接到上海。同治元年应调入李鸿章幕，办理营务处。著有《校邠庐抗议》《显志堂集》《说文解字段注考证》等。

冯焌光　字竹如，广东南海人。举人。咸丰九年十一月入曾国藩幕，先后曾办理书启文案、购买洋枪洋炮等务。同治四年五月调江南制造局管理局务，十月授苏松太道。同治十年因涉嫌贪污被曾国藩撤差，改委李兴锐管理江南制造局局务。

厉云官　字伯符，江苏仪征人。原为湖南清泉县知县。咸丰三年二三月间入曾国藩幕，曾先后办理审案局、粮台、转运局等务。咸丰十一年授湖北荆宜施道，离幕赴任。同治元年十一月迁湖北按察使，二年四月迁湖北布政使，四年三月忧免。

史致谔　字士良，江苏溧阳人。道光十八年进士，选庶吉士，散馆授编修。与曾国藩同年、同事。道光末年外放江西广信知府，咸丰四年调南昌知府。咸丰五年四月经曾国藩奏准协理浙盐行销江西事务，兼署江西盐巡道。寻丁忧免官，仍留江西襄办军事。咸丰九年服阕，调赴浙江差委。同治元年经曾国藩推荐，为左宗棠经办玉山转运粮台，不久署宁绍台道，为英、法洋枪队筹饷。同治三年因上年洋枪队攻占绍兴、萧山，以筹饷功加按察使衔，赏戴花翎。旋休致，后卒于籍。

叶志超 字曙青，安徽合肥人。初从合肥知县英翰充官团团勇，常与后来为淮军主力铭、盛、树、鼎四军的民团常相攻击，曾强抢张树声表妹为妻。同治二年应刘秉璋募入淮军，攻打太平军。同治四年复从刘铭传"剿"捻。光绪初署直隶正定镇总兵，后实授。光绪十五年十一月迁直隶提督。光绪二十年奉李鸿章命赴朝鲜，受"勿战"之诫。闻饷道断，弃牙山逃至平壤，并讳败为胜，骗取嘉奖银二万两，及总统前线诸军之权。日军攻平壤，献城降，导致全军覆没。叶志超仅以身免，逃回辽宁，被劾革职。光绪二十一年械送京师，处死刑缓期。光绪二十六年赦归，岁余病死。

左宗棠 字季高，湖南湘阴人。道光十二年举人，三试礼部落第，潜心治经世致用之学，以课馆授徒度日。受知于两江总督陶澍，结儿女姻亲，复应其临终托孤之请，课婿读书，代理家政。咸丰二年入湖南巡抚张亮基幕，主持战守各务。咸丰四年复入继任湘抚骆秉章幕，隐操一省大权，励精图治，锐意改革，很快将湖南治理成湘军四出攻战的基地。咸丰十年因樊燮案离开骆幕，改投曾国藩麾下。狱解，奉命以四品卿衔襄办曾国藩军事，独募一军，带赴景德镇一带作战。咸丰十一年四月奉命以三品卿衔帮办曾国藩军务，五月授太常寺卿，十一月奉命督办浙江军务，十二月授浙江巡抚。同治二年三月迁闽浙总督，兼署浙江巡抚。同治三年二月攻陷杭州，尾追太平军入福建、广东作战。十月封一等恪靖伯。同治五年八月调改陕甘总督，同治六年正月授钦差大臣，督办陕甘军务，镇压捻军与西北回民起义。特赐进士，授翰林院职。同治十二年十月授协办大学士，同治十三年八月迁东阁大学士，仍留陕甘总督任。光绪元年三月授钦差大臣，督办新疆军务，光绪四年全疆收复，晋二等恪靖侯。六年十一月召京。七年正月入值军机处，九月授两江总督，出京赴任。十年正月病免，四月召京，五月入值军机处，七月复授钦差大臣，督办福建军务。光绪十一年七月病死于福州，谥文襄。著有《左文襄公全集》《左文襄公家书》。

帅远燡 字仲谦，号逸斋，湖北黄梅人。其祖父帅承瀛，曾在嘉庆、道光两朝为官，先后任都察院左副都御史，礼、工、吏、刑部侍郎，浙江巡抚等职。帅远燡道光二十七年进士，选庶吉士，散馆授编修，系李鸿章、郭嵩焘等人的同年，极受曾国藩的赞许，认为帅远燡、李鸿章、郭嵩焘、陈鼐四人皆伟器，有"丁未四君子"之目。惟其出身贵族，自视甚高，不能放下架子，与人共甘苦。咸丰七年在江西投军，自募千人独成一军，依湘军老将周凤山对太平军作战。不料，初经战阵即遇翼王石达开来攻，周凤山部率先逃溃，帅远燡随之败死。

甘 晋 字子大，江西奉新人。道光二十一年进士，授礼部主事。咸丰初回籍丁忧，服阕，经巡抚奏留江西办理劝捐事宜。自咸丰五年四月至十一年十二月，曾先后三次入曾国藩幕，办理粮台、报销、营务。同治元年闰八月病死军营。

田兴恕 字忠谱，湖南镇算厅人。初为镇算兵，隶邓绍良部。咸丰二年应湖南巡抚骆秉章募，改充练勇。咸丰六年任营官，独领一营，称虎威军，随萧启江援江西。咸丰八年升副将，奉骆秉章檄援黔，解黎平围。咸丰九年回救湖南，从解宝庆围。复奉命督办贵州军务，署贵州提督，所部改名长胜军，增兵二万人，由湖南转饷。咸丰十年十月授贵州提督、钦差大臣，督办全省军务。咸丰十一年八月兼署贵州巡抚，年二十四岁。同治元年因杀西人传教士文乃尔革职查办。同治四年发新疆效力，行至甘肃，经左宗棠奏准留防秦州。同治十二年释归。光绪三年十月卒于家，年四十一岁。

六画 任刘华吕多孙庄成朱江汤许

任星元 又作任星源，湖南长沙人。湘军水师分统，彭玉麟旧部。同治五年十二月由阳江镇总兵迁广东水师提督，七年闰四月解职。

刘 典 字克庵，湖南宁乡人。诸生。咸丰六年投军，从罗泽南攻武昌。后返湖南，奉湖南巡抚衙门师爷左宗棠意旨在原籍宁乡办团练。咸丰十年左宗棠建新军，王开化总营务，刘典、杨昌濬辅之。后独领一军，转战于赣、皖一带。咸丰十一年随左宗棠入浙。同治元年正月分兵攻剿赣北皖南，充偏师，以配合蒋益澧主力部队进攻杭州的军事行动，所部已增至五千人。五月，由候补知府超擢浙江按察使。同治二年十月丁父忧回籍。同治三年夏奉旨募勇八千人赴江西，复随左宗棠入闽、入粤。同治五年秋奉命帮办陕甘军务，随左宗棠西行。同治六年奉命督办陕西军务，同治七年二月署陕西巡抚。同治八年十二月乞养归。光绪元年左宗棠进军新疆，刘典奉命再赴西北，帮办左宗棠军务。光绪二年七月以三品候补京卿补太常寺卿，光绪四年五月改通政使司通政使，乞养归。是年冬行至兰州病死。

刘　蓉　字孟容，号霞仙，湖南湘乡人。文童。讲习理学，关心时事，注重经世致用。咸丰二年在籍办团练，十二月同罗泽南等带湘乡勇三营赴长沙，入曾国藩幕，参谋机要。咸丰十年经左宗棠推荐入湘抚骆秉章幕，代之执掌一切。咸丰十一年随骆秉章入川参军事。九月以候补知府署四川布政使，次年二月实授。同治二年六月因官文疏荐堪当一面，奉命督办陕南军务，七月迁陕西巡抚。同治四年因辩蔡受祺之污泄露密折被劾，降一级调用，经陕甘总督杨载福奏请仍署巡抚，带兵如故。同治五年八月自请卸署抚专一治军，由力主"用勇不如用兵"的乔松年接任陕西巡抚，遂致军政不和，粮饷不继，灞桥惨败，夺职回籍。同治十二年病死。著有《养晦堂文集》《养晦堂诗集》《刘中丞奏议》。

刘于浔　字养素，江西南昌人。举人。大挑得知县，分发办河工，补江苏清河令，升扬河厅通判。咸丰元年丁母忧回籍。咸丰三年协助赣抚张芾、在籍刑部尚书陈孚恩办理团练，以助守南昌功升知府。咸丰四年十二月入曾国藩幕，委办江西船厂。咸丰五年奉命创办江西水师，助曾国藩作战。咸丰十一年十二月由甘肃安肃道迁甘肃按察使，经赣抚奏准，留办江西防务。同治元年九月受曾国藩委派，与李桓、孙长绂共同主持江西厘金总局，专司探访商情、查寻厘务积弊。同治三年十月因病免去甘肃按察使职。

刘长佑　字子默，号印渠，湖南新宁人。拔贡。咸丰二年入江忠源幕，同赴广西对太平军作战，蓑衣渡伏击、长沙城守、攻剿忠义堂诸役皆与之。咸丰三年江忠源赴鄂途中受阻，刘长佑率兵赴援，为其独领一军之始。咸丰五年所部扩充渐众，有刘家军之目。咸丰六年奉湘抚命，率萧启江等五千人援江西，咸丰八年八月率部返湘。咸丰九年初再出救宝庆，九月率兵八千尾追石达开入桂，由记名按察使授广西按察使，十月迁广西布政使。咸丰十年闰三月迁广西巡抚，所部交刘坤一统带。同治元年闰八月迁两广总督，未赴任，十二月改直隶总督。同治六年十一月革职归籍。同治十年四月起授广东巡抚，六月改广西巡抚。光绪元年十一月迁云贵总督，光绪八年召京陛见，光绪九年四月病免，光绪十三年病死。

刘齐衔 字冰如，福建闽县人。道光二十一年进士，以汉阳知府为胡林翼所知。同治六年十月由陕西粮道迁浙江按察使，同治八年四月迁河南布政使，光绪三年十一月革职。

刘寿曾 字恭甫，江苏仪征人。同治三年副贡生。其父刘毓崧为曾国藩幕僚。同治六年九月父死，复应聘入幕，接替父职，任编书局校勘。其祖父刘文淇、父刘毓崧相继治《左氏春秋长编》，皆未竟而卒，年不到五十。刘寿曾发愤完成父祖遗业，亦未竟而卒，年四十五岁。著有《读左札记》《春秋五十凡例表》《昏礼重别论对驳义》《南史校义集评》《传雅堂集》《芝云杂记》等。

刘连捷 字南云，湖南湘乡人。士人。原为刘腾鸿族人和所部营官，刘腾鸿死后转隶曾国荃，从陷吉安、安庆、天京等城，获布政使记名。曾国藩大裁吉字营时，所部三千人保留下来，移防舒城、桐城，复追杀霆营叛卒和太平军至广东。战事结束回籍养病。光绪六年经山西巡抚曾国荃奏请，再出为其练兵。中法战争期间，曾国荃督两江，刘连捷奉命统万人驻江阴，光绪十三年病死军中。著有《临阵四法》一卷。

刘坤一 字岘庄，湖南新宁人。诸生。咸丰初从军，追随刘长佑多年，曾先后转战于江西、广西等地，积功至记名按察使。咸丰十年四月刘长佑授广西巡抚，离营赴任，刘坤一接统其军。咸丰十一年九月迁广东按察使，同治元年闰八月迁广西布政使，同治四年五月迁江西巡抚。同治十三年十二月署两江总督，光绪元年八月改两广总督，光绪五年十一月调两江总督，光绪七年七月召京。光绪十六年十月授两江总督，光绪二十年七月兼署江宁将军，十月召京陛见，十二月授钦差大臣。光绪二十一年十一月回任两江总督，光绪二十八年九月卒于任。

刘岳昭 字荩臣，湖南湘乡人。文童。咸丰六年从萧启江援江西，授知县，充营官。七年擢同知，八年升知府，十年升记名道员。咸丰十一年春从骆秉章入川，任统领。行至荆州，复奉命回援湖北，会克随州，授记名按察使。同治元年尾追石达开军入川。贵州巡抚张亮基疏荐其才，同治二年十一月授云南按察使，三年八月迁云南布政使，留川治军，未赴任。同治五年正月迁云南巡抚，留黔用兵，未赴任，直至同治七年始奉命赴任。同治七年三月迁云贵总督，光绪元年十一月因入觐迁延革职。光绪九年卒，复官。

刘松山 字寿卿，湖南湘乡人。咸丰初充练勇，隶王鑫、张运兰。同治三年张运兰离营赴福建按察使任，与易开俊分领其军，各带三千人，仍驻兵皖南。同治四年五月奉命从曾国藩"剿"捻，行至临淮关，易开俊因援救涡阳不力被曾国藩开差离营，刘松山兼统其众，所部达六千人，后又进而扩充至九千人。同治五年十二月刘松山奉曾国藩命率军先行入陕，改隶左宗棠。对西捻军及回民起义作战，由皖南镇总兵改肃州镇总兵。二月迁广东陆路提督，留陕带兵如故。西捻军渡河东去以援东捻，刘松山尾追而至冀、鲁一带。西捻平，赐三等轻车都尉世职，奉命重返陕甘，对回民起义军作战。同治八年陕回逃向灵州，刘松山奉命率军进入宁夏。同治九年二月进攻金积堡，重伤死，年二十八岁。

刘秉璋 字仲良，安徽庐江人。冒籍取中顺天府举人。曾入督办徽州军务张芾幕府，充任幕僚。咸丰十年考中进士，选庶吉士，散馆授编修。同治元年经李鸿章奏调赴上海军营。同治二年奉李鸿章命，募勇五千人，独领一军图嘉善。从此，刘秉璋与淮军主力兵分两路，率偏师杀向浙西，陆续攻陷嘉兴、湖州等地，历迁至翰林院侍讲学士。同治四年春淮军各部陆续北调"剿"捻战场，唯刘秉璋等三支留防江南，驻守苏、松、东坝一带，同治五年正月经曾国藩奏调北上"剿"捻。同治五年四月迁江苏按察使，未赴任，带兵"剿"捻如故。同治六年二月迁山西布政使。东捻平，丁父忧归。同治十一年六月起授江西布政使，光绪元年八月迁江西巡抚，光绪四年七月以母老乞养归。光绪八年十二月起授浙江巡抚。中法战争期间，对法军的侵扰进行了坚决的回击。光绪十二年五月迁四川总督，六月兼署成都将军，十月因处理教案较为公平而被解职。光绪三十一年卒，复官，谥文庄。

刘郁膏 字松岩，河南太康人。道光二十七年进士，以即用知县分发江苏，咸丰元年署娄县知县。咸丰三年率漕勇三百从克嘉定，署嘉定知县，授青浦知县。八年调上海知县。同治元年二月淮军至沪，入李鸿章幕，总理饷运，兼办雨花台大营协饷，每月筹集饷银二十万两无误。三月以候补知府署理江苏按察使，同治二年正月实授。十二月迁江苏布政使，同治五年四月忧免，不久病死。

刘培元 湖南长沙人。武生。咸丰初入湘军，初为水师，从克湘潭、岳州、嘉鱼、蒲圻，战于田家镇，会攻湖口，咸丰五年从水师回湘、鄂间修船整备。六年改陆师，领长字营，从刘长佑援江西，从克万载、袁州、吉安。八年冬回籍养病。九年率千人守桂阳失败，复率水师从解宝庆围，授浙江处州镇总兵，仍留湖南领水师。同治元年经左宗棠上疏奏准，率安武水陆全军驻常山。二年从克汤溪、龙游、桐庐、富阳，加提督衔。三年从克杭州，丁母忧归。光绪十七年病死。

刘盛藻 字子务，安徽合肥人。生员。原为塾师，同治元年入淮军，隶刘铭传。同治八年四月刘铭传离营，接统其军。光绪九年六月由直隶大顺广道迁浙江按察使，十一月去职。

刘铭传 字省三，安徽合肥人。少为盐枭，聚众贩私盐。后充团首，从李元华、李鸿章办民团，称霸一方，对抗太平军、捻军，兼与官团相互攻杀抢夺。同治元年应募入淮军，随李鸿章赴沪。所部称铭字军，初为一营，渐增至数千人。程学启死后成为淮军主力和人数最多的一支。同治四年五月随曾国藩北上"剿"捻，七月以记名提督授直隶提督，未赴任，带兵"剿"捻如故。西捻平，驻军张秋。同治七年九月奉命赴西北剿回，同治八年四月病免。光绪十年九月起用改文职，授福建巡抚，光绪十一年九月改台湾巡抚，移驻台湾。光绪十六年加兵部尚书衔，帮办海军事务，光绪十七年病免，光绪二十一年病死。

刘瑞芬 字芝田，安徽贵池人。诸生。咸丰十一年入曾国藩幕。同治元年二月入李鸿章幕，随淮军赴沪，办理军需，先后主持军械转运局、淞沪厘金局。积官至候补道员，加布政使衔。光绪二年署两淮盐运使，三年署苏松太道，八年二月迁江西按察使，九年十月擢江西布政使。光绪十一年六月出使英国，十月兼驻俄国公使。十三年五月停兼俄使，兼驻法、意、比公使。光绪十五年正月召回，授广东巡抚，未赴任。光绪十七年赴广东巡抚任，光绪十八年三月病死。

刘锦棠 字毅斋。湖南湘乡人。监生。刘松山之侄。其父为王鑫属下湘勇，咸丰四年死于岳州，立志为父报仇。年十六从军，时间约在咸丰十一年，从刘松山转战于江西、皖南。同治四年五月从刘松山"剿"捻，开始独领一军。同治五年十二月随刘松山入援陕西，同治八年转至宁夏。同治九年二月刘松山死后，刘锦棠代统老湘营。平金积堡，得候补道员加布政使衔。同治十年五月运刘松山灵柩回湘，同治十一年七月重返西北，先征陕甘回，后征青海回。同治十二年西宁平，又移兵肃州，回民起义军首领马文录出城降，刘锦棠竟疯狂屠城。先礫头目八人，复入城纵火，屠回民七千人，仅留老弱九百人。其手段之残忍，与曾国荃安庆杀降、李鸿章苏州杀降相类似。左宗棠奖其功，奏保补授西宁道。光绪二年四月率军出嘉峪关，在左宗棠的指挥下向新疆挺进，并充任全军主力。六月克乌鲁木齐，收复北疆。乘胜追击南下，至光绪三年十一月收复南疆，新疆平。光绪四年四月授太常寺卿，六月改通政使司通政使，未赴任，在新疆带兵如故。光绪六年正月奉旨帮办新疆军务，七月左宗棠回京，新疆事交由刘锦棠主持。十一月署钦差大臣，光绪七年八月授钦差大臣，督办新疆军务。光绪八年三月遵从左宗棠的意旨，与甘督联衔奏请新疆建省，设郡县。光绪九年十月迁兵部右侍郎。光绪十年十月新疆建省，改新疆巡抚。光绪十二年八月卸钦差任，光绪十四年正月归籍省亲。光绪二十年七月病死原籍。

刘毓崧 字伯山，江苏仪征人。刘寿曾之父，道光二十年贡生。治汉学，长于考据。同治二年十一月入曾国藩幕，同治三年四月任编书局校勘，同治六年九月去世。著有《通义堂文集》。

华蘅芳 字若汀，江苏无锡人。科学家。精于数学、物理。咸丰十一年十月入曾国藩幕，任职内军械所，曾参与木壳小轮船"黄鹄"号的试制工作。同治三年九月随内军械所迁往江宁，四年五月调赴上海，参加江南制造局的筹建工作。六年四月又参加了江南制造局的迁厂扩建与安装调试工作。同治七年入翻译馆，与伟烈亚力、傅兰雅等从事翻译与科研工作。后又至天津机器局与天津武备学堂任职。民国五年去世。官至直隶州知州。译著和著作主要有《金石识别》《地学浅释》《代数术》《微积溯源》《三角数理》《开方别术》《行素轩算稿》等。

吕本元 字道生，安徽滁州人。光绪二十六年六月由重庆镇总兵迁直隶提督，七月调浙江提督，宣统二年解职。

多隆阿 字礼堂，呼尔拉特氏，满洲正白旗人。原驻防黑龙江，充骁骑校，大约咸丰三年调入关内，参与镇压太平天国的战争。初从胜保，后改隶僧格林沁。咸丰五年调援湖北，隶于都兴阿，曾参与九江等役。咸丰八年冬都兴阿因病离营，多隆阿接统其军，奉旨就近听从胡林翼调遣。咸丰九年湘军进攻太湖期间，胡林翼曾以多隆阿总统前敌各军。咸丰十年进攻安庆时，多隆阿牢牢守住桐城挂车河一线，有力地阻止和推迟了太平军的救援行动，在安庆之役中起了关键作用。然最后论功，曾氏兄弟得上赏，多隆阿虽于当年十月，由蒙古正红旗都统授荆州将军，仍不免功高赏薄之憾。故于同治元年拒不参与围攻天京之役，通过官文奏请远走陕西。同治元年十一月授钦差大臣，督办陕西军务，同治二年十月调西安将军。同治三年春奉命督办陕甘军务，四月伤重死于陕西盩厔，赐一等轻车都尉世职。

孙开华 字赓堂，湖南慈利人。分统。咸丰、同治间，从鲍超转战鄂、赣、苏、皖、粤等地，历升官至总兵。光绪初调至台湾，中法战争中曾三战三捷，击退法国侵略军。光绪十二年十一月由漳州镇总兵迁福建陆路提督。光绪十九年九月病死于淡水。

孙长绂 字小山，湖北枣阳人。咸丰六年进士。原在刑部秋审处任职，后外放，署理江西盐道。同治元年九月奉曾国藩委派常驻江西牙厘总局，专司月报，并会同他人管理局务。同治二年八月超升江西布政使，十二月总理江西牙厘总局，兼理江西总粮台。同治四年十一月又奉委主持安庆报销总局，办理咸丰七年正月至同治四年五月的军费报销事宜。同治六年三月召京。

孙衣言 字琴西、劭闻，浙江瑞安人。道光三十年进士，选庶吉士，散馆授京职，历任实录馆协修、翰林院侍讲等职。咸丰八年六月简放安徽安庆知府，因不能抵任暂应杂差。同治二年二月辗转调入曾国藩幕，委办营务，次年转入秘书处。同治八、九年间曾会同江苏布政使主持江宁报销总局，办理"剿"捻期间湘、淮各军的军费报销。同治十年以候补道署江宁盐巡道，次年实授。同治十一年十月迁安徽按察使。光绪元年八月迁湖北布政使，三年二月改江宁布政使，五年七月改太仆寺卿，六年二月病免。著有《逊学斋诗文钞》《瓯海轶闻》。

庄受祺 字卫生、惠生，江苏阳湖人。进士。原为湖北荆宜施道道员，咸丰五年二月奉胡林翼之命，在宜昌设盐厘局抽厘筹饷。三月又奉命总办后路粮台。咸丰八年六月补授湖北按察使，咸丰九年四月迁湖北布政使。咸丰十年闰三月降福建按察使，六月迁浙江布政使，十一月病免。

成大吉 字武臣，湖南湘乡人。分统。官至记名提督。咸丰初从军，隶李续宜，所部最称精锐。咸丰十一年春，曾会同鲍超攻陷刘玱琳等在集贤关外修建的坚垒。这年十二月李续宜奉旨仍抚安徽，成大吉等军随行。同治元年七月李续宜丁忧回籍，所部交由曾国藩指挥，陆续调往天京地区。同治二年十一月李续宜死后，成大吉调至湖北。同治五年所部因乏饷在"剿"捻前线哗变。

成名标 原为湖南岳州营水师守备，习水战，熟悉战船船式与制造技术。咸丰三年十一月经曾国藩札调入幕，在衡州船厂监造战船。咸丰四年二月衡州船厂事竣裁撤，改调长沙船厂，仍负责监造船只。九月因浮开款项被曾国藩参革，仍留幕任事。咸丰十年六月经曾国藩奏准开复原官。

朱孙诒 字石翘，江西清江人。捐资为刑部主事，改知县，分发湖南。历署宁乡、长沙知县。道光三十年署湘乡知县。咸丰二年与罗泽南等办团练，十二月奉湖南巡抚札带湘乡团练三营赴长沙集训。六月带湘勇三千六百人援江西。四年二月充东征湘军陆师营务处。后因与曾国藩不和改投湘抚，擢宝庆知府，升道员，加按察使衔。咸丰十一年随骆秉章入川，总理营务处。同治元年迁浙江盐运使，留办川省团练。后复因与骆秉章不和引疾去。光绪五年病卒。

著有《团练说》。

朱洪章 字焕文，贵州黎平人。官至永州镇总兵。原为黔勇，咸丰四年随胡林翼至湖北。因与人不和改隶塔齐布，塔齐布死后复于咸丰六年改隶曾国荃，历任营官、分统。咸丰十一年受曾国荃指使，曾在安庆城外屠戮太平军降卒万余人。同治三年六月攻陷天京时曾充头队，所部死伤惨重，不久遣散。著有《从戎纪略》。

江忠义 字味根，湖南新宁人。士人。江忠源族弟。咸丰二年在长沙从军，先后转战于湘、鄂、赣等地。咸丰三年十二月江忠源死于庐州，江忠义分领其军。咸丰五年随江南提督和春攻打庐州，擢候补知县。咸丰七年春率千人赴援江西，隶于刘长佑，晋候补知府。咸丰八年归籍。咸丰九年奉檄再出援永州，从解宝庆围。十年回籍，闻警参战，守新宁、援武冈。十一年春与石达开战于湘、桂、鄂边界地区。同治元年率军援黔，署贵州提督。同治二年转援江西，再援安徽，旋发病死。

江忠濬 字达川，湖南新宁人。士人。初在籍奉母，未从军。咸丰三年冬江忠源被困庐州，他与刘长佑带兵赴援，遂留于安徽转战多年。同治元年五月以记名道署安徽布政使。同治二年正月奉派赴川购米，九月授四川布政使。同治六年十月调广西布政使，同治八年五月召京，休致。

江忠源 字岷樵，湖南新宁人。道光十七年举人。二十七年募勇镇压雷再浩起义。二十八年因功授即用知县。二十九年分发浙江，署秀水知县，授丽水知县。三十年以父忧归。咸丰元年奉命赴广西围剿太平军，隶乌兰泰部，不久返湘。闻乌兰泰死，桂林被围，急返广西，途中于蓑衣渡设伏袭击太平军。咸丰二年助守长沙，镇压浏阳忠义堂起义。十二月随署理湖广总督张亮基赴武昌。咸丰三年正月由候补道迁湖北按察使，三月奉命帮办江南军务。赴任途中闻太平军将攻南昌，入城助守，保危城不失。九月迁安徽巡抚。十二月新设省城庐州被太平军攻占，自杀死。

汤寿铭 字小秋，湖南益阳人。曾国藩幕僚，其好友汤鹏子。同治十年曾在江宁城外上新河木厘局任委员，积官至道员。光绪中署苏松太道，授临安开矿道。光绪二十一年闰五月迁云南按察使，二十三年十月迁云南按察使，二十四年五月调安徽布政使，二十八年六月改广西布政使，二十九年闰五月革职。

许振祎 字仙屏，江西奉新人。曾于咸丰三年与咸丰八年两次入曾国藩幕，司书启、奏咨，其间还曾带勇作战和入曾国荃幕。咸丰九年中江西乡试举人，仍留曾国藩幕中任职。同治二年中进士，选庶吉士，散馆授编修。同治十年六月放陕甘学政，在久停府试的河州、西宁等回民集居地区，补行八次岁科试，多录降人子弟，入学者达数千人，回民大服。后丁父忧归籍。光绪二年起复原官，八年简放河南河北道。光绪十一年六月迁河南按察使，十二年六月迁江宁布政使。光绪十六年二月擢东河河道总督，二十一年十二月改广东巡抚。光绪二十四年裁广东巡抚缺，解任回籍。二十五年病死，谥文敏。著有《许文敏公督河奏议》《卢沟集古录》《治炜集》。

七画 严何余吴宋张李杨沈苏邹陈

严树森 字渭春，初名澍森，四川新繁人。举人出身。咸丰四年任湖北江夏知县，次年迁随州知州。以长于吏治、为政精勤为胡林翼所知，收入幕府，委以重任，从而成为胡林翼的主要助手。胡林翼巡抚湖北以来，主要精力用于行军打仗、调护诸将，其于用人行政、理财筹饷担持大纲，具体事务概由严树森一手操持，故深得胡林翼的赏识和倚重。咸丰九年四月由荆宜施道迁湖北按察使，十年闰三月迁湖北布政使，十年十月迁河南巡抚。同治三年四月降道员。同治四年正月授广西按察使，五年十月迁贵州布政使，六年八月革职，赏四品衔。同治十一年十月署广西按察使，光绪元年四月迁广西布政使，十一月署广西巡抚，光绪二年三月病死。

何 璟 字伯玉、小宋，广东香山人。道光二十七年进士，选庶吉士，散馆授编修。咸丰二年充顺天府乡试同考官，三年军机处记名以御史用，十二月丁母忧归。七年授江南道监察御史，九年五月迁户科给事中，十年转工科掌印给事中，九月授安徽庐凤道。同治元年被曾国藩截留安庆行营，总办营务处。同治二年署安徽按察使，同治三年九月实授。十月兼署安徽布政使。同治四年三月授湖北布政使，督抚奏留，未赴任。五年赴湖北布政使任。同治八年八月调山西布政使，九年七月迁福建巡抚，旋改山西巡抚，十年九月改江苏巡抚。同治十一年二月署两江总督，十月丁父忧免。光绪二年九月授闽浙总督，十二月兼署福州将军。光绪五年六月兼署巡抚。光绪十年七月因中法战争中马江之败召京，旋革职。十四年病死。

余际昌 字会亭，湖北谷城人。原为湖北绿营武弁，因受胡林翼赏识而咸丰五年整顿营务时留用。咸丰九年末曾与金国琛一起，带兵翻越潜山天堂水吼岭，长途奔袭太平军，为湘军夺取太湖之战的胜利，立下大功。此后即驻防鄂、皖边境，充湖北之屏障。咸丰十一年陈玉成为解安庆之围，举行第二次西征，一举突破余际昌防线，所部溃散。不久，他又带兵赴援河南，同捻军作战。同治二年授河南河北镇总兵，同年夏天死于湖北麻城。

余虎恩 湖南平江人。初从曾国藩镇压太平军，同治四年从刘松山"剿"捻。金积堡平，请假归籍。同治十一年奉命募勇赴甘肃，从刘锦棠克西宁，授陕西陕安镇总兵。光绪二年从左宗棠收复新疆。初任粮运，后兼战兵，从北疆一直打到南疆，光绪四年全疆收复，赴陕安镇总兵任，十一年病免归。十七年再出统湘军，驻岳州，并二世职为二等男爵。二十六年以高州镇总兵授巴里坤提督，留统武卫中军十营，因反对攻使馆与董福祥结仇，奉命出防获鹿，不久返湖南。三十一年创发死于籍。

余思枢 字子元，安徽合肥人。附生。团首。曾任李鸿章亲军统领。光绪元年由贵州贵西道迁贵州按察使，三年十一月迁山东布政使，五年闰三月降三级调用。

吴大廷 字彤云，又桐云，湖南沅陵人。举人。历官至国史馆分校。咸丰十一年二月经安徽巡抚李续宜奏调，赴安徽军营差委。十月转入安徽巡抚唐训方幕，主办军需、文案，兼理营务。同治二年八月辞归。同治四年正月奉调入闽浙总督左宗棠幕，会办福建通省军需厘税局务，四月授福建盐巡道。五年九月授台湾兵备道，旋赏二品顶戴，七年十月病免。同治八年四月应聘入陕甘总督左宗棠幕，委办陕军军需。上任刚一月，复奉调回闽襄理船政。九年九月奉调入曾国藩幕，委派江南制造局，专司轮船操练事宜。光绪二年七月奉委兼办淞沪厘捐总局，三年十二月在上海病死，年四十五岁。著有《吴彤云诗文集》《小酉腴山馆集》。

吴凤柱 字仪堂，江苏徐州人。淮军。光绪十九年六月由绥靖镇总兵迁湖北提督，二十六年二月病死。

吴长庆 字筱轩，安徽庐江人。咸丰三年同其父在籍办团练，同治元年入淮军，旋奉命回籍募勇二千五百人，号庆字营，从此独领一军。同治二年秋从刘秉璋图嘉善，先后攻陷嘉兴、湖州等地，积功晋记名总兵。同治四年从刘铭传"剿"捻，授直隶正定镇总兵。西捻平，调防江苏。光绪六年正月迁浙江提督，十月改广东陆路提督，留防江苏如故。光绪八年夏赴朝鲜，光绪十年六月病故，年五十一岁。谥武壮。

吴汝纶 字挚甫，安徽桐城人。著名古文学家。同治三年五月入曾国藩幕，同治四年考中进士，仍留幕中，苦心钻研古文。曾国藩死后，转入李鸿章幕。光绪年间曾任深州知州，并奉派赴日本考察教育制度。著有《吴汝纶日记》《桐城吴先生尺牍》《桐城吴先生诗文集》《东游丛录》《深州风土记》。

吴坤修 字竹庄，江西新建人。监生。捐纳从九品，分发湖南。道光二十九年参与镇压李沅发起义，以县丞用。咸丰二年以长沙城守功擢候补知县。咸丰三年入曾国藩幕，司水师军械。咸丰四年二月随曾国藩东征，五年丁忧归。咸丰六年奉湖北巡抚胡林翼札派，统带湖北新募彪字营随刘腾鸿援江西。咸丰七年春授广东南韶连道，留办军务。是年冬以师溃革职。同治四年以记名按察使署徽宁池太广道，八月授安徽按察使。七年正月署安徽巡抚，四月迁安徽布政使，署抚如故。同治十一年十月卒于任。

宋国永 字长庆，四川人。初从鲍超隶水师，累擢至参将。霆营初立充营官，从鲍超转战安徽、江西，功最多。咸丰十一年补广西梧州协副将，擢记名总兵。同治元年授直隶宣化镇总兵，四年因所部连续在江西沙井与湖北金口两次发生哗变而不能约束，革职留营。从克广东嘉应州，复原官。同治五年四月从鲍超北上"剿"捻。六年鲍超辞归，所部遣散。八年授云南鹤丽镇总兵，经李鸿章奏请，留于两江委用，驻防镇江。光绪初调赴福建，光绪四年病死军中。

张文虎 字啸山、孟彪，别号天目山樵，江苏南汇人。贡生。著名学者，精于算法，兼通经学、小学。同治二年五月入曾国藩幕，三年四月入编书局，任校勘。著有《覆瓿集》。

张运兰 字凯章，湖南湘乡人。士人。咸丰二年应募充湘勇，隶王鑫部下，先后转战于湖南、湖北、江西各地。咸丰七年王鑫病死军中，与王开化分领其众。咸丰八年曾国藩再出，改隶曾国藩，充任主力，甚受倚重。另一统将吴国佐与之不和，曾国藩将之辞退，遣散其营，专依张军。咸丰九年率军回救湖南，从解宝庆围。咸丰十年返回，随曾国藩进入皖南。李秀成西征大军途经皖南，曾国藩一日数惊，全仗他与鲍超为之解围。咸丰十一年五月由开归陈许道迁福建按察使，仍留皖南带兵。同治三年十月于赴任途中被俘死。

张岳龄 湖南平江人。士人。平江勇统领。同治六年八正月由记名道授甘肃按察使，八年五月病免。光绪元年七月又由延建邵道迁福建按察使，光绪二年十一月病免。

张建基 顺天府永清人。道光二十四年进士。原为江西奉新县知县，因曾任湖北东湖知县，为胡林翼所知，重新调回湖北，一再荐升。也有人说，此乃同姓之误。据徐珂称，东湖知县张某曾为一孝妇平冤狱，甚费周折。及胡林翼抚鄂，访知其事，则此张知县已卒，他竟以后任知县张建基登之荐牍，而前任知县张某之籍贯姓名反而不可考矣。同治八年五月由荆宜施道迁湖北按察使，八月迁湖北布政使。同治十二年三月病免。

张诗日 字田畯，湖南湘乡人。原为绿营外委，咸丰五年入湘军。初隶罗泽南，六年改隶曾国荃，曾先后从克安福、吉安、景德镇、安庆、天京，积功授记名提督，赏一等轻车都尉世职。同治四年授直隶宣化镇总兵。五月从曾国藩"剿"捻，统亲军护卫大营。后独领一军，初任防兵，继充游击之师。五年因伤发回籍，六年病死，谥勤武。

张春发 字兰陔，江西新喻人。分统。隶刘锦棠部。光绪二十一年七月由右江镇总兵迁广东陆路提督，二十六年二月调湖北提督，二十七年正月调云南提督，三十年正月革职。

张树声 字振轩，安徽合肥人。廪生。自咸丰三年起在籍办团练，同治元年入淮军，充营官，号树字营。先从李鸿章镇压太平军，后又随曾国藩"剿"
捻。同治四年五月补授江苏徐海道，十一月迁直隶按察使，留营"剿"捻，未
赴任。五年五月因与其弟张树珊意见不合离营，为曾国藩经办营务，所部树字
军交张树珊统带。大约同治六年初曾国藩回任江督后赴直隶按察使任。同治八
年三月与山西按察使史念祖对调，为直督曾国藩奏留，直至直隶历年积讼清理
完毕，始放赴山西按察使任。同治九年七月迁山西布政使，同治十年十二月改
漕运总督，未赴任。同治十一年二月旨准暂留原任。七月署江苏巡抚，十月署
两江总督，同治十二年正月授江苏巡抚，同治十三年九月免职。光绪五年正月
起授贵州巡抚，闰三月调广西巡抚，十一月迁两广总督。光绪八年三月署直隶
总督，光绪九年六月回任两广总督，光绪十年四月病免，七月病死，谥靖达。

张树珊 字海柯，安徽合肥人。张树声弟。自咸丰三年起从兄在籍办团
练，同治元年入淮军，隶兄张树声树字营，从李鸿章援上海，从克青浦、嘉
定。同治二年从解常熟围，从克苏州、无锡，授记名提督。三年从克常州，授
广西右江镇总兵。四年从曾国藩"剿"捻，张诗日领军外出作战，所部充亲
军，驻徐州。旋奉令援山东，战鱼台，继接铭军防地，出驻周口。五年五月耻
株守无功，请改充游击之师，遂致兄弟意见不合，张树声离营。张树珊接统树
字营后四出求战，先后转战于许州、定陶、曹县、周口、黄冈、枣阳、黄州、
德安，行踪飘忽，驰骋于鲁、豫、鄂三省。诸将皆言宜持重，不听。十二月在
湖北德安中伏死，年四十一岁，谥勇烈。

张裕钊 字廉卿，湖北武昌人。古文学家，居曾门文学四弟子之首。道光
二十六年举人，考授内阁中书。原为胡林翼幕僚，胡林翼死后，于咸丰十一年
十一月入曾国藩幕，谨遵师命，专攻古文，不司他务。在古文方面进步甚快，
深得曾国藩的真传，成为诸弟子中成就最大的一个。曾历主江宁、湖北、直
隶、陕西各书院，成就后学甚众，其较知名者有范当世、朱铭盘。著有《濂亭
文集》《濂亭遗稿》。

张锡嵘 字敬堂，安徽灵璧人。咸丰三年进士，选庶吉士，散馆授翰林院
编修。咸丰九年秋简授云南学政，后丁父忧回籍。同治四年闰五月入曾国藩
幕，办理营务处，旋募灵璧勇立敬字三营随湘军"剿"捻。同治五年十二月随

老湘营赴援陕西，六年正月在西安附近战死。

张富年 字芑堂。曾国藩幕僚，入幕时间不详。同治二年八月奉委主持泰州盐务总局，总理招商承运及征厘、销售诸务。同治六年七月又奉札赴芜湖主办皖南厘金局。光绪十二年正月由两淮盐运使迁江苏按察使，光绪十四年八月免职。

张韶南 字伴山。道光二十七年进士。咸丰八年八月经曾国藩札调入幕，委办行营粮台。咸丰十一年九月病故。官至候补知府。

李 桓 字黻堂，湖南湘阴人。廪生。其父李星沅曾任两江总督、钦差大臣，道光三十年十一月至咸丰元年四月在广西前线督兵镇压太平军。李桓原为江西粮道，咸丰十年五月奉曾国藩札委办理江西牙厘总局，兼理江西粮台。咸丰十一年十二月迁江西布政使。同治元年因江西厘金收入日减被曾国藩弹劾，并夺去掌管江西牙厘总局和江西粮台的实权。同治二年正月奉命前赴陕西，办理陕南军务，称病不肯启行，遂于八月免职。著有《宝韦斋类稿》《国朝耆献类征初稿》。

李 榕 字申夫，四川剑州人。咸丰二年进士，选庶吉士，散馆授礼部主事。咸丰九年六月奉调入曾国藩幕，先后掌管营务处和安庆善后总局。咸丰十一年十一月署江宁盐巡道，任职如故。同治元年秋奉札募督标兵钧字五营，援助江、皖各路。二年三月成军，转战于江西、安徽各地。十月授浙江盐运使，经曾国藩奏留督军防皖南。四年四月遣散部队，返回曾国藩幕府。五月曾国藩北上"剿"捻，命李榕招募马队随同出征。李榕以久战疲病辞，留幕如故。同治五年七月迁湖北按察使，因故延至次年春始赴任。同治六年十月迁湖南布政使，八年正月因勒米捐被劾革职。最终在籍病故。

李云麟 字雨苍，汉军正白旗。诸生。初习宋学，经吴廷栋推荐入幕，师事曾国藩，渐学古文和经世致用之学。历官至郎中，后经骆秉章、左宗棠保荐，督办陕南军务。同治五年五月以副都统署伊犁将军。六年十一月调布伦托海办事大臣，七年六月革职，遣戍黑龙江。

李元华 字采臣，安徽六安人。举人。咸丰年间曾在安徽庐州西厢办民团，淮勇之铭、盛、树、鼎四军的骨干成员皆其旧部。同治五年入李鸿章幕，办理善后局。同治七年七月由两淮盐运使迁江苏按察使，八年六月改山东按察使，十二年正月迁山东布政使。光绪二年十月署山东巡抚，三年十一月召京，旋革职。光绪十一年四月卒。

李元度 字次青，湖南平江人。道光二十三年举人。原为湖南郴州府学教谕。咸丰四年三月入曾国藩幕，负责草拟文件。咸丰五年出幕，带平江勇在江西作战。咸丰八年八月再入曾国藩幕，办理营务处。十年五月出幕带勇，授浙江温州道，旋改按察使衔皖南兵备道，入守徽州。九月以失城革职。旋托人疏通，投靠浙江巡抚王有龄。咸丰十一年二月率新募安越军援浙，开复原官。同治元年正月迁浙江盐运使，二月迁浙江按察使。三月被劾革职、遣戍，旋免罪回籍。同治五年春，经贵州巡抚张亮基奏请，起复原官，募勇援黔。同治七年三月授云南按察使，七月乞养归。光绪十一年六月授贵州按察使，十三年二月迁贵州布政使，不久病死。著有《先正事略》《天岳山馆文钞》。

李长乐 字汉春，安徽盱眙人。原为绿营外委，同治初入淮军，隶郭松林，充营官，先后转战于江苏、浙江各地。同治四年五月郭松林归籍，代领其军从曾国藩"剿"捻。六年初郭松林回营接统其军，所部已扩充至万余人，号武毅军。李长乐统三营一千五百人，号武毅军前军，从此开始独领一军。西捻平，授记名提督。同治十一年十二月授湖北提督。光绪五年闰三月调湖南提督，六年四月调直隶提督，十五年十一月病死。

李光久 字伊斋，湖南湘乡人。李续宾子，以举人授员外郎，袭三等男爵。同治十年曾在曾国藩幕中办理营务处，积功授江苏候补道。中日甲午战争中，曾随帮办军务、湖南巡抚吴大澂北上援辽，在牛庄、海城一带与日军激战。光绪二十五年授苏松太道，四月迁浙江按察使，九月解任专办海防，统浙江马步三十六营驻防宁波。后卒于军。著有《誓师要言》。

李兴锐 字勉林，湖南浏阳人。诸生，以坐馆授徒度日。咸丰三年在籍办团练，授浏阳教谕。咸丰八年七月入曾国藩幕，曾先后办理粮台、报销局、盐务招商局、赈济等务。同治九年补直隶大名知府。十月随曾国藩返回江南，委办营务处。同治十年十月奉委进驻江南制造局，主持局务。光绪九年丁母忧回籍。十一年奉命随勘中越边界，历两年病归。十三年应李鸿章之招赴天津办理北洋海防支应局。光绪十七年署津海关道，二十一年授天津道，二十二年迁长芦盐运使，二十三年二月迁福建按察使，二十四年十二月迁福建布政使，二十五年七月调广西布政使，二十六年九月迁江西巡抚，二十八年七月署广东巡抚，旋实授。光绪二十九年三月署闽浙总督，三十年七月调署两江总督，九月卒于任，谥勤恪。

李成谋 字与吾，湖南芷江人。初以补锅为业，兄弟三人贫至父死不能殓葬。咸丰三年从军，隶于杨载福。历年战功卓著，约于咸丰十一年授漳州镇总兵。同治五年五月迁福建水路提督，十一年八月调长江水师提督。光绪二年七月丁母忧，改署理长江水师提督。四年十二月服阕，实授长江水师提督。十八年六月病免，死后谥勇悫。

李臣典 字祥云，湖南邵阳人。十八岁从军，隶王鑫老湘营。咸丰六年改隶吉字营，随曾国荃援救江西、收复安徽，从克吉安、景德镇、安庆等城。同治元年从曾国荃沿长江攻入江苏，进围天京，解雨花台大营之围。二年授湖南归德镇总兵。三年六月攻克天京，因开挖地道功赏一等子爵。旋因贪淫无度病死，年二十七岁。

李孟群 字鹤人，河南固始人。道光二十七年进士。选知县，分发广西，历署灵川、桂平知县，咸丰元年补南宁府同知，擢道员，署浔州知府。咸丰四年应曾国藩之奏调赴湖南，统带水师，先后战于湘、鄂、赣三省。湖口败后退回湖北。咸丰五年三月以广西平乐知府署湖北按察使，六年十月实授。咸丰七年三月奉命援皖，改统陆师，迁安徽布政使。咸丰八年七月署安徽巡抚，奉命未及十日而庐州陷，奉旨革职留营，带军驻庐州城西之官亭，旋兵败被俘死。

李宗羲 字雨亭，四川开县人。道光二十七年进士，授即用知县，分发安徽，历任英山、婺源、太平等县知县。咸丰三年奉札赴庐州督办粮械，升候补知府。咸丰八年七月经曾国藩奏调入幕，先后办理内军械所和营务处。咸丰九年署安庆知府，旋因病去职。同治元年正月应湖北巡抚严树森奏调赴湖北办理汉口粮饷转运局。二年正月受曾国藩委派赴四川万县设局购米，二月调回湖北主持沙市米局，委办汉口粮饷转运局。同治三年十一月又被曾国藩调回江苏，委办江北厘金局，兼理盐务。同治四年正月署两淮盐运使，三月迁安徽按察使，八月迁江宁布政使，仍留扬州办理盐、厘各务。十月赴江宁布政使任，兼理北征粮台。同治八年四月召京陛见，五月迁山西巡抚，九年七月忧免。十二年正月补授两江总督，十三年七月兼署江苏巡抚，十二月病免。

李明墀　字玉楼，江西德化人。曾为曾国藩主持湖南东征局，同治四年五月奉札撤销南东征局这一名目。光绪二年十一月由山东盐运使迁福建按察使，四年二月迁福建布政使，十月署福建巡抚。五年四月调改湖南巡抚，七年八月召京。

李昭庆　字幼荃，安徽合肥人。捐纳出身。李鸿章弟。因曾国藩"剿"捻多用淮军，遂于同治四年五月将他调入幕府，委办营务处，后又命他募练马队九千人，用以追击捻军。他怕被打死，转向李鸿章求情。李鸿章要求改换他人，曾国藩不许。复又向李鸿章求计，乃兄授以"缓"字密诀。遂恪守不渝，只远远尾追，不与捻军交战。故所至无功，仅保至记名盐运使。

李续宜　字希庵，湖南湘乡人。文童。罗泽南弟子，李续宾弟。咸丰二年从军，咸丰五年随罗泽南赴援湖北。初隶李续宾，后独领一军。咸丰八年十月李续宾死后，湖北湘军即由李续宜统带。虽没有李续宾那样的大功和威名，但谋略胜过乃兄。故特受曾、胡的器重，遇有政治军事难题，往往同他商议。咸丰九年奉胡林翼派遣，率湖北湘军回救湖南，督率湘、鄂各军解宝庆围。咸丰十一年正月经曾国藩推荐署安徽巡抚。八月胡林翼病重，举李续宜自代，复奉命改署湖北巡抚。九月胡林翼去世，李续宜实授湖北巡抚。十二月又经曾国藩举荐，改调安徽巡抚，同治元年七月授钦差大臣，八月请假回籍葬母。也有人说他因无"剿灭"苗沛霖的把握，故意回避。同治二年四月又奉旨专办皖北军务，十一月病死。

李续宾　字迪庵，湖南湘乡人。猎户兼商人。捐纳从九品衔。咸丰二年从军，初隶罗泽南，后独领一军。咸丰五年随罗泽南赴援湖北。咸丰六年三月罗泽南重伤死，所部由李续宾接统。当年十二月攻陷武昌。咸丰七年十月以记名布政使授浙江布政使，留鄂带兵如故。八年四月攻陷九江。十月在庐州城南之三河镇外被太平天国陈、李联军围而歼之，除少数人突围逃脱外，所部五千人全军覆没。

李鸿章 原名章铜，字渐甫、子黻，号少荃，安徽合肥人。道光二十七年进士，选庶吉士，散馆授翰林院编修。咸丰三年正月奉旨从工部左侍郎吕贤基回籍办团练，吕贤基死后改隶安徽巡抚福济，积功至候补道员。咸丰八年十二月入曾国藩幕，专司草拟奏折、咨文，十年秋因与曾国藩意见不合出幕，十一年六月又重返幕中。十月奉札回籍募勇，创建淮军。同治元年三月率淮军赴沪，开辟苏南战场，旋以按察使衔福建延建邵道署江苏巡抚，十月实授。同治三年赏一等肃毅伯，四年四月署两江总督，负责"剿"捻前线的粮饷供应。五年十一月授钦差大臣，督办山东等省军务，统帅湘淮各军"剿"捻。同治六年正月迁湖广总督，七年七月因"剿"捻功授协办大学士、晋一等侯爵。同治九年二月奉旨赴陕西剿回，七月奉旨带兵驰赴天津，八月调任直隶总督、北洋大臣，十一年六月迁武英殿大学士，十三年十二月迁文华殿大学士。光绪八年三月忧免，九年正月署北洋大臣，六月署任直隶总督，十年八月授直隶总督、北洋大臣。二十一年授全权大臣，赴日本签订《马关条约》。二十二年九月在总理衙门行走，二十四年七月罢值，二十五年十一月以文华殿大学士署两广总督。二十六年五月召京，六月改直隶总督，以全权大臣同八国联军谈判。二十七年七月同十一国签订《辛丑条约》。九月病死，谥文忠。著有《李文忠公全集》。

李鸿裔 字眉生，别号香岩，晚号苏邻，四川中江人。咸丰元年顺天府乡试举人，捐资为兵部主事。咸丰十年入胡林翼幕，同治元年入曾国藩幕。同治四年闰五月署江安粮道，五年授江苏徐海道，为曾国藩总理"剿"捻各军营务，兼管徐州粮台。同治六年二月迁江苏按察使，七年七月病免，留居苏州。光绪十一年八月病死，年五十五岁。著有《苏邻遗诗》《髯仙诗舫遗稿》。

李善兰 字壬叔，浙江海宁人。诸生。咸丰二年移居上海，与英国学者伟烈亚力合作，续译欧几里得《几何原本》后九卷。同治元年四月入曾国藩幕，做家庭教师。三年四月改充编书局校勘，出版欧几里得《几何原本》全书。七年七月经郭嵩焘推荐调京，充同文馆算学总教习、总理衙门章京，授户部郎中，加三品卿衔。著有《则古昔斋算学十二种》。译著有《几何原本》后九卷、《代微积拾级》《重学》《谈天》《物学》等。

李朝斌　字质堂，湖南善化人。本姓王，为李氏收养，同治六年曾禀请归宗，曾国藩未许。由行伍隶长沙协标。咸丰四年曾国藩调充湘军水师哨官，隶杨载福，从克岳州、武汉、田家镇、湖口、九江、安庆等，积功授记名总兵。同治元年从克芜湖、金柱关，授浙江处州镇总兵，从克江心洲，功最著，擢记名提督。同治二年任太湖水师统领，同淮扬水师统领黄翼升赴援上海，配合李鸿章新立淮军作战，开辟苏南战场。同治三年四月迁江南提督。光绪十二年十二月病免，二十年卒于家。

李辉武　湖南衡山人。分统。咸丰中从军，隶于周达武，积官至游击。咸丰十一年入川，擢副将。同治三年从援陕西，升记名总兵。四年从讨松潘少数民族起事，升记名提督。六年率兵五营援陕。八年授汉中镇总兵。十一年迁甘肃提督，仍留防汉中。光绪元年抵任，四年病死。

李鹤章　字季荃，安徽合肥人。禀贡生。咸丰初从父兄在籍办团练，咸丰十一年从攻菱湖、克安庆，擢知县。同治元年入淮军，从李鸿章援上海，常率亲兵、佐督战。二年会克太仓、从收苏州。三年四月从克常州，授甘肃甘凉道。是年冬奉曾国藩调，赴湖北。四年因甘肃回民起义军势日盛，朝命催赴甘肃甘凉道本任，因畏难怕远，向曾国藩求情。曾国藩奏请开缺，留大营襄办营务，不久辞归。光绪六年卒于籍。其子李经羲，官至云贵总督。

李瀚章　原名章锐，字敏斾，号筱荃、小荃，晚号纯叟，安徽合肥人。以拔贡生选知县，分发湖南，历署永定、益阳、善化知县。咸丰四年四月经札调入曾国藩幕，任行营粮台提调。五年初改任南昌后路粮台总提调，八年八月总理湖口报销、转运局，十年五月奉委同江西粮道李桓经理江西牙厘总局，十二月授江西吉赣南道，主持赣南牙厘局。同治元年五月调赴广东主办韶关厘金总局，七月改任广东督粮道，二年六月迁广东按察使，三年四月迁广东布政使，办理粤厘如故。同治四年二月迁湖南巡抚，六年正月改江苏巡抚，署湖广总督，十二月改浙江巡抚，九年八月迁湖广总督。光绪元年赴云南办差，十二月改四川总督，二年九月复改任湖广总督，八年三月忧免。光绪十四年九月授漕运总督，十五年七月改两广总督，二十一年三月解任，五月病死。

杨岐珍　字西园，安徽寿州人。武童。李鸿章、刘秉璋旧部。光绪十八年七月由海门镇总兵迁福建水路提督，二十九年十一月病死。

杨宗濂 字艺芳，江苏金匮人。监生。咸丰末以户部员外郎在籍办团练，咸丰十一年十月从钱鼎铭赴安庆乞援。同治元年春李鸿章率淮军抵沪，率旧部充向导。刘铭传攻江阴，统濂字营守杨舍。从克无锡、常州，积功擢候补道员。同治十一年署湖北荆宜施道，被劾革职。光绪十一年李鸿章创办北洋武备学堂，奉委总其事。十六年授直隶通永道，丁忧归。服阕授山西河东道，历署布政使、按察使，迁长芦盐运使。二十六年八国联军侵犯天津，督率芦勇守城、巷战。退驻保定督办粮台，旋随李鸿章入京从事签约活动，二十七年以病乞休，卒于籍。

杨昌濬 字石泉，湖南湘乡人。罗泽南弟子。诸生。咸丰二年从罗泽南办团练，后入湘军，曾出援湖北，转战于广济、黄梅等地。咸丰十年左宗棠建新军，与刘典助王开化总营务。同治元年从左宗棠入浙，带勇数千人，先后协同刘典、蒋益澧作战，曾参与杭州、湖州等役，因功迁浙江盐运使。同治三年十二月迁浙江按察使，同治五年二月迁浙江布政使，同治八年十二月署浙江巡抚，同治九年八月实授。光绪三年二月坐杨乃武、小白菜案革职，光绪四年起佐新疆军务，光绪五年九月以三品衔署甘肃布政使，光绪六年十一月护理陕甘总督。光绪九年二月迁漕运总督，光绪十年七月改闽浙总督。法军入侵福建，左宗棠授钦差大臣，主军事，杨昌濬、穆图善佐之。光绪十一年六月兼福建巡抚。光绪十四年二月调陕甘总督，光绪二十一年十月甘回再次起事，因预防不力解任。光绪二十三年病死。

杨金龙 湖南邵阳人。分统。左宗棠旧部。光绪三十年十一月由福山镇总兵迁江南提督，三十二年四月病死。

杨载福 又名杨岳斌，字厚庵，湖南善化人。为避同治皇帝载淳讳，同治元年七月奉旨改名杨岳斌。原为绿营千总，咸丰三年入湘军，初为陆军隶于曾国葆营，后改水师充营官。咸丰四年充统领，历岳州、武汉、九江各战。十二月湖口败后，带水师残部撤回湖北金口休整，从此分为外江、内湖两支，与彭玉麟分别统领。咸丰七年九月内湖水师冲出鄱阳湖，与外江水师会合，从此取消内湖外江之名目，但水师仍由彭、杨分统。十月由郧阳镇总兵迁福建陆路提督，咸丰八年六月改福建水路提督，同治三年四月离水改陆，督办赣南军务，五月迁陕甘总督。同治五年八月因久战无功，督标兵哗变，自请病免。光绪十八年病死。

杨鼎勋 字绍铭、少名，四川华阳人。咸丰二年从军，初隶李孟群，咸丰七年改隶鲍超，咸丰十一年擢记名总兵。同治元年改淮军，从李鸿章赴沪，充营官。后募千人，号勋字军。同治三年升记名提督。同治四年偕郭松林援福建，授江苏苏松镇总兵。同治五年北上"剿"捻，六年六月迁浙江提督，八月调湖南提督，未赴任，带兵"剿"捻如故。七年六月旧伤发，遽卒，谥忠勤。

沈宏富 字仙槎，湖南凤凰厅人。咸丰十年从田兴恕援贵州，授云南昭通镇总兵，同治二年八月田兴恕革职，署贵州提督。四年二月因与当地士绅不和被劾解职，发往曾国藩军营差委，委办营务。认为，所劾各条不实，仍属可造就之才。六年二月曾国藩返任两江总督，上奏认为，前此对沈宏富所劾各条多有不实之处，经他观察仍属可造就之才，遂将其留交李鸿章军营差遣。

沈葆桢 字幼丹，福建侯官人。道光二十七年进士，选庶吉士，散馆授翰林院编修，迁都察院御史。咸丰五年简放江西九江知府，因无法赴任，暂入曾国藩幕府，委办盐厘、营务。咸丰六年改广信知府，以城守功迁九饶南道，因忤直忤大吏，乞养归。咸丰十年起用，授吉赣南道，辞不出。咸丰十一年十二月经曾国藩奏荐超升江西巡抚，仍长卧不起，经曾国藩、李鸿章等公私各方一再敦促始赴任。同治四年五月丁母忧免。同治六年应左宗棠之请出任总理船政大臣，驻福州，经管福州船政局。同治九年丁父忧解任。十一年服阕再出莅事。光绪元年四月迁两江总督，五年十一月病死，谥文肃。著有《沈文肃公政书》。

沈葆靖 字仲维，号品莲，江苏江阴人。举人。同治元年入李鸿章幕，奉委采办军械。大约同治四年江南制造局设立之初，即协同冯焌光管理局务。同治九年十月李鸿章推荐，总理天津机器局，同治十一年授江西广饶九道道员。光绪五年正月迁江西按察使，光绪七年八月迁福建布政使，光绪十一年六月降三级调用。

苏元春 字子熙，广西永安人。分统，席宝田旧部，积功擢记名提督。中法战争中曾参与镇南关之役，增援及时而有力，为此役的胜利立下大功。光绪十一年五月授广西提督，二十七年十月调湖北提督，未赴任。二十八年三月署广西提督，九月改广西提督。二十九年二月召京，旋革职。三十四年病死。

邹汉勋 字叔勋，湖南新化人。举人。世承汉学，善训诂，曾十年不下楼，青年时期即已扬名三湘。咸丰三年从江忠源助守南昌，授知县。十月从江忠源守庐州，迁同知直隶州知州。十二月太平军克庐州，自杀死。

邹汉章 字叔名，湖南新化人。诸生。咸丰三年冬入湘军水师，任营官。四年二月从曾国藩东征，岳州败后离开水师，留曾国藩大营专司侦探，十月入采编所任副总纂，编辑《贼情汇纂》一书。咸丰五年入胡林翼大营，先司侦探，后任水师营官，积功选长沙府学教授，加同知衔。咸丰九年率水师回救湖南，从解宝庆围。十年赴广西统水师作战，卒于军，年四十岁。赠道员衔。

邹寿章 字岳屏，湖南新化人。监生。江忠源表弟。咸丰二年底随曾国藩、罗泽南赴省城长沙集训，为湘军最初的三营官之一。咸丰四年二月从曾国藩东征，三月兵败岳州，全营被歼，六月改领水师，充亲兵营营官，十二月在湖口江面受到突然袭击，全营溃散。入曾国藩幕，掌管大营内银钱所。后返湖南，受湘抚骆秉章委派，统带湘潭水师，兼办厘局。咸丰九年改领陆师。同治元年奉调赴浙江左宗棠大营，授同知，加知府衔，留浙江补用。同治二年八月死于绍兴厘金局，年四十六岁。

陈 艾 字虎臣，安徽石埭人。贡生。咸丰十年十月在祁门入曾国藩幕，主持两江采访忠义局局务。同治七年乞养回籍。官至候补直隶州知州。

陈 湜 字舫仙，湖南湘乡人。士人。咸丰六年随曾国荃赴援江西，襄军事。七年进围吉安，曾国荃奔丧回籍，陈湜代领其军。八年从蒋益澧援广西，九年回救湖南，从解宝庆围。十年随曾国荃围安庆，参谋军事。十一年八月克安庆，自此开始独领一军。同治元年从曾国荃进攻天京，三年六月克天京，堵截李秀成离队，授记名按察使。同治四年正月授陕西按察使，六月调山西按察使，同治七年二月革职，遣戍新疆，经陕抚疏请留防，是年冬奉旨免遣。左宗棠重返西北，奉札带五营随征，先后转战甘肃、宁夏各地，十二年归籍。光绪八年奉两江总督曾国荃奏调出统各军，兼治海防，被劾归。光绪十二年复出，统南洋兵轮，总湘、淮各军营务，十六年十月授江苏按察使。二十年奉诏带兵驻防山海关，二十一年七月迁江西布政使，二十二年四月病死。

陈鼎 字作梅，江苏溧阳人。道光二十七年进士。咸丰九年十二月入曾国藩幕，在秘书处任职。同治二年转入李鸿章幕，总办后路粮台。同治十年正月授直隶清河道。著有《求志集》。

陈士杰 字隽丞、俊臣，湖南桂阳州人。拔贡生。曾任户部小司员，丁忧回籍。咸丰二年办团练堵截太平军，四年二月入曾国藩幕，参谋军事。咸丰五年回籍，专办团练镇压当地农民起义。咸丰九年积官至道员。同治元年正月授江苏按察使，志在留籍办理团练，防止石达开再回湖南，乞养不赴任。同治十三年十二月授山东按察使。光绪六年二月迁福建布政使，七年八月迁浙江巡抚。八年十二月调山东巡抚，十二年五月召京，病免。十八年卒。

陈方坦 字筱浦，浙江海宁人。同治二年入曾国藩幕，专司与盐务有关的咨、札、函、奏。此后长期在两江总督衙门担任幕僚，直到曾国藩去世。

陈兰彬 字荔秋，广东吴川人。咸丰三年进士，选庶吉士，散馆授刑部主事。咸丰十年在籍办团练镇压陈金刚起义。同治二年三月回京补授原官。八年二月奉调入直隶总督曾国藩幕，九年六月随曾国藩赴天津办教案。有人说曾国藩的办案方针，多出于他的建议。十月随曾国藩返江南。同治十一年春带中国第一批留学生赴美，任正监督，十三年冬回国。光绪元年十一月任驻美国大使，兼西班牙、秘鲁大使，二年七月赴美，授太常寺卿，四年二月改宗人府府丞，五年八月迁都察院左副都御史。皆未赴任，充驻外使节如故。七年五月带留美学生回国，十二月授礼部右侍郎，八年三月充总理衙门大臣，八月署兵部右侍郎，九年十月署礼部左侍郎，十年七月罢值，八月病免。二十年十二月卒于籍。年七十九岁。著有《诗经札记》《治河刍言》《使美纪略》《泛槎诗草》。

陈宝箴 字右铭，江西义宁。举人。咸丰初助其父办乡团防太平军。后赴湖南入易佩绅幕，以募粮功授知府。丁忧回籍入曾国藩幕，充义宁州厘卡委员。同治三年入席宝田幕，参谋军事，俘幼天王，超擢河南河北道。光绪八年八月授浙江按察使，九年六月降调。十六年十月授湖北按察使，二十年十月迁直隶布政使，二十一年七月迁湖南巡抚，二十四年八月因荐举杨锐、刘光第、谭嗣同、林旭四君子入宫，助康、梁推行新政革职。

八画　周屈庞易林欧阳罗范金

周凤山　字梧冈，湖南道州人。官至罗定协副将。原为绿营千总，咸丰三年入湘军，为最初的十营官之一。咸丰四年曾国藩整军再出时隶于塔齐布。咸丰五年塔齐布病死，周凤山接统其军。罗泽南走后，周凤山部就成为曾国藩在江西赖以立足的主要军事支柱。不料，周凤山纪律严明，军容整齐，就是胆子太小，骤临大敌则往往慌乱。咸丰六年二月驻防江西樟树镇，被石达开踏破营盘，全军奔溃，周凤山亦离曾而去。曾国藩在江西陷于困境，与周凤山的无能和樟树镇之败有很大关系。此后，周凤山又屡出带兵，一再败溃，最后不知所终。

周开锡　字寿珊，湖南益阳人。举人。初入曾国藩幕，随同郭嵩焘等在湖南省内为其劝捐筹饷。后又入胡林翼幕，职事不详。胡死后转入左宗棠幕府，主办河口、乐平、景德镇三卡厘金。接手数月，收入骤然大增，引发出同治元年曾国藩对江西厘务的大力整顿。后又为左宗棠劝捐筹饷，管理粮台。同治八年十一月由延建邵道擢福建布政使。经左宗棠奏调西赴甘肃，总统甘南各军，兼理地方厘税、钱粮诸务。同治十年六月，因范铭部众哗变为言官所劾，遂告病归籍。八月解福建布政使职。

周达武　字梦熊，湖南宁乡人。商贩出身。咸丰四年应募入李续宾营，八年留舒城，因受伤归。咸丰九年奉命募勇一营，号章武军，从刘岳昭解宝庆围。同治元年奉骆秉章奏调赴川，授四川建昌镇总兵。四年十二月授贵州提督，仍留防重庆。九年奉诏赴贵州提督任，率所部六千人入黔，与席宝田军相呼应，镇压苗民起义。光绪元年乞病归，四年四月授甘肃提督，二十年卒于官。

周寿昌　原名钱桂仁，又名钱百顺、钱得胜，安徽桐城人。同其兄钱百春一起参加太平军，具体时间不详。咸丰十年已晋封慷天燕，充任镇守常熟的太平军主将的副手。钱百春先投降清军，咸丰九年已升至守备。钱桂仁一直与之保持秘密联系，早有降清之心，并于咸丰十一年通过徐少蘧获得江苏巡抚薛焕的"谕单"。随后同熊万全、李炳文、徐少蘧串通，先后数次阴谋献苏州、太仓、昆山降清，但皆未得逞。同治元年他的部将骆国忠在常熟叛变，使苏南太平军陷入腹背受敌的困境。只因当时他正在苏州而未被揭露，还一再晋爵，升至比王。后调往杭州，复与清军约降献城，未行而事发，大批叛徒被捕、被杀，他却安然无恙，再次逃脱惩罚。直至同治三年杭州失陷，大批太平军撤走，他才有机会投降湘军，后辗转加入淮军，授安义镇总兵。

周宽世 字厚斋，湖南湘乡人。咸丰初从军，隶李续宾部，转战湘、鄂各地。咸丰六年从克武昌，擢副将。八年从克九江，升记名总兵。三河惨败，突围出，授湖南永州镇总兵。九年奉湘抚骆秉章札，募新军二千援祁阳，从解宝庆围。咸丰十一年正月授湖南提督。同治元年赴援安徽，三年赴援江西，四年追霆军溃勇和太平军入广东。五年回湖南提督任，伤发，乞病免。光绪十三年卒于籍。

周盛波 字海舲，安徽合肥人。团首出身。咸丰三年从李元华、李鸿章在籍办民团，对抗太平军。周氏兄弟五人，唯盛波、盛传幸存，长兄盛华等三人皆先后毙命。同治元年入淮军，号盛字营，初为一营，后增募为数营，从李鸿章镇压太平军。同治四年从曾国藩"剿"捻，授甘肃凉州镇总兵，未赴任。同治八年因前年在河南唐县屠戮民寨被劾，革职回籍，所部盛字营由周盛传接统。光绪十年中法开战，奉命募勇五千人出防天津，与其弟周盛传同驻京津一带。光绪十一年五月其母病死，奉旨留营统军。周盛传回籍治丧，寻病死。其湖南提督遗缺，由周盛波署理，未赴任，仍在天津带兵。光绪十三年九月服阕，以记名提督授湖南提督，留津统军如故。光绪十四年病死，谥刚敏。

周盛传 字薪如，周盛波弟。初隶于周盛波，同治三年六月李鸿章改抚标亲兵三营为传字营，从此独领一军。自同治四年起先后从曾国藩、李鸿章"剿"捻。同治六年授广西右江镇总兵，带兵"剿"捻如故。同治八年周盛波被劾革职，所部盛字营由周盛传接统。同治九年入陕西"剿"回，同治十年奉调回驻直隶境内，十三年九月升记名提督。光绪二年调天津镇总兵，八年八月迁湖南提督，留天津练兵，未赴任。光绪十一年五月其母病死，奉旨回籍治丧，寻病死。谥武壮。

周　馥　字玉山，安徽建德人。监生。同治元年入李鸿章幕，司文牍。光绪三年署永定河道，数年后改署津海关道。九年兼署天津兵备道，俄实授津海关道。十四年三月迁直隶按察使。中日甲午战争中司饷运，有愧于最后惨败而签订《马关条约》，二十一年四月自请病免。二十五年八月经李鸿章疏荐，授四川布政使。二十六年九月调直隶布政使，协助李鸿章办理京畿教案。二十八年四月迁山东巡抚，三十年九月调署两江总督，三十二年七月调闽浙总督，旋改两广总督，三十三年四月解职。卒于籍，谥悫慎。

屈　蟠　字文珍、见田，江西湖口人。诸生。咸丰五年从军，初隶李元度，转战于江西各地，以敢战闻名，受到曾国藩的赏识。咸丰八年七月率平江勇中营分防湖口，从此独领一军。咸丰九年冬从攻太湖，所部增至三营，授按察使衔候补道员。同治元年往援浙江，战于龙游。复奉赣抚令回援江西，先后战于贵溪、都昌、波阳等地。二年八月病死军中。

庞际云　字省三，直隶宁津人。道光年间曾做曾国藩的家庭教师数年，又有师生之谊。咸丰二年进士，选庶吉士，散馆改刑部主事。同治三年三月入曾国藩幕，草拟奏稿。六月主持江宁善后局。八月署江宁盐巡道，四年十二月实授，署两淮盐运使。后改淮扬海道。光绪六年二月迁湖北按察使，七年八月迁湖南布政使，十年二月署湖南巡抚。光绪十一年二月卸署任，三月调广东布政使，四月改云南布政使，十二年九月病死。

易开俊　字紫桥，湖南湘乡人。咸丰初从军，先隶王鑫，后隶张运兰。积功至记名提督，同治元年授安徽寿春镇总兵，未赴任。同治三年十月张运兰赴福建按察使任离营，与刘松山分领其军，各带三千人，仍驻兵皖南。同治四年随曾国藩北上"剿"捻，行至中途，因援救涡阳不利被曾国藩革差离营，闰五月自请开缺回籍。光绪三年奉左宗棠令，募马步七营号安远军赴新疆，驻防库车。六年三月因旧伤复发，在军营病故。

易佩绅　字笏山，湖南龙阳人。举人。知县。光绪六年十二月由贵东道迁贵州按察使，八年十一月迁山西布政使，九年十二月改四川布政使，十一年十月调江苏布政使，十三年十一月病免。

林肇元 字贞伯，广西贺县人。廪生。曾充刘岳昭幕僚。同治九年七月由贵州粮储道迁贵州按察使。光绪元年九月迁贵州布政使，四年十月署贵州巡抚，七年八月授贵州巡抚，九年十一月免职。

欧阳正镛 湖南湘乡人。生员。分统。曾先后隶于曾国藩、官文。光绪五年十二月由两淮盐运使迁湖北按察使，六年二月解职。

欧阳兆熊 字晓岑，湖南湘潭人。道光十七年举人，曾任湖南新宁县教谕。曾国藩青年时代的好友，对曾有救命之恩。道光十九年曾随邓显鹤刊刻《王船山遗书》未成，咸丰四年版毁于火。咸丰十一年二月入曾国藩幕，草拟文件，出谋划策。同治三年四月主持编书局。屡派肥差皆辞，在幕多年，除微薄薪资外，仅受盐票若干。

欧阳利见 字健飞、赓堂，湖南祁阳人。咸丰初入长沙水师，转战于江西、安徽，积功升游击。同治元年曾与太平军陈坤书部战于太平府附近长江江面。二年从克含山等城，补狼山镇游击。从克嘉定、昆山等城，升总兵。三年从克嘉兴、长兴、常州，授淮扬镇总兵。四年至七年从曾国藩、李鸿章"剿"捻，率炮船来往于运河上，防截捻军，兼护理粮台。光绪六年调福山镇总兵，七年十一月迁浙江提督，十五年十一月病免，二十一年奉调从刘坤一援奉天，力疾北行，卒于道，年七十一岁。

罗　萱 字伯宜，湖南湘潭人。曾国藩好友罗汝怀次子。其兄罗逢元为湘军水师营官，曾从曾国荃进攻安庆、天京，官至记名提督。咸丰四年七月入曾国藩幕，掌书记。六年三月自统一军三千人，从李元度等转战于江西建昌、抚州等地。咸丰七年初回籍，初靠教书度日，后赴浙入刘培元营充幕僚，旋返长沙。同治二年赴广东入郭嵩焘幕，旋返湖南，统震威军防太平军入湘。同治八年正月随黄润昌入黔镇压苗民起义，三月战死。官至候补同知。

罗孝连 湖南郴州人。分统。田兴恕旧部。光绪七年三月由镇远镇总兵迁贵州提督，二十五年死。

罗泽南 字仲岳，号罗山，湖南湘乡人。嘉庆十二年生，在湘淮将帅中年岁居长。年少好学，家贫，自十九岁起开始以教书为生。咸丰元年举孝廉方正，二年在籍办团练，任营官。弟子二十多人皆从军，除王鑫同为营官外，其余皆为其部属，其较为著名者有李续宾、李续宜、杨昌濬、刘腾鸿等。咸丰二年底赴省城长沙集训，咸丰三年赴援南昌，弟子谢邦翰等六人丧命。咸丰四年曾国藩东征之初，因年龄较大留防湘南。迨整军再出，曾国藩以王鑫故违将令，将其留于湖南，改调罗泽南率军随行。咸丰五年八月罗泽南以江西无所作为，执意赴援湖北，并要求增拨一营以厚其兵力。曾国藩一一照办，使其部由七营三千五百人增至九营五千人。咸丰五年十月石达开率大军由鄂入赣，十一月攻克瑞州、临江两府，曾国藩奏请罗泽南带兵回"剿"援，清廷不许。咸丰六年二月太平军踏破湘军樟树镇大营，周凤山全军奔溃，曾国藩再次奏调罗泽南带兵回赣。清廷令胡林翼酌定。胡林翼以江西未能按时向罗军供饷为辞，约期十日攻克武汉，如旬日无成则先以数千赴援。清廷允其所奏，但坚持以罗泽南亲带援兵为宜。罗泽南进退两难，倍感压力，日夜忧愤，督战益急，终于是年三月中炮，因重伤死于武昌城下。谥忠节。官至宁绍台道。著有《罗忠节公遗集》。

罗荣光 湖南乾州人。以武童应募入湘军，隶于曾国藩。同治元年入淮军，从李鸿章赴沪。改洋枪队，隶于华尔、戈登。洋枪队解散，复改淮军。先后转战于苏、浙、皖、闽等地，积功擢记名总兵，实授狼山镇右营游击。同治六年从李鸿章"剿"捻，转战于江、淮、黄、运间，积功升记名提督。同治九年驻防天津，授大沽协副将。光绪七年创设水雷营，选各营将士演习，后以教练有方授天津镇总兵。光绪二十六年三月迁巴里坤提督。未及赴任，会八国联军进攻天津，遂留守大沽炮台，受重伤。炮台被八国联军攻破，由部下救出死于撤退途中。年六十七岁。

罗遵殿 字有光、淡村，安徽宿松人。道光十五年进士，授即用知县，分发直隶，历或署或任南乐、唐山、清苑知县及冀州直隶州知州，皆有声绩。擢浙江湖州知府，调杭州知府，迁湖北安襄郧荆道道员，首先在湖北治团练。太平军入湖北，在襄阳筹防，至省城三陷而襄阳不失。咸丰五年胡林翼抚鄂，知其名。咸丰六年授两淮盐运使，留湖北治粮台。七年三月迁湖北按察使，八年六月迁湖北布政使，九年四月迁福建巡抚，未赴任。九月调浙江巡抚，十年三月杭州外城被太平军攻占，全家自尽，谥壮节。

范泰亨 字元吉，四川隆昌人。原为刑部员外郎，咸丰十一年四月丁忧回籍。同治二年正月曾协助李宗羲在四川万县设局购米。旋经鄂抚严树森调赴湖北差委，七月入曾国藩幕，先在行营安庆审理案件，旋奉派赴江西整顿厘务。十一月奉曾国藩札总理江西牙厘总局，十二月简授江西吉安知府。未及接奉任命病死。

金国琛 字逸亭，江苏阳湖或江阴人。监生。大约咸丰五、六年间加入湘军，从李续宾转战鄂、赣、皖等省。咸丰八年李续宾死于三河，金国琛侥幸逃脱，改从李续宜，为其办理营务处。咸丰九年末为解鲍超小池驿之围，金国琛奉胡林翼之命，率兵一万一千人翻越潜山天堂水吼岭，长途奔袭太平军之背，使太湖之战转败为胜。擢道员，加布政使衔。咸丰十一年授湖北安襄郧荆道道员。自咸丰十一年随李续宜回援湖北，即长期留防鄂省。后复与李续宜不和。同治三年正月调防徽州，从此留驻皖南。后调广东粮道。光绪四年十月授广东按察使，光绪五年六月病死。

九画　娄恽段洪胡赵钟饶骆倪

娄云庆 字峻山，湖南长沙人。初入湘军为水师，隶鲍超。改陆师充营官。从鲍超转战于安徽、江西，咸丰十一年授直隶正定镇总兵。同治元年任分统，从克青阳、宁国，升记名提督。同治三年援福建，四年追溃勇和太平军入广东，从克嘉应州，赴正定镇总兵任。同治六年署直隶提督，四月鲍超归籍养病，奉命接统其军。因人数太多，无法统带，遂裁撤全军，从中挑募五千人，号霆峻营，驻防湖北。同治七年乞养归。光绪初复起用，授直隶正定镇总兵。十七年迁湖南提督。三十年以年老乞归，卒于家。

恽世临 字季成、次山，江苏阳湖人。道光二十五年进士，选庶吉士，散馆改吏部主事，简放外任，累升官至湖南岳常澧道道员。咸丰十年六月受曾国藩委派，与黄勉等创办湖南东征筹饷局。同治元年十二月迁湖南布政使，二年五月迁湖南巡抚，为曾国藩主办东征筹饷局如故，四年二月被人控告，受到降四级调用的处分。

段　起　字小湖，湖南清泉人。监生。捐资为道员。咸丰初入广西左江道王普相幕，转荐于巡抚劳崇光，带百人征讨境内小股起义军。奉命援江西，所部增至四百人。咸丰七年从克瑞州。八年援浙江、江西，同治元年授江西督粮道，带勇如故。三年始赴江西督粮道任。四年霆营在江西上杭索饷哗噪，闻变驰往抚定。六年乞病归。光绪二年再授江西督粮道，后调江苏徐州道。六年迁广东盐运使，八年卒于官。

洪汝奎　字莲舫，号琴西，原籍安徽泾县，寄籍湖北汉阳。道光二十四年湖北乡试举人，二十七年考取觉罗官学汉教习。咸丰十年五月奉旨以知县用，出都南返。十月抵湖北英山大营，入胡林翼幕。胡林翼死，十一年十月入曾国藩幕，先后办理行营内钱粮所、皖南劝农局、江宁东南及西南保甲局等。同治五年三月主持金陵北征粮台，八年正月北征粮台改军需总局，仍由洪汝奎主持，兼理江宁编书局。光绪六年十月迁广东盐运使，旋改两淮盐运使，八年正月因失察罪革职流放，十二月奉旨释回。十二年十一月奉两广总督张之洞奏调赴广东，委办广东善后局，十二月病死。宣统初，经两江总督端方奏请，复原官。著有《洪忠宣公年谱》。

胡大任　字莲舫，湖北监利人。道光十八年进士，授礼部主事。咸丰三年奉旨回籍帮办团练。咸丰四年闰七月入曾国藩幕，随军办理团练、筹饷等务。五年二月入胡林翼幕，办理劝捐、厘金筹饷。九年正月再入曾国藩幕，办理报销。十年五月回京供职，旋病假回籍。同治二年七月调赴广东，总理广东厘务。三年十二月复回京供职，升候补四品京堂。六年十一月由内阁侍读学士迁河南按察使，七年七月迁山西布政使，八年八月因政务废弛、办事因循被新任巡抚李宗羲参劾，勒令休致。

胡中和　字元廷，湖南湘乡人。咸丰初从军，隶萧启江。咸丰六年从援江西，九年从救湖南，十年从援四川。萧启江死，与何胜必、萧庆高分领其众，镇压李永和起义，连战皆捷，授四川建昌镇总兵。十一年骆秉章入川督军，再战有功，授记名提督。同治元年七月迁云南提督，擒李永和，所部五千人投降。二年春在金沙江边打败石达开，四月调四川提督。四年追李永和余部入甘肃。十三年九月调云南提督，光绪二年始抵任。七年忧免，九年卒于籍。

胡光墉 号雪岩，安徽绩溪人。官至候补道员。原为商人，乘战乱之机，依浙江大吏何桂清、王有龄大发其财，一跃而成东南巨富。左宗棠巡抚浙江，又为左筹饷。其后，左宗棠陕甘"剿"回、新疆用兵，两次向外国银行借巨额债款，皆胡光墉为其经办。故极得左宗棠赏识，以一商人，官至二品。胡亦感恩图报。左宗棠驻军肃州，偶思莼菜，雪岩用缎匹卷运八千里，送至军府。后因经营不善、生活过于奢侈而破产。

胡林翼 字贶生，号润芝、润之、咏之，湖南益阳人。道光十六年进士，选庶吉士，散馆授翰林院编修。二十年因失察降一级调用，旋丁父忧免。服阕，借江南考生资助，捐资授内阁中书，改贵州知府。历署安顺、镇远知府，咸丰元年授黎平知府，因办团练镇压当地起义闻名。三年奉旨调湖北委用。四年率黔勇六百人以行，迁贵东道。行至湖北通城，闻吴文镕死，退回湖南境，依湘军。经曾国藩、骆秉章奏准留驻湖南。六月迁四川按察使，八月调改湖北按察使。奉曾国藩札从攻九江。五年正月迁湖北布政使，率王国才回援武昌。三月授湖北巡抚。武汉再失，军事陷入困境。后得罗泽南援兵五千人，形势好转。六年外江水师军力渐复，加以太平军内讧，湘军转守为攻。十一月攻克武汉。七年九月内湖水师冲出鄱阳湖，与外江水师会合。八年四月湖北水陆湘军攻克九江。九年十月与曾国藩合军进围安庆，十一月将大营由黄州移至英山。十一年五月率成大吉等回救武汉。八月湘军攻占安庆，胡林翼在武昌病死。

赵烈文 字惠甫，江苏阳湖人。监生。咸丰五年十二月与十一年七月先后两次入曾国藩幕，专司草拟涉外文件。同治二年五月奉派赴雨花台大营，为曾国荃草拟奏折，出谋划策。三年九月曾国藩移驻江宁，重回曾国藩身边。四年五月曾国藩北上"剿"捻，赵烈文暂离幕，六年初曾国藩回任江督，赵烈文再返曾幕。同治七年十一月曾国藩赴直隶总督任，八年五月赵烈文赴保定入幕。十月署磁州直隶州知州，后实授。十年五月卸任，十一月返回保定，任《直隶通志》分纂。十一年正月署易州知州，五月实授。光绪元年三月辞任，九月南归。十九年六月病死。著有《能静居日记》（又名《能静居士日记》）、《落花春雨巢日记》。

赵焕联 字玉班，湖南湘乡人。举人。咸丰二年与曾国藩之父曾麟书、刘蓉之父刘东屏在邑倡办团练，三年出带湘勇，四、五两年在湖南境内带勇作战。六年赴援江西，八年与曾国荃合克吉安。九年回救湖南，从解宝庆之围。同治元年入左宗棠幕，办理营务处，授候补道员，加按察使衔。年底回籍养病。同治三年九月以记名按察使授云南按察使，五年正月乞养归。

饶应祺 字子维，湖北恩施人。咸丰九年石达开途经其家乡入川，曾以县学生员率乡团助城守。同治元年举人，大挑得知县，捐资授刑部主事。丁父忧回籍，服阕，应调入陕甘总督左宗棠幕，积功擢候补知府。光绪三年署陕西同州知府，十年经左宗棠疏荐授甘肃甘州知府，十五年迁新疆喀什噶尔道，改镇迪道。光绪十七年五月署新疆布政使，十九年正月实授。建议在罗布泊筑城、设局，招汉、回民屯垦；在边境要道设关、卡征税。开源节流，数年库存逾百万。二十一年十月署新疆巡抚，二十二年十月实授。二十六年八国联军入侵，会同陕甘总督、伊犁将军仿东南各省，与各国领事缔约互保。二十八年九月改安徽巡抚，未赴任，旋死。

骆秉章 原名俊，字秉章。以字行，改字吁门，广东花县人。乾隆五十八年生。道光十二年进士，选庶吉士，散馆授编修，迁都察院监察御史。历任给事中、鸿胪少卿、奉天府丞兼学政、侍讲学士等职，道光二十八年十二月外放湖北按察使。道光二十九年闰四月迁贵州布政使，七月调云南布政使，道光三十年三月迁湖南巡抚。因对过境钦差大臣赛尚阿招待不周被劾，咸丰二年五月召京，十二月署湖北巡抚，咸丰三年三月再任湖南巡抚。咸丰十年八月奉命赴川督办军务，咸丰十一年七月授四川总督，督办军务如故。同治三年六月赏一等轻车都尉，同治六年五月授协办大学士，数月后病死，谥文忠。

倪文蔚 字豹臣、豹岑，安徽望江人。咸丰二年进士，选庶吉士，散馆改官刑部，因故归籍。同治四年四月入曾国藩幕，五月曾国藩北上"剿"捻，未随行，薪资照领。五年应聘主持江宁凤池书院。六年入李鸿章幕，襄办营务。十一年二月任刑部郎中。光绪六年八月由河南开归陈许道迁广东按察使，七年闰七月迁广西布政使，八年正月迁广西巡抚，九年九月改广东巡抚。十二年四月召京，五月病免。十六年病死。

十画　唐夏容席徐栗桂涂聂莫钱陶郭高勒

唐仁廉　字元圃，湖南东安人。降将，其降清时间不详。初隶湘军水师杨载福，咸丰九年从彭玉麟在安徽池州接受韦志俊投降，选降众立仁字营。十年改隶鲍超霆营，先后转战于安徽、江苏、广东等地。同治五年从鲍超"剿"捻，率马队战于鄂、豫之交。六年大战于尹隆河。鲍超辞归，所部遣散，改投淮军，从李鸿章"剿"捻。东捻平，授记名提督。九年从李鸿章援陕西，旋调防畿辅。十三年授直隶通永镇总兵。光绪十年三月署广西提督，未赴任。十一年五月调广东陆路提督，十三年十一月始抵任。二十年调至北京，奉旨率万人当前敌，及成军出山海关，战事结束。二十一年七月病死。

唐训方　字义渠，湖南常宁人。道光二十年举人。咸丰初大挑授候选教谕。咸丰三年应募入湘军水师，充营官。改陆师，隶罗泽南。募常宁勇五百人，立训字营，从援江西。咸丰五年从援湖北，授知府。咸丰六年分援襄阳，署襄阳知府。罗泽南死，改隶李续宜。咸丰七年授湖北粮道。咸丰九年从攻太湖，咸丰十年初以劳病求归，胡林翼命赴湖北粮道任。所部由毛有铭接统，仍隶李续宜。咸丰十年闰三月迁湖北按察使，十月迁湖北布政使。同治二年四月署安徽巡抚，十月被富明阿密劾降布政使。三年三月署湖北按察使，七月授直隶布政使，兼统练军守定州。七年秋西捻平，自请开缺省墓。光绪三年卒于籍。

唐际盛　湖南善化人。士人。胡林翼幕僚。同治三年七月由荆宜施道迁湖北按察使，五年七月召京。据说，湖北巡抚曾国荃参劾湖广总督官文，与他的挑拨有关。

唐定奎　字俊侯，安徽合肥人。原为民团骭，同治元年入淮军，隶刘铭传。光绪元年八月由正定镇总兵千福建陆路提督，统带铭军留防江南，未赴任。十二年十一月病免，十三年病死，谥果介。

唐殿奎　字茞臣，定奎兄，民团团首。同治五年授衢州镇总兵，六年调广西右江镇总兵。皆未赴任，战死于尹滩河之役。

夏廷樾 字憩亭，江西新建人。咸丰三年六月与朱孙诒统率湘乡、新宁等兵勇三千六百人援南昌，八月返回长沙。咸丰四年二月入曾国藩幕，委办湖南劝捐。四月由四川盐茶道迁四川按察使，六月迁湖北布政使，皆未赴任。七月经曾国藩奏准为其主办岳州转运局。咸丰五年正月解职。

容　闳 字达明，号纯甫，广东香山人。原名光照，又名容文。自幼在澳门、香港的洋人学校读书，道光二十七年随美国传教士勃郎赴美，先后毕业于孟森中学与耶鲁大学，咸丰四年回国，六年抵上海，先后在海关、洋行任职。十年曾去天京拜访洪仁玕。同治二年秋入曾国藩幕，十月奉委赴美采购机器，四年十月回国，五年任江苏巡抚衙门译员，常驻上海。九年随江苏巡抚丁日昌赴天津办理教案，仍充译员。乘机向丁日昌、曾国藩建议派留学生赴美学军事。十年任中国驻美留学生局副监督，十一年带留学生赴美，光绪元年改驻美副使，留学生事务改由他人主持。五年赴旧金山领事馆充译员，七年任满回国。八年返回美国，二十一年回到上海，二十二年赴京，参与康有为、梁启超的变法活动。二十五年春变法失败，逃入上海租界。二十六年因任"张园国会"会长被清政府通缉，经香港逃回美国。著有《西学东渐记》。

席宝田 字岘香，湖南东安人。廪生。咸丰二年率乡团镇压本县民众起义，复县城。六年从刘长佑援江西，九年从解宝庆围，十年奉湘抚骆秉章札募千人防湖南边境，号精毅营，开始独领一军。积功擢候补道员，加按察使衔。同治二年奉曾国藩奏调从江忠义赴援江西，江忠义不久病死军中，代领其众留防江西。同治三年八月由云南迤东道迁云南按察使。九月因行军迁延被劾，降知府。所部俘获幼天王、洪仁玕等，复原官，赏云骑尉世职。追太平军余部入广东，同治四年八月授贵州按察使，未赴任。从克嘉应州，授记名布政使。同治六年二月乞养归。不久，复奉新任湘抚刘昆令，率军万人赴援贵州，镇压号军与苗民起义。十年九月因病乞归，所部裁去六千人，余由苏元春等四人分统。十一年四月所部俘张秀眉等，赏骑都尉世职。光绪十五年六月卒。

徐　寿 号雪村，江苏无锡人。诸生。科学家。咸丰十一年十月入曾国藩幕，在安庆内军械所任职，并主持木壳小轮船"黄鹄号"的研制。同治四年调赴上海，参加江南制造局的筹建工作，六年参加江南制造局的迁厂、扩建与机器的安装、调试工作。七年入翻译馆，与西方传教士伟烈亚力、傅兰雅等合作，从事翻译与研究工作。十三年参与上海格致书院的创办工作，并任董事。光绪十年去世。译著与著作主要有《机器发轫》《化学鉴原》《化学材料中西名目表》。

徐文达　字仁山，安徽南陵人。文童。同治元年入李鸿章幕，办理粮台，总理前敌支应局。光绪十五年十月由江苏淮扬海道迁福建按察使，十六年四月病死。

徐建寅　字仲虎，徐寿次子。科学家。官至候补道员。咸丰十一至同治十三年经历与其父相同。光绪元年调赴山东，助巡抚丁宝桢筹办山东机器局。后又调赴汉阳兵工厂任职。光绪二十六年二月在一次试制炸药时发生事故，以身殉职。

栗　耀　字仲然，山西浑源人。东河河道总督栗毓美之子。道光十五年举人，以父荫特赐进士。咸丰三年授湖北汉阳知府，赴任时汉阳已被太平军占领，遂受委综理营务。咸丰六年从克武汉，升候补道员。以廉干为巡抚胡林翼所赏识，受命管理厘税、粮台。咸丰八年署荆宜施道，寻加按察使衔，授武昌道。同治元年九月授湖北按察使，十一月病免，不久病死。

桂中行　字履真，贵州镇远人。祖籍江西临川。诸生。咸同间积军功授知县，分发安徽，历署合肥、蒙城、阜阳知县。同治四年四月入曾国藩幕，五月从曾国藩北上"剿"捻，七月任查圩委员，委查蒙城圩务，升知府。调江苏，管扬州、正阳厘税。光绪元年署徐州知府，丁祖母忧免职。三年奉总督沈葆桢命办宣城、建平教案，以教堂归还民地结案。复丁忧归。服阕，主办皖南垦务。九年授江苏徐州道，二十一年调湖南岳常澧道，十一月迁广西按察使，二十二年六月调湖南按察使，二十三年病死。

涂宗瀛　号朗仙，安徽六安人。道光二十四年举人。咸丰四年在籍带团勇与捻军、太平军作战，六年赏蓝翎顶戴。同治元年大挑得知县，分江苏。十一月道经安庆被截留，遂入曾国藩幕，委办谷米局。同治三年九月委办江宁保甲巡防总局，十二月署江宁知府，四年七月实授。八年六月迁苏松太道，十年七月迁湖南按察使，十二年十二月迁湖南布政使。光绪二年三月迁广西巡抚，三年十一月调河南巡抚，七年二月召京，八月改湖南巡抚。八年三月迁湖广总督，九年五月病免，二十年七月病死。著有《（六安）涂朗轩尚书年谱》。

聂士成 字功亭，安徽合肥人。武童。初为临淮军，从袁甲三"剿"捻，同治初改淮军，隶刘铭传，转战江、浙、闽、皖等省，累迁至副将。同治七年擢记名总兵。光绪十年率军援台湾，屡战击退法国侵略军。后统庆军驻旅顺。光绪十七年统淮练诸军赴热河朝阳镇压当地民众起义，十八年授山西太原镇总兵。仍留芦台治军。曾单骑巡逻中俄边界，绘其山川险扼要塞。光绪二十年参加中日战争，主战，不得志，率所部屡突围出，又设伏打败敌军，斩日将。十月迁直隶提督，仍留芦台。光绪二十一年改所部三十营为武卫前军，半仿德式，以新法练兵。二十六年八国侵略军联合进攻中国，分其军三支，一部保护铁路，一部留驻芦台，自率一部守天津。连夺三处要地，径攻紫竹林，英勇战死。谥忠节。著有《东游纪程》。

莫友芝 字子思、邵亭、眲叟，贵州独山州人。道光十一年举人。咸丰十年入胡林翼幕，十一年七月转入曾国藩幕，同治三年四月任编书局校勘。十年九月因事外出，行至江苏兴化县病死。著有《遵义府志》《邵亭遗集》。

郭崑焘 字意城，晚号樗叟，湖南湘阴人。郭嵩焘弟。道光二十四年举人。咸丰二年五月入湖南巡抚幕，历任张亮基、骆秉章、翟诰、毛鸿宾、恽世临幕僚。同治三年六月湘军攻陷天京，辞归。同治六年湖南巡抚刘昆镇压贵州苗民起义受挫，强起郭崑焘入幕赞画军事，战事将平，复辞去。其间咸丰八年六月至十一月曾随曾国藩赴江西充任幕僚，草拟折稿，调护老湘营诸将。咸丰十年五月至同治四年五月，与黄勉一起为曾国藩主持湖南东征筹饷局。光绪八年卒。著有《云卧山庄集》《云卧山庄尺读》《云卧山庄家训》。

郭松林 字子美，湖南湘潭人。初为木工，咸丰六年入湘军，隶曾国荃吉字营，从克吉安、安庆。同治元年随李鸿章赴上海，战于苏南。三年积功授福山镇总兵，七月迁福建陆路提督。四年率五千人航海入福建，克漳州等城。战事平，辞归。同治五年三月复出，从新任鄂抚曾国荃"剿"捻，所募新勇号"新湘军"。十二月在湖北臼口大败被俘，所部溃散，后被降于捻军的一旧日部卒救出，回籍养伤。同治六年李鸿章接统"剿"捻各军，郭松林伤愈复出，奉命仍统带旧部作战。该部已增至万人，号"武毅军"，原由其部将李长乐代领，自同治四年五月起从曾国藩"剿"捻。同治八年调湖北提督，同治十一年忧免。光绪三年卒。

郭柏荫 字弥广、远堂，福建侯官人。道光十二年进士，点翰林，授编修，迁御史、给事中。二十三年以失察革职，旋授主事。咸丰三年奉命会办本省团练，擢郎中。同治元年送京引见，交曾国藩差委，遂充其幕僚。同治二年授苏松粮道，十二月迁江苏按察使，受李鸿章委任，襄办江苏牙厘。四年五月迁江苏布政使，护理巡抚。六年正月署江苏巡抚，二月迁广西巡抚，仍留署江苏巡抚，十月改湖北巡抚，十二月兼署湖广总督。八年正月卸兼署湖督任，十二年十二月病免。光绪十年病死。

郭嵩焘 字伯琛，号筠仙，湖南湘阴人。道光二十七年进士，选庶吉士，请假归籍。咸丰二年十二月入曾国藩幕。三年从援南昌，授翰林院编修。咸丰四至八年数次出入曾国藩幕。六年八月离曾国藩幕返湘，七年十一月回京供职，八年十二月入值南书房。九年正月从僧格林沁赴天津办海防，九月赴烟台查办厘金，十二月回京复命，仍回南书房。十年四月因心情忧郁离京回籍。同治元年三月致函李鸿章求授上海道，四月经李鸿章奏请授苏松太道，委办淞沪厘捐总局。同治二年三月迁两淮盐运使，六月署广东巡抚，三年十一月革职留任，五年二月召京，六年正月授两淮盐运使，七月开缺。七年十二月撰《湖南通志》，九年正月掌湖南城南书院。光绪元年二月授福建按察使，七月开缺，奉命以候补侍郎充出使英国正使，十一月署兵部侍郎，在总理衙门行走，二年七月卸署兵部侍郎任，八月兼署礼部侍郎，十月出使英国，三年二月授兵部侍郎，四年正月兼驻法公使，七月应召回国。五年七月病免，十七年六月病死。著有《养知书屋诗文集》《玉池老人自叙》《郭嵩焘日记》等。

钱应溥 字子密、葆慎，晚号闻静老人，浙江嘉兴人。拔贡生，朝考一等，授吏部主事，入值军机处，充军机章京。咸丰十年闻警回籍接父，转徙经年，同治元年入曾国藩幕，负责草拟奏稿，直至曾国藩去世，始终未离左右。工于文词，简练而无不尽之意，且成文甚速。尝拟二奏稿、二咨稿、五檄稿，仅一时许，甚受曾国藩赏识，将他媲为枚皋。同治三年赏五品卿衔，五年十二月赏加四品卿衔。光绪十五年四月由太仆寺少卿迁太常寺卿，七月改宗人府府丞。十六年十一月迁礼部右侍郎，改左侍郎，二十一年六月入值军机处，充军机大臣。二十二年十月迁都察院左都御史，二十三年七月改工部尚书。二十五年五月因戊戌政变牵连免职，二十七年病死。与他人合著《文瑞公（钱陈群）年谱》。

钱鼎铭 字调甫，江苏太仓人。其父钱宝琛曾先后担任湖南、江西、湖北巡抚。道光二十六年举人。从其父在籍办团练。咸丰三年带团勇从清军进攻上海小刀会起义，授赣榆教谕。捐资为户部主事，丁父忧归。咸丰十一年十月受麇集上海的苏南官绅委派，赴安庆向湘军乞援，因效申包胥秦廷之哭，且以上海财货说动曾国藩。同治元年又带洋轮七艘迎接湘淮军赴沪，随入李鸿章幕，委办营务。同治三年三月受曾国藩委任在上海办理劝捐。四年春受李鸿章委派主办清江转运局。八年五月应调赴直隶入曾国藩幕，委办冀南赈务。九月授大顺广道道员，十一月迁直隶按察使。九年八月迁直隶布政使，十年十一月迁河南巡抚。光绪元年五月卒于任。

陶　模 字方之，浙江秀水人。同治七年进士，选庶吉士，散馆授甘肃文县知县，调皋兰知县，受知于左宗棠。迁秦州直隶州知州，历署甘州知府、兰州知府，授兰州道。光绪十一年九月迁直隶按察使，十四年三月迁陕西布政使，十七年二月迁新疆巡抚，二十一年十月署陕甘总督，二十二年十月实授。二十五年十月召京，二十六年闰八月调两广总督，二十八年五月病免，十月病死，谥勤肃。

陶茂林 湖南长沙人，多隆阿旧部。以武童入湘军，转战湖北、江西，积功至游击。咸丰八年调为湖北湘军营官，咸丰十年隶于多隆阿，曾先后在桐城、庐州等地作战。同治元年从多隆阿赴陕，授汉中镇总兵。同治二年八月署甘肃提督，十月实授。同治四年九月以所部哗溃革职。同治十年应调赴贵州协剿，复原官。光绪二年加头品顶戴，赏勇号。光绪十六年署古州镇总兵，卒于官。

高连生 湖南宁乡人，蒋益澧旧部。咸丰四年投军，隶于蒋益澧，咸丰七年充营官。咸丰八年从蒋益澧援广西，积功升记名总兵。同治元年正月补右江镇总兵，从蒋益澧援浙。同治三年二月从蒋益澧攻陷杭州，署浙江提督，七月随左宗棠入闽、入粤。同治四年擢广东陆路提督。同治六年从左宗棠赴陕西，调改甘肃提督。同治八年二月所部两营发生哗变，被杀死。

勒方锜 字少仲，江西新建人。贡生。原名人璧，选贡时改今名。原为刑部秋审处司员。同治三年三月入曾国藩幕，委审案件，十月转入秘书处，十一月辞去。九年十月再次入曾国藩幕，直至曾国藩去世。累保至即补道。光绪元年八月迁江苏按察使，三年十一月迁广西布政使，十二月调江苏布政使。五年四月迁福建巡抚，七年四月调贵州巡抚，八月改东河河道总督，未赴任病免。

十一画　康曹梅萧阎隋黄

康国器 字友之，广东南海人。原名以泰，字交修。原为江西赣县桂源司巡检，咸丰初募勇三百人镇压当地小股反清活动，从克万安。咸丰六年署江西南城知县，从克樟树镇等。十一年与广东兵联合进攻蓝山，擢知府。同治元年援浙江，从蒋益澧克汤溪，擢道员。三年从克杭州，授福建延建邵道，开始独领一军。从左宗棠南下福建、广东进攻汪海洋等太平军。四年正月克龙岩，大战数次克镇平。十二月从克嘉应州。五年九月迁福建按察使，八年五月迁广西布政使，十一年八月召京，休致。

曹克忠 直隶天津人。大约咸丰中应募入湘军，咸丰八年左右隶于多隆阿。咸丰十年募忠字一营充营官，转战于安徽各地。同治元年从多隆阿赴陕，同治二年授河州镇总兵。同治三年转战入甘肃，同治四年九月迁甘肃提督。其时，雷、陶两军相继哗变，回民起义军势转盛，仅曹克忠和杨岳斌两军与之相持。同治六年二月病免。同治十年奉旨再赴西北，专防肃州。同治十一年署甘肃提督，光绪元年忧免。光绪九年奉命募六营防山海关，光绪十年授广东水路提督，次年病免。光绪二十年奉命治天津团练，统津胜军，光绪二十二年病卒。

曹志忠 分统。由湘军改淮军。光绪二十九年十一月由福宁镇总兵迁福建陆路提督，三十年七月裁缺，十一月改湖南提督。

梅东益 安徽怀远人。淮军将领。光绪二十五年十一月以记名提督授贵州提督，十二月召京，二十六年三月留直隶，六月解职。

梅启照 字小岩，江西南昌人。咸丰二年进士。十一年十月入曾国藩幕，甚受器重。同治六年十一月由长芦盐运使迁广东按察使，八年五月迁江宁布政使。光绪三年二月迁浙江巡抚，五年八月召京，六年九月授内阁学士，七年四月迁兵部右侍郎，八月改东河河道总督，九年二月革职。

萧启江 字浚川，湖南湘乡人。年少时在四川经商，后弃商就读。咸丰三年入塔齐布军，四年从克岳州、武昌等城。五年广东天地会起义军入湖南，奉巡抚骆秉章令，募勇立果字营"进剿"，从此自领一军。追广东天地会起义军入江西。六年隶于刘长佑，从克新昌、上高。七年从克袁州，擢道员。刘长佑回籍，与刘坤一联合攻克抚州，加布政使衔。咸丰八年曾国藩援浙江途经江西，改隶曾国藩。九年奉札援赣州，回救湖南，从解宝庆围。入广西，解桂林围。六月奉命率军援四川，十年春抵川不久病死军中。

萧孚泗 字杏卿、信卿，湖南湘乡人。咸丰三年入湘军，从罗泽南转战江西、湖北。六年从曾国荃援江西，从克安福、吉安等城，十一年从克安庆，授河南归德镇总兵。同治元年从曾国荃进围天京，同治二年十一月迁福建陆路提督，三年六月从克天京，因俘获李秀成、洪仁达功，赏一等男爵。七月丁父忧免职。因嗜财贪功而屠戮举报李秀成之人，声名狼藉，为世人所不齿。曾国藩只好借裁军之机将其所部遣散，本人也再没有起用过。光绪十年卒于家，谥壮肃。

萧捷三 字敏南，湖南武陵人。道光十七年武举人，授湘阴千总。咸丰二年以守城功升守备，继又因失城革职。三年入湘军水师，四年复官，旋补永绥守备。从克武昌，授即用都司。从攻九江、湖口，十二月率炮船二十只、水勇二千人轻敌冒进，被太平军封禁于鄱阳湖中。五年七月带内湖水师与平江勇会攻湖口，中炮死，谥节愍。

阎敬铭 字丹初，陕西朝邑人。道光二十五年进士，选庶吉士，散馆授户部主事。咸丰九年经胡林翼奏调来鄂，总司粮台、营务。积功迁郎中，擢候补四品京卿。咸丰十一年七月署湖北按察使，九月实授。同治元年八月署湖北布政使，九月忧免。十月署山东巡抚，同治二年十一月服阕，实授山东巡抚。同治五年十一月因不谙军务受到曾国藩参劾，被迫假归。同治七年起用核查账务，同治八年八月授工部右侍郎，旋病免。光绪八年正月再次起用，授户部尚书。工会计，悉发旧簿籍，一一综核，抉摘爬罗，得四百余万。汉员大臣掌握全国财政收支情况和户部库银数量以此为始。光绪十年三月授军机大臣，五月授协办大学士，光绪十一年十一月兼总署大臣，十二月授东阁大学士，管户部。光绪十二年九月罢值军机处，光绪十四年七月，因反对那拉氏动用海军经费修建颐和园，被迫休致，光绪十八年病死。

隋藏珠 字龙渊。原为江西候补道、建昌知府，咸丰十年十月经曾国藩札调入幕，委办祁门行营粮台。十一年九月任安庆行营粮台总办。同治元年闰八月丁父忧归，十二月经曾国藩奏请返回任职。

黄冕 字南坡，湖南长沙人。吏员出身，历任江都、上元、元和、上海等县知县及常州、镇江知府。熟悉盐政、漕运，善理财。道光二十二年调浙江，曾坚决抵抗英军侵略，因镇海失守被劾，遣戍新疆。二十四年获赦召还，被护甘督林则徐奏留凉州，二十四年回到江南。寻因整理漕务被劾归籍。咸丰三年入曾国藩幕，系主要谋士之一。四年初献多造炮船策，后成水师利器。六年授江西吉安知府，立吉字营进攻吉安。不久因军队乏饷被劾，免职归籍。十年六月受曾国藩委任，与郭崑焘、恽世临共同主持湖南东征筹饷局。同治元年十二月授云南迤东道，畏远不愿赴任。二年九月经曾国藩奏留两江差委，助其整顿两淮盐务。次年事竣仍回东征局，直至四年五月东征局裁撤。同治九年卒于籍，年七十六岁。

黄鼎 字彝封，四川崇庆州人。诸生。同治元年骆秉章召集川勇讨松潘，立彝字营随征。不久，又随刘蓉进入陕南镇压李永和、蓝朝柱起义军。三年追起义军入甘肃。五月从克阶州，擢知府，十月擢道员。五年十一月湘军惨败于灞桥，三十余营全军覆没，唯黄鼎一军突出重围。六年正月奉新任陕西巡抚乔松年令，统定中营，节制镇西等五营，随刘松山军作战。授陕西陕安道。八年从平董志原，授记名按察使。九月从克固原。九年奉左宗棠委派总理营务。十年所部增至十三营，亲统五营，其余八营由左宗棠拨隶其旧部记名提督徐占彪。光绪三年六月奉命未及出关，被降人刺杀死。

黄少春　湖南宁乡人。原为湘军分统，隶左宗棠。同治三年五月以记名提督授湖南提督，六年八月调浙江提督，光绪七年十一月乞养归。十九年九月起授福建陆路提督，二十年九月调长江水师提督，二十七年四月调福建陆路提督，三十二年二月病免。

黄桂兰　字惠亭，安徽合肥人。团勇。淮军将领。光绪九年以记名提督授广西提督，十年三月革职。

黄淳熙　字子春，江西鄱阳人。原为湖南知县，咸丰初入湘军，隶湖南巡抚骆秉章。咸丰九年从救宝庆，曾向李续宜献"直援洪桥"之策，铁围迎刃而解。十一年从骆秉章援蜀，所部增至五千人。行至荆州，主将刘岳昭回援湖北，黄淳熙成为军中第一大将。五月与太平军战于定远，大胜，追入二郎场，中伏死。

黄彭年　字子寿，贵州贵筑人。原籍湖南醴陵。道光二十五年进士，逾二年，改庶吉士，散馆授翰林院编修。咸丰初随父黄辅辰在籍办团练。约于咸末同初入川督骆秉章幕。同治年间曾先后受陕西巡抚刘蓉、直隶总督李鸿章聘请，主关中书院和莲池书院，修《畿辅通志》。光绪八年授安襄郧荆道，九年正月迁湖北布政使，数月病死。著有《陶楼诗文集》《三省边防考略》《金沙江考略》《历代关隘津梁考存》《铜运考略》。

黄赞汤　字尹咸、莘农，江西庐陵人。道光十三年进士，选庶吉士，散馆授京职。二十六年十二月由通政司副使迁光禄寺卿，二十七年正月改宗人府府丞，二十八年十月改都察院左副都御史，二十九年五月充福建乡试正考官，七月改兵部右侍郎，八月兼福建学政，十二月改刑部右侍郎。咸丰二年八月卸福建学政任，三年丁忧归。四年正月至七年二月，应曾国藩之请，先后主持樟树镇劝捐总局与饷盐总局，为曾国藩筹集军饷。七年十月授通政使司通政使，八年八月迁刑部右侍郎，九年三月改东河河道总督，十年十月兼署河南巡抚。同治元年七月改广东巡抚，为曾国藩开办广东厘金以筹集军饷，后因广东厘金收入不旺被曾国藩参劾，二年六月召京。

　　黄翼升　字昌岐，湖南湘乡人。原为铁匠，入长沙协充队长，咸丰初从征广西。咸丰三年曾国藩建湘军水师，调为哨长。从杨载福克岳州、武汉、蕲州，拔充营官。四年十二月攻湖口，乘胜轻进，被太平军封禁于鄱阳湖内。七年授直隶提标左营游击，内湖水师冲出鄱阳湖，克湖口，升副将。九年受彭玉麟委派，赴池州接受韦志俊投降。十年任新成立的淮扬水师统领，授淮扬镇总兵。十一年至同治元年从克太平军安庆至天京的沿江城镇要隘。率淮扬水师十营随李鸿章赴援上海，署长江水师提督。二年从克苏州、无锡，三年从克常州，四月实授长江水师提督，杨载福督办江西军务，黄翼升接统外江水师。五年回驻江宁，六年调守清江，十一年八月以驭军不严称病自请免职。光绪十八年六月起授长江水师提督，二十年八月卒于军，谥武靖。

十二画　　塔彭普曾游裕程董蒋

　　塔齐布　字智亭，满洲镶黄旗人。初属乌兰泰，任三等侍卫。咸丰元年调湖南，次年迁游击，署抚标营中军参将。咸丰三年曾国藩于盛夏之时苦练湘勇，并请营兵会操。湖南提督鲍起豹、长沙协副将清德以为虐士，坚决反对。而塔齐布独持赞同，每校阅必短衣草鞋以从，因此受到曾国藩的赏识。咸丰三年擢副将，四年初加总兵衔，四月署湖南提督，六月实授。曾先后克湘潭、岳州、武汉，进攻九江，皆任主力，是曾国藩早期的主要军事支柱。古人云，秀才造反三年不成。曾国藩以书生治军，营哨多为文士，赖塔齐布方得以立足，且少解清廷汉官掌兵之疑。五年七月气脱死于九江城下，年三十九岁，谥忠武。

　　彭玉麟　字雪琴，湖南衡阳人。诸生。曾充衡阳协标书识，道光三十年参与镇压湖南李沅发起义，授临武营外委，耻武职，辞去。又赴耒阳为富商经营典当业，咸丰二年奉知县委任募勇数百人守城。咸丰三年应募入湘军，初为陆军隶于曾国葆营，后改水师充营官。咸丰四年十二月炮船困于鄱阳湖内，水师分为外江、内湖两支，长龙、快蟹亦大部被毁，撤回湖北金口休整。咸丰五年七月原内湖水师统领萧捷三中炮死，曾国藩急调彭玉麟接统内湖水师。咸丰七年九月内湖水师冲出鄱阳湖，与外江水师会合，从此取消内湖外江之名目，但水师仍由彭、杨分统。同治三年四月杨载福离水改陆，督办赣南军务，水师统由彭玉麟节制。咸丰十一年三月由广东惠嘉潮道迁广东按察使，九月迁安徽巡抚，十二月辞免。同治元年正月授兵部右侍郎、同治四年二月命署漕运总督，皆辞不就，但坚持每年巡阅长江一次。光绪九年正月授兵部尚书，又辞，清廷不允，再辞即以轻视朝廷论罪。彭玉麟不再辞职，也不赴任，仅每年巡阅长江一次，奉旨允准。光绪十四年六月病免，巡阅长江如故。十六年卒，谥刚直。

彭楚汉 湖南湘乡人。湘军水师分统。杨载福旧部。同治十一年八月由大名镇总兵迁福建水路提督，光绪十八年七月免。

彭毓桔 字杏南、盛南，湖南湘乡人。曾国藩表弟。咸丰九年入吉字营，从克景德镇，十一年八月从克安庆，大约同治二年左右充任分统。同治三年攻陷天京，得擢记名布政使，赏一等轻车都尉。不久，授福建汀漳龙兵备道，未赴任。同治五年三月随鄂抚曾国荃再出，充分统，独领一军"剿"捻，同治六年二月在湖北蕲水战死，所部溃败。

普承尧 字钦堂，云南新平人。武进士、都司。原为营弁，应募为宝勇，咸丰二年调赴长沙，咸丰三年归隶塔齐布，咸丰五年拨隶罗泽南，随同赴援湖北。咸丰六年又随曾国华回援江西，积功迁九江镇总兵。咸丰十年末因战败革职，后为曾国藩护理安庆粮台。同治二年复出，统临淮军攻打怀远。

曾纪凤 字挚民，湖南邵阳人。以诸生从军，隶湖南巡抚骆秉章，保为候补知县。咸丰十一年奉调领湘果后营，同治元年从刘岳昭赴援四川，三年擢知府，不久调广东，又调贵州，皆任军事。十年晋道员，十三年剿平苗民起义。光绪元年授贵西道，八年十一月迁贵州按察使，十一年六月迁贵州布政使，十三年二月调云南布政使，十五年十月乞养归，寻卒。

曾国华 字温甫，湖南湘乡人。生员。曾国藩三弟，行六，出为其叔父曾骥云养子。咸丰六年赴湖北乞师，胡林翼集刘腾鸿、吴坤修、普承尧三军五千人同援江西，六月进围瑞州。七年二月从曾国藩奔丧回籍。八年二月入李续宾幕裹办军务，十月死于三河，谥愍烈。

曾国荃 字沅甫、子植、叔淳，湖南湘乡人。贡生。曾国藩的四弟，行九。咸丰六年募勇三千号吉字营，从新任吉安知府黄冕援江西。初依老将周凤山，及周凤山军溃，黄冕即将全军数千人委曾国荃一人统带。咸丰八年曾国荃攻陷吉安后，即投奔曾国藩，从此成为其嫡系部队。数年间接连攻陷景德镇、安庆、天京等名城重镇，所部兵勇也由六七千人扩充至三万五千人，加上萧庆衍、毛有铭、韦俊等部，使曾国荃统辖的总兵力达五万人，成为湘军中人数最多的一支。同治元年正月以记名按察使授浙江按察使，二月迁江苏布政使，二年三月迁浙江巡抚，留营未赴任。三年六月赏一等威毅伯，九月免职回籍养病。四年六月授山西巡抚，病辞。五年正月授湖北巡抚，六年十月病辞。光绪元年二月授陕西巡抚，旋改东河河道总督，二年八月改山西巡抚，六年六月召京。十年正月署礼部尚书，旋改署两江总督，十六年十月卒于任，谥忠襄。

曾贞干 字事恒，湖南湘乡人。生员。原名曾国葆，字季洪。咸丰三年从军，充营官，四年三月因岳州之败辞归。八年曾国华死于三河，为报兄仇出而赴湖北投军，胡林翼命带千人随大营行动，先驻黄州，后移驻英山。十年三月改隶曾国荃，从围安庆，十一年八月从克安庆。同治元年从曾国荃沿江攻入江苏，进围天京。击退李秀成援军，升候补知府。十一月病死于雨花台大营，谥靖毅。

曾国藩 字伯涵，号涤生，湖南湘乡人。原名子城，字居武，乳名宽一。道光十八年进士，选庶吉士，散馆授翰林院检讨。道光二十三年六月充四川乡试正考官，七月授翰林院侍讲。二十四年十二月改侍读，二十五年五月升右春坊右庶子，六月转左庶子，九月迁翰林院侍讲学士，二十七年六月迁内阁学士兼礼部侍郎衔，二十九年正月迁礼部右侍郎，八月兼署兵部右侍郎，三十年六月兼署工部左侍郎，十月署兵部左侍郎。咸丰元年五月署刑部左侍郎，二年正月署吏部左侍郎，六月充江西正考官，七月由安徽太湖改道回籍丁母忧。咸丰二年十一月奉命帮办湖南团练事务，乘机创办湘军。三年十月奏准创办湘军水师。四年正月湘军水陆练成，船炮齐备，曾国藩自衡州出发，率水陆一万七千人东征。八月攻占武汉，九月署湖北巡抚，旋改兵部侍郎衔，五年九月授兵部右侍郎，七年二月回籍守制。咸丰八年五月奉命驰援浙江，九年六月奉命入川，八月改攻安徽。十年四月署两江总督，加兵部尚书衔，五月奉命兼办皖南军务，六月实授两江总督，授钦差大臣，督办江南军务，八月奉命督办宁国军务，十月奉命督办苏、皖、赣、浙四省军务，十一年八月攻占安庆。同治元年正月授协办大学士，七月奉命节制李昭寿一军，三年六月攻陷天京，加太子太保衔，赐一等侯爵。同治四年五月奉命督办直隶、山东、河南三省军务，驰赴山东"剿"捻，两江总督由李鸿章署理，五年十一月奉命回两江总督本任。六年五月授体仁阁大学士，仍留两江总督任，七年四月升武英殿大学士，七月调任直隶总督，九年五月奉命赴天津查办教案，八月调任两江总督。同治十一年二月卒于任，谥文正。著有《曾文正公全集》《曾文正公手书日记》《曾文正公家书》《曾国藩全集》等。

游智开 字子代，湖南新化人。咸丰元年举人，选知县，分发安徽。同治元年入李续宜幕，先后在三河尖、河南固始等处办理厘金。同治四至八年历任和州、无为、泗州知州，曾国藩称其"治行江南第一"。八年五月应调赴直隶入曾国藩幕，九年十月转入李鸿章幕，不久署直隶琛州知州，授滦州知州，十一年迁永平知府。光绪六年迁永定河道，十一年三月迁擢四川按察使，十四年十月迁广东布政使，十六年四月病免，二十一年八月起授广西布政使，二十五年正月病免，卒于籍。

程桓生 字尚斋，安徽歙县人。道光二十九年贡生，选知县，分发广西。咸丰三年署桂平知县，后因疏防革职。四年五六月间随李孟群调赴湖南，入曾国藩幕，负责草拟咨、札、函、奏等件。曾国藩复出治军，九年十一月再次入幕，仍任旧职。同治二年八月奉曾国藩委派，总管江西盐务督销局，四年八月授江西盐法兼分巡南瑞临道，六年二月迁两淮盐运使，驻扬州，主持两淮盐务，兼理江北厘金局。

董福祥 字星五，甘肃固原人。同治初年乘西北回民起义之机，在安化起义，聚众十余万，据花马池为基地，势力波及陕、甘十数州县。后被刘松山所败，其父先降，他亦率众降。简其精壮编为董字三营，由董福祥统之，并自带中营，从攻金积堡。同治十一年从刘锦棠转战于甘肃、青海各地，积功升记名提督。光绪元年随湘军出关进军新疆，授阿克苏总兵，驻喀什噶尔城。十六年四月授乌鲁木齐提督，二十一年十一月调甘肃提督，未赴任，奉命驻西宁，兼辖魏光焘二十七营，专任剿抚事宜。二十三年经荣禄奏调率甘军入卫京师，改称武卫后军。二十六年受荣禄指使，攻使馆、杀日本使馆书记员。十二月革职。后颇悔，悟为荣禄所卖，致函责之说："辱隶麾旌，任公指使，命攻使馆，祥犹以杀使臣为疑。公言'僇力攘外，祸福同之'。祥本武夫，恃公在上，敢效奔走。今公执政而祥被罪，祥死不足恤，如军士愤懑何！"荣禄得书，置不答。三十四年病死。其子捐银四十万复其官。

蒋志章 字恪卿、璞山，江西铅山人。道光二十五年进士，选庶吉士。累升官至广东粮道。同治元年入曾国藩幕，受曾国藩委派协同李瀚章等办理广东厘金，二年八月离曾国藩幕。三年正月由广东盐运使迁四川按察使，九月免职。六年七月授浙江按察使，十月迁四川布政使，八年十二月迁陕西巡抚，十年十一月卒于任。

蒋益澧 字芗泉，湖南湘乡人。文童。道光二十九年从李续宾充团丁，咸丰二年从李续宾加入湘乡团练，三年六月从李续宾援江西，六年因与李续宾不和告假。咸丰八年募勇援广西，累功升候补道，署广西按察使。咸丰九年四月实授广西按察使，旋迁广西布政使，九月降为道员。是年冬刘长佑率军援广西，归隶之。咸丰十年升记名按察使，咸丰十一年七月补广西按察使。同治元年正月奉命率军援浙，迁浙江布政使，八月抵衢州。所部八千人分左右两军，由高连陞、熊建益分领之。同治三年九月护理浙江巡抚。同治五年正月奉命带兵赴广东，二月取代郭嵩焘为广东巡抚。同治六年十一月降二级调用，乞病归。

蒋凝学 字之纯，湖南湘乡人。士人。分统，李续宜旧部。咸丰初在籍治乡团。咸丰五年从罗泽南攻武昌，六年授知县。七年自统三营。八年从克九江，擢知府，转战麻、黄一带，擢道员。九年从克太湖，十一年从平苗沛霖之叛，授甘肃安肃道，留营未赴任。同治二年十一月李续宜死后，调回湖北。同治四年冬奉命西征，所部因畏于远行而哗变，遂遣散旧勇，另募新勇二千人，于同治五年带赴兰州，署兰州道。六年升记名按察使，八年署甘肃按察使，九年复署兰州道，十年十二月迁山西按察使。光绪元年二月迁陕西布政使，四年七月病免。

十三画　蒯褚雷鲍

蒯德标　字蔗农，安徽合肥人。举人。同治元年入李鸿章幕，曾督办淞沪厘捐局、湖北淮军粮台。光绪七年八月由湖北盐道迁湖北按察使，九年正月迁湖北布政使，十五年六月改台湾布政使，十六年四月改广东布政使，十月病免。二十年卒于里。

褚汝航　字一帆，广东人。原为广西候补同知，咸丰三年奉调赴衡州入曾国藩幕。习水战，熟悉战船样式。十二月任造船监督，奉札赴湘潭设立船厂，监造战船。四年正月奉委任水路营务处（统领）。七月在岳州附近的城陵矶战死。官至候补道员。

雷正绾　字伟堂，四川中江人。原为绿营武弁，积功至游击。咸丰八年从多隆阿转战安徽各地，所部称精选军。咸丰十一年授陕安镇总兵，同治元年从多隆阿赴援陕西，擢陕西提督，帮办军务。同治三年多隆阿死，都兴阿督师甘肃，雷正绾改帮办甘肃军务。同治四年因所部哗变被劾，撤帮办，归陕甘总督杨岳斌节制。雷正绾捕送叛军首领、其弟雷恒等置之法，旨准专折奏事，率部众三千人转战于甘肃各地。同治六年左宗棠督师入陕，雷正绾前往助剿，先后会攻于庆阳、长武、董志原、金积堡等地。光绪二十一年革职留任，光绪二十二年罢归，光绪二十三年病死。

鲍　超　字春霆，四川奉节人。原为营兵，咸丰三年离伍赴长沙，谋生不就，川资将尽，欲自杀以终。为黄翼升所救，应募加入湘军。初为陆师，后改水师，隶杨载福营。咸丰六年经胡林翼识拔，改陆师，募霆字六营约三千六百人。咸丰八年授湖南绥靖镇总兵。咸丰十年改隶曾国藩，渐有悍勇之名，所部亦增募愈众，其中不少属太平军降卒。此后数次恶战，如解曾国藩祁门之围、夺回景德镇以通山内饷道、攻克赤冈岭四垒、阻断李秀成攻取南昌之路等皆充主力。同治元年正月授浙江提督，仍留安徽带兵。是年攻克宁国。同治二年五月与水师联合攻占九洑洲。由皖南攻入苏南，同治三年春克句容、金坛。追太平军入江西、福建，赏一等子爵。同治四年追太平军与霆营溃勇入江西、福建、广东。同治五年三月北上"剿"捻，所部马、步各营已近二万人，成为当时湘军中人数最多的一支。同治六年六月因尹隆河之战中受淮军李鸿章、刘铭传欺压告病辞归，所部遣散。光绪六年四月起授浙江提督，募军驻乐亭以防俄罗斯，八年八月病免，十四年病死。赐太子少保，谥忠壮。

十四画　翟谭

翟国彦　湖南新宁人。分统。刘长佑旧部。同治七年闰四月由潮州镇总兵迁广东水路提督，光绪六年十月病免。

谭上连　湖南衡阳人。武童。分统。曾隶于左宗棠。光绪十一年十月以西宁镇总兵署乌鲁木齐提督，十五年正月实授。十六年四月死。

谭钟麟　字云觐、文卿，湖南茶陵人。咸丰六年进士，选庶吉士。充左宗棠幕僚，积功授浙江杭嘉湖道。同治七年七月迁河南按察使，八年八月前后忧免。十年十一月改陕西布政使。光绪元年二月迁陕西巡抚，五年五月召京，七年八月迁陕甘总督，十四年二月病免。十七年四月授吏部左侍郎。十八年五月改闽浙总督兼管船政，二十年七月兼署福州将军。十月改四川总督，二十一年三月改两广总督，闰五月兼署广州将军，九月兼署广东巡抚，二十五年十一月召京，三十一年病死，谥文勤。

谭碧理　湖南湘潭人。武童。光绪十二年十二月授江南提督，二十四年死。

十五画　潘黎

潘万才　字艺亭，安徽阜阳人。降将。隶刘铭传。光绪二十九年六月由淮阳镇总兵迁贵州提督，三十一年三月署江北提督，四月回任贵州提督，五月忧免。

潘效苏 字少泉，湖南湘乡人。文童。光绪初从刘锦棠出关，充左宗棠幕僚。光绪二十七年正月由甘肃巴里坤道迁新疆按察使，十二月迁新疆布政使，二十八年九月迁新疆巡抚，三十一年八月因贪污案发革职。后赵尔巽总督东三省，聘为顾问。

潘鼎新 字琴轩，安徽庐江人。道光二十九年顺天府乡试举人，大挑叙知县。入赘于青阳司巡检署，随至庐州府。咸丰初从李元华办民团。咸丰七年参安徽大营军事，擢同知。十一年其父办乡团战死，誓与报仇。同治元年入淮军，随李鸿章赴援上海，对太平军作战。初为营官，后扩募充分统。同治二年授江苏常镇通海道。同治四年四月奉旨"剿"捻，先乘轮船北上防京津，后回驻江苏。八月迁山东按察使，同治六年二月迁山东布政使，未赴任，继续留营带兵"剿"捻。同治七年西捻平，赏云骑尉世职。同治九年丁忧回籍，同治十三年起授云南布政使，光绪二年三月署滇抚，九月实授，光绪三年八月病免。光绪五年赴天津随李鸿章治军，光绪七年乞归。光绪九年授湖南巡抚，光绪十年二月调广西巡抚。光绪十一年二月因在中法战争中临阵策马狂逃革职。逃跑途中狼狈万状，数次落马，手臂摔断。光绪十四年五月病死。

黎庶昌 字莼斋，贵州遵义人。廪贡生。同治元年因上书条陈时事赏知县，发交曾国藩差委，遂于同治二年二月入曾国藩幕，委办善后局。四年五月从曾国藩北上"剿"捻，奉委草拟奏折、咨札。七年九月出幕，留于江苏以直隶州知州补用，历署吴江、青浦诸县，后在江苏通州花布厘金局任职。光绪二年随郭嵩焘出使西欧，历任驻英、法、德、西班牙使馆参赞，升记名道。七年三月任驻日公使，十年八月忧免回国。十三年七月服阕仍出使日本，十六年七月回国。十七年授四川川东兵备道，兼重庆新关监督。擅长古文，为曾门四大文学弟子之一。著有《拙尊园丛稿》《曾文正公年谱》《西洋杂志》等，并主持刊刻《古逸丛书》、编辑《续古文辞类纂》。

十六画　薛

薛允升　字云阶，陕西长安人。咸丰六年进士，授刑部主事，累升官至郎中，外放江西饶州知府。同治六、七年间从李鸿章"剿"捻，充任幕僚，委办营务处。光绪三年授四川成绵龙茂道，调署建昌道。光绪四年二月迁山西按察使，五年闰三月迁山东布政使，八月二十二日署漕运总督，二十九日授刑部右侍郎，七年四月改授刑部左侍郎，十九年十二月迁刑部尚书。二十三年八月因从子关说通贿，被御史参劾，坐不能远嫌，降三级调用，授宗人府府丞。二十六年随那拉氏西逃，起署刑部左侍郎，十二月迁刑部尚书，二十七年十月随那拉氏回京途中，于河南境内病死。《清史稿》本传称，薛允升为刑部吏员之初，即重民命，精研律例，施法务为廉平。长官信仗之，有大狱辄以相嘱。其鞫囚如与家人语，务使隐情毕达，枉则为之平反。光绪二十二年审太监拒捕杀人案，刚正廉明，不为那拉氏、李莲英所屈，论处如律。著有《汉律辑存》六卷、《汉律决事比》四卷、《唐明律合编》四十卷、《服制备考》四卷、《读例存疑》五十四卷。

薛福成　字叔耘，号庸盦，江苏无锡人。副贡生。同治四年闰五月入曾国藩幕，负责办理咨、奏、书启，积劳保至直隶州知州。曾国藩死后，转入直隶总督李鸿章幕，职事如故。光绪十年授浙江宁绍台道，奉浙江巡抚刘秉璋札综理营务，调护诸将。十四年九月授湖南按察使，十五年四月以三品京堂充出使英、法、意、比四国大臣。十六年九月授光禄寺卿，十七年六月改太常寺卿，八月改大理寺卿，十八年八月迁都察院左副都御史，皆未赴任，充任驻外使节如故。十九年二月任满回国，二十年病死。著有《庸盦全集》《庸盦笔记》。

十八画 魏

魏光焘 字午庄，湖南邵阳人。监生。幕僚。分统。曾隶于左宗棠。光绪七年正月由平庆泾固化道迁甘肃按察使，九年三月迁甘肃布政使，十年十月改新疆布政使，十七年五月假归。二十年中日战争期间，奉命率旧部援辽，驻军牛庄。闻猎人枪声，误为日军至，全军溃逃，一日夜奔三百里。二十一年五月授江西布政使，七月迁云南巡抚，八月调陕西巡抚，二十六年闰八月迁陕甘总督，十月调云贵总督。二十八年十一月调两江总督，七月调署闽浙总督，十一月实授，三十一年正月解职。

附录二

主要参考书目

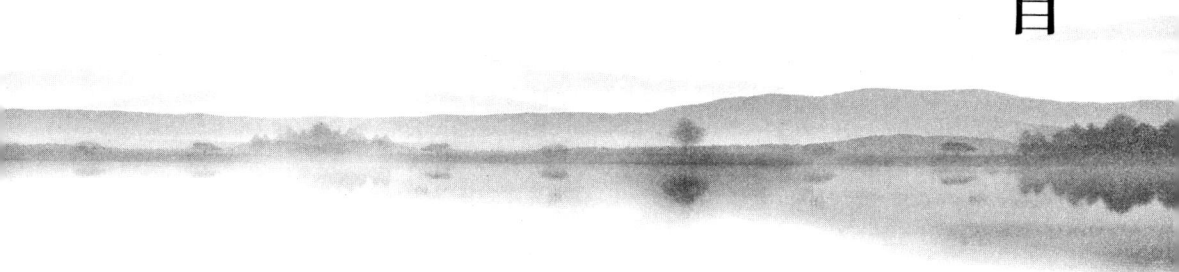

范文澜：《中国近代史》上册，人民出版社，1965年。

中国社会科学院近代史研究所：《中国近代史稿》，人民出版社。

罗尔纲：《太平天国史》，中华书局，1991年。

《湘军兵志》，中华书局，1984年。

《绿营兵志》，中华书局，1984年。

《李秀成自述原稿注》，中华书局，1982年。

茅家琦：《太平天国通史》，南京大学出版社，1991年。

牟安世：《太平天国》，上海人民出版社，1959年。

中国史学会主编：《中国近代史资料丛刊》（二）《太平天国》，神州国光

社，1952年。

太平天国历史博物馆：《太平天国史料丛编简辑》，中华书局，1962年。

萧一山：《清代通史》，中华书局，1986年影印本。

龙盛运：《湘军史稿》，四川人民出版社，1990年。

龙盛运主编：《清代全史》第七卷，辽宁人民出版社，1993年。

樊百川：《湘军史》，四川人民出版社，1994年。

苑书义：《李鸿章传》，人民出版社，1994年。

王尔敏：《淮军志》，中华书局，1987年。

李鼎芳：《曾国藩及其幕府人物》，岳麓书社，1985年。

朱东安：《曾国藩传》，四川人民出版社，1984年。

《曾国藩幕府研究》，四川人民出版社，1994年。

《明实录》，江苏国学图书馆传抄本。

《大清实录》，台北影印本。

赵尔巽等：《清史稿》，中华书局，1977年。

钱实甫：《清代职官年表》中华书局，1980年。

朱孔彰：《中兴将帅别传》，岳麓书社，1989年。

《湘军人物年谱》（一），岳麓书社，1987年。

曾国藩：《曾文正公全集》，湖南传忠书局，光绪二年刊。

《曾文正公手书日记》，中国图书公司，宣统元年摹写石印本。

《曾文正公家书》，商务印书馆，民国二十七年。

《曾国藩全集》，岳麓书社，1987年。

曾国藩等：《湘乡曾氏文献》，台北学生书局，1965年出版。

《八贤手札》，中国社会科学院近代史所藏。

江世荣编注：《曾国藩未刊信稿》，中华书局，1959年。

中国社会科学院近代史研究所资料室编：《曾国藩未刊往来函稿》，岳麓书社，1986年版。

胡林翼：《胡文忠公遗集》，同治六年刊。

《胡文忠公手札》，中国社会科学院近代史所藏。

中国社会科学院近代史研究所资料室编：《胡林翼未刊往来函稿》，岳麓书社1989年版。

左宗棠：《左文襄公全集》，萃文堂，光绪十六年刊。

李鸿章：《李文忠公全书》，光绪三十四年刊。

郭嵩焘：《养知书屋文集》，养知书屋，光绪十八年刊。

《玉池老人自叙》，养知书屋，光绪十九年刊。

《郭嵩焘日记》，湖南人民出版社。

刘蓉：《养晦堂文集》，思贤讲舍，光绪三年刊。

《养晦堂诗集》，台北影印本。

罗泽南：《罗忠节公遗集》，咸丰九年刊。

王闿运：《湘军志》，岳麓书社，1983年合刊本；成都墨香书屋线装本。

朱德裳：《续湘军志》，岳麓书社1983年合刊本。

郭振镛：《湘军志平议》，岳麓书社，1983年合刊本。

王尔敏：《淮军志》，中华书局，1987年。

薛福成：《庸盦全集》，光绪十三年刊。

　　　　《庸盦笔记》，上海扫叶山房，民国十一年石印版。

赵烈文：《能静居日记》，学生书局，1965年影印本。

故宫博物院明清档案部编：《清代档案史料丛编》，中华书局，1987年。

王庆云：《石渠余纪》，北京古籍出版社，1985年。

昭梿：《啸亭杂录》，上海扫叶山房，光绪二十七年石印本。

朱克敬：《瞑庵杂识》《瞑庵二识》，上海进步书局石印本。

小横香室主人编：《清朝野史大观》，中华书局，民国四年。

章士钊：《热河密札疏证补》，《文史》，第2辑。

沃丘仲子：《近代名人小传》，崇文书局，1918年。

李慈铭：《越缦堂日记补》，商务印书馆，民国二十六年。

金梁：《光宣小纪》，1933年。

何刚德：《客座偶谈》，1934年线装本。

吴相湘：《晚清宫廷实纪》，台北正中书局，1982年。

翁同龢：《翁同龢日记》，中华书局，1969年。

　　　　《清代野史》，巴蜀书社，1987年。

刘体智：《辟园史学四种》，木刻线装本。

徐凌霄、徐一士：《凌霄一士随笔》，《国闻周报》连载。

　　　　《曾胡谈荟》，《国闻周报》连载。

　　　　《一士类稿》、《一士谈荟》，书目文献出版社，1983年。

黄浚：《花随人圣庵摭忆》，上海古籍书店，1983年。

徐宗亮：《归庐谈往录》，光绪十二年刊。

徐珂：《清稗类钞》，中华书局，1984年。

　　　　《清代吏治丛谈》，浙江省警察协会编印，1936年。

黎庶昌：《拙尊园丛稿》，光绪十六年刊。

容闳：《西学东渐记》，湖南人民出版社，1981年。

李榕：《十三峰书屋全集》，成都文伦书局。

张之洞：《张文襄公奏稿》，铅印线装本。

　　《湘军人物年谱》（一），岳麓书社，1987年。

俞樾：《春在堂随笔》，上海文明书局。

吴西云：《藤花馆掌故笔记》，《小说月报》连载。

王献永：《桐城文派》，中华书局，1992年。

罗汝怀：《绿漪草堂文集》，光绪九年刊。

湖南省文献委员会：《湖南文献汇编》，湖南省文献委员会，1949年。

张佩纶：《涧于日记》，丰润涧于草堂石印本。

欧阳兆熊、金安清：《水窗春呓》，中华书局，1984年。

小横香室主人：《清朝野史大观》，中华书局，民国四年。

蔡锷：《曾胡治兵语录》，民国二十六年铅印线装本。

夏震武：《灵峰先生集》，浙江印刷公司。

骆秉章：《骆文忠公自订年谱》，思贤书局，光绪二十一年刊。

徐翰：《骆文忠公年谱》，光绪二十一年刊。

陈其元：《庸闲斋笔记》，宣统三年刊。

张集馨：《道咸宦海见闻录》，中华书局，1981年。

罗玉东：《中国厘金史》，商务印书馆，民国二十五年。

吴永：《庚子西狩丛谈》，道德书局线装本。